普通高等教育机电类系列教材

控制工程基础

主　编　王丽君
副主编　王欣欣
参　编　宋小娜　张　涛　魏　巍

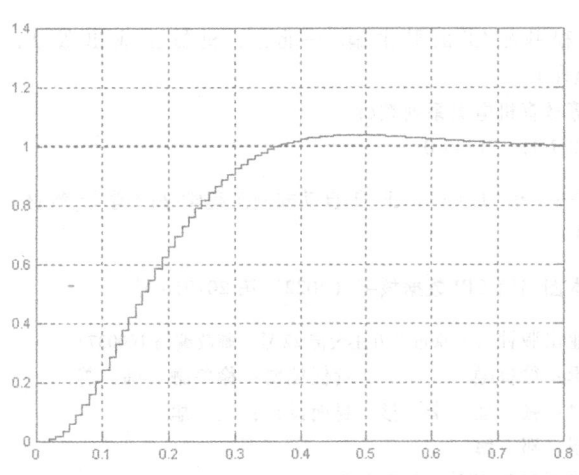

机械工业出版社

本书结合机械大类各专业及相近专业的发展和教学需要，较为系统地介绍了机械控制工程的基本内容。全书共由三个模块组成，即经典控制理论、离散控制系统、现代控制理论，各模块基本独立，其中经典控制理论为基本部分。全书共9章，主要内容有绪论、控制系统的数学模型、时域分析、根轨迹法、频域分析、稳定性分析、综合与校正，以及离散控制系统分析基础、现代控制理论基础。各章均配有一定数量的习题，主要章节设有相应理论方法的 MATLAB 实现一节，重点章节编入相应的设计实例。本书内容丰富，结构合理，叙述深入浅出，既体现理论的系统性，也注重方法的实用性。力图将机械大类各专业的通用性要求与各校的个性要求有机结合。

机械设计制造及其自动化、测控技术与仪器、车辆工程、智能制造工程、机器人工程等各相关专业均可选用此书作为教材及参考用书，相关工程技术人员也可选用此书作为参考。

* 本书为新形态教材，在重点内容附近以二维码的形式链接了知识点讲解视频，便于学生课前预习和课后复习。

图书在版编目（CIP）数据

控制工程基础/王丽君主编. —北京：机械工业出版社，2022.9
（2024.2 重印）
普通高等教育机电类系列教材
ISBN 978-7-111-71743-0

Ⅰ.①控⋯ Ⅱ.①王⋯ Ⅲ.①自动控制工程学-高等学校-教材 Ⅳ.①TP13

中国版本图书馆 CIP 数据核字（2022）第 201910 号

机械工业出版社（北京市百万庄大街22号 邮政编码100037）
策划编辑：徐鲁融　　　　　责任编辑：徐鲁融　韩　静
责任校对：张　征　李　杉　封面设计：王　旭
责任印制：邓　博
北京盛通数码印刷有限公司印刷
2024年2月第1版第2次印刷
184mm×260mm・18.5 印张・456 千字
标准书号：ISBN 978-7-111-71743-0
定价：52.00元

电话服务　　　　　　　　　　网络服务
客服电话：010-88361066　　　机 工 官 网：www.cmpbook.com
　　　　　010-88379833　　　机 工 官 博：weibo.com/cmp1952
　　　　　010-68326294　　　金　书　网：www.golden-book.com
封底无防伪标均为盗版　　机工教育服务网：www.cmpedu.com

前 言

"机械控制理论"（或"机械工程控制基础""控制工程基础"）课程是实现传统机械工程学科向以机、电、液相结合的现代机械工程学科跨越的主干支撑课程之一，也是机械类专业的学科基础课。本书作为该课程的教材，主要阐述自动控制理论与技术的基本概念、基本理论与基本分析方法及其在现代机械工程中的应用，为机械控制系统的分析与设计奠定基础。本书的目的是使学生学会运用经典控制理论和现代控制理论的基本理论及分析方法，掌握机电控制系统中信号的传递、反馈及控制，系统性能、综合及设计的分析与研究方法，初步培养学生从事机电控制系统分析与设计工作的能力。

1998年，教育部将机械类9个专业（机械制造工艺及设备、汽车与拖拉机等）归并为"机械设计制造及其自动化"专业，就加入自动化三字而言，体现了用自动化改造传统机械类专业的思想和用心。2019年，智能制造工程专业首次在一些高校中获批成立，机械类专业面临智能化转型升级新挑战，自动控制作为沟通传统制造与智能制造的重要技术桥梁而显得更加不可或缺。因此，本书既考虑到我国机械类专业本科教育现状，又考虑到自动控制技术对传统机械工程学科越来越深入的渗透，并兼顾当今信息化、智能化时代对机械电子工程学科发展的需求，采取分模块的编写方式以提高学生的理论学习水平，并编入软件实现、设计实例内容以训练学生的工程应用能力。

本书由三个模块组成，即经典控制理论（1~7章）、离散控制系统（第8章）、现代控制理论（第9章），各模块基本独立。这样安排可以适合不同学校、不同专业、不同层次的教学需要，选书教师可根据本校的实际情况选择相应模块或模块的组合开展教学，2.5学分、3学分、3.5学分、4学分、4.5学分的教学安排均可选用本书。本书由华北水利水电大学多年从事控制工程科研与教学工作的教师编写，编写上力图既保证教材的通用性，又在强调教材适用性的同时对教材的个性给予了充分的关注。

为培养学生自主学习能力和工程应用能力，本书各章均配有一定数量的习题，主要章节设有相应理论方法的 MATLAB 实现一节，重点章节编入相应的设计实例。为适应信息时代的学生学习习惯，本书在重点内容附近以二维码的形式链接了知识点讲解视频，学生可以随扫随学。

为贯彻党的二十大精神，落实立德树人根本任务，加强教材建设，本书以二维码的形式引入"科普之窗""大国工匠""科学家精神"模块，树立学生的科技自立自强意识，熏陶科学家精神，助力培养德才兼备的高素质人才。

本书由华北水利水电大学王丽君担任主编，王欣欣担任副主编，宋小娜、张涛、魏巍参与编写。其中，王丽君编写第2章，王欣欣编写第8章、第9章，宋小娜编写第5章、第6章，张涛编写第3章、第4章，魏巍编写第1章、第7章，全书由王欣欣负责统稿。

由于编者水平有限，书中难免会有错误或疏漏之处，恳请读者批评指正。

编　者
2022 年 8 月

目 录

前言

第1章 绪论 / 1
1.1 控制工程概述 / 1
1.2 控制工程的发展及应用 / 1
  1.2.1 经典控制理论的发展 / 1
  1.2.2 现代控制理论的发展 / 3
1.3 控制系统的基础知识 / 4
  1.3.1 控制系统的基本概念 / 4
  1.3.2 控制系统的工作原理 / 5
  1.3.3 控制系统的组成及框图 / 6
1.4 控制系统的分类 / 7
  1.4.1 按照反馈方式分类 / 7
  1.4.2 按输入信号变化规律分类 / 8
  1.4.3 按系统的数学描述分类 / 9
  1.4.4 按系统内部的信号特征分类 / 9
1.5 控制系统的基本要求 / 9
  1.5.1 稳定性 / 9
  1.5.2 快速性 / 10
  1.5.3 精确性 / 10
习题 / 10

第2章 控制系统的数学模型 / 11
2.1 系统数学模型的建立 / 11
  2.1.1 建立微分方程的一般步骤 / 11
  2.1.2 控制系统微分方程的列写 / 12
2.2 拉普拉斯变换 / 13
  2.2.1 拉普拉斯变换及拉普拉斯反变换的定义 / 13
  2.2.2 典型时间函数的拉普拉斯变换 / 14
  2.2.3 拉普拉斯变换基本定理 / 16
  2.2.4 拉普拉斯反变换 / 21
2.3 系统的传递函数 / 24
  2.3.1 传递函数的定义 / 24
  2.3.2 典型环节的传递函数 / 25

  2.3.3 传递函数的主要特点 / 32
2.4 系统的框图和信号流图 / 32
  2.4.1 框图的组成 / 32
  2.4.2 绘制系统框图的一般步骤 / 34
  2.4.3 框图的基本连接方式 / 36
  2.4.4 框图的简化 / 38
  2.4.5 信号流图及梅森公式 / 40
2.5 闭环控制系统的传递函数 / 45
  2.5.1 闭环系统的开环传递函数 / 45
  2.5.2 给定输入作用下的闭环传递函数 / 45
  2.5.3 扰动作用下的闭环传递函数 / 46
  2.5.4 传递函数的零极点 / 47
2.6 控制系统数学模型的 MATLAB 实现 / 47
  2.6.1 MATLAB 控制系统工具箱简介 / 47
  2.6.2 数学模型的 MATLAB 实现 / 48
2.7 设计实例：工程中典型的机电系统 / 52
习题 / 58

第3章 控制系统时域分析 / 62
3.1 时间响应与典型输入信号 / 62
  3.1.1 时间响应 / 62
  3.1.2 典型输入信号 / 62
3.2 一阶系统的时域分析 / 64
  3.2.1 一阶系统数学模型 / 64
  3.2.2 一阶系统的单位阶跃响应 / 65
  3.2.3 一阶系统的单位脉冲响应 / 65
  3.2.4 一阶系统的单位斜坡响应 / 66
3.3 二阶系统的时域分析 / 66
  3.3.1 二阶系统的数学模型 / 66
  3.3.2 二阶系统的单位阶跃响应 / 67
  3.3.3 二阶系统的单位脉冲响应 / 70
3.4 时域分析性能指标 / 71
  3.4.1 动态性能指标 / 71
  3.4.2 时域分析实例 / 74
3.5 高阶系统的时域分析 / 76

3.5.1 高阶系统的阶跃响应 / 76
3.5.2 闭环主导极点 / 77
3.6 稳态误差分析与计算 / 78
3.6.1 误差和稳态误差的概念 / 78
3.6.2 输入信号作用下的稳态误差 / 79
3.6.3 扰动信号作用下的稳态误差 / 81
3.6.4 改善系统稳态精度的方法 / 82
3.7 时域分析的 MATLAB 实现 / 83
3.7.1 输出响应分析 / 84
3.7.2 时域动态性能指标求解 / 85
3.7.3 稳态误差分析 / 86
3.8 设计实例：数控机床控制系统设计 / 87
习题 / 88

第 4 章 根轨迹法 / 92
4.1 根轨迹与根轨迹方程 / 92
4.1.1 根轨迹概念 / 92
4.1.2 根轨迹方程 / 93
4.2 绘制根轨迹的基本法则 / 94
4.3 广义根轨迹 / 98
4.3.1 参数根轨迹 / 98
4.3.2 零度根轨迹 / 99
4.4 利用根轨迹分析系统性能 / 102
4.4.1 根轨迹和性能指标的关系 / 102
4.4.2 开环零极点对系统性能的影响 / 104
4.5 根轨迹分析的 MATLAB 实现 / 106
4.5.1 根轨迹的绘制 / 106
4.5.2 根轨迹上取点 / 107
4.6 设计实例：激光操纵控制系统设计 / 108
习题 / 110

第 5 章 控制系统的频域分析 / 113
5.1 系统频率特性概述 / 113
5.1.1 频率特性的基本概念 / 113
5.1.2 频率特性与传递函数的关系 / 115
5.1.3 频率特性的求取方法 / 115
5.2 频率特性的奈奎斯特图 / 116
5.2.1 奈奎斯特图的基本概念 / 116
5.2.2 典型环节的奈奎斯特图 / 117
5.2.3 奈奎斯特图的一般画法 / 122
5.3 频率特性的伯德图 / 124
5.3.1 伯德图的基本概念 / 125
5.3.2 典型环节的伯德图 / 126
5.3.3 伯德图的一般画法 / 132

5.3.4 最小相位系统 / 134
5.4 频域分析的 MATLAB 实现 / 136
5.4.1 奈奎斯特图的绘制 / 136
5.4.2 伯德图的绘制 / 137
习题 / 139

第 6 章 控制系统的稳定性分析 / 141
6.1 代数稳定性判据 / 141
6.1.1 稳定性的基本概念 / 141
6.1.2 系统稳定的充要条件 / 141
6.1.3 劳斯稳定性判据 / 143
6.2 频域稳定性判据 / 147
6.2.1 奈奎斯特稳定性判据 / 148
6.2.2 对数频率特性稳定判据 / 151
6.3 控制系统的稳定裕度 / 153
6.3.1 相位裕度 / 153
6.3.2 幅值裕度 / 153
6.4 稳定性分析的 MATLAB 实现 / 156
6.4.1 求取特征根判定系统的稳定性 / 157
6.4.2 绘制零极点分布图判定系统的稳定性 / 157
6.4.3 频率法判定系统的稳定性 / 158
6.5 设计实例 / 161
6.5.1 直流电动机速度控制系统 / 161
6.5.2 雕刻机位置控制系统 / 163
习题 / 166

第 7 章 控制系统的综合与校正 / 167
7.1 系统校正的基本概念 / 167
7.1.1 系统的性能指标 / 167
7.1.2 校正的概念 / 169
7.1.3 校正的分类 / 169
7.2 校正方法和校正装置的设计 / 171
7.2.1 串联超前校正 / 171
7.2.2 串联滞后校正 / 174
7.2.3 滞后-超前校正 / 177
7.2.4 PID 调节器 / 180
7.3 系统的综合与校正的 MATLAB 实现 / 182
7.4 设计实例：直流电动机调速性能指标改善 / 184
习题 / 187

第 8 章 离散控制系统分析基础 / 188
8.1 采样与信号 / 188
8.1.1 采样过程与采样定理 / 188

8.1.2 信号恢复与保持器 / 191
8.2 Z变换与Z传递函数 / 193
 8.2.1 Z变换 / 193
 8.2.2 Z反变换 / 200
 8.2.3 Z传递函数 / 202
8.3 线性离散系统的性能分析 / 206
 8.3.1 稳定性分析 / 206
 8.3.2 瞬态响应分析 / 208
8.4 线性离散系统性能分析的MATLAB实现 / 210
 8.4.1 求取特征根判定系统的稳定性 / 210
 8.4.2 连续系统离散化及离散系统的时域响应 / 211
习题 / 213

第9章 现代控制理论基础 / 215

9.1 基本概念 / 215
9.2 状态空间表达式的建立与转换 / 220
 9.2.1 由系统框图建立状态空间表达式 / 220
 9.2.2 由系统微分方程建立状态空间表达式 / 222
 9.2.3 状态矢量的线性变换 / 226
 9.2.4 由状态空间表达式求系统传递函数（阵）/ 227
 9.2.5 由状态空间表达式变换为对角线标准型和约旦标准型 / 229
9.3 状态方程的求解 / 236
 9.3.1 齐次状态方程的解 / 236
 9.3.2 状态转移矩阵 / 237
 9.3.3 非齐次状态方程的解 / 240
9.4 控制系统的能控性和能观性 / 240
 9.4.1 能控性与能控性判据 / 241
 9.4.2 能观性与能观性判据 / 247
 9.4.3 能控性与能观性的对偶关系 / 252
 9.4.4 能控标准型与能观标准型 / 253
9.5 控制系统的状态反馈及状态观测器 / 262
 9.5.1 状态反馈 / 262
 9.5.2 状态观测器 / 268
 9.5.3 带状态观测器的闭环控制系统 / 270
9.6 状态空间分析的MATLAB实现 / 273
 9.6.1 状态空间表达式和传递函数相互转换的实现 / 273
 9.6.2 状态转移矩阵的实现 / 275
 9.6.3 能控性和能观性分析 / 275
 9.6.4 极点配置的实现 / 277
9.7 设计实例：倒立摆 / 278
 9.7.1 数学模型的建立 / 279
 9.7.2 系统特性分析 / 281
习题 / 283

参考文献 / 287

第 1 章 绪论

> **学习目标**
>
> 通过本章的学习，读者应当熟悉控制系统发展过程，熟悉控制系统的基本概念和分类，具备根据控制系统的原理抽象成为系统结构框图的能力。

1.1 控制工程概述

随着科学技术的进步，自动控制技术在现代工业、农业、交通、国防和宇航等领域中的应用越来越广泛。

自动控制技术的应用，不仅能够使人类从部分恶劣、繁复甚至是危险的劳动环境中解放出来，还能显著提高生产率，更为人类探索未知、建设高度文明的社会等方面提供有力保障。例如，全自动洗衣机按照既定的程序模式实现不同衣物的洗涤等功能；温室大棚自动化控制系统根据温室大棚内的温湿度、土壤水分、土壤温度等信息，控制风机、水泵等设备，保证温室内作物的生长环境；数控机床按照预先编制好的程序加工零件；雷达自动跟踪空中的飞行体；长征六号 X 火箭的制导控制系统根据火箭子级成功着陆所必需的速度、位置精度和姿态误差范围等及时给出精确的飞行控制指令，实现了火箭一子级垂直定点回收。

"控制工程基础"课程是主要阐述自动控制相关技术的基础课程，其理论基础是工程控制论。

1.2 控制工程的发展及应用

控制论是关于控制系统建模、分析和综合的一般理论，按照其发展阶段的不同，可以分为经典控制理论和现代控制理论两个阶段。

1.2.1 经典控制理论的发展

1. 经典控制理论的萌芽阶段

两千多年前，中国发明的指南车（图 1-1）是利用差速齿轮原理所设计的用来指明方向的一种开环自动控制装置。一千多年前，中国发明了铜壶滴漏计时器。图 1-2 为保存于北京故宫博物院、公元 1799 年制造的铜壶滴漏，采用多级漏壶级联的方式，使上面漏壶的水源源不断地补充给下面的漏壶，保证最后一级漏壶内的水均匀地流入箭壶，从而取得比较精确的时刻。但这仅仅是人们在实践中直接摸索的结果，尚无理论上的指导。

图 1-1　现代复原的指南车

图 1-2　铜壶滴漏

2. 经典控制理论的起步阶段

经典控制技术的应用起步于十七、十八世纪。1681 年，法国物理学家、发明家巴本（D. Papin）发明了用作安全调节装置的锅炉压力调节器。1765 年，俄国人普尔佐诺夫（I. Polzunov）发明了蒸汽锅炉水位调节器。1788 年，瓦特（J. Watt）发明的蒸汽机离心式飞球调速器（图 1-3）应用了反馈原理，被广泛认为是经典控制理论起步的标志点。

3. 经典控制理论的发展阶段

瓦特发明的蒸汽机离心式飞球调速器准确性较差，人们在调整其准确性时，常常会导致系统发生振荡。

1868 年，英国物理学家麦克斯韦（J. C. Maxwell）建立了瓦特蒸汽机速度控制系统的线性常微分方程，分析并提出

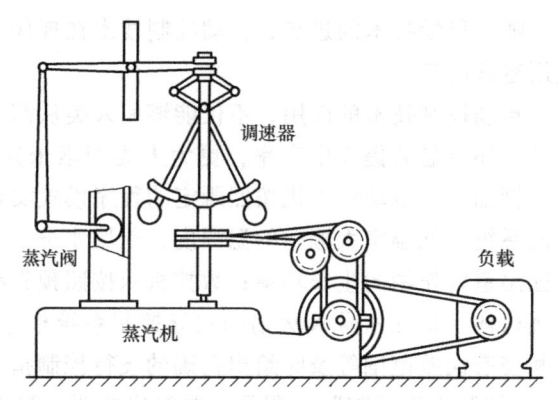

图 1-3　瓦特发明的蒸汽机离心式飞球调速器

了简单的稳定性代数判据，提出了系统不稳定问题，首次打开了通过数学方法研究控制系统的大门。英国数学家劳斯（E. J. Routh）和德国数学家胡尔维茨（A. Hurwitz）在麦克斯韦的理论基础上，将其扩展到高阶系统中去，分别在 1877 年和 1895 年各自提出了两个著名的稳定性判据——劳斯判据和胡尔维茨判据，实现了直接根据代数方程的系数判别系统稳定性。这些方法奠定了经典控制理论中时域分析法的基础。

控制论的奠基人维纳（N. Wiener）在 1919 年就萌发了控制论的思想。第二次世界大战前，控制系统设计工作因缺乏系统的理论指导而多采用试凑法。第二次世界大战期间，由于飞机自动驾驶仪、雷达跟踪系统、火炮瞄准系统等军事装备需要控制系统具有准确跟踪与补偿能力，因此这推动了控制理论的飞跃发展。1932 年，美国物理学家奈奎斯特（H. Nyquist）首次采用了频率响应法研究控制系统，建立了以频率特性为基础的稳定性判据。随后，伯德（H. W. Bode）和尼科尔斯（N. B. Nichols）在 20 世纪 30 年代末和 40 年代

初进一步将频率响应法加以发展,形成了经典控制理论的频域分析法。维纳在第二次世界大战期间参加了自动控制的研究工作,他把火炮自动瞄准并射击的动作与猎人狩猎的行为作对比,发现了反馈这一重要的概念。

4. 经典控制理论的成熟应用阶段

1948年,维纳发表了著名的《控制论:或关于在动物和机器中控制和通信的科学》,标志着经典控制理论体系的形成。经典控制理论以传递函数为基础,主要研究单输入-单输出系统的分析和控制问题。

20世纪50年代是控制论的发展时期,一方面,火炮及导弹控制技术极大地得到发展,反馈控制方法被广泛应用于设计和研制飞机自动驾驶仪、火炮定位系统、雷达天线控制系统及其他军用系统,在数控、电力、冶金自动化技术等民用领域的应用也是突飞猛进;另一方面,控制理论也日渐成熟。1954年,我国科学家钱学森在美国运用控制论的思想和方法,首创了工程控制论,把控制理论推广到工程技术领域。接着又相继出现了生物控制论、经济控制论和社会控制论。

扫描下方二维码了解我国"两弹一星"功勋科学家钱学森的感人故事。

科学家精神
"两弹一星"功勋科学家:
钱学森

1.2.2 现代控制理论的发展

20世纪50年代末和60年代初,控制工程又出现了一个迅猛发展时期,这是由于导弹制导、数控技术、空间技术发展的需要及电子计算机技术的成熟,使控制理论发展到了一个新的阶段,产生了现代控制理论,主要被应用于航空航天和飞行器控制(图1-4),这是人类在自动控制技术认识上的一次飞跃。现代控制理论是以状态空间分析法为基础,主要分析和研究多输入-多输出、时变、非线性、高精度、高效能等控制系统的设计和分析问题。

20世纪70年代开始,一方面,现代控制理论继续向拓展深度和广度方向发展,出现了一些新的控制方法和理论,如现代频域方法、自适应控制理论和方法、鲁棒控制方法及预测控制方法。另一方面,随着控制理论应用范围的扩大,发展到对若干相互关联的子系统组成的大系统进行整体控制,从传统的工程领域拓展到包括经济管理、生物工程、能源、运输、环境等大型系统以及社会科学领域,人们开始了对大系统理论的研究。

图1-4 我国天和号核心舱发射前夕

人工智能在控制上的应用形成了智能控制,是近年来发展起来的一种控制技术。智能控制是从"仿人"的概念出发,针对被控对象、环境、控制目标或任务的复杂性提出来的,它的指导思想是依据人的思维方式和处理问题的技巧，解决那些目前需要人的智能才能解决的问题。

近20年来，随着计算机技术和应用数学的高速发展，现代控制理论在最优控制、最优滤波、系统辨识、自适应控制、智能控制等方面又有了重大发展。

控制理论主要研究分析和综合两方面的问题。

1) 分析：在系统的结构和参数已经确定的条件下，对系统的性能进行分析，并提出改善性能的途径。

2) 综合：根据系统要实现的任务，给出稳态和动态性能指标，进而组成一个系统，并确定适当的参数，使系统满足给定的性能指标。

1.3 控制系统的基础知识

1.3.1 控制系统的基本概念

从"控制系统"这个词来看，它可以简单地拆分为"控制"和"系统"两个部分。

广义上所说的系统是由若干相互作用和相互依赖的事物组合而成的具有特定功能的整体。在工程领域，系统可以有很多形式，如机电液（气）的、热机的等，或者是多种形式的复合。通常，系统都具有输入和输出接口，这些接口所对应的量一般是温度、压力、液位、电压、位移、速度等物理量。

控制就是按照预先给定的目标，改变系统行为或性能。在工程应用中，常常需要使系统中某些物理量（如温度、压力、液位、电压、位移、速度等）保持恒定，或者让它们按照一定的规律变化，这个过程就是控制的过程。

所谓自动控制（Automatic Control），是指在没有人直接参与的情况下，利用外加的设备或装置，使机器、设备或生产过程的某个工作状态或参数自动地按照预定的规律运行。

图1-5所示为水位自动控制系统示意图。水箱是被控对象，水箱中的液位是被控制量，浮球顶杆的长度 l 是液位的给定量。

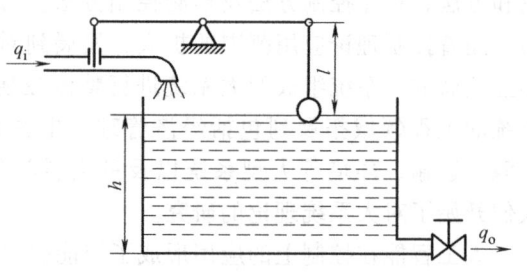

图1-5 水位自动控制系统示意图

杠杆平衡时，控制进水阀阀门位于某一位置而具有一定开度，使水箱的输入流量与输出流量相等，从而使液位保持在希望高度 h 上。当液位降低时，浮球位置也随之降低，这时，通过杠杆机构使水阀阀门开度增大，水箱输入流量增大，水箱中液面随之上升，浮球位置也随之上升，使水阀阀门开度减小，水箱输入流量减小，直至系统处于新的平衡状态。

1.3.2 控制系统的工作原理

下面以汽车转向控制系统为例介绍控制系统的工作原理。人控制的汽车转向系统如图1-6所示。

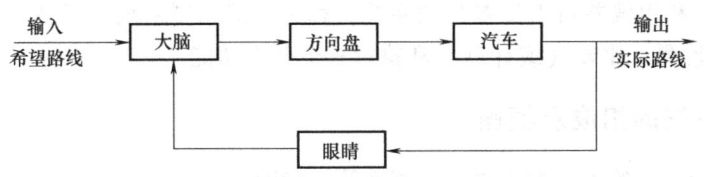

图 1-6 人控制的汽车转向系统

希望路线是输入信号，驾驶人首先要通过眼睛连续目测汽车实际行驶路线，并将汽车的位置和实际行驶路线反馈给大脑，大脑计算其与希望路线的偏差，之后大脑根据该偏差控制驾驶人的手，操纵方向盘减小该偏差，当偏差减小为零时，汽车便按照期望的路线行驶。

从上述调节过程可以看出，人控制汽车转向的过程就是测量、求偏差、再控制以纠正偏差的过程，简单地说就是"检测偏差，利用偏差纠正偏差"的过程。该过程要求驾驶人随时观察汽车的实际行驶路线与希望路线的偏差，随时进行调节。

如果对图1-6稍作改动，将人的眼睛替换成机器视觉设备，将大脑替换成 ECU（Electronic Control Unit，汽车电子控制单元），将由人手控制的方向盘替换成转向电动机，则上述系统会转换成如图1-7所示系统。

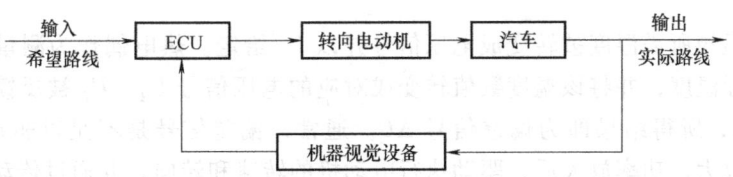

图 1-7 自动控制的汽车转向系统

在该系统中，输入信号同样是希望路线。检测汽车实际行驶路线的"元件"由驾驶人的眼睛变成了机器视觉设备，检测结果由传向大脑变成了传向 ECU，ECU 收到汽车实际位置信号并计算与希望路线的偏差，并发出控制信号操纵转向电动机减小该偏差。当偏差减小为零时，汽车便按照期望的路线行驶。

可见，图1-6和图1-7有一个共同点：

✂ 扫描下方二维码了解我国无人驾驶技术发展水平，寻觅其中自动控制的身影。

科普之窗
中国创造：无人驾驶

都是要检测偏差,并利用检测的偏差去纠正偏差,没有偏差就不会有控制调节过程。但需要注意的是,即便控制系统没有调节,也不等于系统不工作。

控制系统的工作原理可归纳如下过程。

1) 通过测量元件检测输出量的实际值。

2) 将输出量的实际值与给定值(输入量)进行比较,得到偏差信号。

3) 用偏差值产生控制调节作用去消除偏差。

在控制系统中,给定量又称为输入量,被控制量又称为输出量。通常,我们把将输出量取出再送回到输入端,并与输入量相比较产生偏差信号的过程,称为反馈。这种基于反馈原理,"检测偏差,利用偏差纠正偏差"的系统,称为反馈控制系统。显然,作为反馈控制系统,至少应具备检测、比较(或计算)和执行三个基本功能。

1.3.3 控制系统的组成及框图

图 1-8 所示为恒温箱内的温度自动控制系统示意图。

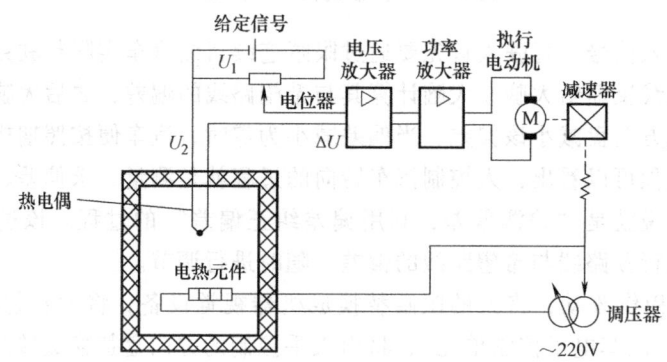

图 1-8 恒温箱内的温度自动控制系统示意图

其中,恒温箱所需温度被转变成电压信号并以 U_1 给定。热电偶作为测量元件用于测量恒温箱内的实际温度,并将该温度数值转变成对应的电压信号 U_2,U_2 被反馈回去与给定信号 U_1 进行比较,所得结果即为偏差信号 ΔU。通常,偏差信号是不足以驱动执行机构的,需要经过电压放大、功率放大后,驱动执行电动机的转速和转向,并通过传动装置拖动调压器的触头。若恒温箱内温度高于给定温度,则调压器的触头向着减小电压的方向运动,反之,则加大电压,直到温度达到给定温度值为止。只有偏差信号 $\Delta U = 0$,表明给定信号 U_1 与实际测量信号一致,即箱内温度值与给定温度值相同时,执行电动机停止转动,这样就完成了所要求的控制任务。

直接观察图 1-8 的系统示意图并不能非常清晰地了解系统的工作原理。一般会将控制系统抽象为结构框图,图 1-9 即为图 1-8 所示温度自动控制系统的结构框图。

"⊗"代表比较元件;"→"代表信号的传递及方向;"□"代表一个环节,每个环节的作用是单向的,其输出受输入控制。从结构框图可以清楚地看到反馈控制的基本原理。各种不同的控制系统实现自动控制的装置可以各不相同,但控制的原理却有可能是相同的。

框图表示了控制系统各元件在系统中的位置和相互间的关系。一个典型的反馈控制系统应包括给定元件、反馈元件、比较元件、放大元件、执行元件、被控对象及校正元件等。

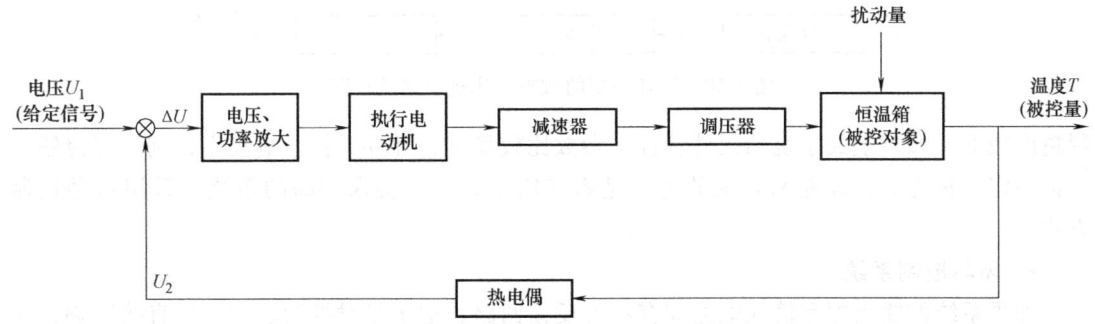

图 1-9 恒温箱内的温度自动控制系统结构框图

1)给定元件:产生系统的给定(输入)信号的元件,如温控系统的给定电位器。

2)反馈元件:用于对系统输出量的实际值进行测量,将它转换成反馈信号,并使反馈信号转换为与给定输入信号同类型、同数量级的物理量。一般来说,主反馈信号多为电信号,因此,反馈元件通常是一些用电量来表达非电量的元件,如各种传感器。

3)比较元件:用来接收输入信号和反馈信号并进行比较,以产生偏差信号的环节,如电压比较电路、平衡电桥等。

4)放大元件:对偏差信号进行信号放大或功率放大的元件,如电压放大器、功率放大器、电液伺服阀等。放大元件的输出要有足够的能量,才能驱动执行元件,实现控制功能。

5)执行元件:在控制信号作用下,进行功率放大(功率流、物质流、信息流从该环节进入系统),直接驱动被控对象,使被控制量发生变化的环节,如晶闸管整流装置、液压缸、电动机等。

6)被控对象:控制系统所要控制的设备或生产过程,它的输出量就是被控制量,如机床、工作台等。

7)校正元件(或校正装置):用以稳定控制系统,提高控制性能的环节。

1.4 控制系统的分类

从不同的角度来看,控制系统的分类方法也有不同。

1.4.1 按照反馈方式分类

控制系统按照有无反馈控制作用可以分为两类:开环控制系统和闭环控制系统。

1. 开环控制系统

如果系统的输出端和输入端之间不存在反馈回路,输出量对系统的控制作用没有影响,这样的系统称为开环控制系统。

图 1-10 所示为开环控制的数控机床进给系统框图,由于没有反馈信号,系统只能按照输入指令控制工作台的位置,而无法根据工作台的实际位置调整。

开环控制系统用一定输入量产生一定的输出量,如果某种干扰作用使系统输出量偏离原始值,它没有自动纠偏的能力。要进行补偿,得再借助人工改变输入量,所以开环系统的控

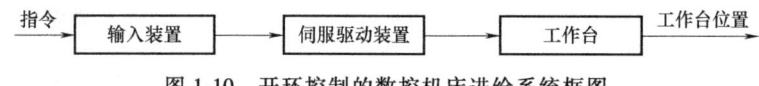

图 1-10　开环控制的数控机床进给系统框图

制精度较低。如果组成系统的元件特性、参数比较稳定，外界干扰影响较小，则开环控制可保证一定的精度。开环控制系统的优点是系统简单，对于要求不高的系统可采用这种控制方式。

2. 闭环控制系统

如果系统的输出端和输入端之间存在着反馈回路，输出量对控制过程产生直接影响，这种系统称为闭环控制系统。

将图 1-10 所示的数控机床进给系统做如图 1-11 所示的改动，将工作台位置反馈到比较器中与输入信号相比较，产生的偏差信号控制伺服驱动装置，以纠正工作台运动时的实际位置偏差，达到较高的控制精度。

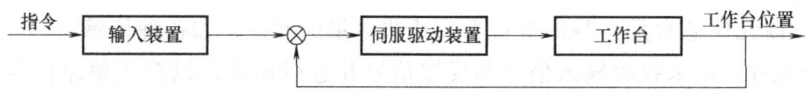

图 1-11　闭环控制的数控机床进给系统框图

闭环控制系统的优点是控制精度高，不管遇到什么干扰，只要被控制量的实际值偏离给定值，闭环控制系统就会产生控制作用来减少这一偏差。

与开环控制系统相比，闭环控制系统的抑制扰动能力强，能获得较好的动态特性和控制精度，但引入反馈增加了系统的复杂性，成本较高，不易维修。在系统选择中应综合考虑需求和实际情况而定。

1.4.2　按输入信号变化规律分类

1. 恒值控制系统

恒值控制系统的输入量一经给定，在运行过程中就不再改变，其任务是保证在任何干扰作用下，系统的输出量都能维持恒定。对于恒值控制系统，分析的重点在于克服扰动对被控量的影响。恒温、压力、液面等参数控制均属恒值控制。

2. 程序控制系统

程序控制系统的输入量不为常数，但其变化规律是预知的，被控对象按照预先设置的程序指令实现运动。常见的数控机床、自动洗衣机、微波炉和自动豆浆机等设备和家用电器都是程序控制系统。

3. 随动系统

系统的输入量是未知的，且其变化规律又不能预先确定的称为随动系统。其任务是当输入量发生变化时，能排除各种干扰因素的影响，使输出量迅速而平稳地跟随变化，准确地复现控制信号的变化规律，因此也成了伺服系统。控制指令由操作者根据需要随时发出，也可以由目标对象或相应的测量装置发出。例如，火炮自动瞄准系统、导弹目标自动跟踪系统及机械加工中的液压仿形机床等均属随动系统。在工业部门，这种系统大多用来控制机械位移及速度，故也把随动系统称为伺服系统。

1.4.3 按系统的数学描述分类

1. 线性控制系统

能用线性微分方程描述的系统,称为线性控制系统。线性控制系统的重要特点是满足叠加原理。

叠加原理包含叠加性和齐次性(或均匀性)两方面。所谓叠加性,是指作用于线性系统的多个输入信号的总响应 $y(t)$ 等于各个输入信号单独作用时产生的响应 $y_1(t)$,$y_2(t)$,…的代数和,即 $y(t)=y_1(t)+y_2(t)+\cdots$;所谓齐次性,是指如果输入信号 $r(t)$ 作用于线性系统引起响应 $y(t)$,那么在 $kr(t)$ 的作用下,该系统的响应也变为 $ky(t)$,在这里,k 为常数。

2. 非线性控制系统

不能用线性微分方程描述的系统,称为非线性控制系统。非线性控制系统的重要特点是含有(即使只有一个)非线性元件,它的输入、输出关系要用非线性微分方程描述。

1.4.4 按系统内部的信号特征分类

1. 连续控制系统

系统中各部分传递的信号都是连续时间变量的系统称为连续控制系统。连续控制系统根据系统能否用线性微分方程描述,又可分为线性连续控制系统和非线性连续控制系统。

2. 离散控制系统

系统中某一处或数处的信号是脉冲序列或数字量的系统称为离散控制系统。在离散控制系统中,数字测量、放大比较、给定输入等一般由微处理器实现,计算机的输出经 D/A 转换施加给伺服放大器,然后再去驱动执行元件;或者由计算机直接输出数字信号,经数字放大器后驱动数字式执行元件。

1.5 控制系统的基本要求

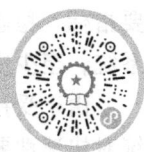

控制系统中,当给定值改变,或者受到外界干扰时,被控量会偏离给定值。如果通过系统的自动控制作用,经过一定的过渡过程,被控量又恢复到原来的稳定值或者稳定到一个新的给定值,则把被控量在变化过程中的过渡过程称为动态过程,而把被控量重新恢复或达到的新平衡状态称为静态或稳态。

根据应用场合和控制目的的不同,对控制系统的要求也往往不同。但通常对控制系统有稳定、精确、快速三个要求,即系统的被控量应能迅速、准确地跟随给定量的变化,两者保持一定的函数关系。

1.5.1 稳定性

稳定性是对控制系统的首要要求。由于控制系统都包含储能元件,存在惯性,系统的各个参数若匹配不当,将会引起系统的振荡及失去工作能力。稳定性就是指动态过程的振荡倾向和系统能否恢复平衡状态的性能。对于稳定的系统,输出量偏离平衡状态后,应该随着时间收敛并且最后回到初始的平衡状态。

一个控制系统要能起控制作用，系统必须是稳定的，而且必须满足一定的稳定裕度，当系统参数发生某些变化时，也能够使系统保持稳定的工作状态。

1.5.2 快速性

快速性是在系统稳定的条件下提出的。所谓快速性是指当系统的输出量与输入量之间产生偏差时，消除这种偏差的快慢程度。

由于系统的被控对象和元件通常都具有一定的惯性（如机械惯性、电磁惯性、热惯性等），再加上能源功率的限制，系统的各种量值（如速度、位移、电流、温度等）的变化不可能是突变的。因此，系统从一个平衡状态过渡到另一个平衡状态都需要一定的时间，或者说要经历一个过渡过程。

表征过渡过程的性能指标称为动态指标，其中最主要指标就是反映快速性的指标，即过渡过程调节时间；其次是反映过渡过程平稳性的指标。动态指标有：上升时间、峰值时间、超调量、调节时间和振荡次数，通常用系统在阶跃信号（作为给定量）的作用下系统的动态响应来表征。

快速性好的系统，其消除偏差的过渡过程时间就短，也就能复现快速变化的输入信号，因而具有较好的动态性能。

1.5.3 精确性

控制系统的精确性即控制精度，一般用稳态误差来衡量。所谓稳态误差，是指以一定变化规律的输入信号作用于系统后，当调整过程结束而系统趋于稳定时，输出量的实际值与期望值之间的误差值。稳态误差反映了动态过程后期的性能。稳态误差量的大小反映系统稳态精度的高低，稳态误差越小，则系统的稳态精度越高。稳态精度也是衡量系统品质的一个重要指标。稳态精度当然是越高越好，即系统的稳态输出越接近期望值越好。对于实际的控制系统，至少应满足生产工艺提出的要求。

由于受控对象的具体情况不同，各种系统对稳、准、快的要求各有侧重。例如，随动系统对快速性要求较高；调速系统对稳定性要求严格；机械动力学系统需首要满足的也是稳定性，因为过大的振荡将会使部件过载而损坏。对于同一系统，其稳、准、快是相互制约的。快速性好，可能会有强烈振荡；改善稳定性，控制过程又可能过于迟缓，精度可能变坏。分析和解决这些矛盾，也是本学科讨论的重要内容。

习 题

1.1 闭环控制系统的工作原理是什么？

1.2 日常生活中有许多开环和闭环控制系统，请举例说明系统的工作方式，绘制其结构框图，并比较开环控制系统和闭环控制系统的优缺点。

1.3 请以我国古代某控制系统为例，分析控制系统的一般构成。

1.4 对自动控制系统基本的性能要求有哪些？举例说明工业和生活中控制系统对性能要求的侧重点及其原因。

第 2 章 控制系统的数学模型

> **学习目标**
>
> 本章要求掌握机电系统数学模型的建立方法，传递函数的定义、求解方法，熟悉典型系统的传递函数求取方法，系统框图及其等效变化，了解信号流图及梅森公式的应用，了解应用 MATLAB 求解数学模型的方法。

通过第 1 章的学习，同学们对控制系统有了初步的了解和认识。为了更好地设计、分析控制系统，掌握其内在变化规律，常需用数学表达式来描述控制系统。这种反映控制系统输入、输出之间以及内部各变量之间相互关系的数学表达式称为系统的数学模型。由于分析和设计的控制系统不同，采用的方法不同，因此用来描述系统的数学模型也是多种多样的。常用的数学模型有微分方程、传递函数、频率特性、差分方程和状态空间表达式等。本章主要介绍线性定常系统微分方程的建立。

2.1 系统数学模型的建立

建立系统数学模型常采用解析法和实验法。解析法主要是根据系统的元部件所遵循的物理定律及其在系统中的结构特性来列写数学表达式，并进行理论推导，建立数学模型。在实际中，有些系统结构复杂，很难准确地建立数学模型，常需忽略一些次要因素而简化建模过程，但要把握好模型简化与模型精度之间的尺度。系统实验法也称为系统辨识，是通过加入某种输入信号，观察其相应的输出响应而建立数学模型的方法。本章主要介绍采用解析法建立微分方程的具体过程。

2.1.1 建立微分方程的一般步骤

用解析法建立系统微分方程的一般步骤如下。
1) 根据系统的结构特征，确定系统和各元部件的输入、输出量。
2) 依据各元部件所遵循的物理或化学定律，如机械系统的达朗贝尔原理，电学系统的基尔霍夫电流、电压定律等，依次列写各元部件的微分方程，并在条件允许的情况下忽略次要因素，使问题简化。
3) 消去中间变量，得到系统输入、输出变量之间的微分方程。
4) 将微分方程标准化：将输入量置于等式的右端，输出量置于等式的左端，各阶导数按降幂排列。

2.1.2 控制系统微分方程的列写

1. 机械系统

在机械系统中，常采用牛顿第二定律和达朗贝尔原理来建立数学模型。元部件运动形式可分为平移运动和旋转运动两种。

依据达朗贝尔原理，可列写系统的微分方程为

$$-m_i \frac{d^2 y_i(t)}{dt^2} + \sum f_i(t) = 0$$

式中，$\sum f_i(t)$ 为作用在第 i 个质点上的合力；$m_i \dfrac{d^2 y_i(t)}{dt^2}$ 表示质量为 m_i 的质点的惯性力。

（1）平移运动

做平移运动的机械系统主要包括质量、弹簧和阻尼等要素。

【例 2.1】 图 2-1 所示弹簧-质量-阻尼器系统即为一机械平移系统，$f(t)$ 为输入量，$y(t)$ 为输出量，m 为质量，c 为阻尼系数，k 为弹簧刚度。试列写输入与输出之间的微分方程。

解：该系统在外力 $f(t)$ 的作用下，抵消了弹簧拉力 $ky(t)$ 和阻尼器的阻力 $c\dfrac{dy(t)}{dt}$ 后，与质点惯性力 $m\dfrac{d^2 y(t)}{dt^2}$ 形成平衡力系。应用达朗贝尔原理，可知系统的微分方程为

$$f(t) - f_c(t) - f_k(t) = m \frac{d^2 y(t)}{dt^2}$$

元件的微分方程为

$$f_k(t) = ky(t), \quad f_c(t) = c\frac{dy(t)}{dt}$$

消去中间变量，整理得

$$m \frac{d^2 y(t)}{dt^2} + c \frac{dy(t)}{dt} + ky(t) = f(t)$$

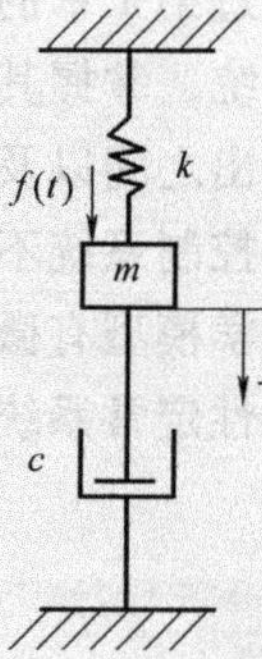

图 2-1 弹簧-质量-阻尼器系统（机械平移系统）

（2）旋转运动

做旋转运动的机械系统主要包括转动惯量、扭转弹簧和旋转阻尼等要素。

【例 2.2】 图 2-2 所示为一旋转机械系统，$T(t)$ 为输入转矩，$\theta(t)$ 为输出转角，J 为转动惯量，c 为回转黏性阻尼系数，k 为扭转弹簧刚度。试列写输入与输出之间的微分方程。

解：由达朗贝尔原理，可得系统的微分方程为

$$T(t) - T_c(t) - T_k(t) = J \frac{d^2 \theta(t)}{dt^2}$$

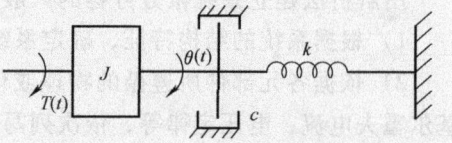

图 2-2 旋转机械系统

元件的微分方程为

$$T_c(t) = c\frac{d\theta(t)}{dt}, \quad T_k(t) = k\theta(t)$$

消去中间变量，整理得

$$J\frac{d^2\theta(t)}{dt^2} + c\frac{d\theta(t)}{dt} + k\theta(t) = T(t)$$

2. 电气系统

电气系统主要由电阻、电容和电感等基本元件组成。依据基尔霍夫电压定律和基尔霍夫电流定律，可知系统的微分方程为

$$\sum_{k=1}^{n} u_k(t) = 0, \quad \sum_{k=1}^{n} i_k(t) = 0$$

元件的微分方程为

$$u_R(t) = Ri(t), \quad u_C(t) = \frac{1}{C}\int i(t)dt, \quad u_L(t) = L\frac{di(t)}{dt}$$

【例 2.3】 图 2-3 所示为一电阻、电感、电容串联网络，其中 $u_i(t)$ 为输入电压，$u_o(t)$ 为输出电压，$i(t)$ 为电流，R 为电阻，L 为电感，C 为电容，试写出输入与输出之间的微分方程。

解：根据基尔霍夫电压定律，可得该电网络的系统微分方程为

$$u_i(t) = u_R(t) + u_L(t) + u_o(t)$$

元件微分方程为

图 2-3 RLC 串联网络

$$u_o(t) = \frac{1}{C}\int i(t)dt, \quad u_R(t) = Ri(t), \quad u_L(t) = L\frac{di(t)}{dt}$$

消去中间变量，可得输入与输出之间的微分方程为

$$LC\frac{d^2 u_o(t)}{dt^2} + RC\frac{du_o(t)}{dt} + u_o(t) = u_i(t)$$

2.2 拉普拉斯变换

拉普拉斯变换简称拉氏变换，是利用频率法分析控制系统的数学基础。利用拉普拉斯变换求解微分方程，是将用时间表示的微分方程变成以复变量 s 表示的代数方程，大大简化求解过程。本节主要介绍拉普拉斯变换的定义、定理及拉普拉斯反变换的求解方法。

2.2.1 拉普拉斯变换及拉普拉斯反变换的定义

1. 拉普拉斯变换

对于定义在区间（0，∞）上的自变量 t 的函数 $f(t)$，其拉普拉斯变换记作

$$F(s) = L[f(t)] = \int_0^\infty f(t)e^{-st}dt$$

式中，L 为拉普拉斯变换符号；s 为复变量；$f(t)$ 为原函数；$F(s)$ 为 $f(t)$ 的拉普拉斯变换函数，称为象函数。

拉普拉斯变换是将实变函数 $f(t)$ 转变为复变量 $s=\sigma+j\omega$ 的复变函数 $F(s)$，其存在的条件是定义所规定的积分收敛，即必须满足如下狄利克雷条件。

1) 在区间 $(0, \infty)$ 内，$f(t)$ 分段连续，且只有有限个间断点。
2) 当 $t\to\infty$ 时，$|f(t)|\leqslant Me^{at}$，其中 M、a 为实常数。

2. 拉普拉斯反变换

在控制系统的分析过程中，常有在已知象函数 $F(s)$ 时，求取原函数 $f(t)$ 的情况。将象函数 $F(s)$ 变换成与之相对应的原函数 $f(t)$ 的过程称为拉普拉斯反变换。

拉普拉斯反变换的定义为

$$f(t) = L^{-1}[F(s)] = \frac{1}{2\pi j}\int_{\sigma-j\omega}^{\sigma+j\omega} F(s)e^{st}ds$$

式中，L^{-1} 为拉普拉斯反变换符号。

2.2.2 典型时间函数的拉普拉斯变换

本小节主要介绍一些典型时间函数的拉普拉斯变换求取过程，它们是求取复杂时间函数拉普拉斯变换的基础。

1. 单位阶跃函数的拉普拉斯变换

单位阶跃函数定义为

$$1(t) = \begin{cases} 0 & (t<0) \\ 1 & (t\geqslant 0) \end{cases}$$

其拉普拉斯变换为

$$L[1(t)] = \int_0^\infty 1(t)e^{-st}dt = \int_0^\infty e^{-st}dt = -\frac{1}{s}e^{-st}\Big|_0^\infty = \frac{1}{s}$$

2. 单位脉冲函数的拉普拉斯变换

单位脉冲函数定义为

$$\delta(t) = \begin{cases} 0 & (t\neq 0) \\ \infty & (t=0) \end{cases}$$

且

$$\int_{-\infty}^\infty \delta(t)dt = 1$$

$\delta(t)$ 有如下特征

$$\int_{-\infty}^\infty \delta(t)f(t)dt = f(0)$$

式中，$f(t)$ 为 $(-\infty, +\infty)$ 上的连续函数；$f(0)$ 为 $t=0$ 时刻的 $f(t)$ 的函数值。

单位脉冲函数的拉普拉斯变换为

$$L[\delta(t)] = \int_0^\infty \delta(t)e^{-st}dt = e^{-st}\Big|_{t=0} = 1$$

3. 单位斜坡函数的拉普拉斯变换

单位斜坡函数定义为

$$f(t) = \begin{cases} 0 & (t<0) \\ t & (t \geq 0) \end{cases}$$

其拉普拉斯变换为

$$L[t] = \int_0^\infty t e^{-st} dt = -\frac{1}{s}\left(t e^{-st}\Big|_0^\infty - \int_0^\infty e^{-st} dt\right) = \frac{1}{s^2}$$

4. 指数函数的拉普拉斯变换

指数函数定义为

$$f(t) = \begin{cases} 0 & (t<0) \\ e^{-at} & (t \geq 0) \end{cases}$$

其拉普拉斯变换为

$$L[e^{-at}] = \int_0^\infty e^{-at} e^{-st} dt = \int_0^\infty e^{-(s+a)t} dt = \frac{1}{s+a}$$

5. 正弦函数的拉普拉斯变换

根据欧拉公式,有

$$e^{j\omega t} = \cos\omega t + j\sin\omega t$$
$$e^{-j\omega t} = \cos\omega t - j\sin\omega t$$

可求得

$$\sin\omega t = \frac{1}{2j}(e^{j\omega t} - e^{-j\omega t})$$

其拉普拉斯变换为

$$\begin{aligned} L[\sin\omega t] &= \int_0^\infty \frac{1}{2j}(e^{j\omega t} - e^{-j\omega t}) e^{-st} dt \\ &= \frac{1}{2j}\int_0^\infty [e^{-(s-j\omega)t} - e^{-(s+j\omega)t}] dt \\ &= \frac{1}{2j}\left(\frac{1}{s-j\omega} - \frac{1}{s+j\omega}\right) \\ &= \frac{\omega}{s^2+\omega^2} \end{aligned}$$

6. 余弦函数的拉普拉斯变换

根据欧拉公式,可求得

$$\cos\omega t = \frac{1}{2}(e^{j\omega t} + e^{-j\omega t})$$

其拉普拉斯变换为

$$\begin{aligned} L[\cos\omega t] &= \int_0^\infty \frac{1}{2}(e^{j\omega t} + e^{-j\omega t}) e^{-st} dt \\ &= \frac{1}{2}\int_0^\infty [e^{-(s-j\omega)t} + e^{-(s+j\omega)t}] dt \\ &= \frac{1}{2}\left(\frac{1}{s-j\omega} + \frac{1}{s+j\omega}\right) \\ &= \frac{s}{s^2+\omega^2} \end{aligned}$$

表 2-1 为常用函数的拉普拉斯变换对照表。

表 2-1 拉普拉斯变换对照表

序号	原函数 $f(t)$	象函数 $F(s)$
1	$\delta(t)$	1
2	$1(t)$	$\dfrac{1}{s}$
3	t	$\dfrac{1}{s^2}$
4	e^{-at}	$\dfrac{1}{s+a}$
5	te^{-at}	$\dfrac{1}{(s+a)^2}$
6	$\sin\omega t$	$\dfrac{\omega}{s^2+\omega^2}$
7	$\cos\omega t$	$\dfrac{s}{s^2+\omega^2}$
8	$t^n \quad (n=1,2,3,\cdots)$	$\dfrac{n!}{s^{n+1}}$
9	$t^n e^{-at} \quad (n=1,2,3,\cdots)$	$\dfrac{n!}{(s+a)^{n+1}}$
10	$\dfrac{1}{b-a}(e^{-at}-e^{-bt})$	$\dfrac{1}{(s+a)(s+b)}$
11	$e^{-at}\sin\omega t$	$\dfrac{\omega}{(s+a)^2+\omega^2}$
12	$e^{-at}\cos\omega t$	$\dfrac{s+a}{(s+a)^2+\omega^2}$
13	$\dfrac{1}{a^2}(at-1+e^{-at})$	$\dfrac{1}{s^2(s+a)}$
14	$\dfrac{\omega_n}{\sqrt{1-\xi^2}}e^{-\xi\omega_n t}\sin\omega_n\sqrt{1-\xi^2}\,t$	$\dfrac{\omega_n^2}{s^2+2\xi\omega_n s+\omega_n^2} \quad (0<\xi<1)$

2.2.3 拉普拉斯变换基本定理

为了更方便地求解一些复杂函数的拉普拉斯变换，下面介绍一些拉普拉斯变换常用的定理，假设所涉及的函数的拉普拉斯变换均存在。

1. 线性定理

如果 k_1、k_2 为任意常数，函数 $f_1(t)$、$f_2(t)$ 的拉普拉斯变换为 $F_1(s)$、$F_2(s)$，则有

$$L[k_1 f_1(t)+k_2 f_2(t)]=k_1 F_1(s)+k_2 F_2(s)$$

证明：根据拉普拉斯变换的定义

$$L[k_1f_1(t)+k_2f_2(t)] = \int_0^\infty [k_1f_1(t)+k_2f_2(t)]e^{-st}dt$$

$$= \int_0^\infty k_1f_1(t)e^{-st}dt + \int_0^\infty k_2f_2(t)e^{-st}dt$$

$$= k_1F_1(s)+k_2F_2(s)$$

此定理可以推广到多个函数的情况。

【例2.4】 已知 $f(t)=4t^2+3\sin2t+e^{-t}$，求其拉普拉斯变换 $F(s)$。

解： 由拉普拉斯变换定义及线性定理可知

$$F(s) = L(4t^2+3\sin2t+e^{-t})$$

$$= 4\times\frac{2!}{s^3}+3\times\frac{2}{s^2+4}+\frac{1}{s+1}$$

$$= \frac{8}{s^3}+\frac{6}{s^2+4}+\frac{1}{s+1}$$

2. 实数域的平移定理

如果函数 $f(t)$ 的拉普拉斯变换为 $F(s)$，则对任一正实数 a，有

$$L[f(t-a)\cdot1(t-a)] = e^{-as}F(s)$$

证明：

$$L[f(t-a)\cdot1(t-a)] = \int_0^\infty f(t-a)\cdot1(t-a)e^{-st}dt$$

令 $t-a=\tau$，有

$$L[f(t-a)\cdot1(t-a)] = \int_0^\infty f(\tau)e^{-s(a+\tau)}1(\tau)d(a+\tau)$$

$$= e^{-as}\int_0^\infty f(\tau)e^{-s\tau}d\tau$$

$$= e^{-as}F(s)$$

【例2.5】 求图2-4所示三角波的拉普拉斯变换。

解： 由图2-4可知，三角波可表达为

$$f(t) = 5t-5(t-2)\cdot1(t-2)-10\cdot1(t-2)$$

利用实数域的平移定理，对上式求拉普拉斯变换，得

$$F(s) = \frac{5}{s^2}-\frac{5}{s^2}e^{-2s}-\frac{10}{s}e^{-2s}$$

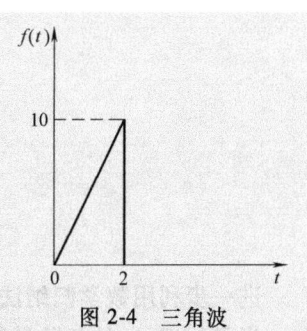

图2-4 三角波

3. 复数域的平移定理

如果函数 $f(t)$ 的拉普拉斯变换为 $F(s)$，则对任一常数 a，有

$$L[e^{-at}f(t)] = F(s+a)$$

证明：

$$L[e^{-at}f(t)] = \int_0^\infty e^{-at}f(t)e^{-st}dt$$

$$= \int_0^\infty f(t)e^{-(a+s)t}dt$$

$$= F(s+a)$$

【例2.6】 求 $e^{-at}\sin\omega t$ 的拉普拉斯变换。

解： 由正弦函数的拉普拉斯变换可知

$$L[\sin\omega t] = \frac{\omega}{s^2+\omega^2}$$

运用复数域的平移定理，有

$$L[e^{-at}\sin\omega t] = \frac{\omega}{(s+a)^2+\omega^2}$$

4. 微分定理

如果函数 $f(t)$ 的拉普拉斯变换为 $F(s)$，则有

$$L\left[\frac{df(t)}{dt}\right] = L[f'(t)] = sF(s) - f(0)$$

$$L\left[\frac{d^2f(t)}{dt^2}\right] = s^2F(s) - sf(0) - f'(0)$$

$$\vdots$$

$$L\left[\frac{d^nf(t)}{dt^n}\right] = s^nF(s) - s^{n-1}f(0) - s^{n-2}f'(0) - \cdots - f^{(n-1)}(0) \tag{2-1}$$

式中，$f(0)$，$f'(0)$，…，$f^{(n-1)}(0)$ 为函数 $f(t)$ 的各阶导数在 $t=0$ 时的值。

证明： 根据拉普拉斯变换的定义，有

$$L\left[\frac{df(t)}{dt}\right] = \int_0^\infty \frac{df(t)}{dt}e^{-st}dt = \int_0^\infty e^{-st}df(t)$$

$$= e^{-st}f(t)\Big|_0^\infty + s\int_0^\infty f(t)e^{-st}dt$$

$$= sF(s) - f(0)$$

$$L\left[\frac{d^2f(t)}{dt^2}\right] = L[f''(t)] = L\{[f'(t)]'\}$$

$$= sL[f'(t)] - f'(0)$$

$$= s[sF(s) - f(0)] - f'(0)$$

$$= s^2F(s) - sf(0) - f'(0)$$

进一步利用数学归纳法可证明式（2-1）成立。

当函数 $f(t)$ 的各阶导数的初始值均为零时，微分定理转换为

$$L\left[\frac{df(t)}{dt}\right] = sF(s)$$

$$L\left[\frac{d^2f(t)}{dt^2}\right] = s^2F(s)$$

$$\vdots$$

$$L\left[\frac{\mathrm{d}^n f(t)}{\mathrm{d}t^n}\right] = s^n F(s)$$

运用微分定理可将函数 $f(t)$ 的求导运算转化为代数运算，从而简化了计算过程。

【例 2.7】 利用微分定理求 $\sin\omega t$ 的拉普拉斯变换。

解： 对 $\sin\omega t$ 求二阶微分，有

$$\frac{\mathrm{d}^2 \sin\omega t}{\mathrm{d}t^2} = -\omega^2 \sin\omega t$$

等式两边同时取拉普拉斯变换，得

$$s^2 L[\sin\omega t] - s\sin\omega t\big|_{t=0} - \frac{\mathrm{d}\sin\omega t}{\mathrm{d}t}\bigg|_{t=0} = L[-\omega^2 \sin\omega t]$$

已知

$$\sin\omega t\big|_{t=0} = 0,\quad \frac{\mathrm{d}\sin\omega t}{\mathrm{d}t}\bigg|_{t=0} = \omega\cos\omega t\big|_{t=0} = \omega$$

则有

$$s^2 L[\sin\omega t] - \omega = -\omega^2 L[\sin\omega t]$$

$$L[\sin\omega t] = \frac{\omega}{s^2 + \omega^2}$$

5. 积分定理

如果函数 $f(t)$ 的拉普拉斯变换为 $F(s)$，则有

$$L\left[\int f(t)\mathrm{d}t\right] = \frac{1}{s}F(s) + \frac{1}{s}f^{(-1)}(0)$$

式中，$f^{(-1)}(0)$ 为积分 $\int f(t)\mathrm{d}t$ 在 $t=0$ 时的值。

证明： 根据拉普拉斯变换的定义，有

$$L\left[\int f(t)\mathrm{d}t\right] = \int_0^\infty \left[\int f(t)\mathrm{d}t\right] \mathrm{e}^{-st} \mathrm{d}t$$

$$= -\frac{1}{s}\left[\int f(t)\mathrm{d}t \cdot \mathrm{e}^{-st}\bigg|_0^\infty - \int_0^\infty f(t)\mathrm{e}^{-st}\mathrm{d}t\right]$$

$$= \frac{1}{s}F(s) + \frac{1}{s}f^{(-1)}(0)$$

同理可推导出函数 $f(t)$ 各重积分的拉普拉斯变换为

$$L\left[\iint f(t)(\mathrm{d}t)^2\right] = \frac{1}{s^2}F(s) + \frac{1}{s^2}f^{(-1)}(0) + \frac{1}{s}f^{(-2)}(0)$$

$$\vdots$$

$$L\left[\iint\cdots\int f(t)(\mathrm{d}t)^n\right] = \frac{1}{s^n}F(s) + \frac{1}{s^n}f^{(-1)}(0) + \frac{1}{s^{n-1}}f^{(-2)}(0) + \cdots + \frac{1}{s}f^{(-n)}(0)$$

式中，$f^{(-1)}(0),\cdots,f^{(-n)}(0)$ 为函数 $f(t)$ 的各重积分在 $t=0$ 时的值。

当函数 $f(t)$ 的各重积分的初始值均为零时，积分定理转换为

$$L\left[\int f(t)\,\mathrm{d}t\right] = \frac{1}{s}F(s)$$

$$L\left[\iint f(t)(\mathrm{d}t)^2\right] = \frac{1}{s^2}F(s)$$

$$\vdots$$

$$L\left[\iint \cdots \int f(t)(\mathrm{d}t)^n\right] = \frac{1}{s^n}F(s)$$

6. 初值定理

如果函数 $f(t)$ 的拉普拉斯变换为 $F(s)$，且以下极限值均存在，则有

$$f(0) = \lim_{t \to 0} f(t) = \lim_{s \to \infty} sF(s)$$

证明：根据拉普拉斯变换的微分定理，有

$$L\left[\frac{\mathrm{d}f(t)}{\mathrm{d}t}\right] = \int_0^\infty \frac{\mathrm{d}f(t)}{\mathrm{d}t}\mathrm{e}^{-st}\mathrm{d}t = sF(s) - f(0)$$

对等式两边取极限：令 $s \to \infty$，则有

$$\lim_{s \to \infty}\int_0^\infty \frac{\mathrm{d}f(t)}{\mathrm{d}t}\mathrm{e}^{-st}\mathrm{d}t = \lim_{s \to \infty}[sF(s) - f(0)]$$

$$0 = \lim_{s \to \infty} sF(s) - f(0)$$

$$f(0) = \lim_{t \to 0} f(t) = \lim_{s \to \infty} sF(s)$$

【例 2.8】 已知 $L[f(t)] = F(s) = \dfrac{1}{s^2 + a^2}$，求 $f(0)$。

解：根据初值定理，可求得

$$f(0) = \lim_{s \to \infty} sF(s) = \lim_{s \to \infty} s\frac{1}{s^2 + a^2} = 0$$

7. 终值定理

如果函数 $f(t)$ 的拉普拉斯变换为 $F(s)$，且以下极限值均存在，则有

$$\lim_{t \to \infty} f(t) = \lim_{s \to 0} sF(s)$$

证明：根据拉普拉斯变换的微分定理，可知下式成立

$$L\left[\frac{\mathrm{d}f(t)}{\mathrm{d}t}\right] = \int_0^\infty \frac{\mathrm{d}f(t)}{\mathrm{d}t}\mathrm{e}^{-st}\mathrm{d}t = sF(s) - f(0)$$

对等式两边取极限：令 $s \to 0$，则有

$$\lim_{s \to 0}\int_0^\infty \frac{\mathrm{d}f(t)}{\mathrm{d}t}\mathrm{e}^{-st}\mathrm{d}t = \lim_{s \to 0}[sF(s) - f(0)]$$

$$f(t)\big|_0^\infty = \lim_{s \to 0} sF(s) - f(0)$$

$$f(\infty) = \lim_{t \to \infty} f(t) = \lim_{s \to 0} sF(s)$$

终值定理常用于稳态误差的求取。

【例 2.9】 已知：$L[f(t)] = F(s) = \dfrac{s+1}{s^2 + 2s + 1}$，求 $f(\infty)$。

解：根据终值定理，可求得

$$f(\infty) = \lim_{s \to 0} sF(s) = \lim_{s \to 0} s \frac{s+1}{s^2+2s+1} = 1$$

8. 卷积定理

如果函数 $f(t)$、$g(t)$ 的拉普拉斯变换分别为 $F(s)$、$G(s)$，则有

$$L[f(t)*g(t)] = L\left[\int_0^t f(t-\lambda)g(\lambda)d\lambda\right] = F(s)G(s)$$

式中，$f(t)*g(t) = \int_0^t f(t-\lambda)g(\lambda)d\lambda$，表示 $f(t)$ 与 $g(t)$ 的卷积。

此定理表明两个原函数的卷积的拉普拉斯变换等于它们拉普拉斯变换的乘积。

【例 2.10】 已知 $f(t)$ 的拉普拉斯变换为 $F(s)$，求 $L[f(t-2)]*e^{-3t}1(t)]$。

解：利用卷积定理和实数域的平移定理，有

$$L[f(t-2)*e^{-3t}1(t)] = L[f(t-2)] \cdot L[e^{-3t}1(t)] = \frac{e^{-2s}}{s+3}F(s)$$

2.2.4 拉普拉斯反变换

拉普拉斯反变换是求解控制系统时间响应的重要手段，而直接根据拉普拉斯反变换的定义求解是非常复杂的，因此常采用部分分式展开法将复杂的象函数化简成简单的部分分式之和，然后直接查拉普拉斯变换表求取原函数。

在控制系统中，象函数常可写成有理分式形式，即

$$F(s) = \frac{B(s)}{A(s)} = \frac{b_m s^m + b_{m-1} s^{m-1} + \cdots + b_0}{a_n s^n + a_{n-1} s^{n-1} + \cdots + a_0} = \frac{k(s-z_1)(s-z_2)\cdots(s-z_m)}{(s-p_1)(s-p_2)\cdots(s-p_n)} \quad (n \geq m)$$

式中，$p_1, p_2, \cdots, p_n$ 为 $F(s)$ 的极点；$z_1, z_2, \cdots, z_m$ 为 $F(s)$ 的零点。

下面根据极点的形式不同，分三种情况进行讨论。

(1) 象函数 $F(s)$ 的极点为各不相同的实数

在这种情况下，象函数可展开成如下部分分式之和，即

$$\begin{aligned} F(s) &= \frac{B(s)}{A(s)} = \frac{b_m s^m + b_{m-1} s^{m-1} + \cdots + b_0}{a_n s^n + a_{n-1} s^{n-1} + \cdots + a_0} \\ &= \frac{k_1}{s-p_1} + \frac{k_2}{s-p_2} + \cdots + \frac{k_n}{s-p_n} \\ &= \sum_{i=1}^n \frac{k_i}{s-p_i} \end{aligned}$$

式中，k_i 为待定系数，可用下面的公式求得

$$k_i = \frac{B(s)}{A(s)}(s-p_i)\bigg|_{s=p_i} = \frac{B(p_i)}{A'(p_i)} \quad (i=1,2,\cdots,n) \tag{2-2}$$

根据拉普拉斯变换的线性定理，可求得原函数为

$$f(t) = L^{-1}[F(s)] = \sum_{i=1}^{n} k_i e^{p_i t}$$

【例 2.11】 求 $F(s) = \dfrac{s+1}{s^2+s-6}$ 的拉普拉斯反变换。

解： 象函数中的极点均为不相同的实数，可展开为

$$F(s) = \frac{s+1}{s^2+s-6} = \frac{s+1}{(s+3)(s-2)} = \frac{k_1}{s+3} + \frac{k_2}{s-2}$$

根据式 (2-2)，待定系数可用两种方法求解。

方法一：

$$k_1 = \frac{s+1}{(s+3)(s-2)}(s+3)\bigg|_{s=-3} = \frac{2}{5}$$

$$k_2 = \frac{s+1}{(s+3)(s-2)}(s-2)\bigg|_{s=2} = \frac{3}{5}$$

方法二：

$$A'(s) = 2s+1$$
$$A'(-3) = -5, \ A'(2) = 5$$
$$B(-3) = -2, \ B(2) = 3$$
$$k_1 = \frac{B(-3)}{A'(-3)} = \frac{2}{5}, \ k_2 = \frac{B(2)}{A'(2)} = \frac{3}{5}$$

可见两种方法求得的待定系数相同，可得象函数表达式为

$$F(s) = \frac{s+1}{s^2+s-6} = \frac{s+1}{(s+3)(s-2)} = \frac{\frac{2}{5}}{s+3} + \frac{\frac{3}{5}}{s-2}$$

因此 $F(s)$ 的拉普拉斯反变换为

$$f(t) = \frac{2}{5}e^{-3t} + \frac{3}{5}e^{2t}$$
$$= \frac{1}{5}(3e^{2t} + 2e^{-3t})$$

(2) 象函数 $F(s)$ 的极点中有共轭复数极点

假设象函数 $F(s)$ 的极点中有一对共轭复数极点，而其他均为互不相同的实数极点，则可展开成如下部分分式之和，即

$$F(s) = \frac{B(s)}{A(s)} = \frac{b_m s^m + b_{m-1} s^{m-1} + \cdots + b_0}{a_n s^n + a_{n-1} s^{n-1} + \cdots + a_0}$$

$$= \frac{k_1 s + k_2}{(s-p_1)(s-p_2)} + \frac{k_3}{s-p_3} + \cdots + \frac{k_n}{s-p_n}$$

待定系数 $k_3, k_4, \cdots, k_n$ 还按公式 (2-2) 求解，k_1、k_2 可用下面的公式求得

$$\left[\frac{B(s)}{A(s)}(s-p_1)(s-p_2)\right]\bigg|_{\substack{s=p_1 \\ \text{或} \\ s=p_2}} = (k_1 s + k_2)\bigg|_{\substack{s=p_1 \\ \text{或} \\ s=p_2}}$$

令等式两边的实部和虚部分别相等,联立求解方程,则可求得 k_1、k_2 的值。

由于

$$L^{-1}\left[\frac{\omega}{(s+a)^2+\omega^2}\right]=e^{-at}\sin\omega t,\quad L^{-1}\left[\frac{s+a}{(s+a)^2+\omega^2}\right]=e^{-at}\cos\omega t$$

则将共轭复数极点部分配成上面的格式,利用线性定理,即可求出系统的原函数。

【例 2.12】 求 $F(s)=\dfrac{2s+12}{s^2+2s+5}$ 的原函数。

解: 首先将象函数的分母进行因式分解,得

$$F(s)=\frac{2s+12}{s^2+2s+5}=\frac{k_1 s+k_2}{(s+1+2j)(s+1-2j)}$$

可知

$$k_1=2,\ k_2=12$$

$$F(s)=\frac{2s+12}{s^2+2s+5}=\frac{2(s+1)}{(s+1)^2+2^2}+\frac{5\times 2}{(s+1)^2+2^2}$$

$$f(t)=2e^{-t}\cos 2t+5e^{-t}\sin 2t$$

(3) 象函数 $F(s)$ 的极点中有重极点

假设象函数 $F(s)$ 有 r 个重极点 p_1,其余极点均不相同,则象函数可展开成如下部分分式之和,即

$$F(s)=\frac{B(s)}{A(s)}=\frac{B(s)}{a_n(s-p_1)^r(s-p_{r+1})\cdots(s-p_n)}$$

$$=\frac{k_{11}}{(s-p_1)^r}+\frac{k_{12}}{(s-p_1)^{r-1}}+\cdots+\frac{k_{1r}}{s-p_1}+\frac{k_{r+1}}{s-p_{r+1}}+\cdots+\frac{k_n}{s-p_n}$$

待定系数 k_{r+1}, k_{r+2}, $\cdots$, k_n 还按式 (2-2) 求解,k_{11}, k_{12}, $\cdots$, k_{1r} 分别按下面的公式求得

$$k_{11}=F(s)(s-p_1)^r\big|_{s=p_1}$$

$$k_{12}=\frac{d}{ds}\left[F(s)(s-p_1)^r\right]\Big|_{s=p_1}$$

$$k_{13}=\frac{1}{2!}\frac{d^2}{ds^2}\left[F(s)(s-p_1)^r\right]\Big|_{s=p_1}$$

$$\vdots$$

$$k_{1r}=\frac{1}{(r-1)!}\frac{d^{r-1}}{ds^{r-1}}\left[F(s)(s-p_1)^r\right]\Big|_{s=p_1}$$

象函数 $F(s)$ 的原函数为

$$f(t)=L^{-1}[F(s)]=\left[\frac{k_{11}}{(r-1)!}t^{r-1}+\frac{k_{12}}{(r-2)!}t^{r-2}+\cdots+k_{1r}\right]e^{p_1 t}+\sum_{i=r+1}^{n}k_i e^{p_i t}$$

【例 2.13】 求 $F(s)=\dfrac{(s+3)}{(s+2)^2(s+1)}$ 的原函数。

解: 象函数的极点中既含有重极点,又含有单独极点,可展开为

$$F(s)=\frac{(s+3)}{(s+2)^2(s+1)}=\frac{k_{11}}{(s+2)^2}+\frac{k_{12}}{s+2}+\frac{k_3}{s+1}$$

式中，

$$k_{11}=\frac{(s+3)}{(s+2)^2(s+1)}(s+2)^2\bigg|_{s=-2}=-1$$

$$k_{12}=\frac{\mathrm{d}}{\mathrm{d}s}\left[\frac{(s+3)}{(s+2)^2(s+1)}(s+2)^2\right]\bigg|_{s=-2}=\frac{-2}{(s+1)^2}\bigg|_{s=-2}=-2$$

$$k_3=\frac{(s+3)}{(s+2)^2(s+1)}(s+1)\bigg|_{s=-1}=2$$

故可得

$$F(s)=-\frac{1}{(s+2)^2}-\frac{2}{s+2}+\frac{2}{s+1}$$

其对应的原函数为

$$f(t)=L^{-1}[F(s)]=-(t+2)\mathrm{e}^{-2t}+2\mathrm{e}^{-t}$$

2.3 系统的传递函数

为了方便地求解系统的微分方程，分析系统的动态特性，常需借助于拉普拉斯变换，将时域中复杂的微分方程转变为复数域简单的代数方程。传递函数就是建立在拉普拉斯变换基础上的，用来分析和设计零初始条件下控制系统的有力工具。

2.3.1 传递函数的定义

线性定常系统的传递函数是指：在零初始条件下（初始输入量和输出量及其各阶导数均为零），系统输出量的拉普拉斯变换与输入量的拉普拉斯变换之比。

设线性定常系统输入与输出间的 n 阶微分方程一般表达式为

$$a_n\frac{\mathrm{d}^n x_\mathrm{o}(t)}{\mathrm{d}t^n}+a_{n-1}\frac{\mathrm{d}^{n-1} x_\mathrm{o}(t)}{\mathrm{d}t^{n-1}}+\cdots+a_1\frac{\mathrm{d}x_\mathrm{o}(t)}{\mathrm{d}t}+a_0 x_\mathrm{o}(t)$$
$$=b_m\frac{\mathrm{d}^m x_\mathrm{i}(t)}{\mathrm{d}t^m}+b_{m-1}\frac{\mathrm{d}^{m-1} x_\mathrm{i}(t)}{\mathrm{d}t^{m-1}}+\cdots+b_1\frac{\mathrm{d}x_\mathrm{i}(t)}{\mathrm{d}t}+b_0 x_\mathrm{i}(t)$$

当初始条件全为零时，对上式进行拉普拉斯变换，得

$$(a_n s^n+a_{n-1}s^{n-1}+\cdots+a_1 s+a_0)X_\mathrm{o}(s)$$
$$=(b_m s^m+b_{m-1}s^{m-1}+\cdots+b_1 s+b_0)X_\mathrm{i}(s)$$

可得系统传递函数的一般形式为

$$G(s)=\frac{X_\mathrm{o}(s)}{X_\mathrm{i}(s)}=\frac{b_m s^m+b_{m-1}s^{m-1}+\cdots+b_1 s+b_0}{a_n s^n+a_{n-1}s^{n-1}+\cdots+a_1 s+a_0} \quad (n\geqslant m)$$

【例 2.14】 求图 2-3 所示系统的传递函数。

解： 由例 2.3 可知，该系统的微分方程为

$$LC\frac{d^2 u_o(t)}{dt^2} + RC\frac{du_o(t)}{dt} + u_o(t) = u_i(t)$$

在零初始条件下，对上式两边同求拉普拉斯变换，得

$$(LCs^2 + RCs + 1)U_o(s) = U_i(s)$$

由传递函数的定义得

$$G(s) = \frac{U_o(s)}{U_i(s)} = \frac{1}{LCs^2 + RCs + 1}$$

2.3.2 典型环节的传递函数

在实际中，控制系统都是由许多物理元部件构成的。但不同物理特性的元部件却可能具有相同的传递函数形式。为了更方便地分析和设计系统，常将具有某种确定信息传递关系的元部件称为环节。一个复杂的控制系统总可看作是由一些典型环节所组成的。

控制系统中常用的典型环节有：比例环节、惯性环节、积分环节、微分环节、振荡环节和延迟环节等。

1. 比例环节

比例环节又称为放大环节，其输出量能以一定的比例无失真地复现输入量。

比例环节的微分方程为

$$x_o(t) = Kx_i(t)$$

式中，$x_o(t)$、$x_i(t)$ 为环节的输出量和输入量；K 为比例环节的增益（或称为放大环节的放大系数），等于输出量与输入量之比。

在零初始条件下，经拉普拉斯变换得

$$X_o(s) = KX_i(s)$$

则传递函数为

$$G(s) = \frac{X_o(s)}{X_i(s)} = K$$

【例 2.15】 图 2-5 所示为一齿轮传动副，$n_i(t)$ 和 z_1 分别为主动轮的转速和齿数，$n_o(t)$ 和 z_2 分别为从动轮的转速和齿数。若忽略齿轮啮合间隙，且传动系统刚性无穷大，求该系统的传递函数。

解： 该齿轮传动副的微分方程为

$$z_2 n_o(t) = z_1 n_i(t)$$

经拉普拉斯变换得

$$z_2 N_o(s) = z_1 N_i(s)$$

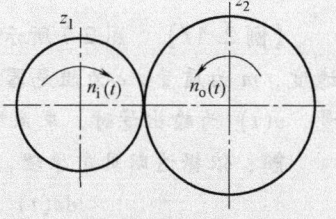

图 2-5 齿轮传动副

则传递函数为

$$G(s) = \frac{N_o(s)}{N_i(s)} = \frac{z_1}{z_2} = K$$

【例 2.16】 图 2-6 所示为用理想运算放大器构成的比例环节，$u_i(t)$ 为输入电压，$u_o(t)$ 为输出电压，R_1 和 R_2 为电阻，求该系统的传递函数。

解： 根据理想运算放大器的特性，可知

$$\frac{u_i(t)}{R_1} = -\frac{u_o(t)}{R_2}$$

整理得输入和输出之间的微分方程

$$u_o(t) = -\frac{R_2}{R_1} u_i(t)$$

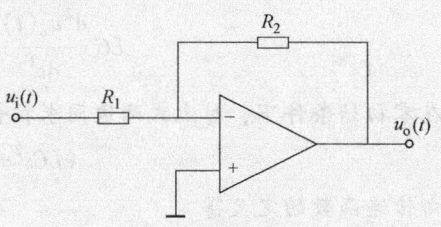

图 2-6 理想运算放大器构成的比例环节

经拉普拉斯变换得

$$U_o(s) = -\frac{R_2}{R_1} U_i(s)$$

则传递函数为

$$G(s) = \frac{U_o(s)}{U_i(s)} = -\frac{R_2}{R_1} = K$$

其中的负号表示输出与输入反相。

2. 惯性环节

惯性环节也称为非周期环节，其运动方程为一阶微分方程。

惯性环节的微分方程为

$$T \frac{dx_o(t)}{dt} + x_o(t) = K x_i(t)$$

式中，T 为惯性环节的时间常数，取决于该环节的结构参数；K 为放大系数。

在零初始条件下，经拉普拉斯变换得

$$T s X_o(s) + X_o(s) = K X_i(s)$$

则传递函数为

$$G(s) = \frac{X_o(s)}{X_i(s)} = \frac{K}{Ts+1}$$

惯性环节中含有储能元件和耗能元件，特点为输出总是落后于输入，具有一定的"惯性"，其惯性的大小由 T 来决定。

【例 2.17】 图 2-7 所示为一质量-阻尼机械系统，$f(t)$ 为作用力，$v(t)$ 为质量块的速度，m 为质量，c 为阻尼器的阻尼系数，当以 $f(t)$ 为输入量，$v(t)$ 为输出量时，求系统的传递函数。

解： 依据达朗贝尔原理，可列写系统的微分方程为

$$m \frac{dv(t)}{dt} + cv(t) = f(t)$$

经拉普拉斯变换得

$$msV(s) + cV(s) = F(s)$$

则传递函数为

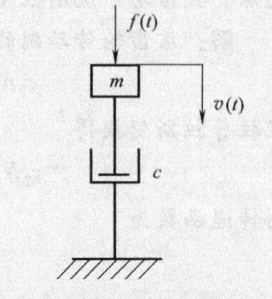

图 2-7 质量-阻尼机械系统

$$G(s)=\frac{V(s)}{F(s)}=\frac{1}{ms+c}=\frac{\frac{1}{c}}{\frac{m}{c}s+1}=\frac{K}{Ts+1}$$

式中，$T=\dfrac{m}{c}$，为该系统的时间常数；$K=\dfrac{1}{c}$，为该系统的放大系数。

该系统中含有储能元件质量块和耗能元件阻尼器，输出落后于输入，构成了惯性环节。

【例2.18】 图2-8所示电网络中，$u_i(t)$ 为输入电压，$u_o(t)$ 为输出电压，$i(t)$ 为电流，R 为电阻，C 为电容，求该系统的传递函数。

解：该电网络的系统微分方程为

$$u_i(t)=i(t)R+\frac{1}{C}\int i(t)\mathrm{d}t$$

$$u_o(t)=\frac{1}{C}\int i(t)\mathrm{d}t$$

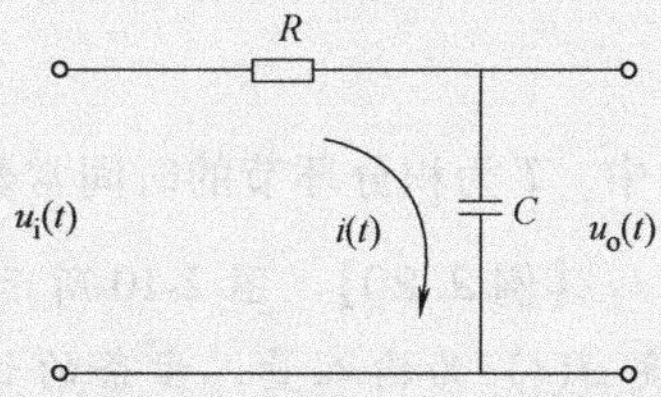

图 2-8 电网络（惯性环节）

消去中间变量 $i(t)$，得输入和输出之间的微分方程为

$$RC\frac{\mathrm{d}u_o(t)}{\mathrm{d}t}+u_o(t)=u_i(t)$$

经拉普拉斯变换得

$$RCsU_o(s)+U_o(s)=U_i(s)$$

则传递函数为

$$G(s)=\frac{U_o(s)}{U_i(s)}=\frac{1}{RCs+1}=\frac{1}{Ts+1}$$

式中，$T=RC$，为该系统的时间常数。

该系统中含有储能元件电容和耗能元件电阻，输出落后于输入，构成了惯性环节。

【例2.19】 图2-9所示为用理想运算放大器构成的惯性环节，$u_i(t)$ 为输入电压，$u_o(t)$ 为输出电压，R 为电阻，C 为电容，求该系统的传递函数。

解：根据理想运算放大器的特性，可知

$$\frac{u_i(t)}{R}=-\left[\frac{u_o(t)}{R}+C\frac{\mathrm{d}u_o(t)}{\mathrm{d}t}\right]$$

经拉普拉斯变换，整理可得

$$(RCs+1)U_o(s)=-U_i(s)$$

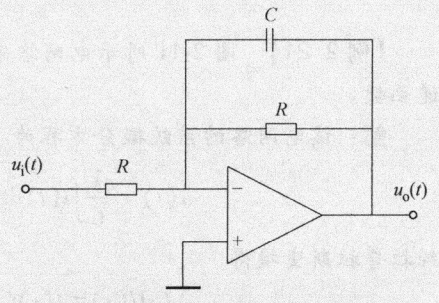

图 2-9 理想运算放大器构成的惯性环节

则传递函数为

$$G(s)=\frac{U_o(s)}{U_i(s)}=-\frac{1}{RCs+1}=-\frac{1}{Ts+1}$$

式中，$T=RC$，为该系统的时间常数。负号表示输出与输入反相。

3. 积分环节

积分环节的输出量正比于输入量的积分。

积分环节的微分方程为

$$x_o(t) = \frac{1}{T}\int_0^t x_i(t)\,dt$$

经拉普拉斯变换得

$$TsX_o(s) = X_i(s)$$

则传递函数为

$$G(s) = \frac{X_o(s)}{X_i(s)} = \frac{1}{Ts}$$

式中，T 为积分环节的时间常数。

【例 2.20】 图 2-10 所示为一齿轮-齿条传动系统，r 为齿轮节圆半径，以齿轮的角速度 $\omega(t)$ 为输入量，齿条的位移 $x_o(t)$ 为输出量，求系统的传递函数。

解： 根据齿轮-齿条传动关系，该系统的微分方程为

$$x_o(t) = \int r\omega(t)\,dt$$

经拉普拉斯变换得

$$X_o(s) = \frac{r}{s}\Omega(s)$$

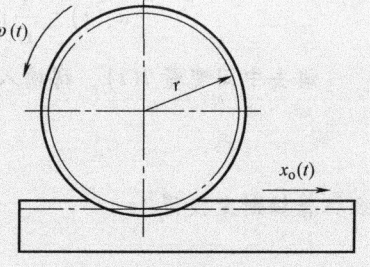

图 2-10 齿轮-齿条传动系统

则传递函数为

$$G(s) = \frac{X_o(s)}{\Omega(s)} = \frac{r}{s} = \frac{1}{\frac{1}{r}s} = \frac{1}{Ts}$$

式中，$T = \frac{1}{r}$，为该系统的时间常数。

【例 2.21】 图 2-11 所示电网络中，$i(t)$ 为输入量，$u(t)$ 为输出量，求该系统的传递函数。

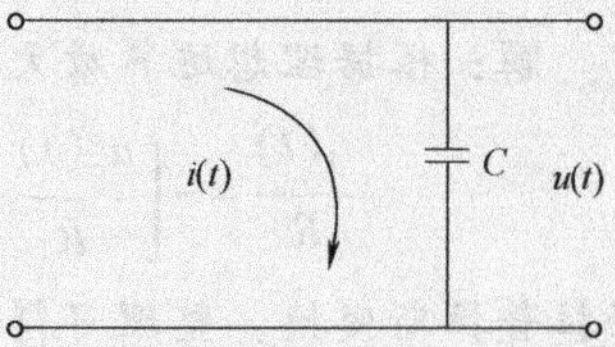

解： 该电网络的系统微分方程为

$$u(t) = \frac{1}{C}\int i(t)\,dt$$

经拉普拉斯变换得

$$CsU(s) = I(s)$$

图 2-11 电网络（积分环节）

则传递函数为

$$G(s) = \frac{U(s)}{I(s)} = \frac{1}{Cs} = \frac{1}{Ts}$$

式中，$T = C$，为该系统的时间常数。

【例 2.22】 图 2-12 所示为用理想运算放大器构成的积分环节，$u_i(t)$ 为输入电压，$u_o(t)$ 为输出电压，R 为电阻，C 为电容，求该系统的传递函数。

解：根据理想运算放大器的特性，可知

$$\frac{u_i(t)}{R} = -C\frac{du_o(t)}{dt}$$

经拉普拉斯变换得

$$\frac{1}{R}U_i(s) = -CsU_o(s)$$

则传递函数为

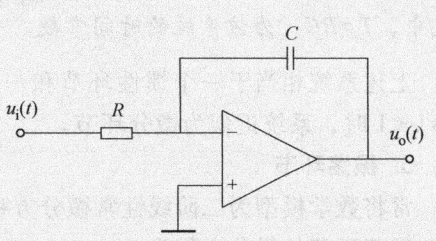

图 2-12 理想运算放大器构成的积分环节

$$G(s) = \frac{U_o(s)}{U_i(s)} = -\frac{1}{RCs} = -\frac{1}{Ts}$$

式中，$T=RC$，为该系统的时间常数。

4. 微分环节

微分环节的输出量正比于输入量对时间的导数。

微分环节的微分方程为

$$x_o(t) = T\frac{dx_i(t)}{dt}$$

经拉普拉斯变换得

$$X_o(s) = TsX_i(s)$$

则传递函数为

$$G(s) = \frac{X_o(s)}{X_i(s)} = Ts$$

式中，T 为微分环节的时间常数。

理想微分环节的单位阶跃响应为幅值为无穷大而时间宽度为 0 的脉冲函数，这实际上是不可能的，因此微分环节必须与其他环节同时存在。

【例 2.23】 图 2-13 所示电网络中，$u_i(t)$ 为输入电压，$u_o(t)$ 为输出电压，$i(t)$ 为电流，R 为电阻，C 为电容，求该系统的传递函数。

解：该电网络的系统微分方程为

$$\begin{cases} u_i(t) = i(t)R + \frac{1}{C}\int i(t)dt \\ u_o(t) = i(t)R \end{cases}$$

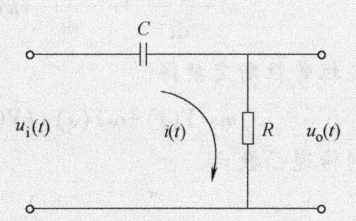

图 2-13 电网络（微分环节）

消去中间变量 $i(t)$，得输入和输出之间的微分方程为

$$\frac{du_o(t)}{dt} + \frac{u_o(t)}{RC} = \frac{du_i(t)}{dt}$$

经拉普拉斯变换得

$$RCsU_o(s) + U_o(s) = RCsU_i(s)$$

则传递函数为

$$G(s) = \frac{U_o(s)}{U_i(s)} = \frac{RCs}{RCs+1} = \frac{Ts}{Ts+1}$$

式中，$T=RC$，为该系统的时间常数。

上述系统相当于一个惯性环节和一个微分环节的串联组合，也称为惯性微分环节。当 $|Ts| \ll 1$ 时，系统近似为微分环节。

5. 振荡环节

常将数学模型为二阶线性常微分方程的环节称为振荡环节。

振荡环节的微分方程为

$$T^2 \frac{d x_o^2(t)}{dt^2} + 2\xi T \frac{d x_o(t)}{dt} + x_o(t) = x_i(t)$$

式中，T 为振荡环节的时间常数；ξ 为阻尼比，$0 \leq \xi < 1$。

经拉普拉斯变换得

$$T^2 s^2 X_o(s) + 2\xi T s X_o(s) + X_o(s) = X_i(s)$$

则传递函数为

$$G(s) = \frac{X_o(s)}{X_i(s)} = \frac{1}{T^2 s^2 + 2\xi T s + 1}$$

如果令 $\omega_n = \frac{1}{T}$，则传递函数可改写为

$$G(s) = \frac{\omega_n^2}{s^2 + 2\xi \omega_n s + \omega_n^2}$$

式中，ω_n 为无阻尼固有频率。

振荡环节一般含有两个独立的储能元件，其能量能相互转换。

【例 2.24】 图 2-14 所示弹簧-质量-阻尼器系统中，$f(t)$ 为输入量，$y(t)$ 为输出量，m 为质量，c 为阻尼系数，k 为弹簧刚度。试列写输入与输出之间的微分方程。

解：依据达朗贝尔原理，可知该系统的微分方程为

$$m \frac{d^2 y(t)}{dt^2} + c \frac{dy(t)}{dt} + ky(t) = f(t)$$

经拉普拉斯变换得

$$ms^2 Y(s) + csY(s) + kY(s) = F(s)$$

则传递函数为

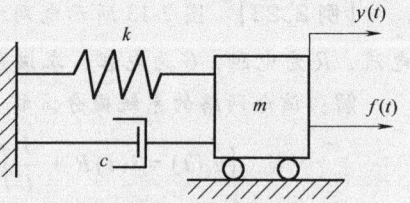

图 2-14 弹簧-质量-阻尼器系统（振荡环节）

$$G(s) = \frac{Y(s)}{F(s)} = \frac{1}{ms^2+cs+k} = \frac{\frac{1}{m}}{s^2+\frac{c}{m}s+\frac{k}{m}} = \frac{1}{k} \cdot \frac{\omega_n^2}{s^2+2\xi\omega_n s+\omega_n^2}$$

式中，$\omega_n = \sqrt{\frac{k}{m}}$；$\xi = \frac{c}{2\sqrt{km}}$。

系统中的储能元件为质量块和弹簧，所储能量相互转换，使输出产生振荡。

【例 2.25】 图 2-15 所示电网络中，$u_i(t)$ 为输入电压，$u_o(t)$ 为输出电压，R 为电阻，C 为电容，L 为电感，求该系统的传递函数。

解： 该电网络的系统微分方程为

$$u_i(t) = L\frac{di_L(t)}{dt} + u_o(t)$$

$$u_o(t) = \frac{1}{C}\int i_C(t)dt = Ri_R(t)$$

$$i_L(t) = i_C(t) + i_R(t)$$

消去中间变量，得输入和输出之间的微分方程为

$$LC\frac{d^2 u_o(t)}{dt^2} + \frac{L}{R}\frac{du_o(t)}{dt} + u_o(t) = u_i(t)$$

经拉普拉斯变换得

$$LCs^2 U_o(s) + \frac{L}{R}sU_o(s) + U_o(s) = U_i(s)$$

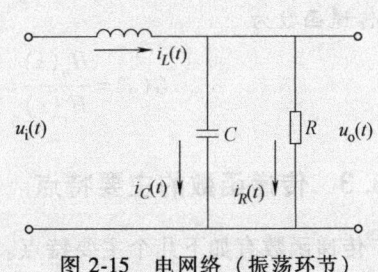

图 2-15 电网络（振荡环节）

则传递函数为

$$G(s) = \frac{U_o(s)}{U_i(s)} = \frac{1}{LCs^2 + \frac{L}{R}s + 1} = \frac{\frac{1}{LC}}{s^2 + \frac{1}{RC}s + \frac{1}{LC}} = \frac{\omega_n^2}{s^2 + 2\xi\omega_n s + \omega_n^2}$$

式中，$\omega_n = \sqrt{\frac{1}{LC}}$；$\xi = \frac{1}{2R}\sqrt{\frac{L}{C}}$。

系统中的储能元件为电感和电容，所储能量相互转换，使输出产生振荡。

6. 延迟环节

延迟环节又称为传输滞后环节，其特点为输出量能不失真地复现输入量，但要滞后一段时间。

延迟环节的微分方程为

$$x_o(t) = x_i(t-\tau)$$

式中，τ 为延迟时间。

经拉普拉斯变换得

$$X_o(s) = e^{-\tau s} X_i(s)$$

则传递函数为

$$G(s) = \frac{X_o(s)}{X_i(s)} = e^{-\tau s}$$

延迟环节一般不单独存在，而是与其他环节共同存在。其与惯性环节的区别在于：惯性环节是从初始状态起就有输出信号，但需经过一段时间才能接近所需输出量。而延迟环节是在到达延迟时间之前没有信号，而从 τ 时刻起，输出量复现输入量。

【例 2.26】 图 2-16 所示为带钢轧制示意图，带钢从 A 点轧出，厚度为 $h_i(t)$，此为输入量。由于测厚装置安装在 B 点，因此此厚度到 B 点才被检测到，B 点测到的厚度 $h_o(t)$ 即为输出量。若 A 点到 B 点的距离为 L，带钢的轧制速度为 v，则延迟时间 $\tau = L/v$。

解：输入量与输出量之间的微分方程为

$$h_o(t) = h_i(t-\tau)$$

经拉普拉斯变换得

$$H_o(s) = e^{-\tau s} H_i(s)$$

则传递函数为

$$G(s) = \frac{H_o(s)}{H_i(s)} = e^{-\tau s}$$

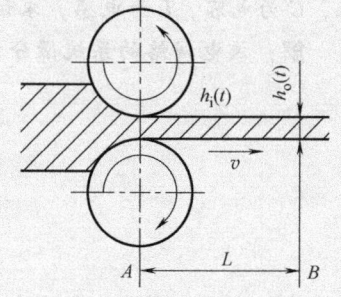

图 2-16 带钢轧制示意图

2.3.3 传递函数的主要特点

传递函数有如下几个主要特点。

1) 传递函数表征了系统本身的固有特性，只与系统的结构和参数有关。
2) 传递函数的概念只适用于单输入单输出系统。
3) 传递函数本身不反映任何系统的物理结构。也就是说，不同的物理系统可能具有同一类型的传递函数。
4) 传递函数是关于复变量 s 的有理多项式，由于实际系统或元件总具有惯性，因此分子阶次 m 不高于分母阶次 n。
5) 传递函数只适用于零初始条件下的情况，原则上不适用于非零初始条件。
6) 如果 $G(s)$ 已知，那么可以研究系统在各种输入信号作用下的输出响应。当输入为单位脉冲函数时，其相应的脉冲响应（或称权函数）等于传递函数的拉普拉斯反变换。

当输入为单位脉冲函数时，即 $x_i(t) = \delta(t)$，$X_i(s) = 1$，系统输出的拉普拉斯变换等于系统的传递函数，即

$$X_o(s) = G(s)X_i(s) = G(s)$$

取拉普拉斯反变换，其相应的输出响应为

$$x_o(t) = L^{-1}[X_o(s)] = L^{-1}[G(s)] = g(t)$$

2.4 系统的框图和信号流图

为了更清楚地说明控制系统中各元件的物理功能及相互关系，常用框图或信号流图来分析系统和元件的特性，是控制系统中常用的两种图形研究方法，具有简明直观、逻辑关系清晰等优点。

2.4.1 框图的组成

框图也称系统结构图，是一种图解形式的数学模型，是根据各元件间信号的传递关系，

将各元件连接起来构成,主要由方框、信号线、相加点和分支点组成。

1. 方框

方框是传递函数的图解表示。如图 2-17 所示,方框两侧为输入量和输出量,方框内写入该环节的传递函数,输入量和输出量之间的关系为:$X_o(s) = G(s)X_i(s)$。

2. 信号线

信号线为带箭头的直线,箭头表示信号的传递方向,直线上标记信号的时间函数或象函数,如图 2-18 所示。

3. 相加点

相加点又称为比较点或求和点,用来表示信号之间的代数加减运算。如图 2-19 所示,相加点各信号线上要标注"+""-"符号,以表明信号间的加减运算(有时"+"号可以省略)。

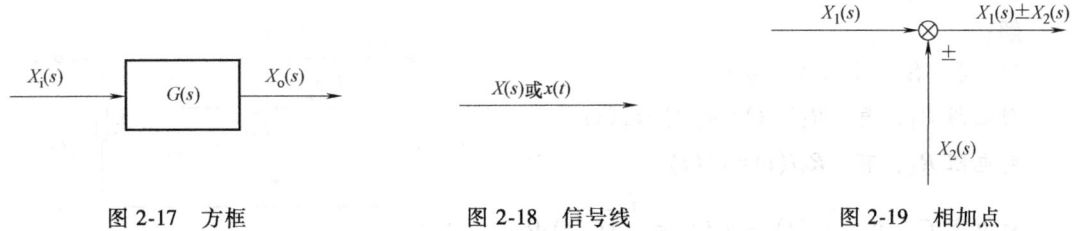

图 2-17　方框　　　　图 2-18　信号线　　　　图 2-19　相加点

注意:相加点可以有多个输入,但只能有一个输出,并且输入、输出信号要具有相同的量纲。相邻的相加点可以互换、合并和分解,即满足代数加减运算的交换律、结合律和分配律,如图 2-20 所示,它们都是等效的。

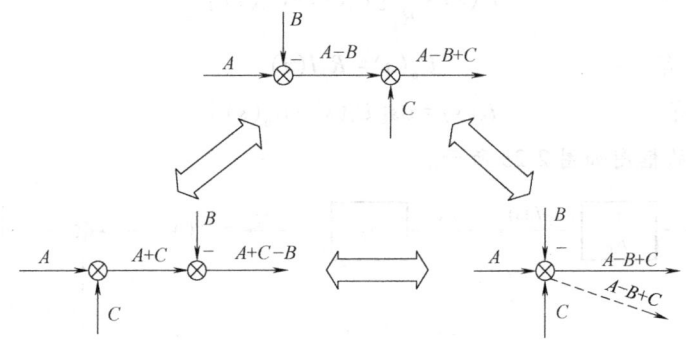

图 2-20　相加点的互换、合并和分解

4. 分支点

分支点又称为引出点,表示信号引出的位置及传递的方向。如图 2-21 所示,从同一信号线上引出的信号,其性质、大小完全一样,且相邻的分支点可以相互交换位置。

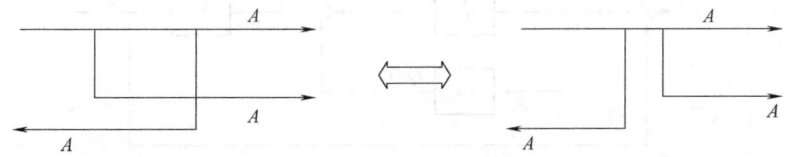

图 2-21　分支点

用框图描述控制系统，根据信号的传递方向，用信号线依次将各个环节连接起来，形象明确地表达了各环节间的相互关系。通过框图的等效变换，可以将复杂的框图化简为一个等效的方框，从而写出整个系统的传递函数。

2.4.2 绘制系统框图的一般步骤

绘制系统框图的一般步骤如下。

1）写出每一个元件的微分方程，注意输入量与输出量的确定。

2）由微分方程求出各元件的传递函数，并绘出相应的框图。

3）依据信号在系统中的传递关系，将各元件的框图连接起来，输入量置于左端，输出量置于右端，便构成了系统的框图。

【例2.27】 绘制图2-22所示电网络的框图。

解：

1）列写各元件的微分方程式。

对电阻 R_1，有 $R_1 i_1(t) = u_i(t) - u_o(t)$

对电阻 R_2，有 $R_2 i(t) = u_o(t)$

对电容 C，有 $u_i(t) - u_o(t) = \dfrac{1}{C} \int i_2(t) \mathrm{d}t$

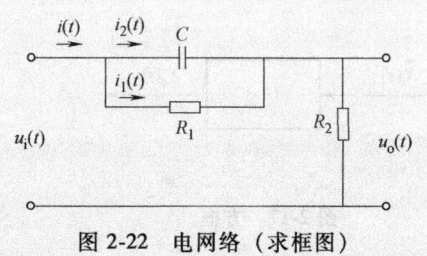

图2-22 电网络（求框图）

2）对各微分方程进行拉普拉斯变换，确定元件的输入、输出，求其传递函数。

对电阻 R_1，有 $I_1(s) = \dfrac{1}{R_1} [U_i(s) - U_o(s)]$

对电阻 R_2，有 $U_o(s) = R_2 I(s)$

对电容 C，有 $I_2(s) = Cs[U_i(s) - U_o(s)]$

各元件相应的框图如图2-23所示。

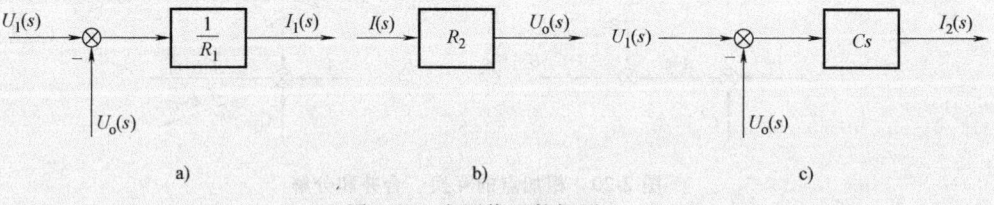

图2-23 电网络元件框图

3）按信号的流向将各元件的框图依次连接起来，就得到图2-24所示的系统框图。

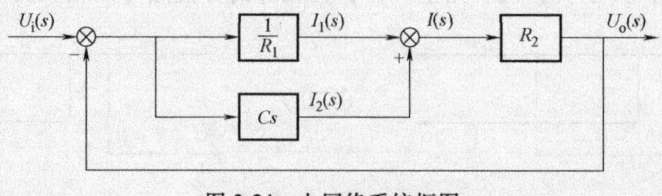

图2-24 电网络系统框图

【例 2.28】 图 2-25 所示机械平移系统中，$f(t)$ 为输入量，$x_o(t)$ 为输出量，m_1、m_2 为质量，c 为阻尼系数，k_1、k_2 为弹簧刚度，试绘制该系统的框图。

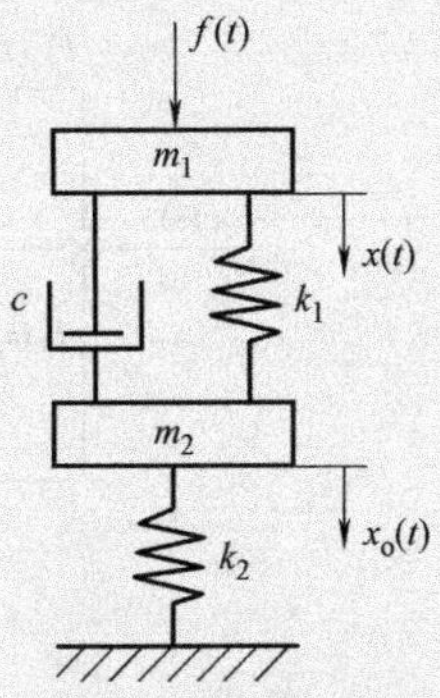

解： 分析该平移系统可知，该系统含有 5 个元件。m_1 质量块在外力 $f(t)$ 作用下将产生运动，其位移记为 $x(t)$。

1) 依据牛顿定律和达朗贝尔原理，可列写各元件的微分方程。

对 m_1 的质量块，有 $\quad m_1 \dfrac{d^2 x(t)}{dt^2} = f(t) - f_c(t) - f_{k_1}(t)$

对 k_1 的弹簧，有 $\quad f_{k_1}(t) = k_1 [x(t) - x_o(t)]$

对 c 的阻尼器，有 $\quad f_c(t) = c \left[\dfrac{dx(t)}{dt} - \dfrac{dx_o(t)}{dt} \right]$

对 m_2 的质量块，有 $\quad m_2 \dfrac{d^2 x_o(t)}{dt^2} = f_c(t) + f_{k_1}(t) - f_{k_2}(t)$

对 k_2 的弹簧，有 $\quad f_{k_2}(t) = k_2 x_o(t)$

图 2-25 机械平移系统（求框图）

2) 对各微分方程进行拉普拉斯变换，确定元件的输入、输出，求传递函数。

对 m_1 的质量块，有 $\quad X(s) = \dfrac{1}{m_1 s^2} [F(s) - F_c(s) - F_{k_1}(s)]$

对 k_1 的弹簧，有 $\quad F_{k_1}(s) = k_1 [X(s) - X_o(s)]$

对 c 的阻尼器，有 $\quad F_c(s) = cs [X(s) - X_o(s)]$

对 m_2 的质量块，有 $\quad X_o(s) = \dfrac{1}{m_2 s^2} [F_c(s) + F_{k_1}(s) - F_{k_2}(s)]$

对 k_2 的弹簧，有 $\quad F_{k_2}(s) = k_2 X_o(s)$

各元件相应的框图如图 2-26 所示。

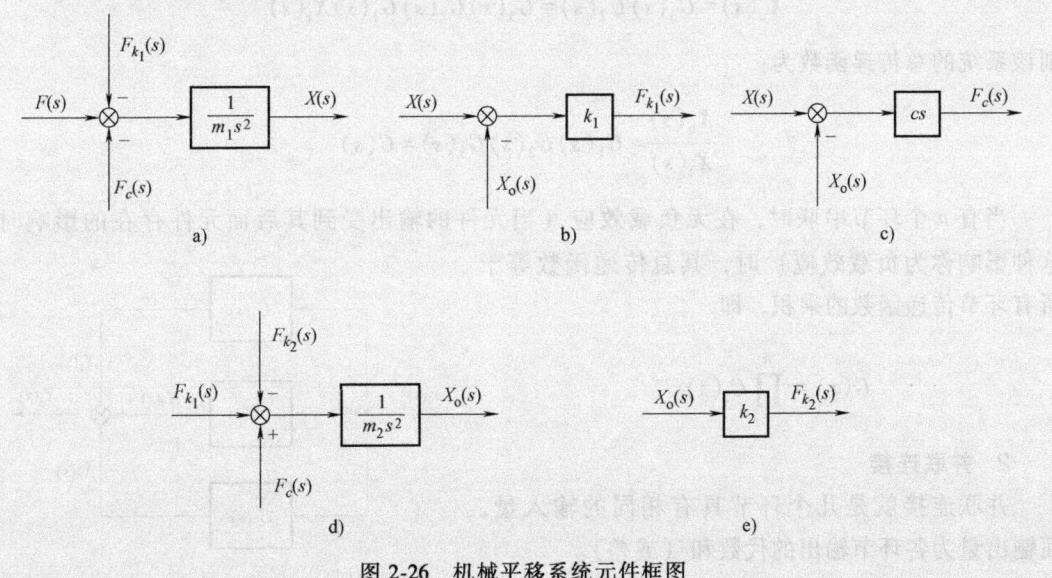

图 2-26 机械平移系统元件框图

3) 按信号的流向将各元件的框图依次连接,就得到图 2-27 所示的系统框图。

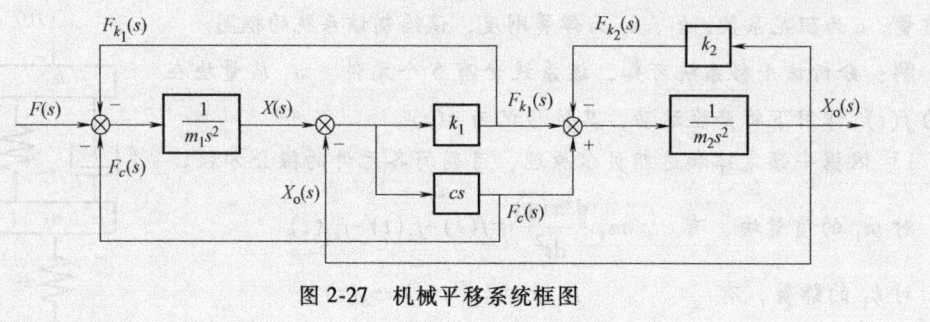

图 2-27 机械平移系统框图

2.4.3 框图的基本连接方式

框图的基本连接方式主要有串联、并联和反馈连接三种。

1. 串联连接

串联连接就是将各环节的方框首尾连接起来,前一环节的输出量就是后一环节的输入量。

图 2-28 所示为三个环节串联连接的框图。

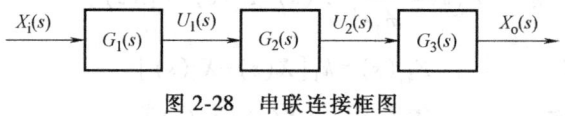

图 2-28 串联连接框图

由图 2-28 可知

$$U_1(s) = G_1(s) X_i(s)$$

$$U_2(s) = G_2(s) U_1(s) = G_2(s) G_1(s) X_i(s)$$

$$X_o(s) = G_3(s) U_2(s) = G_3(s) G_2(s) G_1(s) X_i(s)$$

则该系统的总传递函数为

$$\frac{X_o(s)}{X_i(s)} = G_1(s) G_2(s) G_3(s) = G(s)$$

当有 n 个环节串联时,在无负载效应(当元件的输出受到其后面元件存在的影响时,这种影响称为负载效应)时,其总传递函数等于所有环节传递函数的乘积,即

$$G(s) = \prod_{i=1}^{n} G_i(s)$$

2. 并联连接

并联连接就是几个环节具有相同的输入量,而输出量为各环节输出的代数和(或差)。

图 2-29 所示为三个环节并联连接的框图。

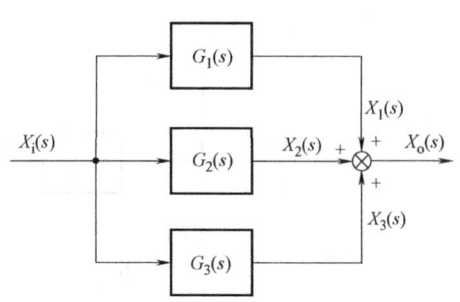

图 2-29 并联连接框图

由图 2-29 可知

$$X_o(s) = X_1(s) + X_2(s) + X_3(s)$$
$$= G_1(s)X_i(s) + G_2(s)X_i(s) + G_3(s)X_i(s)$$
$$= [G_1(s) + G_2(s) + G_3(s)]X_i(s)$$

则该系统的总传递函数为

$$\frac{X_o(s)}{X_i(s)} = G_1(s) + G_2(s) + G_3(s) = G(s)$$

当有 n 个环节并联时，并联环节的等效传递函数等于各环节传递函数之和（或差），即

$$G(s) = \sum_{i=1}^{n} G_i(s)$$

3. 反馈连接

反馈连接是闭环系统的基本结构形式，就是输出量经反馈通道作为反馈信号与输入量相比较，并以偏差信号作为系统的控制量。

图 2-30 所示为一种反馈连接的框图，其中 $X_i(s)$ 为输入信号，$X_o(s)$ 为输出信号，$B(s)$ 为反馈信号，$E(s)$ 为偏差信号，$G(s)$ 为前向通道传递函数，$H(s)$ 为反馈通道传递函数。当反馈信号与输入信号符号相同时，称为正反馈；当反馈信号与输入信号符号相反时，称为负反馈。

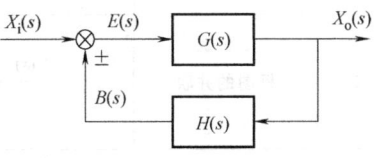

图 2-30 反馈连接框图

由图 2-30 可知

$$E(s) = X_i(s) \pm B(s)$$

因此输入信号

$$X_i(s) = E(s) \mp B(s)$$

该反馈连接的传递函数为

$$\Phi(s) = \frac{X_o(s)}{X_i(s)} = \frac{X_o(s)}{E(s) \mp B(s)}$$

又因为

$$X_o(s) = G(s)E(s)$$
$$B(s) = H(s)X_o(s)$$

消去 $E(s)$ 和 $B(s)$，得

$$\Phi(s) = \frac{X_o(s)}{X_i(s)} = \frac{X_o(s)}{\dfrac{X_o(s)}{G(s)} \mp H(s)X_o(s)} = \frac{G(s)}{1 \mp G(s)H(s)}$$

当 $H(s) = 1$ 时，系统为单位反馈系统。图 2-31 所示即为一单位负反馈系统框图，其传递函数为

$$\Phi(s) = \frac{X_o(s)}{X_i(s)} = \frac{G(s)}{1 + G(s)}$$

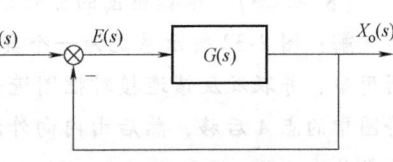

图 2-31 单位负反馈系统框图

2.4.4 框图的简化

复杂控制系统的框图往往是错综复杂的,许多回路与前向通道交织在一起。为了分析和研究系统的动态特性,得到输入量与输出量之间的传递函数,常需对系统的框图进行必要的简化。框图的简化应符合等效原则,即在变换过程中,应保证变换前、后输入量和输出量之间的关系保持不变。

对于复杂的框图,由于存在交错连接的现象,仅采用前面介绍的三种连接方式往往不能解决框图化简的问题,需要通过相加点或分支点的移动来消除各种连接方式之间的交叉,然后再进行等效变换。表 2-2 列出了常用的框图等效变换原则。

表 2-2 框图等效变换原则

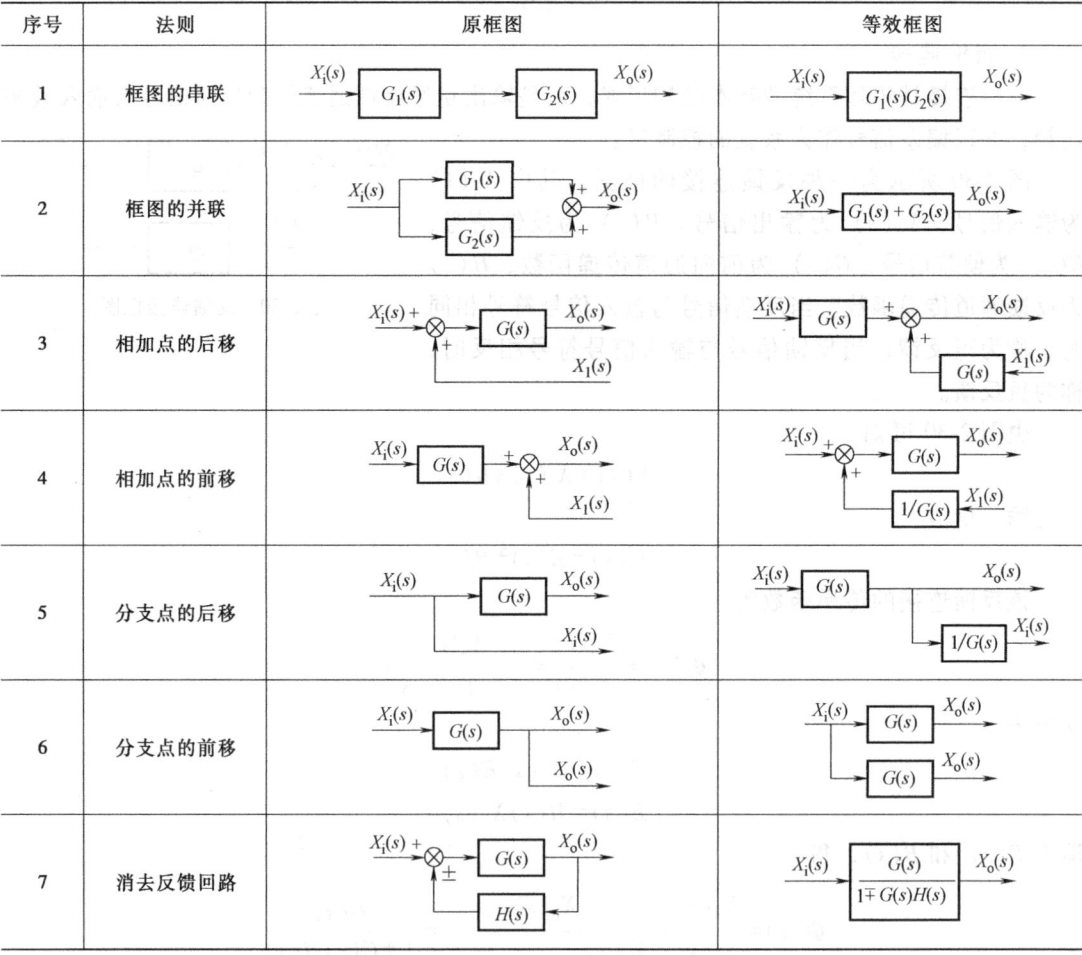

【例 2.29】 根据框图的简化法则,求图 2-32 所示多回路系统的传递函数。

解: 图 2-32 所示系统为一个具有多个回路的系统,回路之间有交错及相套现象。要利用串、并联及反馈连接对框图进行化简,首先要进行相加点或分支点的移动。本例采用将图中的点 A 后移,然后由内向外消去反馈回路的方法进行化简,最后求得该系统的传递函数为

$$G(s) = \frac{X_o(s)}{X_i(s)} =$$

$$\frac{G_1(s)G_2(s)G_3(s)G_4(s)}{1+G_2(s)G_3(s)H_1(s)+G_3(s)G_4(s)H_4(s)+G_1(s)G_2(s)G_3(s)H_2(s)+G_1(s)G_2(s)G_3(s)G_4(s)H_3(s)}$$

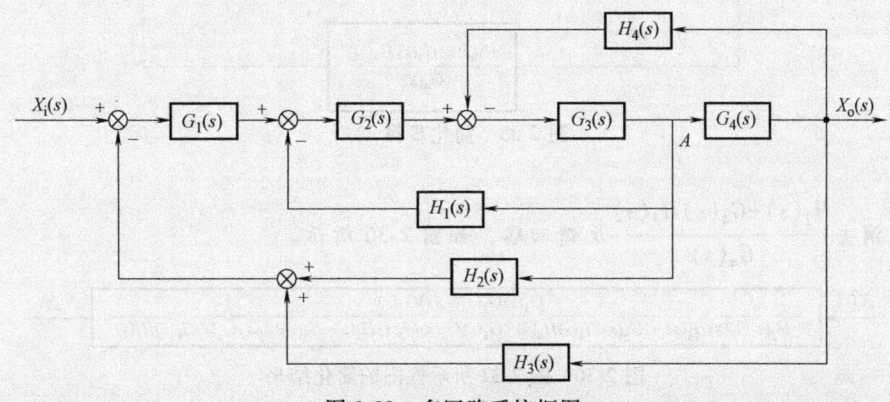

图 2-32 多回路系统框图

1) A 点后移，如图 2-33 所示。

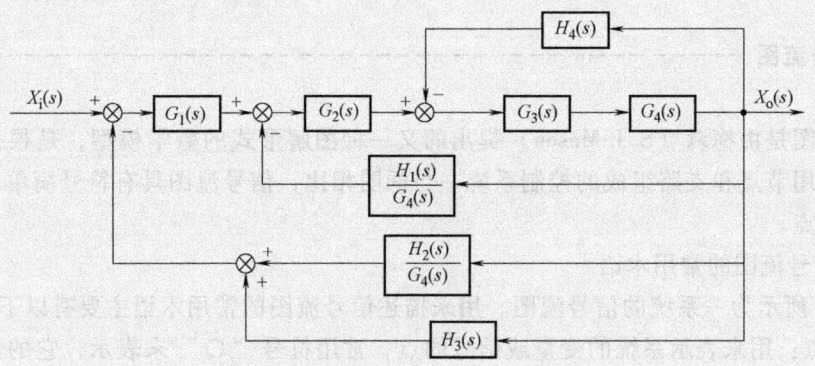

图 2-33 简化步骤 1)（A 点后移）

2) 消去 $H_4(s)$ 反馈回路，合并 $\dfrac{H_2(s)}{G_4(s)}$ 和 $H_3(s)$，如图 2-34 所示。

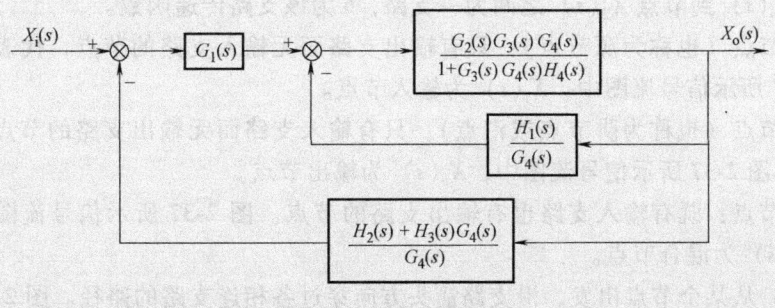

图 2-34 简化步骤 2)

3）消去$\frac{H_1(s)}{G_4(s)}$反馈回路，如图 2-35 所示。

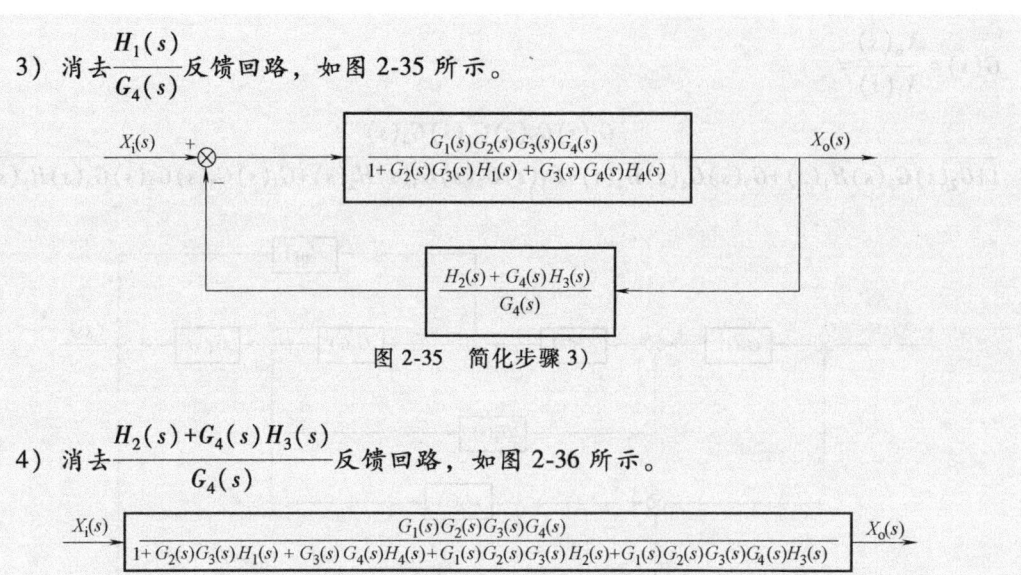

$X_i(s)$
+
−
$\frac{G_1(s)G_2(s)G_3(s)G_4(s)}{1+G_2(s)G_3(s)H_1(s)+G_3(s)G_4(s)H_4(s)}$
$X_o(s)$
$\frac{H_2(s)+G_4(s)H_3(s)}{G_4(s)}$

图 2-35 简化步骤 3）

4）消去$\frac{H_2(s)+G_4(s)H_3(s)}{G_4(s)}$反馈回路，如图 2-36 所示。

$X_i(s)$
$\frac{G_1(s)G_2(s)G_3(s)G_4(s)}{1+G_2(s)G_3(s)H_1(s)+G_3(s)G_4(s)H_4(s)+G_1(s)G_2(s)G_3(s)H_2(s)+G_1(s)G_2(s)G_3(s)G_4(s)H_3(s)}$
$X_o(s)$

图 2-36 图 2-32 所示框图的简化结果

2.4.5 信号流图及梅森公式

1. 信号流图

信号流图是由梅森（S. J. Mason）提出的又一种图解形式的数学模型，是根据信号的传递方向，采用节点和支路组成的控制系统。与框图相比，信号流图具有符号简单、便于绘制和运用的特点。

（1）信号流图的常用术语

图 2-37 所示为一系统的信号流图。用来描述信号流图的常用术语主要有以下几个。

1）节点：用来表示系统的变量或信号的点，常用符号“○”来表示，它的值等于所有进入该节点的信号之和。图 2-37 所示信号流图中，$X_i(s)$、$X_1(s)$、$X_2(s)$、$X_3(s)$ 和 $X_o(s)$ 为节点。

2）支路：用来连接两个节点的定向线段，箭头表示信号的传递方向。支路相当于信号乘法器，支路传递函数表示两个变量间的因果关系，常标在支路上方。图 2-37 所示信号流图中，节点 $X_i(s)$ 到节点 $X_2(s)$ 之间为一支路，b 为该支路传递函数。

3）输入节点（也称为源节点）：只有输出支路而无输入支路的节点，代表系统的输入变量。图 2-37 所示信号流图中，$X_i(s)$ 为输入节点。

4）输出节点（也称为阱节点或汇点）：只有输入支路而无输出支路的节点，代表系统的输出变量。图 2-37 所示信号流图中，$X_o(s)$ 为输出节点。

5）混合节点：既有输入支路也有输出支路的节点。图 2-37 所示信号流图中，$X_1(s)$、$X_2(s)$ 和 $X_3(s)$ 为混合节点。

6）通道：从某个节点出发，沿支路箭头方向穿过各相连支路的路径。图 2-37 所示信号流图中，$X_i(s)\rightarrow X_2(s)\rightarrow X_3(s)\rightarrow X_o(s)$ 为一条通道。

7) 前向通道：从输入节点到输出节点，且通过任何节点不多于一次的通道。前向通道上各支路传递函数的乘积称为前向通道的总传递函数。图 2-37 所示信号流图中，$X_i(s) \to X_1(s) \to X_2(s) \to X_3(s) \to X_o(s)$ 为一条前向通道，acd 为该前向通道传递函数，系统的前向通道可能不只一条。

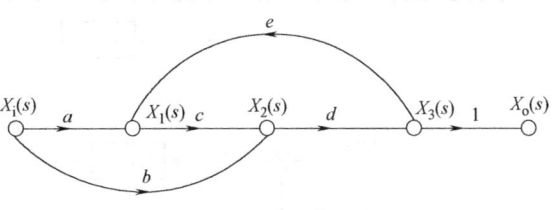

图 2-37 系统的信号流图

8) 回路：起点与终点在同一节点上，且通过任何节点不多于一次的闭合通道。回路中所有支路传递函数的乘积称为回路传递函数。图 2-37 所示信号流图中，$X_1(s) \to X_2(s) \to X_3(s) \to X_1(s)$ 为一条回路，cde 为该回路传递函数，系统的回路可能不只一条。

9) 不接触回路：相互间没有任何公共节点的回路。

（2）信号流图的性质

信号流图主要具有以下性质。

1) 信号流图以节点代表变量，以支路代表变量对变量的函数关系，且信号只能按箭头方向传递。

2) 混合节点上的变量等于所有流入该节点的信号的代数和，而从该节点流出的信号均用该节点变量表示。

3) 对具有输入支路和输出支路的混合节点，可以通过增加一个具有单位传输的支路，把它变成输出节点来处理。

4) 对于同一个控制系统，可绘制出不同的信号流图。

（3）信号流图的绘制

信号流图既可以根据系统的微分方程来绘制，也可以直接由框图绘出。这里仅介绍如何根据系统的框图绘制信号流图。

首先，将框图的输入信号、输出信号、相加点及分支点分别作为信号流图的节点，依次画出。然后用支路将各节点连接起来，支路的方向与框图中一致。将框图中的传递函数标在支路的上方，相加点处的正负号置于相应的信号流图的支路传递函数中。

为了尽量减少节点的数目，当框图的相加点之后紧临分支点时，可将两节点合并为一个节点；若框图的相加点之前紧临分支点，则需各设置一个节点，两个节点间的传递函数为1。相加点与节点的对应关系如图 2-38 所示。

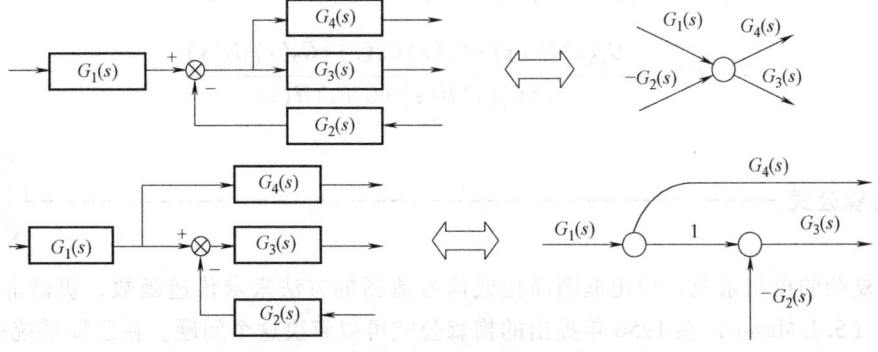

图 2-38 相加点与节点的对应关系

【例2.30】 图2-39为一系统的框图，试画出其对应的信号流图，并求系统的传递函数。

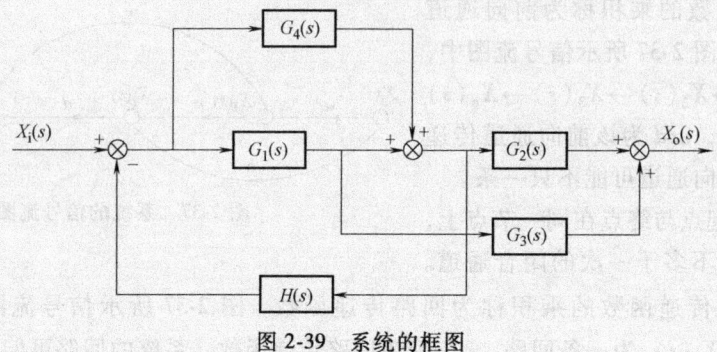

图2-39 系统的框图

解：依据信号流图的绘制方法，可绘制该系统的信号流图，如图2-40所示。

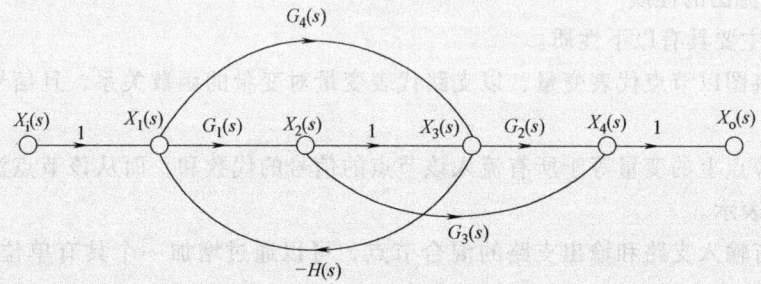

图2-40 系统的信号流图

系统的传递函数可以通过列方程、去除中间变量的方法求取。
根据信号流图，可列出系统的方程式为

$$\begin{cases} X_1(s) = X_i(s) - H(s)X_3(s) \\ X_2(s) = G_1(s)X_1(s) \\ X_3(s) = X_2(s) + G_4(s)X_1(s) \\ X_4(s) = G_2(s)X_3(s) + G_3(s)X_2(s) \\ X_o(s) = X_4(s) \end{cases}$$

消去中间变量 $X_1(s)$、$X_2(s)$、$X_3(s)$、$X_4(s)$，可求得该系统的传递函数为

$$G(s) = \frac{G_1(s)G_2(s) + G_1(s)G_3(s) + G_2(s)G_4(s)}{1 + G_1(s)H(s) + G_4(s)H(s)}$$

2. 梅森公式

对于复杂的控制系统，采用框图简化或信号流图的方法来求传递函数，仍然非常烦琐，而由梅森（S. J. Mason）在1956年提出的梅森公式可以解决这个问题。在已知系统的信号流图或框图的情况下，采用梅森公式可直接写出系统的传递函数，而不需经过任何结构变换。

梅森公式可表示为

$$G(s) = \frac{\sum_{k=1}^{n} P_k \Delta_k}{\Delta}$$

式中，$G(s)$ 为系统的总传递函数；n 为前向通道的条数；P_k 为第 k 条前向通道的传递函数；Δ_k 为第 k 条前向通道特征式的余因子，即在 Δ 中，将与第 k 条前向通道相接触回路的回路传递函数置为零值，余下的 Δ 即为 Δ_k；Δ 为系统的特征式，其计算公式为

$$\Delta = 1 - \sum L_a + \sum L_b L_c - \sum L_d L_e L_f + \cdots$$

式中，$\sum L_a$ 为所有不同回路的回路传递函数之和；$\sum L_b L_c$ 为所有两个互不接触回路传递函数的乘积之和；$\sum L_d L_e L_f$ 为所有三个互不接触回路传递函数的乘积之和。

下面通过两道例题来说明如何运用梅森公式来求解系统的传递函数。

【例 2.31】 图 2-41 所示为一系统的信号流图，试利用梅森公式求该系统的传递函数。

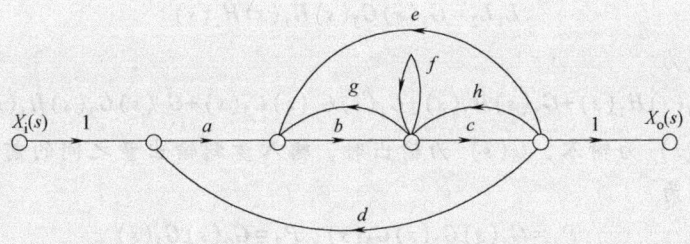

图 2-41 系统的信号流图

解：该系统有五个独立的回路，其回路传递函数分别为

$$L_1 = bg, \quad L_2 = ch, \quad L_3 = f, \quad L_4 = bce, \quad L_5 = abcd$$

其中所有回路两两相交，无互不接触回路，因此有

$$\Delta = 1 - bg - ch - f - bce - abcd$$

从输入量 $X_i(s)$ 到输出量 $X_o(s)$ 之间的前向通道有一条，其传递函数为

$$P_1 = abc$$

因五个回路都与通道 P_1 相接触，将它们的回路传递函数置为零值，即得相应的余因子 $\Delta_1 = 1$；由梅森公式得

$$G(s) = \frac{X_o(s)}{X_i(s)} = \frac{P_1 \Delta_1}{\Delta} = \frac{abc}{1 - bg - ch - f - bce - abcd}$$

【例 2.32】 图 2-42 所示为一系统的框图，试用梅森公式求出系统的传递函数 $\dfrac{C(s)}{R(s)}$ 和 $\dfrac{E(s)}{R(s)}$。

解：该系统有三个独立的回路，其回路传递函数分别为

$$L_1 = -G_1(s)H_1(s), \quad L_2 = -G_3(s)H_2(s), \quad L_3 = -G_1(s)G_2(s)G_3(s)$$

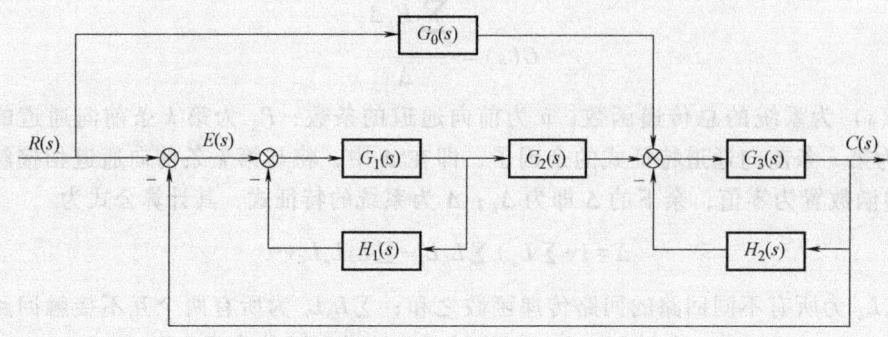

图 2-42　系统的框图

其中 L_1 与 L_2 两两互不接触，其回路传递函数的乘积为

$$L_1 L_2 = G_1(s)G_3(s)H_1(s)H_2(s)$$

于是特征式为

$$\Delta = 1 + G_1(s)H_1(s) + G_3(s)H_2(s) + G_1(s)G_2(s)G_3(s) + G_1(s)G_3(s)H_1(s)H_2(s)$$

1) 当以 $R(s)$ 为输入，$C(s)$ 为输出时，输入量到输出量之间的前向通道有两条，其传递函数分别为

$$P_1 = G_1(s)G_2(s)G_3(s), \quad P_2 = G_0(s)G_3(s)$$

因三个回路都与通道 P_1 相接触，将它们的回路传递函数置为零值，即得相应的余因子 $\Delta_1 = 1$；回路 L_2 和 L_3 与通道 P_2 相接触，而 L_1 与 P_2 不接触，将接触回路的回路传递函数置为零值，则得相应的余因子 $\Delta_2 = 1 + G_1(s)H_1(s)$。

由梅森公式得

$$\frac{C(s)}{R(s)} = \frac{P_1\Delta_1 + P_2\Delta_2}{\Delta} = \frac{G_1(s)G_2(s)G_3(s) + G_0(s)G_3(s) + G_0(s)G_1(s)G_3(s)H_1(s)}{1 + G_1(s)H_1(s) + G_3(s)H_2(s) + G_1(s)G_2(s)G_3(s) + G_1(s)G_3(s)H_1(s)H_2(s)}$$

2) 当以 $R(s)$ 为输入，$E(s)$ 为输出时，输入量到输出量之间的前向通道有两条，其传递函数分别为

$$P_1' = 1, \quad P_2' = -G_0(s)G_3(s)$$

回路 L_3 与通道 P_1' 相接触，而 L_1、L_2 与 P_1' 不接触，将接触回路传递函数置为零值，即得相应的余因子 $\Delta_1 = 1 + G_1(s)H_1(s) + G_3(s)H_2(s) + G_1(s)G_3(s)H_1(s)H_2(s)$；回路 L_2 和 L_3 与通道 P_2' 相接触，而 L_1 与 P_2' 不接触，将接触回路的回路传递函数置为零值，则得相应的余因子 $\Delta_2 = 1 + G_1 H_1$。

由梅森公式得

$$\frac{C(s)}{R(s)} = \frac{P_1'\Delta_1 + P_2'\Delta_2}{\Delta} =$$

$$\frac{1 + G_1(s)H_1(s) + G_3(s)H_2(s) + G_1(s)G_3(s)H_1(s)H_2(s) - G_0(s)G_3(s) - G_0(s)G_1(s)G_3(s)H_1(s)}{1 + G_1(s)H_1(s) + G_3(s)H_2(s) + G_1(s)G_2(s)G_3(s) + G_1(s)G_3(s)H_1(s)H_2(s)}$$

2.5 闭环控制系统的传递函数

图 2-43 所示为典型的闭环控制系统框图,作用于系统的输入信号常有两类:一类是有用的给定信号,用 $X_i(s)$ 表示;另一类是扰动信号,用 $N(s)$ 表示。$X_o(s)$ 为输出信号,$E(s)$ 为偏差信号,$B(s)$ 为反馈信号。

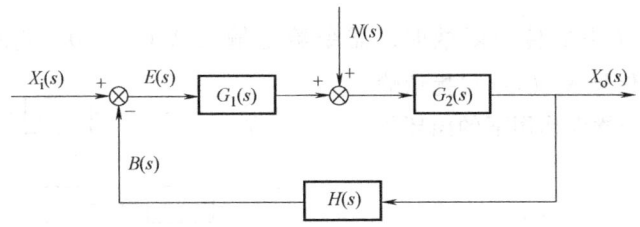

图 2-43 闭环控制系统框图

下面介绍闭环控制系统中常用的几种传递函数。

2.5.1 闭环系统的开环传递函数

对图 2-43 所示系统,当扰动作用为零时,将反馈信号 $B(s)$ 断开,则以偏差信号为输入,以反馈信号为输出,得到的传递函数就称为闭环系统的开环传递函数,也就是前向通道传递函数与反馈通道传递函数的乘积,即

$$G_K(s) = \frac{B(s)}{E(s)} = G_1(s)G_2(s)H(s)$$

注意:闭环系统的开环传递函数不同于开环系统的传递函数。

2.5.2 给定输入作用下的闭环传递函数

当研究给定输入 $X_i(s)$ 作用下的输出时,令扰动输入 $N(s)=0$,此时系统框图等效为图 2-44。由给定输入引起的输出信号 $X_{oi}(s)$ 与给定输入信号 $X_i(s)$ 之比就称为给定输入作用下的闭环传递函数,即

$$\Phi_{oi}(s) = \frac{X_{oi}(s)}{X_i(s)} = \frac{G_1(s)G_2(s)}{1+G_1(s)G_2(s)H(s)}$$

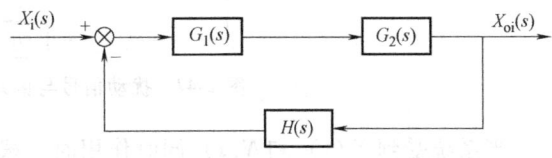

图 2-44 给定输入作用下的系统框图

相应地,输出信号为

$$X_{oi}(s) = \Phi_{oi}(s)X_i(s) = \frac{G_1(s)G_2(s)}{1+G_1(s)G_2(s)H(s)}X_i(s)$$

当以偏差信号为输出时,可研究偏差信号与输入信号之间的关系,此时系统框图等效为图 2-45。由给定输入引起的偏差信号 $E_i(s)$ 与给定输入信号 $X_i(s)$ 之比就称为给定输入作用下的偏差传递函数,即

$$\Phi_{\mathrm{ei}}(s) = \frac{E_{\mathrm{i}}(s)}{X_{\mathrm{i}}(s)} = \frac{1}{1+G_1(s)G_2(s)H(s)}$$

相应地输出信号为

$$E_{\mathrm{i}}(s) = \Phi_{\mathrm{ei}}(s)X_{\mathrm{i}}(s)$$
$$= \frac{1}{1+G_1(s)G_2(s)H(s)}X_{\mathrm{i}}(s)$$

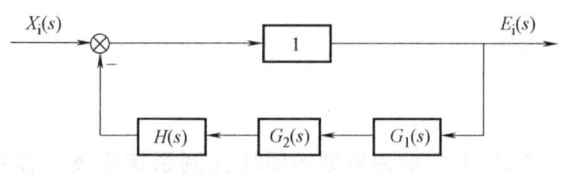

图 2-45 给定输入与偏差信号间的系统框图

2.5.3 扰动作用下的闭环传递函数

当研究扰动作用下的传递函数时，需令给定输入 $X_{\mathrm{i}}(s) = 0$，此时系统框图等效于图 2-46。系统输出信号 $X_{\mathrm{oN}}(s)$ 与扰动输入 $N(s)$ 之比就称为扰动作用下的闭环传递函数，即

$$\Phi_{\mathrm{oN}}(s) = \frac{X_{\mathrm{oN}}(s)}{N(s)} = \frac{G_2(s)}{1+G_1(s)G_2(s)H(s)}$$

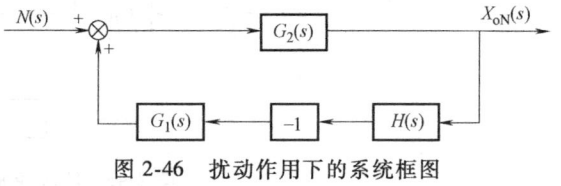

图 2-46 扰动作用下的系统框图

相应地，输出信号为

$$X_{\mathrm{oN}}(s) = \Phi_{\mathrm{oN}}(s)N(s) = \frac{G_2(s)}{1+G_1(s)G_2(s)H(s)}N(s)$$

当以偏差信号为输出时，可研究偏差信号与扰动信号之间的关系，此时系统框图等效为图 2-47。由扰动引起的偏差信号 $E_{\mathrm{N}}(s)$ 与扰动信号 $N(s)$ 之比就称为扰动信号作用下的偏差传递函数，即

$$\Phi_{\mathrm{eN}}(s) = \frac{E_{\mathrm{N}}(s)}{N(s)} = \frac{-G_2(s)H(s)}{1+G_1(s)G_2(s)H(s)}$$

相应地，输出信号为

$$E_{\mathrm{N}}(s) = \Phi_{\mathrm{eN}}(s)N(s) = \frac{-G_2(s)H(s)}{1+G_1(s)G_2(s)H(s)}N(s)$$

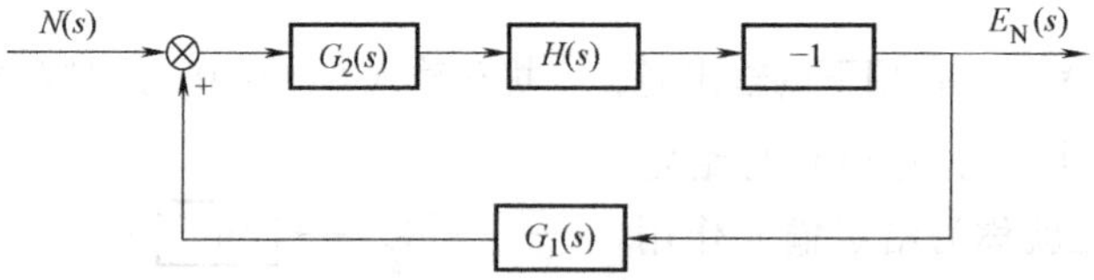

图 2-47 扰动信号与偏差信号间的系统框图

当系统受到 $X_{\mathrm{i}}(s)$ 和 $N(s)$ 同时作用时，根据线性系统的叠加定理，可以求出给定输入和扰动输入同时作用下闭环控制系统的总输出 $X_{\mathrm{o}}(s)$ 为

$$X_{\mathrm{o}}(s) = X_{\mathrm{oi}}(s) + X_{\mathrm{oN}}(s) = \frac{G_1(s)G_2(s)}{1+G_1(s)G_2(s)H(s)}X_{\mathrm{i}}(s) + \frac{G_2(s)}{1+G_1(s)G_2(s)H(s)}N(s) \quad (2-3)$$

在控制系统中，可以通过对元部件的结构参数进行适当的选择，来减小扰动信号对系统的影响，从而提高系统抗干扰的能力。例如，在式（2-3）中，如能保证 $|G_1(s)G_2(s)H(s)| \gg 1$ 和 $|G_1(s)H(s)| \gg 1$，则式（2-3）可近似为 $X_{\mathrm{o}}(s) \approx \frac{1}{H(s)}X_{\mathrm{i}}(s)$，从而提高了系统的抗干扰

能力。

2.5.4 传递函数的零极点

闭环系统的传递函数分为开环传递函数和闭环传递函数，相应地，传递函数的零极点也分为开环零极点和闭环零极点。考虑一般情况，设控制系统如图 2-48 所示，其闭环传递函数为

$$G_B(s) = \frac{X_o(s)}{X_i(s)} = \frac{G(s)}{1+G(s)H(s)} \quad (2\text{-}4)$$

当系统有 m 个开环零点和 n 个开环极点时，可得开环传递函数的零极点模型，即

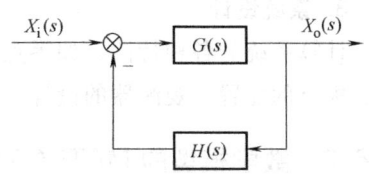

图 2-48 控制系统框图

$$G_K(s) = G(s)H(s) = \frac{K\prod_{i=1}^{m}(s-z_i)}{\prod_{j=1}^{n}(s-p_j)} \quad (2\text{-}5)$$

式中，z_i 为开环零点；p_j 为开环极点；K 为常数。

设系统的传递函数的分母等于零，即可得出系统的特征方程

$$D(s) = 1 + G(s)H(s) = 1 + \frac{K\prod_{i=1}^{m}(s-z_i)}{\prod_{j=1}^{n}(s-p_j)} = \frac{\prod_{k=1}^{n}(s-s_k)}{\prod_{j=1}^{n}(s-p_j)} = 0 \quad (2\text{-}6)$$

式中，s_k 为闭环极点。

2.6 控制系统数学模型的 MATLAB 实现

MATLAB 是由 Math Works 公司研发的商业化的数学软件，可以用于算法开发、数据可视化、数据分析、数值计算及图像处理等方面，在 MATLAB 出现的数年间，其以良好的开放线及运行的可靠性取代了一大批原先控制领域内的封闭式软件包。此外，MATLAB 在几十年的发展中集成了很多二次开发的工具箱，其应用领域得到了进一步扩展，其中的控制系统工具箱（Control System Toolbox）为控制系统的设计与分析提供了便利。

2.6.1 MATLAB 控制系统工具箱简介

MATLAB 控制系统工具箱提供了许多控制领域的专用函数，主要处理传递函数形式的经典控制问题和状态空间表达式形式的现代控制问题，提供分析、设计和调节线性控制系统的算法和工具。系统可以指定为传递函数、零极点模型和状态空间表达式。MATLAB 工具箱为模型之间的转换和高阶系统的低阶逼近提供工具，允许创建串联、并联、反馈和一般框图连接的线性模型，主要可以分为系统建模、系统分析及系统设计三项功能。

1. 系统建模

建立连续或离散系统的传递函数、状态空间表达式、零极点模型，并实现任意两者间的

转换。通过串联、并联、反馈连接等框图连接，建立复杂系统的模型。

2. 系统分析

在时域分析方面，对系统进行单位脉冲响应、单位阶跃响应和任意输入响应的仿真；在频域方面，对系统的伯德图、奈奎斯特图等进行计算和绘制。

3. 系统设计

计算系统的各种特性，如零点、极点、稳定裕度、根轨迹的增益选择等，对系统进行零点、极点的配置，观测器的设计等。

2.6.2 数学模型的 MATLAB 实现

在 MATLAB 中，不同的数学模型利用不同的函数来表示，下面主要介绍传递函数模型、零极点模型、框图模型的 MATLAB 实现，其他模型在后续章节中介绍。

1. 传递函数模型

在 MATLAB 中，可以利用分子、分母的系数，以及"tf"函数来进行数学模型表示。

传递函数的标准形式为

$$G(s) = \frac{b_m s^m + b_{m-1} s^{m-1} + \cdots + b_1 s + b_0}{a_n s^n + a_{n-1} s^{n-1} + \cdots + a_1 s + a_0}$$

在 MATLAB 中利用传递函数在标准形式下的分子分母的系数向量，即

$$\text{num} = \begin{bmatrix} b_m & b_{m-1} & \cdots & b_0 \end{bmatrix}$$

$$\text{den} = \begin{bmatrix} a_n & a_{n-1} & \cdots & a_0 \end{bmatrix}$$

然后利用"tf"函数构建表达式，即

$$\text{Gs} = \text{tf}(\text{num}, \text{den})$$

【例 2.33】 现有线性定常系统微分方程为 $\dfrac{d^2 x_o(t)}{dt^2} + 6\dfrac{d x_o(t)}{dt} + 5 x_o(t) = 4\dfrac{d x_i(t)}{dt} + 3 x_i(t)$，试利用 MATLAB 求其传递函数。

解： MATLAB 程序代码如下：

num = [4 3];
den = [1 6 5];
Gs = tf(num, den)

运行结果如下：

Gs =

  4s+3
----
s^2+6s+5

Continuous-time transfer function.

由运行结果可知，系统的传递函数为

$$G(s) = \frac{4s+3}{s^2+6s+5}$$

2. 零极点模型

在常见的数学模型表达中，可以体现出系统零点与极点的零极点模型也较为常用。

零极点模型的标准形式为

$$G(s) = K \frac{(s-z_0)(s-z_1)\cdots(s-z_m)}{(s-p_0)(s-p_1)\cdots(s-p_n)}$$

在 MATLAB 中利用向量组 [z, p, k] 来表示，即

$$z = [z_0 \quad z_1 \quad \cdots \quad z_m]$$
$$p = [p_0 \quad p_1 \quad \cdots \quad p_n]$$
$$k = [K]$$

然后利用 "zpk" 函数构建表达式

$$Gs = zpk[z, p, k]$$

传递函数模型和零极点模型可以相互转换，其转换语句为

$$[z, p, k] = tf2zp[num, den]$$
$$[num, den] = zp2tf[z, p, k]$$

【例2.34】 若传递函数为 $G(s) = \dfrac{Y(s)}{U(s)} = \dfrac{4s+3}{s^2+6s+5}$，利用零极点模型构造其数学模型。

解：MATLAB 程序代码如下：

```
num = [4  3];
den = [1  6  5];
[z, p, k] = tf2zp([4,3],[1,6,5])
Gs = zpk[z, p, k]
```

运行结果如下：

```
z =

    -0.7500
p =

    -5
    -1
k =

     4
Gs =

  4(s+0.75)
  ---------
  (s+5)(s+1)

Continuous-time zero/pole/gain model.
```

由运行结果可知，系统的传递函数为

$$G(s) = \frac{4(s+0.75)}{(s+1)(s+5)}$$

3. 框图模型

对于简单的系统来说，可以直接使用传递函数进行建模，但是在大多数情况下，实际的系统是由几个简单的系统组合而成的，采用框图模型进行表示比较方便。常见的框图模型的连接方式有并联、串联及反馈连接等。

（1）串联系统

对于串联系统来说，可以利用 "series" 函数进行多个传递函数的串联以建立模型，其调用格式为

$$Gs = series(G1, G2)$$

式中，G1 和 G2 为要串联连接的两个传递函数。

【例 2.35】 对于图 2-49 所示系统，已知 $G_1(s) = \dfrac{1}{2s^2+s+2}$，$G_2(s) = \dfrac{3}{s+4}$，利用 MATLAB 求该系统的传递函数。

解：MATLAB 程序代码如下：
G1 = tf(1, [2 1 2]);
G2 = tf(3, [1 4]);
Gs = series(G1, G2)
运行结果如下：
Gs =

```
          3
-------------------------
2s^3 + 9s^2 + 6s + 8
```

Continuous-time transfer function.

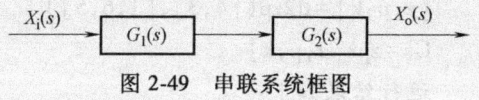

图 2-49　串联系统框图

由运行结果可知，系统的传递函数为

$$G(s) = \frac{3}{2s^3 + 9s^2 + 6s + 8}$$

（2）并联系统

对于并联系统来说，可以利用 "parallel" 函数进行多个传递函数的并联，以建立模型其调用格式为

$$Gs = parallel(G1, G2)$$

式中，G1 和 G2 为要并联连接的两个传递函数。

【例 2.36】 对于图 2-50 所示系统，已知 $G_1(s) = \dfrac{1}{2s^2+s+2}$，$G_2(s) = \dfrac{3}{s+4}$，利用 MATLAB 求该系统的传递函数。

解：MATLAB 程序代码如下：
G1 = tf(1,[2 1 2]);
G2 = tf(3,[1 4]);
Gs = parallel(G1,G2)
运行结果如下：
Gs =

```
    6s^2+4s+10
 -------------------
 2s^3+9s^2+6s+8
```

Continuous-time transfer function.

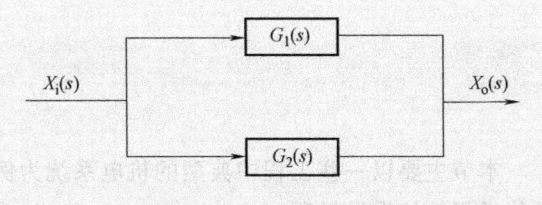

图 2-50 并联系统框图

由运行结果可知，系统的传递函数为

$$G(s) = \frac{6s^2+4s+10}{2s^3+9s^2+6s+8}$$

（3）反馈系统

对于反馈系统来说，可以利用 "feedback" 函数进行反馈函数的表示和建模，其调用格式为

$$G = \text{feedback}(G1, G2, \text{sign})$$

式中，G1 和 G2 分别是前向通道和反馈通道的传递函数；sign 为用来指示反馈连接的符号函数，sign = 1 时为正反馈，sign = -1 时为负反馈，默认为负反馈。

【例 2.37】 对于图 2-51 所示系统，已知 $G_1(s) = \dfrac{1}{2s^2+s+2}$，$G_2(s) = \dfrac{3}{s+4}$，利用 MATLAB 求该系统的传递函数。

解：MATLAB 程序代码如下：
G1 = tf(1,[2,1,2]);
G2 = tf(3,[1,4]);
Gs = feedback(G1,G2)
运行结果如下：
Gs =

```
        s+4
  -------------------
  2s^3+9s^2+6s+11
```

Continuous-time transfer function.

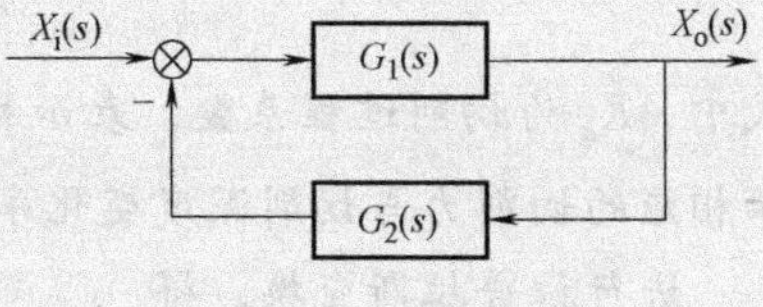

图 2-51 反馈系统框图

由运行结果可知，系统的传递函数为

$$G(s) = \frac{s+4}{2s^3+9s^2+6s+11}$$

2.7 设计实例：工程中典型的机电系统

本节主要以一些工程中典型的机电系统为例，进一步介绍控制系统数学模型的建立方法及传递函数的推导过程。

【例 2.38】 某一工件的车削加工过程如图 2-52 所示。切削加工时，假设想要的切削深度为 $x_o(t)$，为实现此切削深度的加工而产生的切削力为 $f(t)$。由于切削力又反作用于刀架机构，而使刀架等产生变形 $y(t)$。刀架的变形又反馈回来，使切削深度发生变化，得到实际的切削深度 $x(t)$，整个工件、刀具到机床构成一个闭环系统。如果忽略其他因素，以想要的切削深度 $x_o(t)$ 为输入，以刀架的变形 $y(t)$ 为输出，求系统的传递函数。

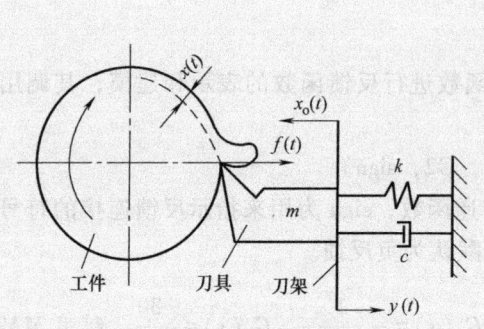

图 2-52 车削加工过程

扫描下方二维码了解水电站生产核心设备——弹性油箱的切削加工过程，感受大国工匠裴永斌孜孜不倦打磨技艺的精神品质。

大国工匠
大道无疆

解： 由车削过程可知，实际切削深度

$$x(t) = x_o(t) - y(t)$$

根据切削力动力学方程，有

$$f(t) = K_c x(t) + B_c \frac{dx(t)}{dt}$$

式中，K_c 为切削过程系数，表示相应的切削力与切削深度之比；B_c 为切削阻尼系数，表示相应的切削力与切削深度变化率之比。

进行拉普拉斯变换，得

$$F(s) = K_c X(s) + B_c s X(s)$$

则可求得切削深度与切削力之间的传递函数为

$$G_c(s) = \frac{F(s)}{X(s)} = B_c s + K_c = K_c(Ts+1)$$

式中，$T = \dfrac{B_c}{K_c}$。

机床刀架可近似为一质量、阻尼、弹簧构成的二阶系统，以切削力 $f(t)$ 为输入，刀架变形 $y(t)$ 为输出，则机床刀架的传递函数为

$$G_m(s) = \frac{Y(s)}{F(s)} = \frac{1}{ms^2+cs+k}$$

根据上述分析，可绘出系统的框图，如图 2-53 所示。

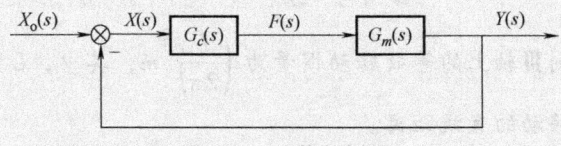

图 2-53 系统的框图

由系统框图可知，车削加工过程的开环传递函数为

$$G_K(s) = G_c(s)G_m(s) = \frac{K_c(Ts+1)}{ms^2+cs+k}$$

系统的闭环传递函数为

$$G_B(s) = \frac{Y(s)}{X_o(s)} = \frac{G_c(s)G_m(s)}{1+G_c(s)G_m(s)} = \frac{K_c(Ts+1)}{ms^2+(K_cT+c)s+(K_c+k)}$$

【例 2.39】 某一机床进给传动链如图 2-54 所示。驱动电动机通过二级减速齿轮及丝杠螺母机构驱动工作台运动。其中，z_1、z_2、z_3、z_4 为各齿轮齿数，J_1、J_2、J_3 分别为 Ⅰ、Ⅱ、Ⅲ 轴上的转动惯量，c_1、c_2、c_3 分别为 Ⅰ、Ⅱ、Ⅲ 轴上的黏性阻尼系数，k_1、k_2、k_3 分别为 Ⅰ、Ⅱ、Ⅲ 轴上的扭转刚度系数，m 为工作台质量，c_m 为工作台导轨黏性阻尼系数，k_m 为丝杠螺母副的刚度系数，$T(t)$ 为作用转矩。如果以驱动电动机的转角 $\theta(t)$ 为输入量，以工作台的位移 $x_o(t)$ 为输出量，求该系统的传递函数。

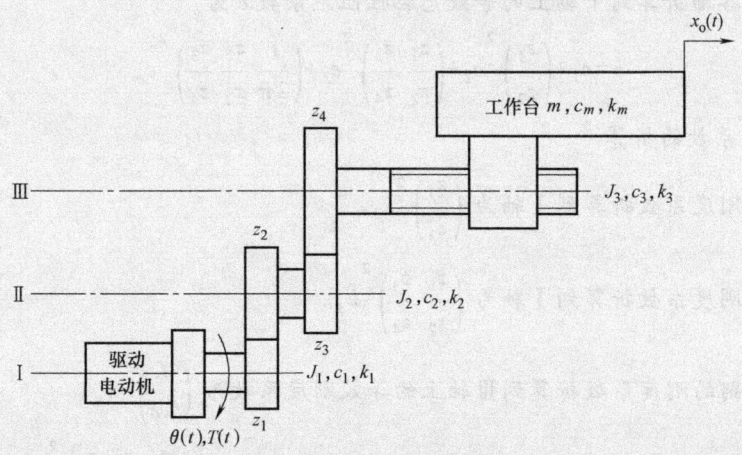

图 2-54 机床进给传动链

解：为了建立系统微分方程，需将转动惯量、黏性阻尼系数、刚度系数及质量按等功原理折算到传动链的某一部位上。本例中，根据机械原理的有关知识，将它们折算到电动机轴 Ⅰ 上。

(1) 转动惯量和质量的折算

Ⅱ轴上的转动惯量折算到Ⅰ轴为 $\left(\dfrac{z_1}{z_2}\right)^2 J_2$。

Ⅲ轴上的转动惯量折算到Ⅰ轴为 $\left(\dfrac{z_1}{z_2}\dfrac{z_3}{z_4}\right)^2 J_3$。

工作台质量折算到Ⅲ轴上的等效转动惯量为 $\left(\dfrac{L}{2\pi}\right)^2 m$,其中,$L$为丝杠螺距,定义为丝杠每转一周工作台移动的直线距离。

工作台质量折算到Ⅰ轴上的等效转动惯量为 $\left(\dfrac{L}{2\pi}\dfrac{z_1}{z_2}\dfrac{z_3}{z_4}\right)^2 m$。

工作台及各轴折算到Ⅰ轴上的等效总转动惯量 J 为

$$J = J_1 + \left(\dfrac{z_1}{z_2}\right)^2 J_2 + \left(\dfrac{z_1}{z_2}\dfrac{z_3}{z_4}\right)^2 J_3 + \left(\dfrac{L}{2\pi}\dfrac{z_1}{z_2}\dfrac{z_3}{z_4}\right)^2 m$$

(2) 黏性阻尼系数的折算

Ⅱ轴上的黏性阻尼系数折算到Ⅰ轴为 $\left(\dfrac{z_1}{z_2}\right)^2 c_2$。

Ⅲ轴上的黏性阻尼系数折算到Ⅰ轴为 $\left(\dfrac{z_1}{z_2}\dfrac{z_3}{z_4}\right)^2 c_3$。

工作台导轨黏性阻尼系数折算到Ⅲ轴上的等效黏性阻尼系数为 $\left(\dfrac{L}{2\pi}\right)^2 c_m$。

工作台导轨黏性阻尼系数折算到Ⅰ轴上的等效黏性阻尼系数为 $\left(\dfrac{L}{2\pi}\dfrac{z_1}{z_2}\dfrac{z_3}{z_4}\right)^2 c_m$。

工作台及各轴折算到Ⅰ轴上的等效总黏性阻尼系数 c 为

$$c = c_1 + \left(\dfrac{z_1}{z_2}\right)^2 c_2 + \left(\dfrac{z_1}{z_2}\dfrac{z_3}{z_4}\right)^2 c_3 + \left(\dfrac{L}{2\pi}\dfrac{z_1}{z_2}\dfrac{z_3}{z_4}\right)^2 c_m$$

(3) 刚度系数的折算

Ⅱ轴上的刚度系数折算到Ⅰ轴为 $\left(\dfrac{z_1}{z_2}\right)^2 k_2$。

Ⅲ轴上的刚度系数折算到Ⅰ轴为 $\left(\dfrac{z_1}{z_2}\dfrac{z_3}{z_4}\right)^2 k_3$。

丝杠螺母副的刚度系数折算到Ⅲ轴上的等效刚度系数为 $\left(\dfrac{L}{2\pi}\right)^2 k_m$。

丝杠螺母副的刚度系数折算到Ⅰ轴上的等效刚度系数为 $\left(\dfrac{L}{2\pi}\dfrac{z_1}{z_2}\dfrac{z_3}{z_4}\right)^2 k_m$。

工作台及各轴折算到Ⅰ轴上的等效总刚度系数 k 为

$$k = \cfrac{1}{\cfrac{1}{k_1} + \cfrac{1}{\left(\cfrac{z_1}{z_2}\right)^2 k_2} + \cfrac{1}{\left(\cfrac{z_1}{z_2}\cfrac{z_3}{z_4}\right)^2 k_3} + \cfrac{1}{\left(\cfrac{L}{2\pi}\cfrac{z_1}{z_2}\cfrac{z_3}{z_4}\right)^2 k_m}}$$

当负载为零时，Ⅰ轴上的动力学方程为

$$J\frac{d^2\theta_m(t)}{dt^2} + c\frac{d\theta_m(t)}{dt} + k[\theta_m(t) - \theta(t)] = 0$$

式中，$\theta_m(t)$ 为工作台位移 $x_o(t)$ 折算到Ⅰ轴上的等效当量转角，有

$$\theta_m(t) = \frac{z_2}{z_1}\frac{z_4}{z_3}\frac{2\pi}{L}x_o(t)$$

在Ⅰ轴上的动力学方程中，用 $x_o(t)$ 表示 $\theta_m(t)$，则方程可写成

$$J\frac{d^2 x_o(t)}{dt^2} + c\frac{dx_o(t)}{dt} + kx_o(t) = \frac{L}{2\pi}\frac{z_1}{z_2}\frac{z_3}{z_4}k\theta(t)$$

对上式两边取拉普拉斯变换，得

$$Js^2 X_o(s) + csX_o(s) + kX_o(s) = \frac{L}{2\pi}\frac{z_1}{z_2}\frac{z_3}{z_4}k\Theta(s)$$

则系统的传递函数为

$$G(s) = \frac{X_o(s)}{\Theta(s)} = \frac{\frac{L}{2\pi}\frac{z_1}{z_2}\frac{z_3}{z_4}k}{Js^2 + cs + k} = \frac{\frac{L}{2\pi}\frac{z_1}{z_2}\frac{z_3}{z_4}}{\frac{J}{k}s^2 + \frac{c}{k}s + 1}$$

由该传递函数可知，此系统为二阶系统，由比例环节和振荡环节构成。

【例2.40】 图2-55为由理想运算放大器构成的控制系统，R_0、R_1 和 R_2 为电阻，C 为电容，$u_i(t)$ 为输入电压，$u_o(t)$ 为输出电压，求该系统的传递函数。

解： 根据理想运算放大器的特性，可列写微分方程

$$u_i(t) = R_0 i(t)$$
$$u_o(t) = -R_2 i_2(t)$$
$$u_o(t) = -\left[R_1 i_1(t) + \frac{1}{C}\int i_1(t)dt\right]$$

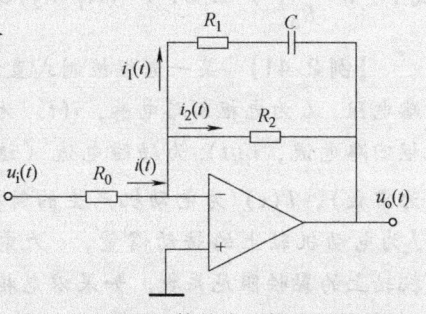

图2-55 理想运算放大器构成的控制系统

根据基尔霍夫电流定律，可知

$$i(t) = i_1(t) + i_2(t)$$

经拉普拉斯变换，得

$$U_i(s) = R_0 I(s)$$
$$U_o(s) = -R_2 I_2(s)$$
$$U_o(s) = -\left[R_1 I_1(s) + \frac{1}{Cs}I_1(s)\right]$$
$$I(s) = I_1(s) + I_2(s)$$

消去中间变量，则输入、输出间的传递函数为

$$G(s)=\frac{U_o(s)}{U_i(s)}=-\frac{R_2}{R_0}\frac{R_1Cs+1}{(R_1+R_2)Cs+1}=-\frac{K(\tau s+1)}{Ts+1}$$

式中，$K=\dfrac{R_2}{R_0}$；$\tau=R_1C$；$T=(R_1+R_2)C$。

例 2.40 也可绘制框图，然后通过简化框图或利用梅森公式来求取系统的传递函数。根据框图的绘制方法，可绘制该系统的框图，如图 2-56 所示。

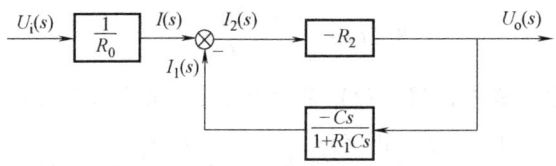

图 2-56　例 2.40 系统框图

根据梅森公式可知，系统有一个回路，其传递函数为 $L_1=-\dfrac{R_2Cs}{1+R_1Cs}$；有一个前向通道，其传递函数为 $P_1=-\dfrac{R_2}{R_0}$；余因子 $\Delta_1=1$，则系统的传递函数为

$$G(s)=\frac{U_o(s)}{U_i(s)}=\frac{-\dfrac{R_2}{R_0}}{1+\dfrac{R_2Cs}{1+R_1Cs}}=-\frac{R_2}{R_0}\frac{R_1Cs+1}{(R_1+R_2)Cs+1}=-\frac{K(\tau s+1)}{Ts+1}$$

式中，$K=\dfrac{R_2}{R_0}$；$\tau=R_1C$；$T=(R_1+R_2)C$。

【例 2.41】　某一电枢控制式直流电动机的工作原理如图 2-57 所示。其中 R 为电枢回路电阻，L 为电枢回路电感，$i(t)$ 为电枢回路电流，$i_f(t)$ 为励磁电流（这里为常数），$T(t)$ 为电动机产生的转矩，J 为电动机轴上的转动惯量，c 为电动机轴上的黏性阻尼系数。如果以电枢两端的电压 $u(t)$ 为输入，以电动机轴的转角 $\theta(t)$ 为输出，试求该系统的传递函数。

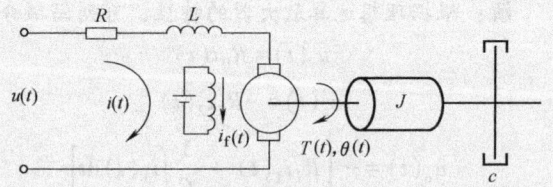

图 2-57　电枢控制式直流电动机工作原理

解：根据基尔霍夫电压定律可知，电枢回路的微分方程为

$$L\frac{di(t)}{dt}+Ri(t)+e_b(t)=u(t)$$

式中，$e_b(t)$ 为电枢上的反电动势。

电枢上的反电动势 $e_b(t)$ 与电动机轴的转速成正比，即

$$e_b(t) = K_a \frac{\mathrm{d}\theta(t)}{\mathrm{d}t}$$

式中，K_a 为反电动势系数。

电动机轴上的转矩平衡方程为

$$J\frac{\mathrm{d}^2\theta(t)}{\mathrm{d}t^2} + c\frac{\mathrm{d}\theta(t)}{\mathrm{d}t} = T(t)$$

当励磁磁场不变时，电动机转矩与电枢电流成正比，即

$$T(t) = K_b i(t)$$

式中，K_b 为电动机转矩系数。

对以上各式进行拉普拉斯变换，可得

$$LsI(s) + RI(s) + E_b(s) = U(s)$$

$$E_b(s) = K_a s\Theta(s)$$

$$Js^2\Theta(s) + cs\Theta(s) = T(s)$$

$$T(s) = K_b I(s)$$

消去中间变量，可得系统的传递函数为

$$G(s) = \frac{\Theta(s)}{U(s)} = \frac{K_b}{s[LJs^2 + (RJ+Lc)s + (Rc+K_aK_b)]}$$

例 2.41 也可绘制框图，然后通过简化框图或利用梅森公式来求取系统的传递函数。根据框图的绘制方法，可绘制该系统的框图，如图 2-58 所示。

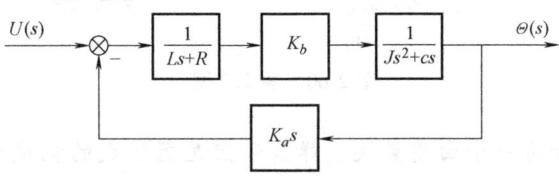

图 2-58　例 2.41 系统框图

根据梅森公式可知，系统有一个回路，其传递函数为 $L_1 = -\dfrac{K_a K_b s}{(Ls+R)(Js^2+cs)}$；有一个前向通道，其传递函数为 $P_1 = \dfrac{K_b}{(Ls+R)(Js^2+cs)}$；余因子 $\Delta_1 = 1$，则系统的传递函数为

$$G(s) = \frac{\Theta(s)}{U(s)} = \frac{\dfrac{K_b}{(Ls+R)(Js^2+cs)}}{1 + \dfrac{K_a K_b s}{(Ls+R)(Js^2+cs)}} = \frac{K_b}{(Ls+R)(Js^2+cs) + K_a K_b s}$$

$$= \frac{K_b}{s[LJs^2 + (RJ+Lc)s + (Rc+K_aK_b)]}$$

习 题

2.1 试列出图 2-59 所示机械系统输入转矩 $T(t)$ 与输出转角 $\theta(t)$ 之间的微分方程，其中 J 为转动惯量，B_J 为回转黏性阻尼系数，m 为质量，B 为阻尼系数，k 为弹簧刚度系数，R 为转动半径。

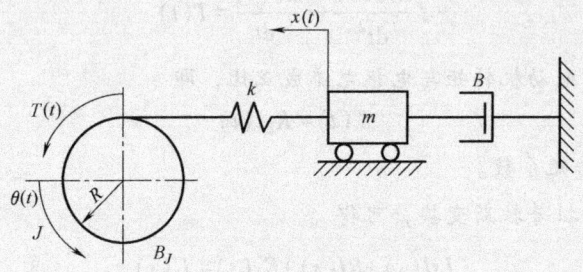

图 2-59　题 2.1 图

2.2 图 2-60 所示为三个机械系统，试列写输入位移 $x_i(t)$ 与输出位移 $x_o(t)$ 之间的微分方程，其中 k、k_1、k_2 为弹簧刚度系数，c_1、c_2 为黏性阻尼系数。

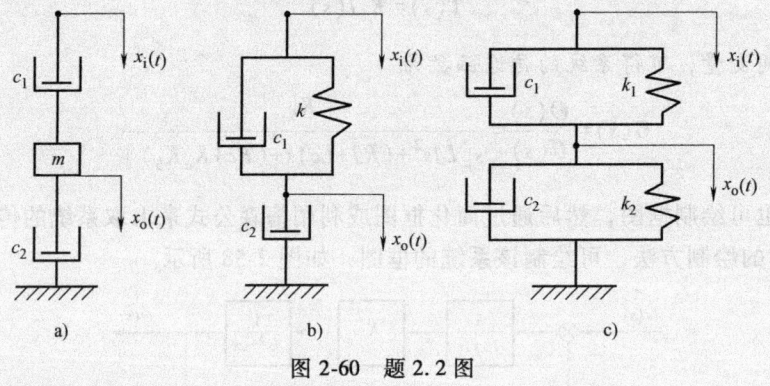

图 2-60　题 2.2 图

2.3 图 2-61 所示为一个由质量块、弹簧和阻尼器组成的机械系统，试列写输入力 $f(t)$ 与输出位移 $y(t)$ 之间的微分方程，其中 m 为质量块质量，k_1、k_2 为弹簧刚度系数。

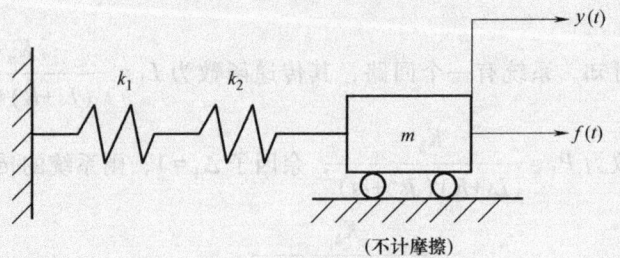

图 2-61　题 2.3 图

2.4 已知 $F(s) = \dfrac{1}{(s+3)^2}$。

(1) 利用初值定理求 $f(0)$ 和 $f'(0)$ 的值；

(2) 通过拉普拉斯反变换方法求取 $f(0)$ 和 $f'(0)$ 的值。

2.5 试求下列象函数的拉普拉斯反变换。

(1) $F(s) = \dfrac{s+1}{(s+5)^2}$

(2) $F(s) = \dfrac{s+7}{(s+1)(s^2+3s+2)}$

(3) $F(s) = \dfrac{s-2}{s^2+4}$

(4) $F(s) = \dfrac{s^2+2s+3}{(s+1)^3}$

2.6 图 2-62 所示为三个电网络，试列写输出电压 $u_o(t)$ 和输入电压 $u_i(t)$ 之间的微分方程，并求取传递函数。其中 R_1、R_2 为电阻，C、C_1、C_2 为电容，L 为电感。

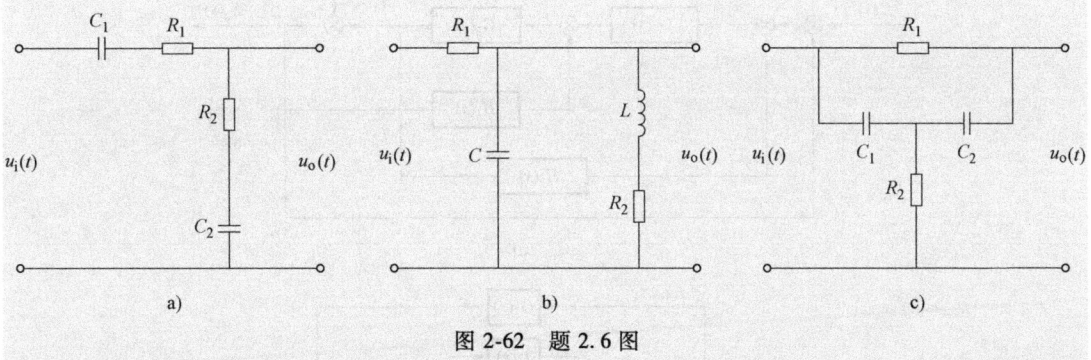

图 2-62 题 2.6 图

2.7 证明图 2-63a、b 所示两系统具有相同形式的传递函数。其中，R_1、R_2 为电阻，C_1、C_2 为电容；k_1、k_2 为弹簧刚度系数，c_1、c_2 为黏性阻尼系数。

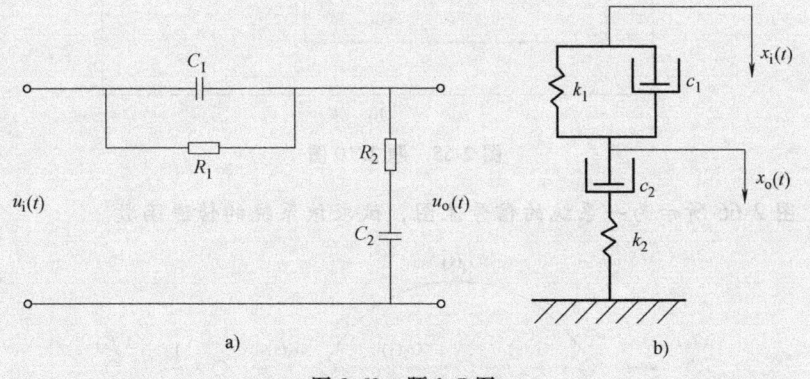

图 2-63 题 2.7 图

2.8 已知某单位负反馈系统的单位阶跃响应为 $c(t) = 1 - 1.25e^{-12t} + 0.25e^{-60t}$，试求该系统的开环传递函数。

2.9 根据框图的简化法则，求图 2-64 所示系统的传递函数。

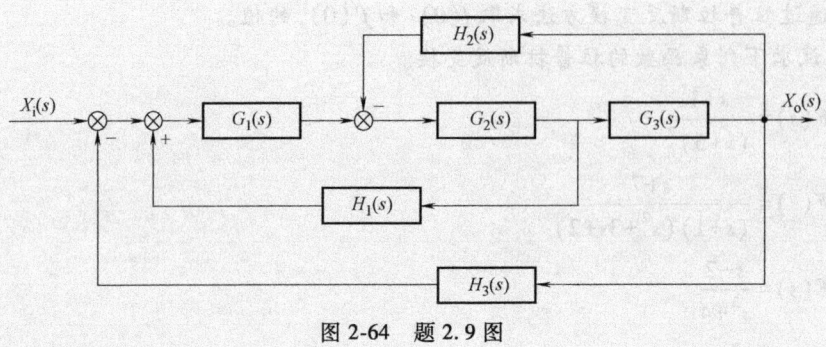

图 2-64 题 2.9 图

2.10 图 2-65 所示为两系统的框图，试利用梅森公式分别求其传递函数。

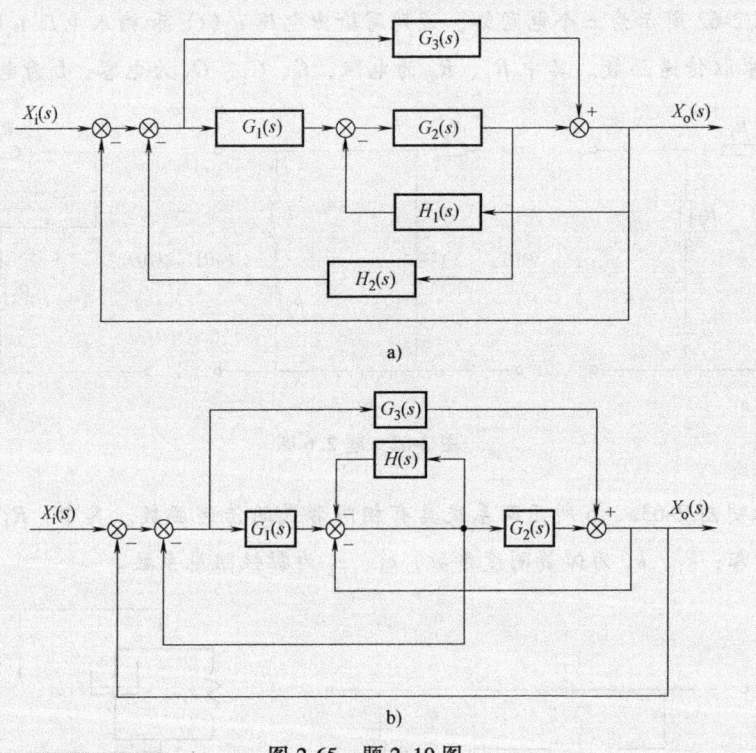

图 2-65 题 2.10 图

2.11 图 2-66 所示为一系统的信号流图，试求该系统的传递函数。

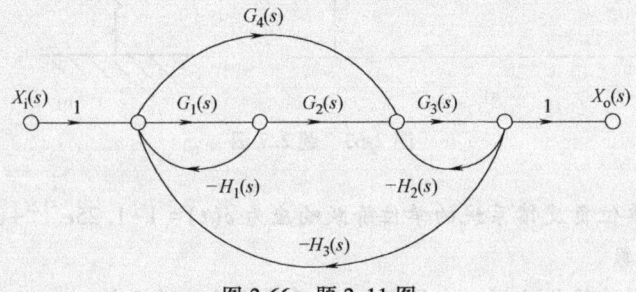

图 2-66 题 2.11 图

2.12 试求图 2-67 所示系统的传递函数 $\dfrac{X_o(s)}{X_i(s)}$ 和 $\dfrac{X_o(s)}{N(s)}$。

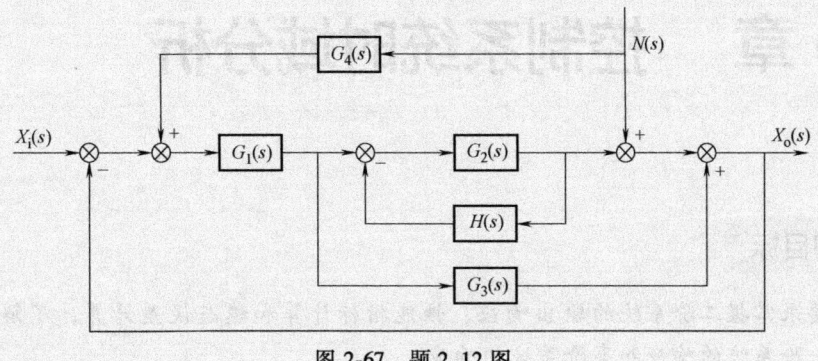

图 2-67 题 2.12 图

第 3 章　控制系统时域分析

> **学习目标**
>
> 本章要求掌握二阶系统的输出响应、性能指标计算和稳态误差计算，了解时间响应的概念、一阶系统的响应和高阶系统的响应。

本书在第 2 章中详细介绍了如何建立系统的数学模型。在此基础上，可以进一步分析当对系统施加一个输入信号时，系统输出会如何变化，如何根据输出评判系统性能。在经典控制理论中，常用的分析方法有时域法、频域法和根轨迹法。本章就将介绍其中的时域分析法，主要包括系统的时间响应及其组成，并对一阶、二阶系统的典型时间响应进行分析，最后介绍系统的误差与稳态误差的概念，以及误差与系统型别的关系。

3.1　时间响应与典型输入信号

3.1.1　时间响应

系统在外加输入信号的作用下，其输出随时间变化的函数关系称为时间响应。

系统可用微分方程来描述，系统时间响应的数学表达式就是微分方程的解。稳定系统的时间响应都由瞬态响应和稳态响应两部分组成。

瞬态响应：系统在输入信号的作用下，输出量从初始状态到稳定状态的响应过程。瞬态响应也称为过渡过程。由于实际控制系统具有惯性、摩擦及其他一些原因，因此系统输出量不会完全复现输入量的变化，瞬态响应表现为衰减、发散或等幅振荡形式。瞬态响应除了提供系统稳定性信息，还提供响应速度及阻尼情况等信息。

稳态响应：当输入某一信号后，系统在时间趋于无穷大时的输出状态。稳态响应表征系统输出量最终复现输入量的程度，提供了系统稳态误差等信息。

3.1.2　典型输入信号

在分析系统的输出随输入的变化过程时，经常遇到的问题是输入信号无法预测，且不能用解析的方法来表示，因此输入信号应接近系统工作时最常见的典型信号形式。同时，通常选取对系统工作最不利的信号做测试输入信号。在对控制系统瞬态响应进行分析时，采用典型输入信号，有如下优点。

1) 数学处理简单，给定典型信号下的性能指标，便于分析、综合系统。

2）典型输入信号的响应往往是分析复杂输入信号下系统性能的基础。
3）便于进行系统辨识，确定未知环节的传递函数。

常见的典型输入信号有如下几种。

1. 阶跃信号

阶跃信号的特点是输入量有一个突然的定量变化，如输入量的突然加入或突然停止等，如图 3-1 所示，其数学表达式为

$$x_i(t) = \begin{cases} a & (t \geq 0) \\ 0 & (t < 0) \end{cases}$$

式中，a 为常数，当 $a = 1$ 时，该信号称为单位阶跃信号。

2. 斜坡信号

斜坡信号也称为速度信号，特点是输入量是等速度变化的，如图 3-2 所示，其数学表达式为

$$x_i(t) = \begin{cases} at & (t \geq 0) \\ 0 & (t < 0) \end{cases}$$

式中，a 为常数，当 $a = 1$ 时，该信号称为单位斜坡信号，也称为单位速度信号。

3. 抛物线信号

抛物线信号也称为加速度信号，特点是输入量是等加速度变化的，如图 3-3 所示，其数学表达式为

$$x_i(t) = \begin{cases} at^2 & (t \geq 0) \\ 0 & (t < 0) \end{cases}$$

式中，a 为常数，当 $a = \dfrac{1}{2}$ 时，该信号称为单位抛物线信号，也称为单位加速度信号。

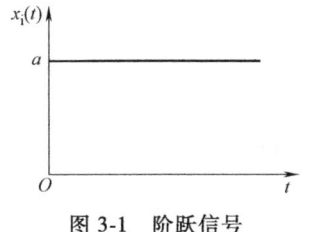
图 3-1 阶跃信号

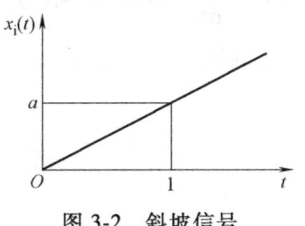
图 3-2 斜坡信号

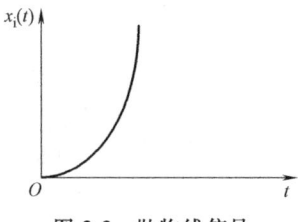
图 3-3 抛物线信号

4. 脉冲信号

如图 3-4 所示，脉冲信号的数学表达式可表达为

$$x_i(t) = \begin{cases} \lim\limits_{t_0 \to 0} \dfrac{a}{t_0} & (0 < t < t_0) \\ 0 & (t < 0 \text{ 或 } t > t_0) \end{cases}$$

式中，a 为常数，因此当 $0 < t < t_0$ 时，该信号值为无穷大。

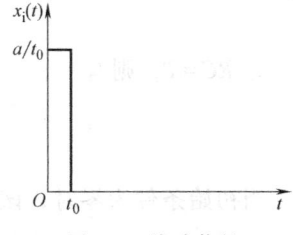
图 3-4 脉冲信号

脉冲信号的脉冲高度为无穷大；持续时间为无穷小；脉冲面积为 a，因此，脉冲强度通常是以其面积 a 衡量的。当面积 $a = 1$ 时，脉冲信号称为单位脉冲信号，也称为 δ 信号。当系统输入信号为单位脉冲信号时，其输出响应称为脉冲响应信号。由于 δ 信号有个很重要的性质，即其拉普拉斯变换等于 1，因此系统传递函数即为脉冲

响应信号的象函数。

5. 正弦信号

正弦信号如图 3-5 所示，其数学表达式为

$$x_i(t) = \begin{cases} a\sin\omega t & (t \geq 0) \\ 0 & (t < 0) \end{cases}$$

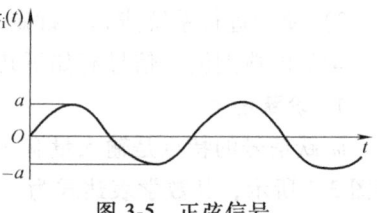

图 3-5　正弦信号

选择哪种信号作为典型输入信号，应视不同系统的具体工作状况而定。例如，若控制系统的输入量是随时间逐渐变化的信号，如机床、雷达天线、火炮、控温装置等，则选择斜坡信号较为合适；若控制系统的输入量是冲击量，如导弹发射系统，则选择脉冲信号较为适当；若控制系统的输入量是随时间往复变化的，如研究机床振动的情况，则选择正弦信号为好；如果控制系统的输入量是突然变化的，如突然合电断电的系统，则选择阶跃信号为宜。

3.2　一阶系统的时域分析

凡以一阶系统微分方程作为运动方程的控制系统，称为一阶系统。在工程实践中，有些高阶系统的特性常用一阶系统的特性来近似表示。

3.2.1　一阶系统数学模型

以图 3-6 所示的 RC 电路一阶系统为例，以 $x_o(t)$ 为输出电压，$x_i(t)$ 为输入电压，其微分方程为

$$RC\frac{\mathrm{d}x_o(t)}{\mathrm{d}t} + x_o(t) = x_i(t)$$

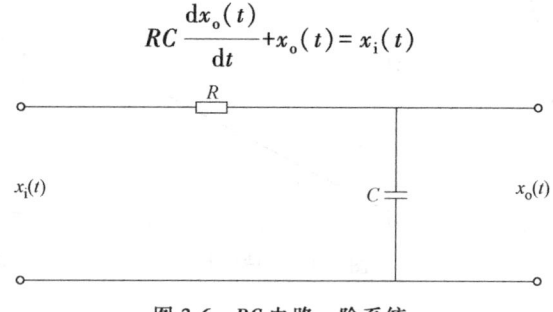

图 3-6　RC 电路一阶系统

令 $RC = T$，则有

$$T\frac{\mathrm{d}x_o(t)}{\mathrm{d}t} + x_o(t) = x_i(t)$$

当初始条件为零时，该系统传递函数为

$$G(s) = \frac{X_o(s)}{X_i(s)} = \frac{1}{Ts+1} \tag{3-1}$$

式中，T 为时间常数。

具有与式（3-1）相同传递函数的所有一阶系统，对同一输入信号的时间响应是相同的。当然，对于不同形式或不同功能的一阶系统，响应的各参变量代表的物理意义不同。

3.2.2 一阶系统的单位阶跃响应

设一阶系统的输入信号为单位阶跃函数,其拉普拉斯变换为 $X_i(s) = \dfrac{1}{s}$,则由式(3-1)可得系统的输出响应拉普拉斯变换为

$$X_o(s) = G(s)X_i(s) = \dfrac{1}{Ts+1} \dfrac{1}{s} = \dfrac{1}{s} - \dfrac{T}{Ts+1} = \dfrac{1}{s} - \dfrac{1}{s+\dfrac{1}{T}} \qquad (3\text{-}2)$$

对式(3-2)取拉普拉斯反变换,得到系统的单位阶跃响应为

$$x_o(t) = 1 - e^{-\dfrac{t}{T}} \qquad (t \geqslant 0) \qquad (3\text{-}3)$$

一阶系统的单位阶跃响应曲线如图3-7所示,初始值为0,曲线以指数形式单调递增到 $x_i(t) = 1$。

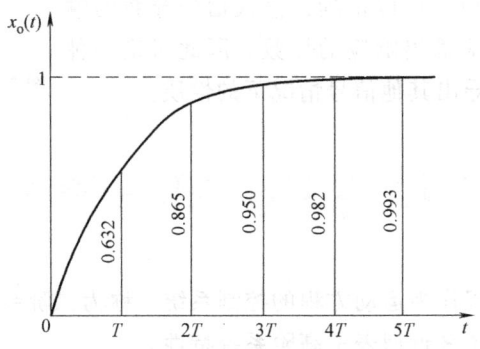

图3-7 一阶系统的单位阶跃响应曲线

一阶系统有以下特点。

1)可用时间常数 T 来测量系统输出的数值。当 $t=T$ 时,系统输出响应为稳态值的0.632倍;当 $t=2T,3T,4T$ 时,系统输出响应分别为稳态值的0.865,0.950,0.982倍。根据这一特点,可用试验方法测定一阶系统时间常数,也可判定系统是否属于一阶系统。另外,时间常数越小,其输出响应越快,反之,时间常数越大,响应越慢。

2)在初始时刻 $t=0$ 处,响应曲线斜率的初始值为 $1/T$,曲线斜率随时间的推移而递减。初始斜率特性也是常用的确定一阶系统时间常数的方法之一。

3.2.3 一阶系统的单位脉冲响应

当输入信号为单位脉冲函数时,由于 $X_i(s) = 1$,因此系统输出的拉普拉斯变换与传递函数相同,这时系统输出的时域响应表达式为

$$x_o(t) = \dfrac{1}{T} e^{-t/T} \qquad (t \geqslant 0) \qquad (3\text{-}4)$$

根据式(3-4)可得一阶系统单位脉冲响应曲线如图3-8所示,其为非周期的单调衰减函数。当 $t \to \infty$ 时,响应的幅值为零;当 $t=0$ 时,响应的幅值最大,为 $1/T$。

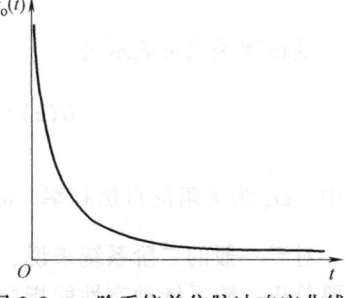

图3-8 一阶系统单位脉冲响应曲线

一阶系统对于脉冲输入信号具有自动调节能力。经过一段时间后,可以将输入信号对系统的影响衰减到允许的误差之内。

3.2.4 一阶系统的单位斜坡响应

当输入信号为单位斜坡函数时,$X_i(s) = \dfrac{1}{s^2}$,此时系统输出的时域响应表达式为

$$x_o(t) = t - T + Te^{-t/T} \quad (t \geq 0) \tag{3-5}$$

根据式(3-5)可得一阶系统单位斜坡响应曲线如图 3-9 所示。

综上分析,从输入信号看,单位斜坡信号的导数为单位阶跃信号,而单位阶跃信号的导数为单位脉冲信号。从输出信号看,单位斜坡响应的导数为单位阶跃响应,而单位阶跃响应的导数为单位脉冲响应。可以得到,输入信号导数的输出响应,等于输入信号对应输出响应的导数。因此讨论一种典型信号的响应,就可推导出其他信号情况下的性质。

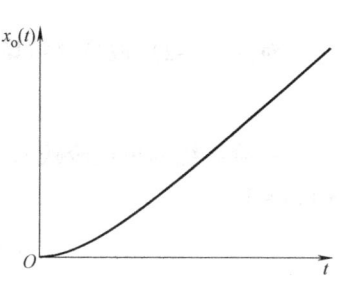

图 3-9 一阶系统单位斜坡响应曲线

3.3 二阶系统的时域分析

凡以二阶系统微分方程作为运动方程的控制系统,称为二阶系统。在工程实践中,除一阶系统外,最常用二阶系统来近似表示高阶系统特性。

3.3.1 二阶系统的数学模型

以图 3-10 所示的 RLC 电路二阶系统为例,以 $x_o(t)$ 为输出电压,$x_i(t)$ 为输入电压,其微分方程为

$$LC\dfrac{d^2 x_o(t)}{dt} + RC\dfrac{dx_o(t)}{dt} + x_o(t) = x_i(t) \tag{3-6}$$

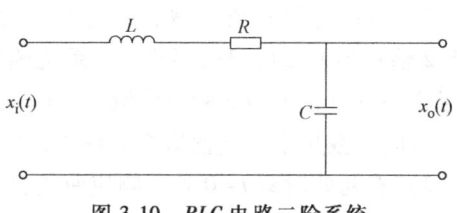

图 3-10 RLC 电路二阶系统

令 $\sqrt{LC} = T$,$\xi = \dfrac{R}{2}\sqrt{\dfrac{C}{L}}$,则式(3-6)变为

$$T^2 \dfrac{d^2 x_o(t)}{dt} + 2\xi T \dfrac{dx_o(t)}{dt} + x_o(t) = x_i(t)$$

该系统传递函数可表示为

$$G(s) = \dfrac{X_o(s)}{X_i(s)} = \dfrac{1}{T^2 s^2 + 2\xi Ts + 1} = \dfrac{\omega_n^2}{s^2 + 2\xi \omega_n s + \omega_n^2} \tag{3-7}$$

式中,ω_n 为无阻尼自然频率,$\omega_n = \dfrac{1}{T}$;ξ 为阻尼比;T 为时间常数。

对于一般的二阶系统来说,其系统参数与式(3-7)的参数 ξ 和 ω_n 之间有着对应关系。只要分析二阶系统动态性能指标与标准参数 ξ 和 ω_n 之间的关系,就可以由二阶系统的参数

求得其动态性能指标。

3.3.2 二阶系统的单位阶跃响应

设二阶系统的输入信号为单位阶跃函数,其拉普拉斯变换为 $X_i(s)=\dfrac{1}{s}$,则由式(3-7)可得系统输出响应的拉普拉斯变换为

$$X_o(s) = G(s)X_i(s) = \frac{\omega_n^2}{s^2+2\xi\omega_n s+\omega_n^2}\frac{1}{s} \tag{3-8}$$

令 $s^2+2\xi\omega_n s+\omega_n^2=0$,即得系统特征方程,可求得两个特征根为

$$s_{1,2} = -\xi\omega_n \pm \omega_n\sqrt{\xi^2-1} \tag{3-9}$$

由特征方程求得的特征根也称为系统的闭环极点。对于不同的 ξ 值,s_1 和 s_2 可能为实根、复根或重根,相应的输出响应也不相同,具体讨论如下。

1. 过阻尼($\xi>1$)的情况

当 $\xi>1$ 时,由式(3-9)可得 $s_{1,2}=-\xi\omega_n\pm\omega_n\sqrt{\xi^2-1}$,为两个不相等的负实数根,在复平面上的分布如图3-11所示。

此时可求出输出响应的拉普拉斯变换为

$$X_o(s) = \frac{\omega_n^2}{(s-s_1)(s-s_2)}\frac{1}{s} = \frac{1}{s} + \frac{A_1}{s+\omega_n(\xi-\sqrt{\xi^2-1})} + \frac{A_2}{s+\omega_n(\xi+\sqrt{\xi^2-1})}$$

式中,A_1 和 A_2 为待定系数。据此,求得输出的时域响应为

$$\begin{aligned}x_o(t) &= 1-\frac{1}{2\sqrt{\xi^2-1}(\xi-\sqrt{\xi^2-1})}e^{-(\xi-\sqrt{\xi^2-1})\omega_n t}+\frac{1}{2\sqrt{\xi^2-1}(\xi+\sqrt{\xi^2-1})}e^{-(\xi+\sqrt{\xi^2-1})\omega_n t}\\ &= 1+\frac{\omega_n}{2\sqrt{\xi^2-1}}\left(\frac{e^{s_1 t}}{s_1}-\frac{e^{s_2 t}}{s_2}\right)\end{aligned} \tag{3-10}$$

显然,这时系统输出的时域响应 $x_o(t)$ 包含两个衰减的指数项,式(3-10)对应的响应曲线如图3-12所示。系统输出响应无振荡和超调,随着时间的变化,响应最终会趋于稳态值。

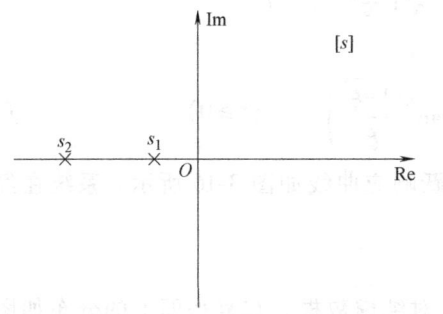
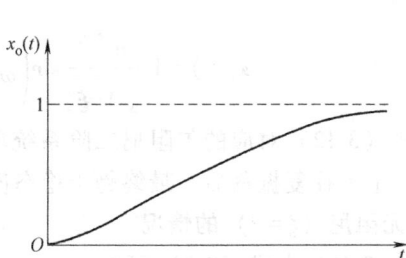

图 3-11 过阻尼二阶系统极点分布　　图 3-12 过阻尼二阶系统单位阶跃响应曲线

2. 临界阻尼($\xi=1$)的情况

当 $\xi=1$ 时,由式(3-9)可得 $s_{1,2}=-\omega_n$,为一对重合的负实数根,在复平面上的分布如图3-13所示。

此时可求出输出响应的拉普拉斯变换为

$$X_o(s) = \frac{\omega_n^2}{s(s+\omega_n)^2} = \frac{1}{s} - \frac{\omega_n}{(s+\omega_n)^2} - \frac{1}{s+\omega_n}$$

经拉普拉斯反变换得

$$x_o(t) = 1 - (\omega_n t + 1)e^{-\omega_n t} \qquad (t \geq 0) \tag{3-11}$$

式（3-11）对应的响应曲线如图 3-14 所示，与过阻尼情况相同，输出响应曲线无振荡和超调。系统达到稳态值的速度比过阻尼系统快，即过渡过程时间短。

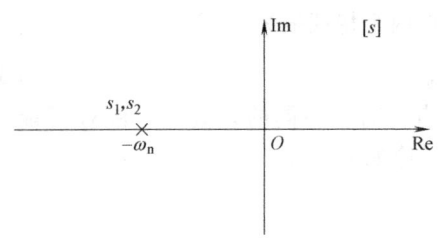

图 3-13 临界阻尼二阶系统极点分布

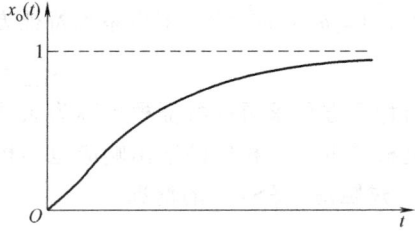

图 3-14 临界阻尼二阶系统单位阶跃响应曲线

3. 欠阻尼（$0 < \xi < 1$）的情况

当 $0 < \xi < 1$ 时，由式（3-9）可得 $s_{1,2} = -\xi\omega_n \pm j\omega_n\sqrt{1-\xi^2}$，为两个不相等的复数根，在复平面上的分布如图 3-15 所示。

图 3-15 中，$\omega_d = \omega_n\sqrt{1-\xi^2}$，称为阻尼振荡频率；$\tan\theta = \dfrac{\omega_n\sqrt{1-\xi^2}}{\omega_n \xi}$，$\theta = \arctan\dfrac{\sqrt{1-\xi^2}}{\xi}$。

此时可求得输出响应的拉普拉斯变换为

$$X_o(s) = \frac{\omega_n^2}{s(s+\xi\omega_n - j\omega_d)(s+\xi\omega_n + j\omega_d)} = \frac{1}{s} - \frac{s+\xi\omega_n}{(s+\xi\omega_n)^2 + \omega_d^2} - \frac{\xi\omega_n}{(s+\xi\omega_n)^2 + \omega_d^2}$$

取拉普拉斯反变换，得

$$x_o(t) = 1 - e^{-\xi\omega_n t}\left(\cos\omega_d t + \frac{\xi}{\sqrt{1-\xi^2}}\sin\omega_d t\right)$$

整理可得

$$x_o(t) = 1 - \frac{e^{-\xi\omega_n t}}{\sqrt{1-\xi^2}}\sin\left(\omega_d t + \arctan\frac{\sqrt{1-\xi^2}}{\xi}\right) \qquad (t \geq 0) \tag{3-12}$$

与式（3-12）对应的欠阻尼二阶系统单位阶跃响应曲线如图 3-16 所示。系统在经过一段时间的上下往复振荡后，最终趋于稳态值。

4. 无阻尼（$\xi = 0$）的情况

当 $\xi = 0$ 时，由式（3-9）可得 $s_{1,2} = \pm j\omega_n$ 为一对纯虚数根，在复平面上的分布如图 3-17 所示。

此时可求得输出响应的拉普拉斯变换为

$$X_o(s) = \frac{\omega_n^2}{s(s^2 + \omega_n^2)} = \frac{1}{s} - \frac{s}{s^2 + \omega_n^2}$$

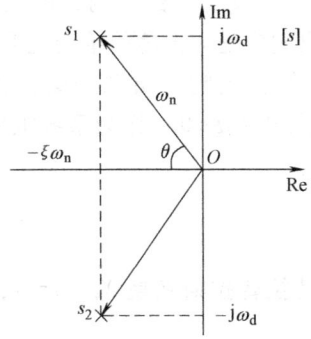 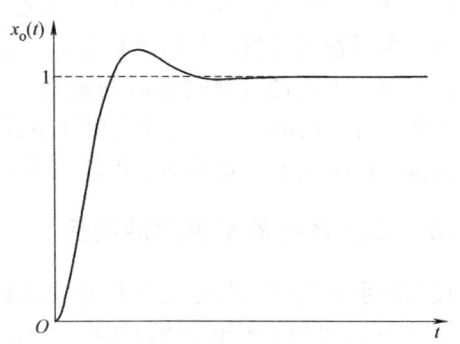

图 3-15 欠阻尼二阶系统极点分布　　　　图 3-16 欠阻尼二阶系统单位阶跃响应曲线

取拉普拉斯反变换得

$$x_o(t) = 1 - (\omega_n t + 1) e^{-\omega_n t} \quad (t \geq 0) \tag{3-13}$$

与式（3-13）对应的响应曲线如图 3-18 所示，可见无阻尼二阶系统的单位阶跃响应是无阻尼等幅振荡的。

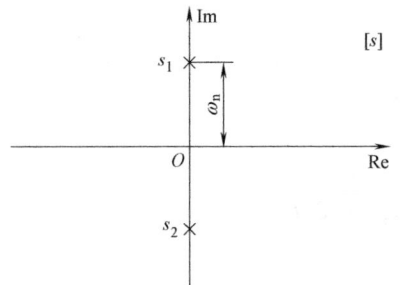 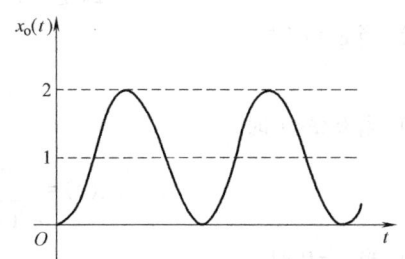

图 3-17 无阻尼二阶系统极点分布　　　　图 3-18 无阻尼二阶系统单位阶跃响应曲线

当系统具有不同阻尼比时，二阶系统单位阶跃响应曲线如图 3-19 所示。

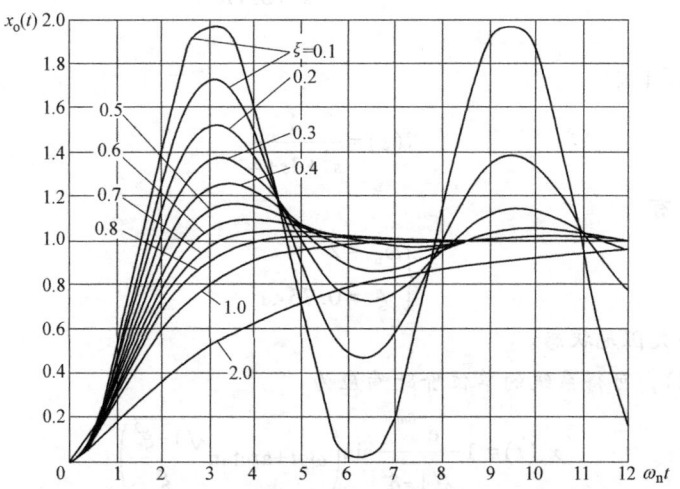

图 3-19 不同阻尼比时系统单位阶跃响应

从上述二阶系统时间响应分析可以看出,随着 ξ 的增大,系统振荡越弱,超调越小。$\xi=1$ 是二阶系统是否振荡的临界状态,当 $\xi \geqslant 1$ 时,系统输出响应是无振荡的单调上升曲线,其中临界阻尼系统的过渡过程时间最短。当 $0<\xi<1$ 时,系统输出响应出现振荡,尤其是 $0.4<\xi<0.8$ 时,振荡不大,且响应时间不长,工程中通常采用 $0.4<\xi<0.8$ 作为系统阻尼比的参数范围。$\xi=0$ 时是等幅振荡,不能正常工作,属于不稳定。

3.3.3 二阶系统的单位脉冲响应

设二阶系统的输入信号为单位脉冲函数 $x_i(t)=\delta(t)$,其拉普拉斯变换 $X_i(s)=1$,则由式 (3-7) 可得系统的输出响应拉普拉斯变换为

$$X_o(s) = G(s) X_i(s) = \frac{\omega_n^2}{s^2 + 2\xi\omega_n s + \omega_n^2}$$

当 ξ 取不同值时,二阶系统单位脉冲响应可以取拉普拉斯反变换来进行求解,也可以将单位阶跃响应对时间求导得到脉冲响应。

1) 当 $\xi>1$ 时,

$$x_o(t) = \frac{\omega_n}{2\sqrt{\xi^2-1}} e^{-(\xi-\sqrt{\xi^2-1})\omega_n t} - e^{-(\xi+\sqrt{\xi^2-1})\omega_n t}$$

2) 当 $\xi=1$ 时,

$$x_o(t) = \omega_n^2 t e^{-\omega_n t}$$

3) 当 $0<\xi<1$ 时,

$$x_o(t) = \frac{\omega_n}{\sqrt{1-\xi^2}} e^{-\xi\omega_n t} \sin\omega_n\sqrt{1-\xi^2}\, t$$

4) 当 $\xi=0$ 时,

$$x_o(t) = \omega_n \sin\omega_n t$$

【例 3.1】 已知系统的传递函数为 $G(s) = \dfrac{K}{s^2+3s+K}$,分别求 $K=2$ 和 $K=4$ 时,系统的单位阶跃响应。

解:(1) $K=4$ 时

$$G(s) = \frac{4}{s^2+3s+4}$$

根据式 (3-7),有

$$\begin{cases} \omega_n = 2 \\ \xi = 0.75 < 1 \end{cases}$$

此时系统为欠阻尼状态。

由式 (3-12),可得系统的单位阶跃响应为

$$x_o(t) = 1 - \frac{e^{-\delta\omega_n t}}{\sqrt{1-\delta^2}} \sin\left(\omega_d t + \arctan\frac{\sqrt{1-\xi^2}}{\xi}\right)$$

$$= 1 - 1.51 e^{-1.5t} \sin(1.32t + 41.4°)$$

(2) $K=2$ 时

$$G(s) = \frac{2}{s^2+3s+2}$$

根据式 (3-7)，有

$$\begin{cases} \omega_n = \sqrt{2} \\ \xi = 1.06 > 1 \end{cases}$$

此时系统为过阻尼状态。

由式 (3-10)，可得系统的单位阶跃响应为

$$x_o(t) = 1 + \frac{\omega_n}{2\sqrt{\xi^2-1}}\left(\frac{e^{s_1 t}}{s_1} - \frac{e^{s_2 t}}{s_2}\right) = 1 - 2e^{-t} + e^{-2t}$$

【例 3.2】 某单位负反馈系统的开环传递函数为 $G_K(s) = \dfrac{2s+1}{s^2}$，求该系统的单位脉冲响应。

解：可求得该系统的传递函数为

$$G_B(s) = \frac{X_o(s)}{X_i(s)} = \frac{G_K(s)}{1+G_K(s)} = \frac{2s+1}{(s+1)^2}$$

当 $x_i(t) = \delta(t)$ 时，则有

$$X_o(s) = G_B(s)X_i(s) = \frac{2}{s+1} - \frac{1}{(s+1)^2}$$

$$x_o(t) = 2e^{-t} - te^{-t} \qquad (t \geq 0)$$

3.4 时域分析性能指标

当时间响应中的瞬态分量较大时，系统处于动态或过渡过程，这时的系统特性成为动态性能。动态性能指标通常根据欠阻尼二阶系统的阶跃响应曲线来定义。

3.4.1 动态性能指标

欠阻尼二阶系统的阶跃响应曲线如图 3-20 所示，其动态性能指标通常如下。

1. 上升时间

上升时间指响应从稳态值的 10% 上升到稳态值的 90% 所需时间，用 t_r 表示。对于如图 3-20 所示的振荡系统，也可以定义为系统输出响应从零开始，第一次上升到稳态值的时间。

当 $t = t_r$ 时，$x_o(t_r) = 1$，由式 (3-12) 求得

$$x_o(t_r) = 1 - \frac{e^{-\xi\omega_n t_r}}{\sqrt{1-\xi^2}}\sin\left(\omega_d t_r + \arctan\frac{\sqrt{1-\xi^2}}{\xi}\right) = 1$$

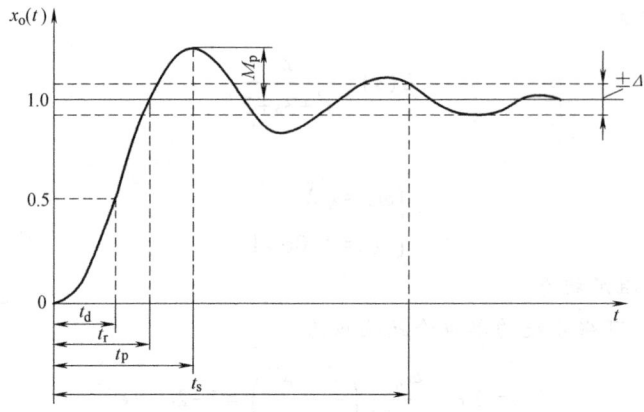

图 3-20　欠阻尼二阶系统的阶跃响应曲线

即

$$\frac{e^{-\xi\omega_n t_r}}{\sqrt{1-\xi^2}}\sin\left(\omega_d t_r + \arctan\frac{\sqrt{1-\xi^2}}{\xi}\right) = 0$$

$$\sin\left(\omega_d t_r + \arctan\frac{\sqrt{1-\xi^2}}{\xi}\right) = 0$$

由于是第一次峰值，因此取相位为 π，有

$$\omega_d t_r + \arctan\frac{\sqrt{1-\xi^2}}{\xi} = \pi$$

得

$$t_r = \frac{\pi - \arctan\dfrac{\sqrt{1-\xi^2}}{\xi}}{\omega_d} \tag{3-14}$$

2. 峰值时间

峰值时间表示输出响应超过稳态值到达第一个峰值所需时间，用 t_p 表示。将表示输出响应的式（3-12）对时间求导，令其等于零，即

$$\left.\frac{dx_o(t)}{dt}\right|_{t=t_p} = 0$$

得

$$\xi\omega_n e^{-\xi\omega_n t}\sin\left(\omega_d t + \arctan\frac{\sqrt{1-\xi^2}}{\xi}\right) - \omega_d e^{-\xi\omega_n t}\cos\left(\omega_d t + \arctan\frac{\sqrt{1-\xi^2}}{\xi}\right) = 0$$

简化为

$$\tan\left(\omega_d t_p + \arctan\frac{\sqrt{1-\xi^2}}{\xi}\right) = \frac{\sqrt{1-\xi^2}}{\xi}$$

于是得

$$t_p = \frac{\pi}{\omega_d} = \frac{\pi}{\omega_n\sqrt{1-\xi^2}} \tag{3-15}$$

3. 超调量

超调量指系统输出响应超出稳态值后，响应的最大值与稳态值之差占稳态值的百分比，用 $\sigma\%$ 表示，即

$$\sigma\% = \frac{x_o(t_p) - x_o(\infty)}{x_o(\infty)} \times 100\%$$

将 t_p 代入表示输出响应的式（3-12）得

$$x_o(t_p) = 1 + e^{-\pi\xi/\sqrt{1-\xi^2}}$$

已知稳态值 $x_o(\infty) = 1$，可求得超调量为

$$\sigma\% = \frac{x_o(t_p) - x_o(\infty)}{x_o(\infty)} = e^{-\pi\xi/\sqrt{1-\xi^2}} \times 100\% \tag{3-16}$$

将 $M_p = x_o(t_p) - x_o(\infty)$ 定义为最大超调量，等价于稳态值为 1 的超调量。

4. 调节时间

调节时间指响应到达并保持在稳态值的 $\pm 5\%$（$\pm 2\%$）误差范围内所需时间，用 t_s 表示。

由式（3-12）可知，二阶系统单位阶跃响应曲线位于一对 $x_o(t) = 1 \pm \dfrac{e^{-\xi\omega_n t}}{\sqrt{1-\xi^2}}$ 曲线之内，这对曲线被称为响应曲线的包络线。因此可以采用包络线代替实际响应曲线估算调节时间，若允许误差带是 Δ，t_s 就是包络线衰减到 Δ 区域所需的时间，则有

$$\frac{e^{-\xi\omega_n t}}{\sqrt{1-\xi^2}} = \Delta$$

解得

$$t_s = \frac{1}{\xi\omega_n}\left(\ln\frac{1}{\Delta} + \ln\frac{1}{\sqrt{1-\xi^2}}\right)$$

若取 $\Delta = 5\%$

$$t_s \approx \frac{3}{\xi\omega_n} \tag{3-17}$$

若取 $\Delta = 2\%$

$$t_s \approx \frac{4}{\xi\omega_n} \tag{3-18}$$

5. 振荡次数

振荡次数是指在调节时间内，系统输出量在稳态值上下摆动的次数，用 N 表示。根据定义有

$$N = \frac{t_s}{T_d} = \frac{t_s}{2t_p}$$

式中，T_d 为振荡周期，$T_d = \dfrac{2\pi}{\omega_d}$。

将式（3-15）、式（3-17）和式（3-18）代入上式得

$$N = \frac{1.5\sqrt{1-\xi^2}}{\pi\xi} \quad (\Delta = 5\%) \tag{3-19}$$

$$N = \frac{2\sqrt{1-\xi^2}}{\pi\xi} \quad (\Delta = 2\%) \tag{3-20}$$

由上述分析可知，影响二阶系统单位阶跃响应各项性能指标的参数是阻尼比 ξ 和无阻尼自然频率 ω_n。

当无阻尼自然频率 ω_n 为恒值时，一方面，随着阻尼比 ξ 增大，最大超调量 M_p 减小，振荡周期 T_d 增大，即振荡减弱，平稳性好。另一方面，随着阻尼比 ξ 增大，上升时间 t_r 和峰值时间 t_p 也增大，使初始响应速度变慢。小的阻尼比 ξ 虽然可以加快初始响应速度，但同时使最大超调量 M_p 增加，振荡加剧，衰减变慢，因而增长了调节时间 t_s。设计二阶系统时，阻尼比 ξ 根据允许的最大超调量 M_p 来确定。因为当 $\xi = 0.707$ 时，百分比超调 $\sigma\%$ 小于 5%，并且调节时间 t_s 也短，所以系统具有比较理想的响应，故设计实际的二阶系统时，一般取 $\xi = 0.707$ 作为最佳阻尼比。

对于阻尼比 ξ 为恒值、无阻尼自然频率 ω_n 不同的系统，其最大超调量 M_p 仍然相等。但随着 ω_n 的增大，峰值时间 t_p、振荡周期 T_d 和调节时间 t_s 均变短，故系统响应加快。设计二阶系统时，无阻尼自然频率 ω_n 根据调节时间 t_s 来确定。

3.4.2 时域分析实例

【例 3.3】 已知单位负反馈系统的开环传递函数为 $G_K(s) = \dfrac{10}{s(s+3)}$，求系统单位阶跃响应的性能指标。

解： 由开环传递函数可得闭环传递函数 $G_B(s) = \dfrac{10}{s^2+3s+10}$，求得 $\xi = 0.47$，$\omega_n = 3.16$。

根据式（3-14）~式（3-18）得

$$t_r = \frac{\pi - \arctan\dfrac{\sqrt{1-\xi^2}}{\xi}}{\omega_d} = \frac{\pi - \arctan\dfrac{\sqrt{1-0.47^2}}{0.47}}{3.16 \times \sqrt{1-0.47^2}} = 0.77$$

$$t_p = \frac{\pi}{\omega_d} = \frac{\pi}{\omega_n\sqrt{1-\xi^2}} = \frac{\pi}{3.16 \times \sqrt{1-0.47^2}} = 1.13$$

$$\sigma\% = e^{-\pi\xi/\sqrt{1-\xi^2}} \times 100\% = e^{-\pi \times 0.47/\sqrt{1-0.47^2}} \times 100\% = 18.4\%$$

$$t_s \approx \frac{3}{\xi\omega_n} = \frac{3}{0.47 \times 3.16} = 1.66 \quad (\Delta = 5\%)$$

$$t_s \approx \frac{4}{\xi\omega_n} = \frac{4}{0.47 \times 3.16} = 2.69 \quad (\Delta = 2\%)$$

【例 3.4】 某机械系统如图 3-21a 所示，对质量块 m 施加 9.5N 的力（阶跃输入）后，质量块的位移 $x_o(t)$ 曲线如图 3-21b 所示，试确定系统的各参数的值。

解： 机械系统的微分方程为

$$m\frac{d^2 x_o(t)}{dt^2} + c\frac{d x_o(t)}{dt} + k x_o(t) = x(t)$$

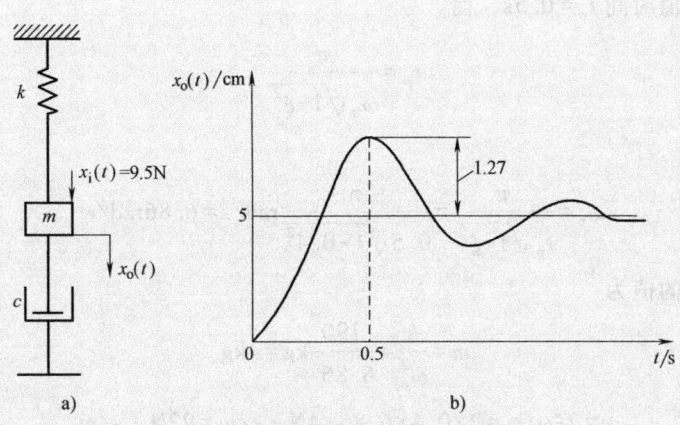

图 3-21 某机械系统及其阶跃响应
a) 机械系统物理模型　b) 输出响应曲线

则系统的传递函数为

$$G(s) = \frac{X_o(s)}{X_i(s)} = \frac{\dfrac{1}{m}}{s^2 + \dfrac{c}{m}s + \dfrac{k}{m}}$$

与标准二阶系统的传递函数对比，得

$$\omega_n^2 = \frac{k}{m}$$

$$2\xi\omega_n = \frac{c}{m}$$

因 $X_i(s) = \dfrac{9.5}{s}$，故

$$X_o(s) = G(s)X_i(s) = \frac{\dfrac{1}{m}}{s^2 + \dfrac{c}{m}s + \dfrac{k}{m}} \cdot \frac{9.5}{s}$$

由终值定理，得

$$x_o(\infty) = \lim_{t \to \infty} x_o(t) = \lim_{s \to 0} sX_o(s) = \frac{9.5}{k} = 5\text{cm}$$

可求得弹簧的刚度为

$$k = 190\text{N/m}$$

由质量块的响应曲线知百分比超调为

$$\sigma\% = \frac{1.27}{5} \times 100\% = 25.4\%$$

又因为 $\sigma\% = e^{-\dfrac{\pi\xi}{\sqrt{1-\xi^2}}} \times 100\%$，故系统的阻尼比为 $\xi = 0.4$。

从响应曲线知峰值时间 $t_p = 0.5\text{s}$,而

$$t_p = \frac{\pi}{\omega_n\sqrt{1-\xi^2}}$$

解得

$$\omega_n = \frac{\pi}{t_p\sqrt{1-\xi^2}} = \frac{\pi}{0.5\sqrt{1-0.4^2}}\text{rad/s} = 6.86\text{rad/s}$$

最后求得两参数的值为

$$m = \frac{k}{\omega_n^2} = \frac{190}{6.86^2}\text{kg} = 4\text{kg}$$

$$c = 2\xi\omega_n m = 2\times 0.4\times 6.86\times 4\text{N}\cdot\text{s/m} = 22\text{N}\cdot\text{s/m}$$

3.5 高阶系统的时域分析

高于二阶的系统称为高阶系统。工程实际中,多数系统是高阶系统,对于高阶系统进行理论上的定量分析一般是复杂而又困难的。通常采取某种间接的方法,常见的有:①利用线性叠加原理,将高阶系统分解为若干个一阶与二阶环节的线性组合,分别求取响应后再叠加得到高阶系统的动态响应;②利用闭环主导极点,将高阶系统简化为低阶系统,然后再进行近似分析;③在对精度要求高的场合,利用计算机对高阶微分方程进行数值分解;④定性分析。本节将简单介绍前两种方法。

3.5.1 高阶系统的阶跃响应

设高阶系统闭环传递函数的一般形式为

$$G_B(s) = \frac{X_o(s)}{X_i(s)} = \frac{b_m s^m + b_{m-1}s^{m-1} + b_{m-2}s^{m-2} + \cdots + b_1 s + b_0}{a_n s^n + a_{n-1}s^{n-1} + a_{n-2}s^{n-2} + \cdots + a_1 s + a_0} \quad (n\geq m)$$

将分子与分母进行因式分解,可得

$$G_B(s) = \frac{X_o(s)}{X_i(s)} = \frac{K\prod_{j=1}^{m}(s-z_j)}{\prod_{k=1}^{n}(s-s_k)}$$

式中,z_j 为系统闭环传递函数的零点;s_k 为系统闭环传递函数的极点。若系统的 n 个极点除包含实数极点外,还包括成对的共轭复数极点,系统单位阶跃响应的拉普拉斯变换可以表示为

$$X_o(s) = \frac{K\prod_{j=1}^{m}(s-z_j)}{s\prod_{k=1}^{q}(s-s_k)\prod_{i=1}^{r}(s^2 + 2\xi_i\omega_{ni}s + \omega_{ni}^2)}\cdot\frac{1}{s}$$

取拉普拉斯反变换,得到系统单位阶跃响应表达式为

$$x_o(t) = A_0 + \sum_{k=1}^{q} A_1 e^{s_k t} + \sum_{i=1}^{r} A_2 e^{-\xi_i \omega_{di} t} \sin(\omega_{di} t + \arccos \xi_i) \qquad (3-21)$$

式中，$\omega_{di} = \omega_{ni}\sqrt{1-\xi_i^2}$；$A_0$，$A_1$，$A_2$ 为常数。

可见，高阶系统的时间响应也可分为稳态分量和瞬态分量两部分，稳态分量响应由输入信号拉普拉斯变换的极点决定，即由输入信号决定。瞬态分量就是系统的自由运动形式，由传递函数极点决定，与一阶、二阶系统瞬态分量的形式一样。

3.5.2 闭环主导极点

在稳定的高阶系统中，往往会有一些在其时间响应中起主导作用的闭环极点存在，这些闭环极点称为系统的主导极点。系统主导极点具有下列特征：①距离 s 平面的虚轴较近，且周围没有其他闭环零极点；②实部绝对值比其他极点的实部绝对值小 5 倍以上。这样，具有较大负实部的其他闭环极点对应的瞬态响应分量将较快地衰减，对系统的影响小，系统的响应由离虚轴较近的主导极点左右，原高阶系统的响应就近似为主导极点构成的低阶系统的时间响应。

应用闭环主导极点的概念，可以方便地进行动态性能的近似评估。

【例 3.5】 设三阶系统的闭环传递函数为

$$G_B(s) = \frac{62.5(s+2.5)}{(s+6.25)(s^2+6s+25)}$$

确定其单位阶跃响应。

解：系统有 1 个闭环零点（z_1）和 3 个闭环极点（s_1, s_2, s_3），即

$$z_1 = -2.5, s_1 = -6.25, s_{2,3} = -3 \pm 4j$$

由式（3-21）可得系统单位阶跃响应为

$$x_o(t) = 1 + 0.188 e^{-6.25t} + 2.444 e^{-3t} \sin(4t - 80.7°)$$

应用主导极点的概念，可以忽略实数极点的影响，将一对共轭复根 $s_{2,3} = -3 \pm 4j$ 视为主导极点，则系统近似响应为

$$x_o(t) = 1 + 2.444 e^{-3t} \sin(4t - 80.7°)$$

【例 3.6】 已知某系统的闭环传递函数为

$$G_B(s) = \frac{X_o(s)}{X_i(s)} = \frac{1}{(0.67s+1)(0.005s^2+0.08s+1)}$$

估计系统的阶跃响应特性。

解：本系统为三阶系统，它的三个闭环极点为

$$s_1 = -1.5, \quad s_{2,3} = -8 \pm j11.7$$

极点 s_2 和 s_3 离虚轴的距离是极点 s_1 离虚轴距离的 5.3 倍，满足 $|\text{Re} s_{2,3}| \geq 5 |\text{Re} s_1|$，故极点 s_2 和 s_3 对响应的影响可以忽略。极点 s_1 主导着系统的响应。故本系统可以近似地看成是具有传递函数为 $G_B(s) = \dfrac{X_o(s)}{X_i(s)} = \dfrac{1}{0.67s+1}$ 的一阶系统，则系统的时间常数 $T = 0.67\text{s}$，其阶跃响应没有超调，若取 $\Delta = 5\%$，调节时间 $t_s = 3T = 3 \times 0.67\text{s} = 2\text{s}$。

3.6 稳态误差分析与计算

稳态误差是控制系统的时域指标之一，用以评价系统稳态性能的好坏。稳态误差仅对稳定系统有意义。稳态条件下输出量的期望值与稳态值之间存在的误差，称为系统的稳态误差。控制系统的误差是由很多因素造成的，系统本身的结构参数、控制系统中的摩擦、间隙、不灵敏区、零位输出等非线性因素，以及输入信号的类型和大小都与稳态误差有着密切关系。显然，只有当系统稳定时，研究稳态误差才有意义，所以计算稳态误差应以系统稳定为前提。本节只讨论由系统输入信号及扰动信号引起的稳态误差，不考虑由非线性因素引起的误差。

3.6.1 误差和稳态误差的概念

设控制系统框图如图 3-22 所示，其中，$X_i(s)$ 为输入信号，$X_o(s)$ 为输出信号，$N(s)$ 为扰动信号，$E(s)$ 为偏差信号，$B(s)$ 为反馈信号。

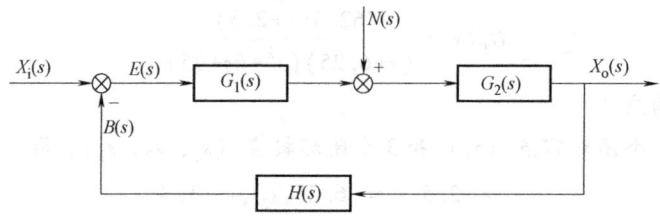

图 3-22　控制系统框图（从输入端定义误差）

1. 误差

系统误差有两种不同的定义方法。

第一种是从输入端定义，如图 3-22 所示，定义为输入信号与反馈信号的差，即偏差信号

$$E(s) = X_i(s) - B(s) = X_i(s) - H(s)X_o(s) \tag{3-22}$$

第二种是从输出端定义，如图 3-23 所示，定义为期望输出与实际输出的差，即

$$E'(s) = X'_i(s) - X_o(s) = \frac{X_i(s)}{H(s)} - X_o(s) \tag{3-23}$$

式中，$X'_i(s)$ 为期望输出值。

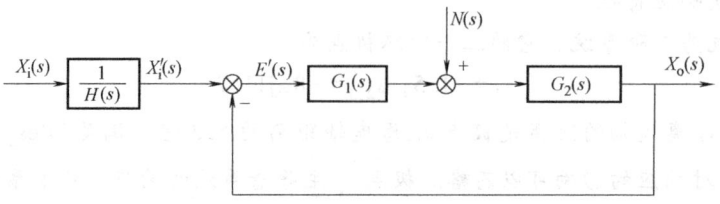

图 3-23　控制系统框图（从输出端定义误差）

前者定义的误差，在实际系统中是可以测量的，具有一定的物理意义；后者定义的误差，在系统性能指标的使用中经常提到，但在实际系统中有时无法测量，因而一般只有数学

意义。在本书中，如无特殊说明，一般使用第一种方法来求解稳态误差。两种方法得到的误差具有一一对应的关系，对于单位负反馈系统来说，$H(s)=1$，这时 $E(s)=E'(s)$。

2. 稳态误差

稳态误差是指系统进入稳态后的误差值，即

$$e_{ss} = \lim_{t \to \infty} e(t) = \lim_{s \to 0} sE(s) \tag{3-24}$$

稳态误差表征了系统的控制精度，可以分为由输入信号引起的误差和由扰动信号引起的误差两种，下面分别讨论。

3.6.2 输入信号作用下的稳态误差

考虑输入信号作用时，设扰动信号 $N(s)=0$。如图 3-22 所示，系统在输入信号作用下的误差传递函数为

$$\frac{E(s)}{X_i(s)} = \frac{1}{1+G_1(s)G_2(s)H(s)}$$

系统在输入信号 $X_i(s)$ 作用下的误差信号

$$E(s) = \frac{1}{1+G_1(s)G_2(s)H(s)} X_i(s)$$

根据式（3-24），系统在输入信号 $X_i(s)$ 作用下的稳态误差为

$$\varepsilon_{ss} = \lim_{s \to 0} sE(s) = \lim_{s \to 0} s \frac{1}{1+G_1(s)G_2(s)H(s)} X_i(s) \tag{3-25}$$

可见系统的稳态误差不仅与系统输入信号有关，还与系统结构有关。

若系统的开环传递函数 $G_K(s)$ 写成

$$G_K(s) = G(s)H(s) = \frac{K(b_m s^m + b_{m-1} s^{m-1} + \cdots + b_1 s + 1)}{s^v (a_n s^n + a_{n-1} s^{n-1} + \cdots + a_1 s + 1)} \tag{3-26}$$

式中，K 为开环增益；v 为开环传递函数中积分环节的个数。$v=0$ 的系统称为 0 型系统；$v=1$ 的系统称为 I 型系统；$v=2$ 的系统称为 II 型系统；对于 $v \geq 3$ 的系统，实际上很难稳定，故在工程上一般很难遇到。

对于控制系统来说，一个重要的特征是系统以最小的误差达到期望的稳态输出能力，因此，定义稳态误差系数来衡量稳定的单位负反馈控制系统对期望输出的稳态精度。

位置误差系数定义为

$$K_p = \lim_{s \to 0} G_K(s) = \lim_{s \to 0} G(s)H(s)$$

速度误差系数定义为

$$K_v = \lim_{s \to 0} sG_K(s) = \lim_{s \to 0} sG(s)H(s)$$

加速度误差系数定义为

$$K_a = \lim_{s \to 0} s^2 G_K(s) = \lim_{s \to 0} s^2 G(s)H(s)$$

因此对于 0 型系统，

$$v=0, K_p=K, K_v=0, K_a=0$$

对于 I 型系统，

$$v=1, K_p=\infty, K_v=K, K_a=0$$

对于Ⅱ型系统，
$$v=2, K_p=\infty, K_v=\infty, K_a=K$$

在不同输入信号作用下定义系统的误差系数，然后根据误差系数来计算系统在相应输入作用下的稳态误差。下面分析不同输入信号与系统稳态误差的关系。

1) 当输入为单位阶跃信号时，$X_i(s)=\dfrac{1}{s}$，这时稳态误差为

$$\varepsilon_{ss}=\lim_{s\to 0}\frac{sX_i(s)}{1+G(s)H(s)}=\lim_{s\to 0}\frac{s\dfrac{1}{s}}{1+G(s)H(s)}=\lim_{s\to 0}\frac{1}{1+G(s)H(s)}=\frac{1}{1+\lim_{s\to 0}G(s)H(s)}=\frac{1}{1+K_p}$$

因此，对于 0 型系统，$\varepsilon_{ss}=\dfrac{1}{1+K}$；对于Ⅰ型系统，$\varepsilon_{ss}=0$；对于Ⅱ型系统，$\varepsilon_{ss}=0$。

2) 当输入为单位斜坡信号时，$X_i(s)=\dfrac{1}{s^2}$，这时稳态误差为

$$\varepsilon_{ss}=\lim_{s\to 0}\frac{sX_i(s)}{1+G(s)H(s)}=\lim_{s\to 0}\frac{s\dfrac{1}{s^2}}{1+G(s)H(s)}=\lim_{s\to 0}\frac{1}{s[1+G(s)H(s)]}=\lim_{s\to 0}\frac{1}{sG(s)H(s)}=\frac{1}{K_v}$$

因此，对于 0 型系统，$\varepsilon_{ss}=\infty$；对于Ⅰ型系统，$\varepsilon_{ss}=\dfrac{1}{K}$；对于Ⅱ型系统，$\varepsilon_{ss}=0$。

3) 当输入为单位加速度信号时，$X_i(s)=\dfrac{1}{s^3}$，这时稳态误差为

$$\varepsilon_{ss}=\lim_{s\to 0}\frac{sX_i(s)}{1+G(s)H(s)}=\lim_{s\to 0}\frac{s\dfrac{1}{s^3}}{1+G(s)H(s)}=\lim_{s\to 0}\frac{1}{s^2[1+G(s)H(s)]}=\lim_{s\to 0}\frac{1}{s^2 G(s)H(s)}=\frac{1}{K_a}$$

因此，对于 0 型系统，$\varepsilon_{ss}=\infty$；对于Ⅰ型系统，$\varepsilon_{ss}=\infty$；对于Ⅱ型系统，$\varepsilon_{ss}=\dfrac{1}{K}$；对于Ⅲ型系统，$\varepsilon_{ss}=0$。

综合以上分析，可以得到误差系数、稳态误差与系统型别、输入信号形式的关系，见表 3-1。

表 3-1 在典型输入信号作用下系统的稳态误差

系统型别	误差系数			单位阶跃输入 $x_i(t)=1, X_i(s)=\dfrac{1}{s}$	单位斜坡输入 $x_i(t)=t, X_i(s)=\dfrac{1}{s^2}$	单位抛物线输入 $x_i(t)=\dfrac{t^2}{2}, X_i(s)=\dfrac{1}{s^3}$
				稳态误差 ε_{ss}		
v	K_p	K_v	K_a	$\varepsilon_{ss}=\dfrac{1}{1+K_p}$	$\varepsilon_{ss}=\dfrac{1}{K_v}$	$\varepsilon_{ss}=\dfrac{1}{K_a}$
0	K	0	0	$\dfrac{1}{1+K}$	∞	∞
Ⅰ	∞	K	0	0	$\dfrac{1}{K}$	∞
Ⅱ	∞	∞	K	0	0	$\dfrac{1}{K}$

由表 3-1 可知：

1）同一系统，在输入信号不同时，系统的稳态误差不同。

2）系统的稳态误差与系统的类型有关。在输入信号相同时，系统的类型越高，则稳态精度也越高。

3）系统的稳态误差随开环增益的增大而减小。

【例3.7】 已知某单位负反馈系统的开环传递函数为

$$G_K(s) = G(s)H(s) = \frac{2.5(s+1)}{s^2(0.25s+1)}$$

求系统在输入 $x_i(t) = 6+6t+6t^2$ 作用下的稳态误差。

解：系统的误差系数为

$$K_p = \lim_{s \to 0} G(s)H(s) = \lim_{s \to 0} \frac{2.5(s+1)}{s^2(0.25s+1)} = \infty$$

$$K_v = \lim_{s \to 0} sG(s)H(s) = \lim_{s \to 0} s\frac{2.5(s+1)}{s^2(0.25s+1)} = \infty$$

$$K_a = \lim_{s \to 0} s^2 G(s)H(s) = \lim_{s \to 0} s^2 \frac{2.5(s+1)}{s^2(0.25s+1)} = 2.5$$

因此系统的稳态误差为

$$\varepsilon_{ss} = \frac{6}{1+K_p} + \frac{6}{K_v} + \frac{12}{K_a} = \frac{6}{\infty} + \frac{6}{\infty} + \frac{12}{2.5} = 4.8$$

【例3.8】 已知某单位负反馈系统的开环传递函数为 $G_K(s) = \dfrac{k(0.5s+1)}{s(s+1)(2s+1)}$，输入信号为单位斜坡函数，求使稳态误差 $\varepsilon_{ss} < 0.25$ 的 k 值范围。

解：由开环传递函数可知系统为 Ⅰ 型系统，当输入信号为单位斜坡信号时，可得稳态误差为

$$\varepsilon_{ss} = \frac{1}{k}$$

要使 $\varepsilon_{ss} < 0.25$，则应有 $\dfrac{1}{k} < 0.25$，$k > 4$。

3.6.3 扰动信号作用下的稳态误差

考虑扰动信号作用时，设输入信号 $X_i(s) = 0$。如图 3-22 所示，系统在扰动信号 $N(s)$ 作用下的误差传递函数为

$$\frac{E(s)}{N(s)} = \frac{-G_2(s)H(s)}{1+G_1(s)G_2(s)H(s)}$$

系统在扰动信号 $N(s)$ 作用下的误差信号

$$E(s) = \frac{-G_2(s)H(s)}{1+G_1(s)G_2(s)H(s)} N(s)$$

根据式（3-24），系统在扰动信号 $N(s)$ 作用下的稳态误差为

$$\varepsilon_{Nss} = \lim_{s \to 0} sE(s) = \lim_{s \to 0} \frac{-sG_2(s)H(s)N(s)}{1+G_1(s)G_2(s)H(s)} \quad (3\text{-}27)$$

式（3-27）表明：在扰动信号作用下，系统的稳态误差与开环传递函数、扰动信号及扰动作用的位置有关。

【例3.9】 求图3-24所示的单位反馈系统在单位阶跃扰动下的稳态误差。

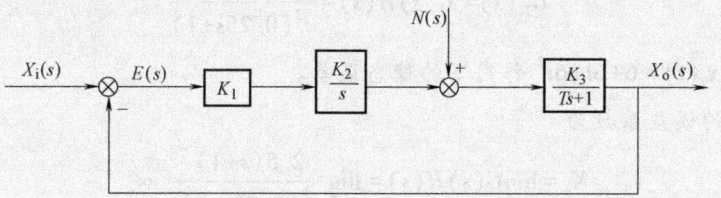

图3-24 干扰作用下的单位反馈系统（例3.9）

解：由式（3-27）求得系统在单位阶跃扰动下的稳态误差为

$$\varepsilon_{Nss} = \lim_{s \to 0} \frac{-s \dfrac{K_3}{Ts+1} \dfrac{1}{s}}{1+\dfrac{K_1 K_2 K_3}{s(Ts+1)}} = 0$$

【例3.10】 求图3-25所示的单位反馈系统在单位阶跃扰动下的稳态误差。

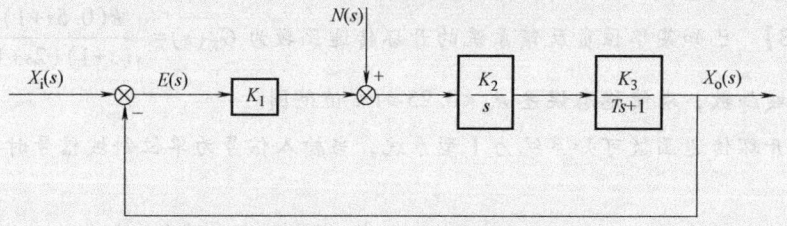

图3-25 干扰作用下的单位反馈系统（例3.10）

解：由式（3-27）求得系统在单位阶跃扰动下的稳态误差为

$$\varepsilon_{Nss} = \lim_{s \to 0} \frac{-s \dfrac{K_2 K_3}{s(Ts+1)} \dfrac{1}{s}}{1+\dfrac{K_1 K_2 K_3}{s(Ts+1)}} = -\frac{1}{K_1}$$

由例3.9和例3.10的分析可知：在典型扰动作用下，系统的稳态误差与偏差信号与扰动作用点之间的积分环节的数目以及增益的大小有关，而与扰动作用点之后的积分环节的数目和增益的大小无关。

3.6.4 改善系统稳态精度的方法

系统的稳态误差除了与外部作用有关之外，还主要由系统积分环节的个数和开环增益来确定的，为了提高精度等级，可增加积分环节的数目或提高系统开环增益。但这样一来往往会使

系统的稳定性变差，所以一般采用补偿的方法，在保证系统稳定性的前提下减小稳态误差。

在负反馈控制的基础上，引入补偿控制的系统称为复合控制系统。

1. 按输入补偿的复合控制

设控制系统如图3-26所示，从输入信号引入补偿环节 $G_c(s)$，系统误差的拉普拉斯变换为

$$E(s) = X_i(s) - X_o(s) = \frac{1 - G_c(s) G(s)}{1 + G(s)} X_i(s)$$

令 $E(s) = 0$，则有

$$G_c(s) = \frac{1}{G(s)}$$

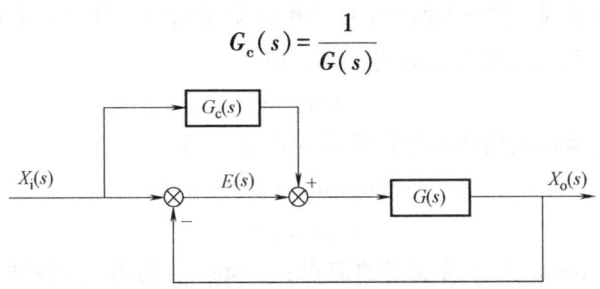

图 3-26 按输入补偿的复合控制系统

2. 按扰动补偿的复合控制

设控制系统如图3-27所示，利用扰动信号经过补偿环节 $G_c(s)$ 来进行补偿。在扰动作用下的系统输出为

$$X_o(s) = \frac{G_2(s) + G_c(s) G_1(s) G_2(s)}{1 + G_1(s) G_2(s)} N(s) \tag{3-28}$$

令 $X_o(s)$ 等于零，得出

$$G_c(s) = -\frac{1}{G_1(s)} \tag{3-29}$$

根据式（3-29）设计补偿器 $G_c(s)$ 时，可消除扰动作用下的系统的误差。

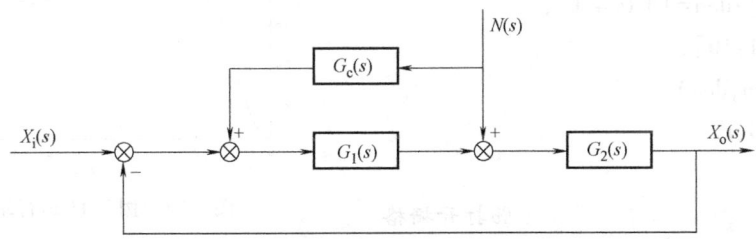

图 3-27 按扰动补偿的复合控制系统

在工程实践中，由于 $G_c(s)$ 物理实现上的原因，上述两种补偿的条件一般难于完全满足，而只能近似地实现。

3.7 时域分析的 MATLAB 实现

在系统时域分析中，MATLAB 可以完成控制系统的输出响应分析、动态性能指标求解和

稳态误差分析等工作。

3.7.1 输出响应分析

在 MATLAB 中，可以在构建系统的传递函数后，进行系统的脉冲响应、阶跃响应和一般输入响应等时域响应的分析。如果给定系统的传递函数 G（构建方法详见 2.6 节，不再赘述），则时域响应可以由以下函数得到。

1. 单位阶跃响应

可以用"step"函数求已知传递函数 G 的单位阶跃响应，其主要有如下三种调用格式。

1）仅给出单位阶跃响应曲线的调用格式，即

$$\text{step}(G)$$

2）在给定的时间范围内给出单位阶跃响应曲线，即

$$t = [\text{t-min} : \text{t-internal} : \text{t-max}];$$
$$\text{step}(G, t)$$

式中，t 为时间向量；t-min 为时间范围的起点；t-internal 为时间向量的时间点间隔；t-max 为时间范围的终点。

3）返回单位阶跃响应值的调用格式，即

$$y = \text{step}(G, t)$$

此时，返回值 y 为一个对应于时间向量 t 的响应值向量。若要绘制响应曲线，则可以用"plot"函数来实现，即

$$\text{plot}(t, y)$$

【例 3.11】 已知系统的闭环传递函数为 $G_B(s) = \dfrac{1}{s^2 + 0.4s + 1}$，试求其单位阶跃响应。

解： MATLAB 程序代码如下：

```
num=[1];den=[1 0.4 1];
t=[0:0.1:10];
G=tf(num,den)
y=step(G,t);
plot(t,y)
grid on                          %打开栅格
xlabel('时间');ylabel('输出')    %标注 x 轴和 y 轴坐标
title('单位阶跃响应曲线')        %命名曲线图标题
```

运行结果如图 3-28 所示。

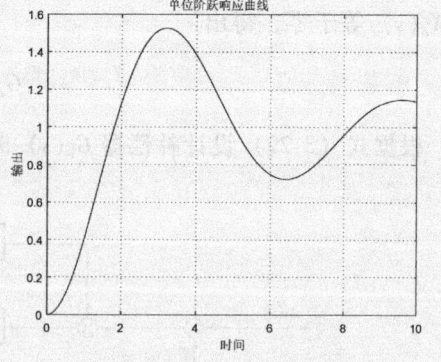

图 3-28 例 3.11 运行结果

2. 单位脉冲响应

可以用"impulse"函数求已知传递函数 G 的单位脉冲响应，与单位阶跃响应的"step"函数相同，"impulse"函数也主要有三种调用格式。

1）仅给出单位脉冲响应曲线的调用格式，即

$$\text{impulse}(G)$$

2）在给定的时间范围内给出单位脉冲响应曲线，即
$$t=[t\text{-min}:t\text{-internal}:t\text{-max}];$$
$$\text{impulse}(G,t)$$
式中，t 为时间向量；t-min 为时间范围的起点；t-internal 为时间向量的时间点间隔；t-max 为时间范围的终点。

3）返回单位脉冲响应值的调用格式，即
$$y=\text{impulse}(G,t)$$
此时，返回值 y 为一个对应于时间向量 t 的响应值向量。若要绘制响应曲线，则可以用"plot"函数来实现，即
$$\text{plot}(t,y)$$

【例 3.12】 单位负反馈系统的开环传递函数为 $G_K(s)=\dfrac{2s+1}{s^2}$，求系统的单位脉冲响应。

解：MATLAB 程序代码如下
num=[2,1];den=[1,0,0];
Gk=tf(num,den)
t=[0:0.1:10];
G = feedback(Gk,1,-1)   %前向通道传递函数为 Gk,反馈通道传递函数为 1,负反馈
y=impulse(G,t)
plot(t,y)
grid on
xlabel('时间');ylabel('输出')
title('单位脉冲响应曲线')
运行结果如图 3-29 所示。

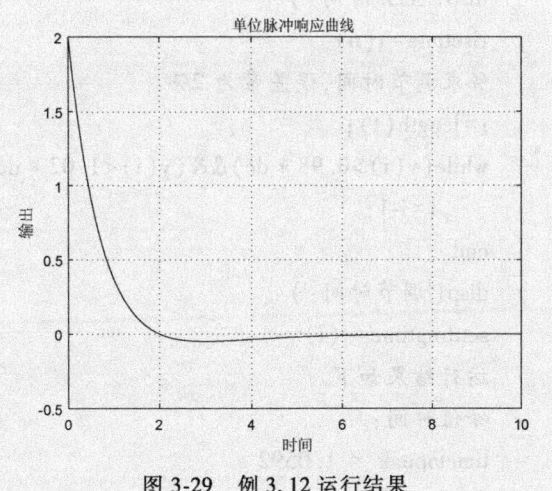

图 3-29　例 3.12 运行结果

3.7.2 时域动态性能指标求解

可以使用"dcgain"函数求已知传递函数 G 的系统终值，其调用格式为
$$dc=\text{dcgain}(G)$$
此时，dc 表示返回的系统终值。其他时域动态性能指标可以根据 3.4 节介绍的定义计算求出，下面通过例题来讲解。

【例 3.13】 已知系统传递函数为 $G(s)=\dfrac{3}{s^2+2s+10}$，求系统的动态性能指标。

解：MATLAB 程序代码如下
num=[3];den=[1 2 10];
G=tf(num,den);
%求峰值时间和超调量

```
dc = dcgain(G);                         %求系统终值
[y,t] = step(G);
[Y,k] = max(y);
disp('峰值时间:')
timetopeak = t(k)                       %峰值时间
disp('超调量(%):')
percentovershoot = 100 * (Y-dc)/dc      %超调量
%求上升时间
n = 1;
while y(n) < dc
    n = n+1;
end
disp('上升时间:')
risetime = t(n)                         %上升时间
%求调节时间,误差带为2%
i = length(t);
while(y(i) > 0.98 * dc) && (y(i) < 1.02 * dc)
    i = i-1;
end
disp('调节时间:')
settlingtime = t(i)                     %调节时间
```

运行结果如下。

峰值时间:

timetopeak = 1.0592

超调量(%):

percentovershoot = 35.0670

上升时间:

risetime = 0.6447

调节时间:

settlingtime = 3.4999

3.7.3 稳态误差分析

可以根据3.6节介绍的定义并使用"dcgain"函数计算求取已知传递函数的稳态误差,下面通过例题来讲解。

【例3.14】 设单位负反馈系统开环传递函数为 $G_K = \dfrac{1}{(s+3)(s^2+4s+5)}$,求输入分别是单位阶跃、单位斜坡和单位加速度信号时的稳态误差。

解：MATLAB 程序代码如下

```
num1=[1];den1=[conv([1 3],[1 4 5])];    %conv 函数计算向量的卷积
Gk=tf(num1,den1);                        %开环传递函数 Gk
Gb=feedback(Gk,1,-1);                    %闭环传递函数 Gb
Ge=tf(Gb.den{1}-Gb.num{1},Gb.den{1});    %误差传递函数 Ge
num2=[1 0];den2=1;
diff=tf(num2,den2);                      %微分
temp=Ge*diff;
%当输入为单位阶跃信号时的给定稳态误差
num3=[1];den3=[1 0];
xstep=tf(num3,den3);                     %单位阶跃输入信号
dcg1=dcgain(temp*xstep)
%当输入为单位斜坡信号时的给定稳态误差
num4=[1];den4=[1 0 0];
xramp=tf(num4,den4);                     %单位斜坡输入信号
dcg2=dcgain(temp*xramp)
%当输入为单位加速度信号时的给定稳态误差
num5=[1];den5=[1 0 0 0];
xac=tf(num5,den5);                       %单位加速度输入信号
dcg3=dcgain(temp*xac)
```

运行程序得以下结果：

dcg1 = 0.9375

dcg2 = Inf   %Inf 表示无穷大

dcg3 = Inf

从结果可以看出，单位阶跃信号的稳态误差为常数，而单位斜坡信号和单位加速度信号的稳态误差为无穷大，与理论计算的结果完全一样。

3.8 设计实例：数控机床控制系统设计

某数控机床的核心是控制系统，设计要求：①跟踪单位阶跃输入时系统的稳态误差为2；②设数控机床控制系统为三阶系统，其中一对复数闭环极点为-1±j。本实例的设计过程如下。

根据要求，可知系统为Ⅰ型三阶系统，因而其开环传递函数为

$$G_K(s)=\frac{K}{s(s^2+bs+c)}$$

与 $G_K(s)$ 相对应的闭环传递函数为

$$G_B(s)=\frac{K}{s^3+bs^2+cs+K}$$

因为
$$e_{ss} = \frac{1}{K_v} = 2, \quad K_v = \frac{K}{c}$$

即
$$K = 0.5c$$

期望闭环传递函数形式为
$$T(s) = \frac{K}{(s+1-j)(s+1+j)(s+p)}$$
$$= \frac{K}{s^3 + (p+2)s^2 + (2p+2)s + 2p}$$

对比 $G_B(s)$ 和 $T(s)$ 可以得到参数的方程组
$$\begin{cases} p+2 = b \\ 2p+2 = c \\ 2p = K \end{cases}$$

求解联立方程组得
$$c = 4, K = 2, p = 1, b = 3$$

所求数控机床控制系统的闭环传递函数为
$$G_B(s) = \frac{2}{s(s^2+3s+4)}$$

习题

3.1 已知控制系统的单位脉冲响应为
$$x_o(t) = 10e^{-0.2t} + 5e^{-0.5t}$$

求系统传递函数。

3.2 设单位负反馈系统的开环传递函数为
$$G_K(s) = \frac{4}{s(s+5)}$$

求该系统的单位阶跃响应和单位脉冲响应。

3.3 设系统的微分方程为
$$0.04 \frac{d^2 x_o(t)}{dt^2} + 0.24 \frac{dx_o(t)}{dt} + x_o(t) = x_i(t)$$

求系统的单位脉冲响应和单位阶跃响应。

3.4 两系统的传递函数分别为
$$G_1(s) = \frac{2}{2s+1}, \quad G_2(s) = \frac{1}{s+1}$$

当输入信号为 $x_i(t) = 1(t)$ 时，试说明其输出达到各自稳态值的63.2%的先后。

3.5 某惯性环节在单位阶跃作用下各时刻的输出值见表 3-2。试求环节的传递函数。

表 3-2 各时刻输出值

t	0	1	2	3	4	∞
$x_o(t)$	0	1.61	2.97	3.72	4.38	6

3.6 已知二阶系统的单位阶跃响应为
$$x_o(t) = 1 + 0.2e^{-60t} - 1.2e^{-10t}$$
求系统阻尼比 ξ 和无阻尼自然频率 ω_n。

3.7 某温度计插入 100℃ 的水中测温，经 3min 后指示 95℃，温度计可用一阶系统表示，且 $K=1$，求

(1) 时间常数 T；

(2) 系统的数学模型；

(3) $T=1$min 时，求温度计的指示值。

3.8 已知控制系统的单位阶跃响应为
$$x_o(t) = 10 - 12.5e^{-1.2t}\sin(1.6t + 53.1°)$$
确定系统的峰值时间 t_p、调节时间 t_s 和超调量 $\sigma\%$。

3.9 二阶系统在 s 平面中有一对复数共轭极点，试在 s 平面中画出与下列指标相应的极点可能分布的区域。

(1) $\xi \geq 0.707$，$\omega_n > 2\text{rad/s}$；

(2) $0 \leq \xi \leq 0.707$，$\omega_n \leq 2\text{rad/s}$；

(3) $0 \leq \xi \leq 0.5$，$2\text{rad/s} \leq \omega_n \leq 4\text{rad/s}$；

(4) $0.5 \leq \xi \leq 0.707$，$\omega_n \leq 2\text{rad/s}$。

3.10 某单位负反馈系统的开环传递函数为
$$G(s)H(s) = \frac{K}{s(Ts+1)}$$
式中，$K>0$；$T>0$。求增益 K 减少多少能使系统单位阶跃响应的最大超调量由 75% 降到 25%。

3.11 设二阶控制系统的单位阶跃响应曲线如图 3-30 所示。如果该系统属于单位反馈控制系统，试确定其开环传递函数。

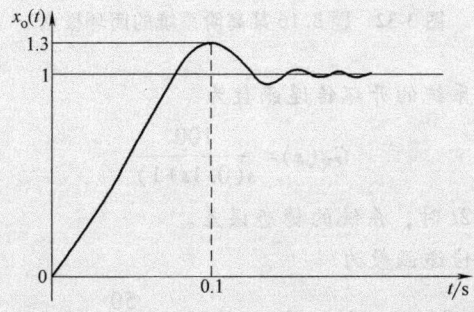

图 3-30 题 3.11 二阶控制系统的单位阶跃响应曲线

3.12 已知图 3-31a 所示系统的单位阶跃响应曲线图 3-31b，试确定 K_1、K_2 和 a 的数值。

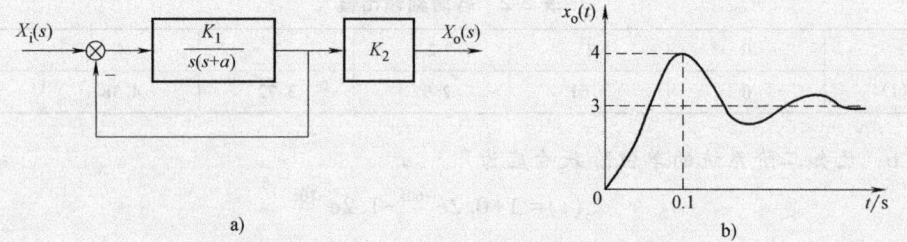

图 3-31 题 3.12 系统框图及单位阶跃响应曲线

3.13 设一单位负反馈控制系统的开环传递函数为

$$G_K(s) = \frac{K}{s(0.1s+1)}$$

分别求出当 $K=10$ 和 $K=20$ 时系统的阻尼比 ξ、无阻尼自然频率 ω_n、单位阶跃响应的超调量 $\sigma\%$ 及峰值时间 t_p，并讨论 K 的大小对系统性能指标的影响。

3.14 设计一个二阶欠阻尼系统，使其单位阶跃响应符合 $10\% < \sigma\% < 30\%$，$t_s < 0.4s$ ($\Delta = 0.02$)，试确定闭环极点的取值范围。

3.15 设三阶系统闭环传递函数为

$$G_B(s) = \frac{5(s^2+5s+6)}{s^3+6s^2+10s+8}$$

试确定其单位阶跃响应。

3.16 某高阶系统的闭环极点如图 3-32 所示，没有零点，估计其阶跃响应。

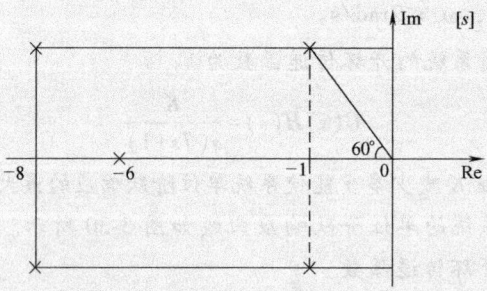

图 3-32 题 3.16 某高阶系统的闭环极点

3.17 某单位负反馈系统的开环传递函数为

$$G_K(s) = \frac{100}{s(0.1s+1)}$$

试求当输入信号 $r(t) = 1+2t$ 时，系统的稳态误差。

3.18 某系统的开环传递函数为

$$G_K(s) = G(s)H(s) = \frac{50}{(0.1s+1)(2s+1)}$$

(1) 求系统的位置偏差系数、速度偏差系数和加速度偏差系数。

(2) 当 $x_i(t) = 1+2t+2t^2$ 时（$t \geq 0$），求系统的稳态误差。

3.19 已知控制系统如图 3-33 所示，输入 $x_i(t)$ 和扰动 $n(t)$ 均为单位阶跃函数，分别求 $x_i(t)$ 和 $n(t)$ 作用下的系统稳态误差。

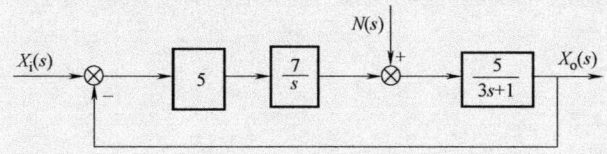

图 3-33 题 3.19 控制系统框图

3.20 某单位负反馈系统的闭环传递函数为

$$G_B(s) = \frac{20}{s^2+3s+20}$$

求输入为单位斜坡信号时的稳态误差。

第 4 章 根轨迹法

> **学习目标**
>
> 本章要求学生熟悉根轨迹的概念,掌握根轨迹的绘制法则和方法,了解广义根轨迹的绘制方法,学会利用根轨迹分析系统零极点。

闭环系统特征根决定了动态特性,可以通过代数运算进行求解。然而,当系统阶次增高时,解析方法会变得难以实现或求解工作量过大。为了兼顾求解代数特征根方程的工作量和精度两个方面,伊文思提出了一种特征根求解的几何图示方法,即根轨迹分析法。根轨迹分析法是一种适用于高阶系统的图解分析方法,绘制系统的根轨迹,进而分析特征根对控制系统性能的影响。该方法简单实用,既适用于线性定常连续系统,也适用于线性定常离散系统,是经典控制理论的基本方法之一。

4.1 根轨迹与根轨迹方程

由时域分析法可知,控制系统是由闭环特征方程的根,也即闭环传递函数的极点决定的。当系统某个参数变化时,特征方程的根随之在 s 平面上移动,系统的性能也跟着变化。根据特征根在 s 平面的轨迹,分析结构参数,确定系统的动态响应特性。因此在控制系统的分析和设计中,根轨迹法是一种很实用的工程方法。

4.1.1 根轨迹概念

根轨迹是当开环传递函数某一参数从零变化到无穷时,闭环特征根在 s 平面上变化的轨迹。对系统的根轨迹进行研究,分析或设计系统参数的方法称为根轨迹法。

控制系统框图如图 4-1 所示,K 为开环传递函数在零极点模型下的放大系数,也称为开环增益。闭环传递函数为

$$G_B(s) = \frac{K}{s^2+s+K}$$

相应的闭环特征方程为

$$s^2+s+K=0$$

闭环传递函数的极点为

$$s_1 = -\frac{1}{2} \pm \frac{\sqrt{1-4K}}{2}$$

改变 K 的取值,求得相应的特征根值,关系见表 4-1。同时在 s 平面上绘制极点随 K 值变化的轨迹,如图 4-2 所示。当系统的某个参数发生变化时,特征方程根在 $[s]$ 平面上的位置随之变化,分析这种变化规律就是根轨迹法的基本思路。

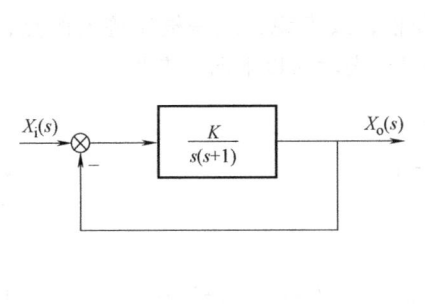

图 4-1 控制系统框图

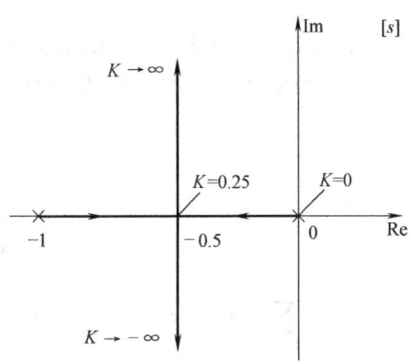

图 4-2 闭环根轨迹

表 4-1 开环增益与极点的关系

K	0	0.25	0.5	⋯	∞
s_1	0	-0.5	-0.5+j0.5	⋯	-0.5+j∞
s_2	-1	-0.5	-0.5-j0.5	⋯	-0.5-j∞

4.1.2 根轨迹方程

根轨迹方程的建立基于 2.5.4 小节介绍的函数模型,为便于讲解和讨论,下面做简单重复。考虑一般情况,设控制系统如图 4-3 所示,其闭环传递函数为

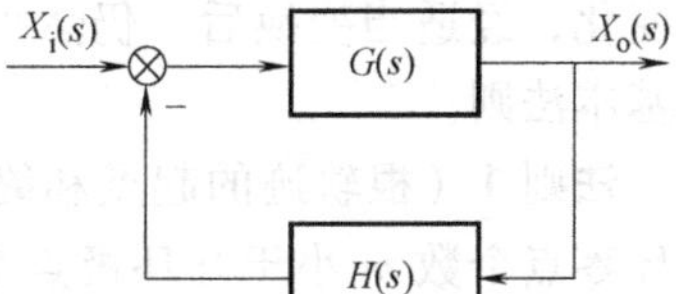

$$\frac{X_o(s)}{X_i(s)} = \frac{G(s)}{1+G(s)H(s)} \quad (4\text{-}1)$$

当系统有 m 个开环零点和 n 个开环极点时,开环传递函数表示为

图 4-3 一般情况下的控制系统框图

$$G(s)H(s) = \frac{K^* \prod_{i=1}^{m}(s-z_i)}{\prod_{j=1}^{n}(s-p_j)} \quad (4\text{-}2)$$

式中,z_i 为开环零点;p_j 为开环极点;$K^* = K\dfrac{\prod_{j=1}^{n} p_j}{\prod_{i=1}^{m} z_i}$ 为系统的开环根轨迹增益,它不等于开环增益 K。将式(4-2)代入闭环特征方程 $D(s)=1+G(s)H(s)=0$,得

$$G(s)H(s) = \frac{K^* \prod_{i=1}^{m}(s-z_i)}{\prod_{j=1}^{n}(s-p_j)} = -1 \quad (4-3)$$

显然，满足式（4-3）的 s 值必是系统的闭环特征根，或者说，就是根轨迹上的点，所以式（4-3）为根轨迹方程。当 $K^*>0$ 时，可将式（4-3）表示为以下向量方程

$$\left| \frac{K^* \prod_{i=1}^{m}(s-z_i)}{\prod_{j=1}^{n}(s-p_j)} \right| = 1 \quad (4-4)$$

$$\sum_{i=1}^{m} \angle(s-z_i) - \sum_{i=1}^{n} \angle(s-p_j) = 2k\pi + \pi \quad (k=0,\pm 1,\pm 2,\cdots) \quad (4-5)$$

式（4-4）和式（4-5）分别称为幅值方程和相位方程。当 s 满足相位方程时，一定存在一个 K^* 值，使得 s 满足幅值方程。因此，所有满足相位方程的 s 就构成了闭环特征方程的根轨迹。故无须求解闭环特征方程，只要寻找满足相位方程的 s，就可得到闭环根轨迹。当需要确定根轨迹上各点的 K^* 值时，才使用幅值方程。

4.2 绘制根轨迹的基本法则

目前，根轨迹的绘制方法主要有两种：一种是机器绘图法，在计算机上利用数值求解法求解系统的闭环特征方程，然后将求得的特征根在 s 平面上画出来以形成根轨迹，通常使用 MATLAB 软件绘图；另一种是人工作图法，在对系统特征方程和相位条件分析的基础上，找出根轨迹的基本特征和关键点，总结出绘制根轨迹的基本法则。这些规则对于系统其他参数的变化，经适当变换后，仍然可用。下面将介绍以根轨迹增益 K^* 为参变量的 7 个根轨迹绘制基本法则。

法则 1（根轨迹的起点和终点法则）：根轨迹起始于开环极点，终止于开环零点；如果开环零点个数 m 小于开环极点个数 n，则有 $n-m$ 条根轨迹终止于无穷远处；当 $m>n$ 时，有 $m-n$ 条根轨迹起始于无穷远处。

【例 4.1】 已知系统开环传递函数为 $G(s)H(s) = \dfrac{K^*(s^2+2s+2)}{s(s+1)(s+2)}$，试绘制系统根轨迹。

解： 开环零极点：$p_1=0$，$p_2=-1$，$p_3=-2$，$z_1=-1+j$，$z_2=-1-j$。

根轨迹如图 4-4 所示。

根轨迹中，"×" 表示开环传递函数的极点，"○" 表示开环传递函数的零点。系统的三条根轨迹起始于开环传递函数的三个极点，其中两条根轨迹终止于开环传递函数的两个零点，另一条趋于无穷远。

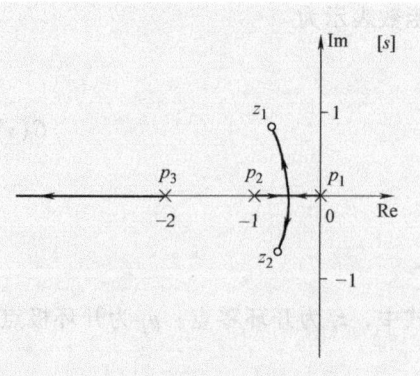

图 4-4 例 4.1 的根轨迹

法则 2（根轨迹的分支数、对称性和连续性法则）：根轨迹的分支数与开环零点数 m 和开环极点数 n 中的较大者相等，根轨迹连续且对称于实轴。

法则 3（根轨迹在实轴上的分布法则）：实轴上的某一区域，若其右侧开环实数零、极点个数之和为奇数，则该区域必是根轨迹。

【例 4.2】 已知系统开环传递函数为 $G(s)H(s) = \dfrac{K^*(s+1)}{s(s+2)}$，试绘制系统根轨迹。

解：1）开环零极点：$p_1 = 0$，$p_2 = -2$，$z_1 = -1$。

2）实轴上的根轨迹段，因 $p_1 \sim z_1$ 段的右侧有一个开环极点 p_1，故这是一段根轨迹；$p_2 \sim -\infty$ 的右侧有三个开环零极点 p_1、p_2、z_1，故这也是根轨迹段。

系统两条根轨迹起始于两个开环极点 p_1 和 p_2，其中一条根轨迹终止于开环零点 z_1，另一条根轨迹终止于无穷远，如图 4-5 所示。

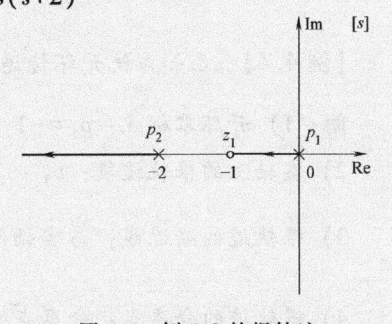

图 4-5 例 4.2 的根轨迹

法则 4（根轨迹的渐近线法则）：当系统开环极点个数 n 大于开环零点个数 m 时，有 $n-m$ 条根轨迹分支沿着与实轴夹角为 φ_a、与实轴交点横坐标为 σ_a 的一组渐近线趋向于无穷远处。且有

$$\begin{cases} \varphi_a = \dfrac{(2k+1)\pi}{n-m} & (k = 0, \pm 1, \pm 2, \cdots) \\ \sigma_a = \dfrac{\sum_{j=1}^{n} p_j - \sum_{i=1}^{m} z_i}{n-m} \end{cases} \quad (4-6)$$

【例 4.3】 已知系统开环传递函数为 $G(s)H(s) = \dfrac{K^*}{s(s+1)(s+2)}$，试绘制系统根轨迹。

解：1）开环零极点：$p_1 = 0$，$p_2 = -1$，$p_3 = -2$，无开环零点。故根轨迹的起点为三个开环极点，终点都为无穷远处。

2）实轴上的根轨迹段：$p_1 \sim p_2$，$p_3 \sim -\infty$。

3）渐近线：因为 $n = 3$，$m = 0$，所以渐近线共有 3 条。渐近线与实轴夹角为

$$\varphi_a = \dfrac{180° \times (2k+1)}{3-0}$$

取 $k = 0, \pm 1$，得到

$$\varphi_1 = 60°, \varphi_2 = -60°, \varphi_3 = 180°$$

渐近线与实轴的交点横坐标为

$$\sigma_a = \dfrac{(0-1-2)-0}{3-0} = 1$$

因此系统的根轨迹如图 4-6 所示。

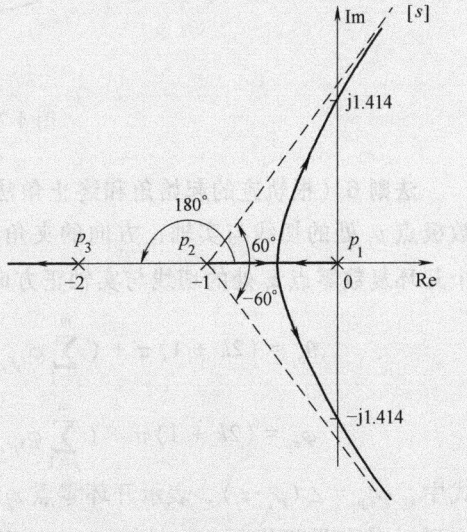

图 4-6 例 4.3 的根轨迹

法则 5（根轨迹的分离点和分离角法则）：两条或两条以上根轨迹分支在 s 平面上相遇又立即分开的点，称为根轨迹的分离点，分离点的坐标 d 是如下方程的解

$$\sum_{i=1}^{n} \frac{1}{d-p_i} = \sum_{j=1}^{m} \frac{1}{d-z_j} \tag{4-7}$$

分离角定义为根轨迹进入分离点的切线方向与离开分离点的切线方向之间的夹角，当 l 条根轨迹分支进入并立即离开分离点时，分离角可由 $(2k+1)\pi/l$ 来决定。

【例 4.4】 已知系统开环传递函数为 $G(s)H(s) = \dfrac{K^*(s+3)}{(s+1)(s+2)}$，试绘制系统根轨迹。

解：1）开环零极点：$p_1=-1$，$p_2=-2$，$z_1=-3$。

2）实轴上的根轨迹段：$p_1 \sim p_2$ 段和 $z_1 \sim -\infty$ 段。

3）根轨迹的渐近线：与实轴的夹角 $\varphi_a = \dfrac{\pm 180°}{2-1} = \pm 180°$。

4）根轨迹的分离点：分离点方程为 $\dfrac{1}{d+1} + \dfrac{1}{d+2} = \dfrac{1}{d+3}$，得分离点为 -1.6 和 -4.4。

作出根轨迹如图 4-7 所示。

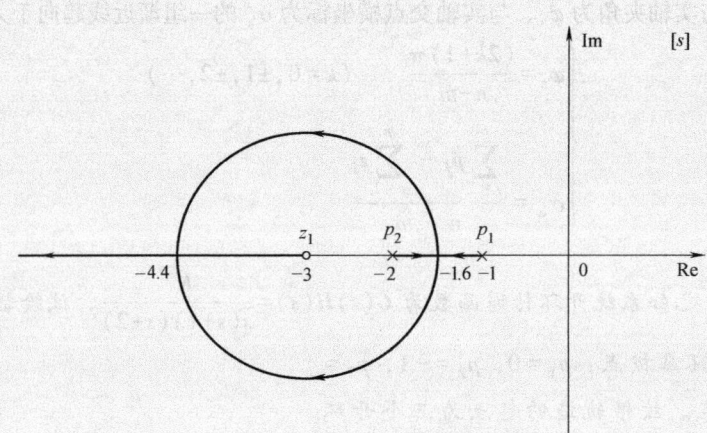

图 4-7 例 4.4 的根轨迹

法则 6（根轨迹的起始角和终止角法则）：根轨迹的起始角是根轨迹离开第 i 个开环复数极点 p_i 处的切线与实轴正方向的夹角，用 θ_{p_i} 表示；而根轨迹的终止角是根轨迹进入第 i 个开环复数零点 z_i 处的切线与实轴正方向的夹角，用 φ_{z_i} 表示。起始角和终止角表示为

$$\theta_{p_i} = (2k+1)\pi + \left(\sum_{j=1}^{m} \varphi_{z_j p_i} - \sum_{j=1}^{n} \theta_{p_j p_i}\right) \quad (k=0, \pm 1, \pm 2, \cdots) \tag{4-8}$$

$$\varphi_{z_i} = (2k+1)\pi + \left(\sum_{j=1}^{m} \varphi_{z_j z_i} - \sum_{j=1}^{n} \theta_{p_j z_i}\right) \quad (k=0, \pm 1, \pm 2, \cdots) \tag{4-9}$$

式中，$\varphi_{z_j p_i} = \angle(p_i - z_j)$，表示开环零点 z_j 到 p_i 的向量相位；$\theta_{p_j p_i} = \angle(p_i - p_j)$，表示开环极点 p_j 到 p_i 的向量相位；$\varphi_{z_j z_i} = \angle(z_i - z_j)$，表示开环零点 z_j 到 z_i 的向量相位；$\theta_{p_j z_i} = \angle(z_i - p_j)$ 表示开环极点 p_j 到 z_i 的向量相位。

法则7（根轨迹与虚轴的交点法则）：若根轨迹与虚轴相交，交点处闭环极点位于虚轴上，即闭环特征方程有一对纯虚根，系统处于临界稳定状态，将 $s=\mathrm{j}\omega$ 代入特征方程中，得
$$1+G(\mathrm{j}\omega)H(\mathrm{j}\omega)=0$$
令
$$\begin{cases} \mathrm{Re}[1+G(\mathrm{j}\omega)H(\mathrm{j}\omega)]=0 \\ \mathrm{Im}[1+G(\mathrm{j}\omega)H(\mathrm{j}\omega)]=0 \end{cases} \tag{4-10}$$
由式（4-10）可求出虚轴交点 ω 值和对应的临界增益值。

【例4.5】 已知系统的开环传递函数为 $G(s)H(s)=\dfrac{K^*(s+2)}{s(s+3)(s^2+2s+2)}$，试绘制系统根轨迹。

解：1）开环零极点：$p_1=0$，$p_2=-3$，$p_{3,4}=-1\pm\mathrm{j}$，$z_1=-2$。

2）实轴上的根轨迹段：$p_1\sim z_1$ 段和 $p_2\sim -\infty$ 段。

3）根轨迹的渐近线：$n-m=3$，有三条根轨迹趋于无穷远。渐近线与实轴的夹角 $\varphi_\mathrm{a}=\pm 60°$，$\pm 180°$，渐近线与实轴的交点 $\sigma_\mathrm{a}=-1$，渐近线如图4-8虚线所示。

4）根轨迹的起始角：$\theta_{p_3}=180°+45°-135°-26.6°-90°=-26.6°$，$\theta_{p_4}=26.6°$。

5）根轨迹与虚轴的交点：系统特征方程为
$$1+\dfrac{K^*(s+2)}{s(s+3)(s^2+2s+2)}=0$$

代入 $s=\mathrm{j}\omega$，整理得
$$(\mathrm{j}\omega)^4+5(\mathrm{j}\omega)^3+8(\mathrm{j}\omega)^2+6\mathrm{j}\omega+K^*\mathrm{j}\omega+2K^*=0$$

解得 $K^*=7$，$\omega_{2,3}=\pm 1.6$。

根轨迹如图4-8所示。

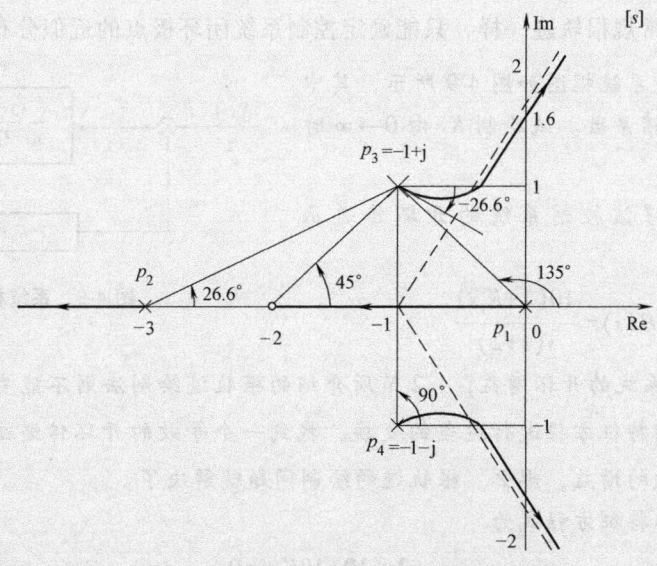

图4-8 例4.5的根轨迹

4.3 广义根轨迹

前面讨论了以系统的开环根轨迹增益 K^* 为变量的负反馈系统的根轨迹,通常称其为常规根轨迹。在实际系统中,除了增益 K^* 以外,常常还要研究系统其他参数变化对闭环特征根的影响。在有些多回路系统中,还会遇到内环是正反馈的系统,因此,有必要讨论正反馈系统的根轨迹。这里,我们把不是以 K^* 为变量、非负反馈系统的根轨迹称为广义根轨迹,下面分析不同类型广义根轨迹的绘制方法。

4.3.1 参数根轨迹

为了与以开环根轨迹增益 K^* 为变量的根轨迹相区别,我们称以其他参数为变量的根轨迹为参数根轨迹。

绘制参数根轨迹的方法与绘制常规根轨迹的规则相同,但在绘制参数根轨迹之前,需将控制系统的特征方程进行等效变换,将其写成以待定系数 A 为变量时的标准形式,即

$$A\frac{M(s)}{N(s)} = -1 \tag{4-11}$$

式中,$M(s)$、$N(s)$ 都是复变量 s 的多项式;A 为非开环增益系数的变量;$A\dfrac{M(s)}{N(s)}$ 为系统的等效开环传递函数,等效是指与系统的特征方程达到相同意义的等效,即它们必须满足方程

$$N(s) + AM(s) = 1 + G(s)H(s) = 0 \tag{4-12}$$

根据等效开环传递函数 $A\dfrac{M(s)}{N(s)}$,按照 4.2 节介绍的根轨迹绘制规则,就可绘制出以 A 为变量的参数根轨迹。

参数根轨迹与常规根轨迹一样,只能确定控制系统闭环极点的近似分布。

【例 4.6】 设系统框图如图 4-9 所示,其中参数 K_t 为测速反馈系数。试绘制 K_t 由 $0 \to \infty$ 时的根轨迹。

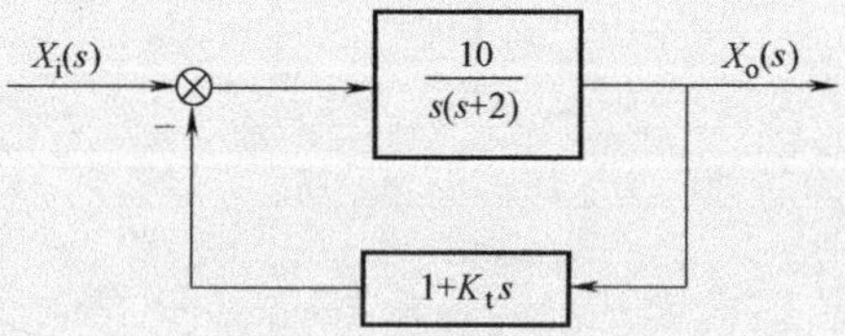

解: 由框图得该控制系统的开环传递函数为

$$G(s)H(s) = \frac{10(1+K_t s)}{s(s+2)}$$

图 4-9 系统框图

可见 K_t 并非系统的开环增益,4.2 节所介绍的根轨迹绘制法则不能直接应用。但是,只要对闭环系统的特征方程进行适当的变换,找到一个等效的开环传递函数,使 K_t 成为等效开环传递函数的增益,那么,根轨迹的绘制问题就解决了。

原系统的闭环特征方程式为

$$s^2 + 2s + 10 + 10K_t s = 0$$

用不含 K_t 的各项去除特征方程,得

$$1+\frac{10K_t s}{s^2+2s+10}=0$$

令

$$G_1(s)=\frac{10K_t s}{s^2+2s+10}=\frac{K_t^* s}{(s+1+j3)(s+1-j3)}$$

式中，$K_t^* =10K_t$。$G_1(s)$ 即为等效开环传递函数。用它构造一个新系统，如图 4-10 所示，则新系统与原系统具有相同的闭环特征方程，而新系统的开环增益与原系统的参数 K_t 只存在倍数关系。

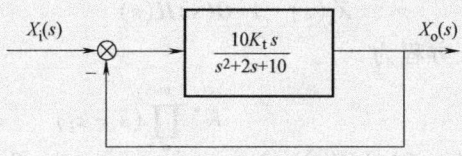

图 4-10 新系统框图

根据 $G_1(s)$ 的零极点分布，作 K_t^* 由零变化到无穷时的根轨迹，根据放大倍数关系得到原系统测速反馈系数 K_t 变化的根轨迹，如图 4-11 所示。

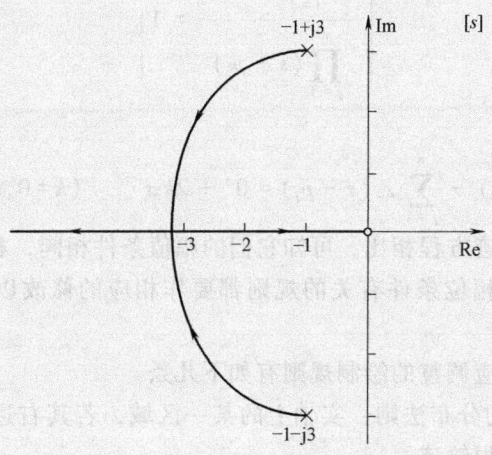

图 4-11 例 4.6 的根轨迹

4.3.2 零度根轨迹

前面介绍的根轨迹，其根轨迹方程为式（4-2），相位方程为式（4-4），这些根轨迹相位满足 $2k\pi+180°$ 条件，故称为 $180°$ 根轨迹。而对比式（4-2）和式（4-4），如果所研究系统的根轨迹方程形式为

$$G(s)H(s)=1$$

相位方程为

$$\sum_{i=1}^{m} \angle(s-z_i) - \sum_{j=1}^{n} \angle(s-p_j) = 2k\pi + 0° \qquad (k=0,\pm1,\pm2,\cdots)$$

则根轨迹相位满足 $2k\pi+0°$ 条件,由此产生零度根轨迹。这种情况在实际中是存在的,例如图 4-3 所示系统的反馈回路为正反馈时,如图 4-12 所示。

图 4-12 所示正反馈系统为例,控制系统的闭环传递函数为

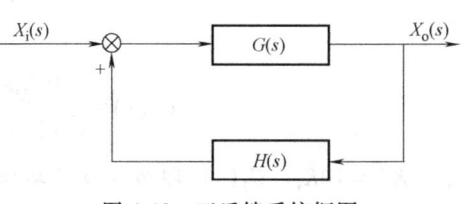

图 4-12 正反馈系统框图

$$\frac{X_o(s)}{X_i(s)} = \frac{G(s)}{1-G(s)H(s)}$$

于是得到正反馈系统的特征方程为

$$1 - G(s)H(s) = 1 - \frac{K^* \prod_{i=1}^{m}(s-z_i)}{\prod_{j=1}^{n}(s-p_j)} = 0 \qquad (4\text{-}13)$$

式(4-13)可等效为下列两个方程,幅值方程为

$$\left| \frac{K^* \prod_{i=1}^{m}(s-z_i)}{\prod_{j=1}^{n}(s-p_j)} \right| = 1 \qquad (4\text{-}14)$$

相位条件为

$$\sum_{i=1}^{m} \angle(s-z_i) - \sum_{j=1}^{n} \angle(s-p_j) = 0° + 2k\pi \qquad (k=0,\pm1,\pm2,\cdots) \qquad (4\text{-}15)$$

与负反馈系统的根轨迹方程相比,可知它们的幅值条件相同,相位条件不同。故在根轨迹的画法规则中,凡是与相位条件有关的规则都要作相应的修改以适应正反馈系统的相位条件。

绘制零度根轨迹时,应调整的绘制规则有如下几条。

1)根轨迹在实轴上的分布法则:实轴上的某一区域,若其右边开环实数零极点个数之和为偶数,则该区域必为根轨迹。

2)根轨迹的渐近线法则:根轨迹渐近线与实轴正方向的夹角 φ_a 应改为

$$\varphi_a = \frac{2k\pi}{n-m} \qquad (k=0,\pm1,\pm2,\cdots) \qquad (4\text{-}16)$$

3)根轨迹的起始角和终止角法则:相应的计算公式应改为

$$\theta_{p_i} = 2k\pi + \left(\sum_{j=1}^{m} \varphi_{z_j p_i} - \sum_{j=1}^{n} \theta_{p_j p_i} \right) \qquad (k=0,\pm1,\pm2,\cdots) \qquad (4\text{-}17)$$

$$\varphi_{z_i} = 2k\pi + \left(\sum_{j=1}^{m} \varphi_{z_j z_i} - \sum_{j=1}^{n} \theta_{p_j z_i} \right) \qquad (k=0,\pm1,\pm2,\cdots) \qquad (4\text{-}18)$$

式中, $\varphi_{z_j p_i}$、$\theta_{p_j p_i}$、$\varphi_{z_j z_i}$、$\theta_{p_j z_i}$ 的含义同式(4-8)、式(4-9)。

上述三个法则是绘制零度根轨迹时不同于常规根轨迹的画法,常规根轨迹的其他法则都

适用于绘制零度根轨迹。

【例 4.7】 设正反馈控制系统结构如图 4-13 所示，参数 K^* 的变化范围为 $0\to\infty$，试绘制系统的根轨迹。

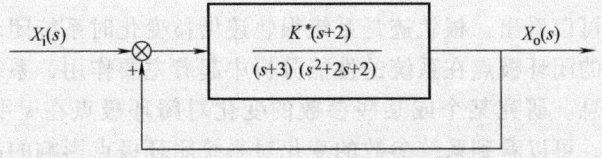

图 4-13 例 4.7 正反馈控制系统框图

解：根据图 4-13 所示框图，该正反馈控制系统的开环传递函数为

$$G(s) = \frac{K^*(s+2)}{(s+3)(s^2+2s+2)}$$

1) 开环零极点：$p_1 = -1+j$，$p_2 = -1-j$，$p_3 = -3$，$z_1 = -2$。
2) 实轴上的根轨迹段：$z_1 \sim +\infty$ 段和 $p_3 \sim -\infty$ 段。
3) 根轨迹的渐近线：$n=3$，$m=1$，$n-m=2$，所以有 2 条根轨迹趋于无穷远。根轨迹与实轴的夹角 $\varphi_a = \dfrac{2k\pi}{3-1}$，取 $k=0$，1，得到 $\varphi_1 = 0°$，$\varphi_2 = 180°$。
4) 根轨迹的分离点：分离点方程为

$$\frac{1}{d+3} + \frac{1}{d+1-j} + \frac{1}{d+1+j} = \frac{1}{d+2}$$

整理得

$$(d+0.8)(d^2+4.7s+6.24) = 0$$

显然分离点应位于实轴上，故取 $d = 0.8$。

5) 根轨迹的起始角 θ_{p_i}：按式（4-16）计算

$$\theta_{p_1} = \angle(p_1-z_1) - \angle(p_1-p_2) - \angle(p_1-p_3) = 45° - 90° - 26.6° = -71.6°$$

由对称性可知 $\theta_{p_2} = 71.6°$。

根轨迹如图 4-14 所示。

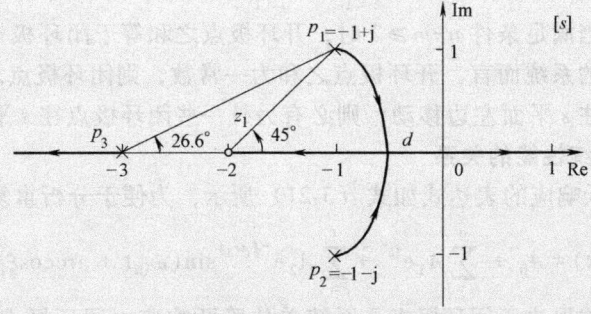

图 4-14 例 4.7 的根轨迹

4.4 利用根轨迹分析系统性能

从根轨迹的定义可以看出，根轨迹是系统根轨迹增益变化时系统闭环极点在 s 平面上变化的轨迹。由于系统的闭环极点在系统的性能分析中起着主要作用，系统根轨迹的变化包含了决定系统性能的信息。研究某个或某些参数的变化对闭环极点在 s 平面上分布情况的影响，通过绘图和计算，可以看到系统参数的变化对系统闭环极点影响的趋势，从而确定系统在某些特定参数下的性能，也可根据性能指标的要求，在根轨迹上选择合适的闭环极点位置。因此，根轨迹法可为分析系统性能和改善系统性能提供依据。

4.4.1 根轨迹和性能指标的关系

1. 开环极点和闭环极点的关系

在一定条件下，开环极点与闭环极点之间有着固定的关系，可利用这种关系来判别闭环特征根在 s 平面上的走向，并为确定闭环极点带来方便。

对式（4-1）和式（4-2）表示的 n 阶系统，其闭环特征方程可表示为

$$D(s) = \prod_{j=1}^{n}(s-p_j) + K^*\prod_{i=1}^{m}(s-z_i)$$

$$= s^n + a_1 s^{n-1} + a_2 s^{n-2} + \cdots + a_{n-1}s + a_n = \prod_{k=1}^{n}(s-s_k) = 0$$

式中，p_j 为开环极点；z_i 为开环零点；a_1，a_2，$\cdots$，a_n 为展开式系数；s_k 为闭环极点。

根据代数方程的根与系数的关系，次高项系数

$$a_1 = -\sum_{k=1}^{n} s_k$$

如果满足条件 $n-m \geq 2$，则

$$a_1 = -\sum_{j=1}^{n} p_j$$

所以有

$$\sum_{k=1}^{n} s_k = \sum_{j=1}^{n} p_j \tag{4-19}$$

因此可以得出，当满足条件 $n-m \geq 2$ 时，开环极点之和等于闭环极点之和。对于一个给定闭环特征方程系数的系统而言，开环极点之和为一常数，则闭环极点之和也为一常数，即如果有一些闭环极点往 s 平面左边移动，则必有另外一些闭环极点往 s 平面右边移动。

2. 闭环极点与系统性能的关系

n 阶系统单位阶跃响应的表达式如式（3-21）所示，为便于分析重复如下

$$x_o(t) = A_0 + \sum_{k=1}^{q} A_1 e^{s_k t} + \sum_{i=1}^{r} A_2 e^{-\xi_i \omega_{di} t} \sin(\omega_{di} t + \arccos\xi_i)$$

可以看出，响应的形式取决于闭环极点，系统单位阶跃响应由闭环极点和系数 A_1 决定，但系数只是决定了响应的初值，影响相对较小，因而系统瞬态性能主要由闭环极点分布决定。

在时域分析法中，只有当所有闭环极点都位于 s 平面左半平面，系统才稳定。负实数极

点离虚轴越远，对应分量衰减得越快，系统调节时间越短，响应越快。对于复数极点，可借助二阶系统的结果分析，其对系统性能的影响，如图 3-15 所示，$s_{1,2} = -\xi\omega_n \pm j\omega_n\sqrt{1-\xi^2}$ 是一对复数根，复数根的参数与系统阶跃响应及性能指标的关系如式（3-12）、式（3-14）~式（3-18）所示，分析归纳可以得出闭环极点位置与系统性能指标具有如下关系。

1) 根据式（3-17）和式（3-18），因 $t_s \approx \dfrac{3}{\xi\omega_n}$ 或 $t_s \approx \dfrac{4}{\xi\omega_n}$，故闭环极点的实部反映了系统的调节时间。

2) 根据图 3-15 及阻尼振荡频率 $\omega_d = \omega_n\sqrt{1-\xi^2}$ 的定义，可以看出闭环极点的虚部表征了系统输出响应的振荡频率。

3) 由图 3-15 可以看出，闭环极点与坐标原点的距离表征了系统无阻尼自然频率 ω_n。

4) 根据图 3-15 及 $\theta = \arctan\dfrac{\sqrt{1-\xi^2}}{\xi}$ 的定义，又根据式（3-16），有 $\sigma\% = e^{-\pi\xi/\sqrt{1-\xi^2}} \times 100\%$，故闭环极点与负实轴的夹角反映了系统的超调量。

因此，闭环极点在 s 平面的分布反映系统稳定性，进而可由闭环极点的位置来推断系统的输出响应，分析系统性能。当系统具有多个闭环极点，可借助主导极点的概念，将系统简化为低阶系统来处理。

3. 根轨迹和闭环极点的关系

在根轨迹的运用中，可以根据根轨迹取某值时的闭环极点来确定闭环传递函数；在已知根轨迹增益时，可以采用试探的方法确定闭环极点；还可以根据对系统的性能指标要求，确定闭环极点的位置和对应的 K^* 值，以使系统的性能满足要求。

【例 4.8】 已知单位负反馈系统开环传递函数为 $G_K(s) = \dfrac{K^*}{s(s+1)(s+2)}$，要使系统满足 $\xi = 0.5$ 的要求，试确定满足条件的闭环极点和对应的 K^*。

解： 系统的根轨迹如图 4-15 所示。

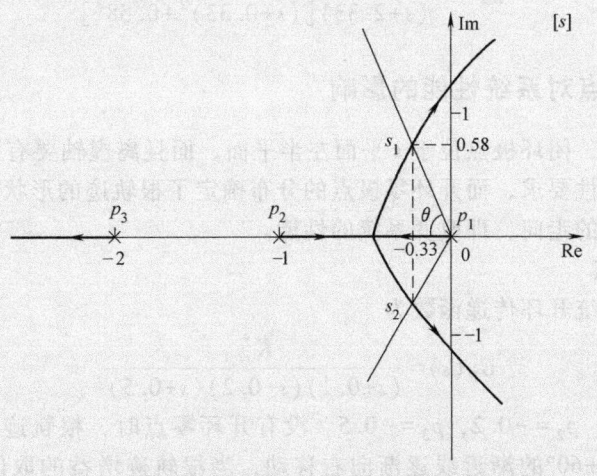

图 4-15 例 4.8 的根轨迹

根据性能指标要求可得 $\theta = \arctan\dfrac{\sqrt{1-\xi^2}}{\xi} = \arctan\dfrac{\sqrt{1-0.5^2}}{0.5} = 60°$ 在根轨迹图上作 $\theta = \pm 60°$ 的射线，与根轨迹相交的点为 s_1 和 s_2。

$$s_{1,2} = -\xi\omega_n \pm j\omega_n\sqrt{1-\xi^2} = -\dfrac{\omega_n}{2} \pm j\dfrac{\sqrt{3}}{2}\omega_n$$

根据相角方程式（4-4），有

$$-\angle(s_1 - p_1) - \angle(s_1 - p_2) - \angle(s_1 - p_3) = 2k\pi + \pi$$

代入 $s_{1,2}$ 的表达式并取 $k = -1$，整理得

$$120° + \arctan\dfrac{\dfrac{\sqrt{3}}{2}\omega_n}{-\dfrac{\omega_n}{2}-(-1)} + \arctan\dfrac{\dfrac{\sqrt{3}}{2}\omega_n}{-\dfrac{\omega_n}{2}-(-2)} = 180°$$

可解得 $\omega_n = \dfrac{2}{3}$，故可得

$$s_{1,2} = -\dfrac{1}{3} \pm j\dfrac{\sqrt{3}}{4} = -0.33 \pm j0.58$$

根据式（4-18），因为 $n - m \geq 2$，所以

$$s_3 = \sum_{j=1}^{3} p_j - s_1 - s_2 = -3 - \left(-\dfrac{1}{3} + j\dfrac{\sqrt{3}}{4}\right) - \left(-\dfrac{1}{3} - j\dfrac{\sqrt{3}}{4}\right) = -\dfrac{7}{3} = -2.33$$

根据式（4-4）可以求得

$$K^* = |s_3| \cdot |s_3 + 1| \cdot |s_3 + 2| = \dfrac{7}{3} \times \dfrac{4}{3} \times \dfrac{1}{3} = \dfrac{28}{27} = 1.04$$

系统闭环传递函数为

$$G_B(s) = \dfrac{1.04}{(s+2.33)[(s+0.33)^2 + 0.58^2]}$$

4.4.2 开环零极点对系统性能的影响

由以上分析可知，闭环极点位于 s 平面左半平面，而且离虚轴要有一定距离，才能满足系统的稳定性和快速性要求，而开环零极点的分布确定了根轨迹的形状和走向，增加开环零极点可以改变根轨迹的走向，即改变系统的性能。

1. 增加开环零点

设单位负反馈系统开环传递函数为

$$G_K(s) = \dfrac{K^*}{(s+0.1)(s+0.2)(s+0.5)}$$

可知，$p_1 = -0.1$，$p_2 = -0.2$，$p_3 = -0.5$。没有开环零点时，根轨迹如图 4-16a 所示，两条根轨迹上的点沿着 $\pm 60°$ 的渐近线逐渐向右移动，当根轨迹增益的取值超过稳定的临界值时，闭环系统不稳定。下面讨论增加开环零点时根轨迹的变化。

1）在 p_2 和 p_3 之间增加开环零点 $z_1 = -0.4$，如图 4-16b 所示，根轨迹全部位于 s 平面左

半平面，方向为±90°，最后趋于无穷远，这时控制系统不会因为 K^* 取值不同而出现闭环不稳定情况。

2）在 p_2 和 p_1 之间增加开环零点 $z_1 = -0.15$，如图 4-16c 所示，此时，闭环实数极点靠近虚轴，故系统响应速度较低。

3）在 p_3 左侧增加开环零点 $z_1 = -0.6$，如图 4-16d 所示，由于开环零点距虚轴较远，对系统性能没有明显改善。

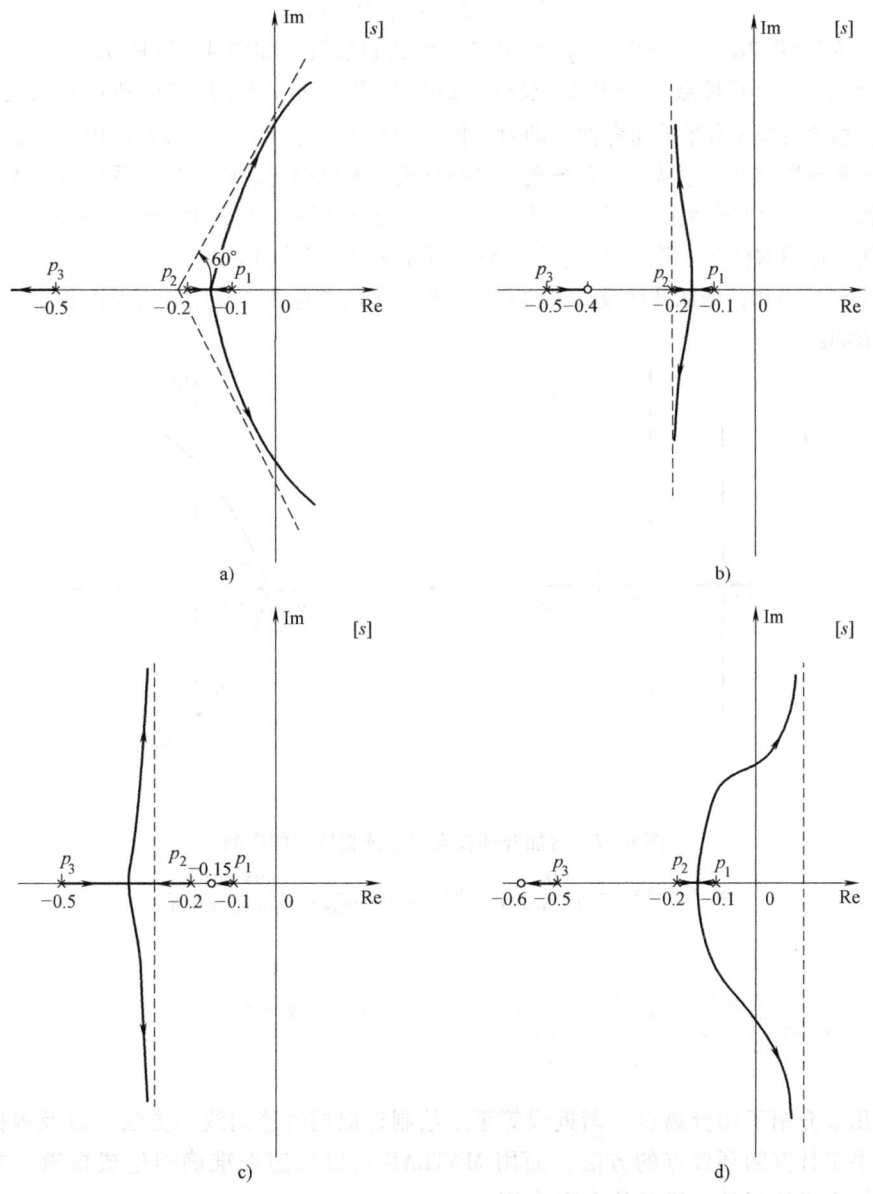

图 4-16 增加开环零点对系统根轨迹的影响

a) $G_K(s) = \dfrac{K^*}{(s+0.1)(s+0.2)(s+0.5)}$ b) $G_K(s) = \dfrac{K^*(s+0.4)}{(s+0.1)(s+0.2)(s+0.5)}$

c) $G_K(s) = \dfrac{K^*(s+0.15)}{(s+0.1)(s+0.2)(s+0.5)}$ d) $G_K(s) = \dfrac{K^*(s+0.6)}{(s+0.1)(s+0.2)(s+0.5)}$

由以上分析可知,增加合适的开环零点,会使根轨迹向 s 平面左半平面弯曲,减小系统的超调量和调节时间,改善系统稳定性和快速性。但零点选择不合适,则达不到改善系统性能的目的。

2. 增加开环极点

设单位负反馈系统的开环传递函数为

$$G_K(s) = \frac{10K}{(5s+1)(10s+1)}$$

可知,$K^* = 0.2K$,$p_1 = -0.1$,$p_2 = -0.2$。系统的根轨迹如图 4-17a 所示。

如果增加一个开环极点 $p_3 = -0.2$,根轨迹如图 4-17b 所示。与图 4-17a 所示原系统的根轨迹曲线相比,根轨迹向 s 右半平面弯曲,即对于同一根轨迹增益 K^*,引入开环极点后,闭环极点的实数部分和虚数部分数值减小,系统调节时间增长。不仅如此,原来二阶系统不论 K^* 取何值,闭环极点都在 s 平面左半平面,闭环系统稳定。而增加开环极点后,系统变为三阶系统,若 K^* 增大导致闭环极点取值在 s 平面右半平面,则闭环系统就会变得不稳定。

由以上分析可知,增加开环极点会使系统的根轨迹向右弯曲或移动,对系统稳定性和瞬态性能有不利影响。

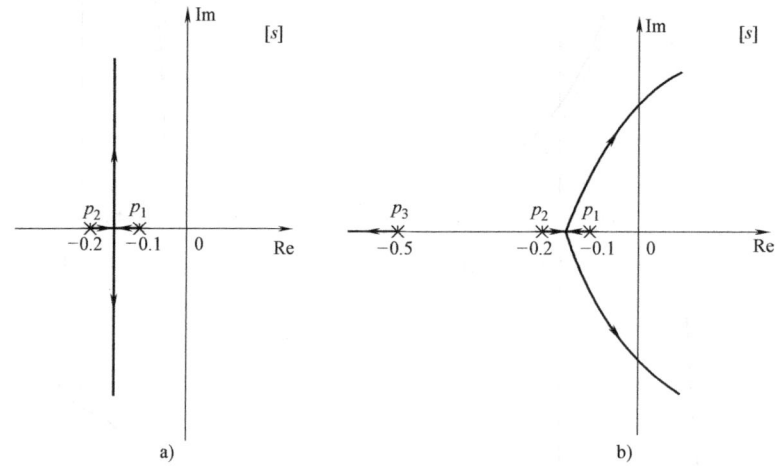

图 4-17 增加开环极点对系统根轨迹的影响

a) $G_K(s) = \dfrac{10K}{(5s+1)(10s+1)}$ b) $G_K(s) = \dfrac{10K}{(2s+1)(5s+1)(10s+1)}$

4.5 根轨迹分析的 MATLAB 实现

前面几节介绍了用分离点、渐近线等手工绘制近似根轨迹曲线的方法,以及根据极点的几何条件手工计算闭环极点的方法,而用 MATLAB 可以快速而准确地生成根轨迹曲线,还可以在曲线上求得根轨迹增益值和极点值。

4.5.1 根轨迹的绘制

可以使用 "rlocus" 函数对给定的传递函数 G 绘制根轨迹,其调用格式为

$$\text{rlocus}(G)$$

【例 4.9】 设系统传递函数为 $G(s)=\dfrac{2s^2+5s+1}{s^2+2s+3}$，用 MATLAB 绘制其根轨迹图。

解：MATLAB 程序代码如下：
num = [2 5 1]; den = [1 2 3];
G = tf(num, den);
rlocus(G)
grid on
运行程序，结果如图 4-18 所示。

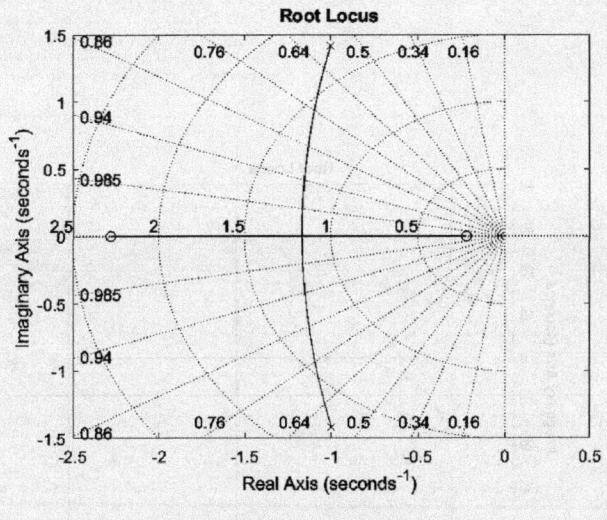

图 4-18 例 4.9 根轨迹

4.5.2 根轨迹上取点

可以使用"rlocfind"函数计算与根轨迹上所选点相对应的根轨迹增益，其调用格式为
$$[K, POLES] = rlocfind(G)$$
式中，返回值 K 为在根轨迹上选择一点时相应的根轨迹增益；返回值 POLES 为与增益 K 对应的所有闭环极点，并将闭环极点显示在根轨迹曲线上。

【例 4.10】 已知系统开环传递函数为 $G(s)H(s)=\dfrac{K(s-5)}{s(s+1)(s+3)}$，绘制闭环系统根轨迹，确定交点处的增益和极点。

解：MATLAB 程序代码如下：
num = [1 -5];
den = conv([1 0], conv([1 1], [1 3]));
G = tf(num, den);
rlocus(G)
[k, p] = rlocfind(G)
gtext('k = 0.6');

运行程序，得到系统的根轨迹如图 4-19 所示。可根据提示选择根轨迹上的点，运行可得如下结果。

Select a point in the graphics window   %提示用户在图形窗口上选择根轨迹上的点
selected_point =
-1.6682 + 0.0826i   %光标所在根轨迹上点的坐标
k =
0.2250   %所选点处的根轨迹增益
p =   %所选点的根轨迹增益所对应的极点值
-2.5825
-1.6773
0.2598

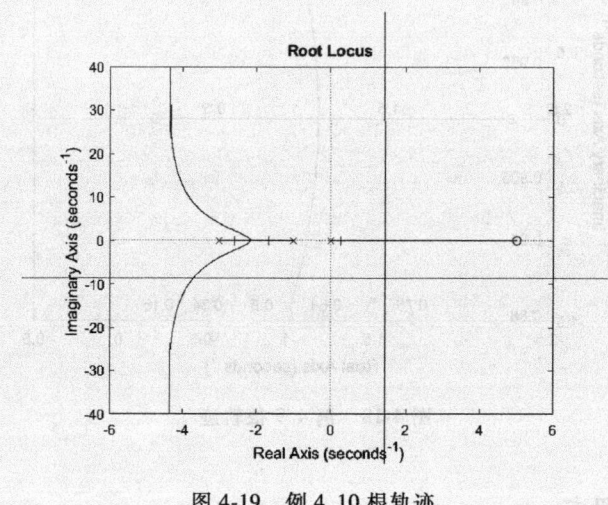

图 4-19　例 4.10 根轨迹

4.6　设计实例：激光操纵控制系统设计

激光操纵控制系统应用在人造关节打孔技术中，用来控制激光投射位置，因其用在医学人体关节手术中，故必须有很高的精度和很快的时间响应。

激光操纵控制系统可以简化为图 4-20 所示框图，用直流电动机来操纵激光。为获得所要求的稳态误差和瞬态响应，电动机参数选为：励磁磁场时间常数 $\tau_1 = 0.1$s，电动机和载荷组合的时间常数 $\tau_2 = 0.2$s。通过调节增益 K，使系统响应的斜坡输入 $x_i(t) = t$ 的稳态误差小于或等于 0.1mm。

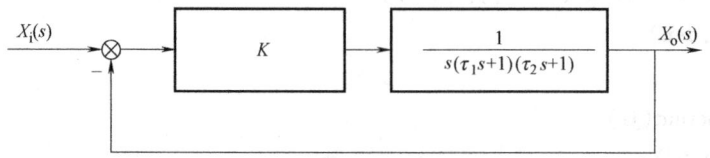

图 4-20　激光操纵控制系统框图

1. 确定 K 值

根据图 4-20 所示的框图，可知系统是单位负反馈系统，求得系统开环传递函数

$$G_K(s) = \frac{K}{s(\tau_1 s+1)(\tau_2 s+1)} = \frac{K}{s(0.1s+1)(0.2s+1)}$$

则可求出系统闭环特征方程为

$$D(s) = s^3 + 15s^2 + 50s + 50K = 0$$

为保证系统稳定，应用 6.1.3 小节的劳斯判据得到系统稳定条件为

$$0 \leqslant K \leqslant 15$$

从开环传递函数的形式可以得出系统是 I 型系统。根据 3.6 节的表 3-1，在斜坡信号 $x_i(t) = t$ 作用下，系统稳态误差为

$$\varepsilon_{ss} = \frac{1}{K}$$

因要求 $\varepsilon_{ss} \leqslant 0.1\mathrm{mm}$，故 $K \geqslant 10$。由此可见，选取 $K = 10$ 既能满足稳态误差要求，又能使系统稳定。

2. 绘制系统根轨迹

1) 开环零极点：$p_1 = 0$，$p_2 = -5$，$p_3 = -10$，无开环零点。
2) 实轴上的根轨迹段：$p_1 \sim p_2$ 段和 $p_3 \sim -\infty$ 段。
3) 根轨迹的渐近线：$n-m=3$，有 3 条根轨迹，起点为 3 个开环极点，终点为无穷远处。渐近线与实轴夹角 $\varphi_a = \frac{(2k+1)180°}{3}$，取 $k = -1, 0, 1$，得到 $\varphi_{1,2} = \pm 60°$，$\varphi_3 = 180°$。渐近线与实轴的交点 $\sigma_a = \frac{0-5-10}{3} = -5$。

4) 根轨迹的分离点：分离点方程为 $\frac{1}{d} + \frac{1}{d+5} + \frac{1}{d+10} = 0$，得分离点 $d = -2.11$。

5) 根轨迹与虚轴的交点：将 $s = j\omega$ 代入闭环特征方程得

$K = 0$，$\omega_1 = 0$ 或 $K = 5$，$\omega_{2,3} = 4.07$

绘制出系统根轨迹，如图 4-21 所示。

3. 系统性能分析

将 $K = 10$ 带入闭环特征方程，可求得

$$s_{1,2} = -0.5 \pm j5.96, s_3 = -13.98$$

由 $s_{1,2} = -\xi\omega_n \pm j\omega_n\sqrt{1-\xi^2}$，可求得

$$\frac{\xi}{\sqrt{1-\xi^2}} = 0.084, \xi\omega_n = 0.5$$

由 3.5.2 节主导极点的定义可以认为复数根 $s_{1,2}$ 为主导极点。再根据 3.4.1 节性能指标的式（3-16），可以求得超调量

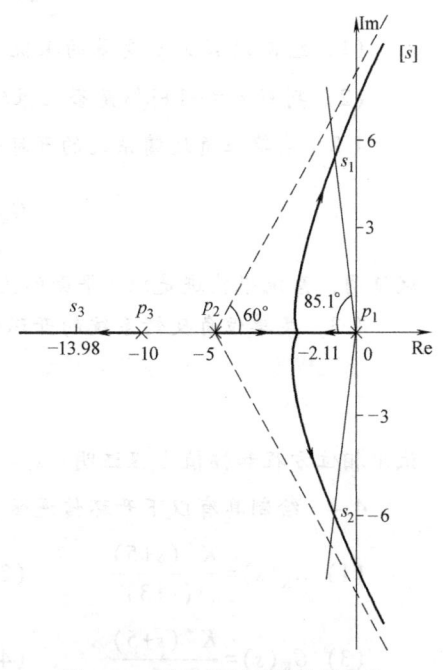

图 4-21 激光控制系统的根轨迹

$$\sigma\% = e^{-\pi\xi/\sqrt{1-\xi^2}} \times 100\% = 76.8\%$$

根据式（3-18），可以求得 $\Delta = 2\%$ 的调节时间

$$t_s \approx \frac{4}{\xi\omega_n} = 8(\text{s})$$

计算实际的三阶系统响应，得到的超调量为 76.8%，调节时间为 8s。可见，复数根 $s_{1,2}$ 确实为主导极点。系统超调量较大，对阶跃输入的响应是高度振荡的，不能用于手术中，因此采用低速斜坡信号为手术指令信号。

> 各种理论方法的提出离不开一代一代科学家的潜心钻研，扫描下方二维码观看相关视频，感受科学家精神。
>
>
>
> 科学家精神　　科学家精神　　科学家精神
> 　　　　　　"两弹一星"功勋科学家：　"两弹一星"功勋科学家：
> 　　　　　　　　孙家栋　　　　　　　杨嘉墀

习 题

4.1 某单位负反馈系统的开环传递函数为

$$G_K(s) = \frac{K}{s(0.2s+1)(0.5s+1)}$$

（1）绘制以 K 为参变量的根轨迹图；

（2）判断 $s_1 = -1 + j\sqrt{3}$ 是否在根轨迹上。

4.2 某单位负反馈系统的开环传递函数为

$$G_K(s) = \frac{K^*(s^2+6s+10)}{s^2+2s+10}$$

试证明，系统根轨迹是以 s 平面的坐标原点为圆心，以 $\sqrt{10}$ 为半径的一个圆。

4.3 某单位负反馈系统的开环传递函数为

$$G_K(s) = \frac{K^*(s+2)}{s(s+0.5)}$$

试用相位方程和幅值方程证明：$s_1 = -1 + j\sqrt{2}$ 是 $K^* = 1.5$ 时系统的闭环特征根。

4.4 绘制具有以下开环传递函数的单位负反馈系统的根轨迹。

(1) $G_K(s) = \dfrac{K^*(s+5)}{s(s+3)}$　　(2) $G_K(s) = \dfrac{K^*}{s(s+2)}$

(3) $G_K(s) = \dfrac{K^*(s+5)}{s^2+2s+4}$　　(4) $G_K(s) = \dfrac{K^*}{(s+5)(s^2+2s+4)}$

4.5 某单位负反馈系统的开环传递函数为

$$G_K(s) = \frac{K^*(s+1)}{s(s+1)}$$

(1) 求实轴上的分离点和会合点；
(2) 当复数闭环特征根的实部为 -2 时，求出对应的根轨迹增益 K^*；
(3) 画出根轨迹。

4.6 某控制系统框图如图4-22所示，画出参数 K 从 $0 \to +\infty$ 的根轨迹。

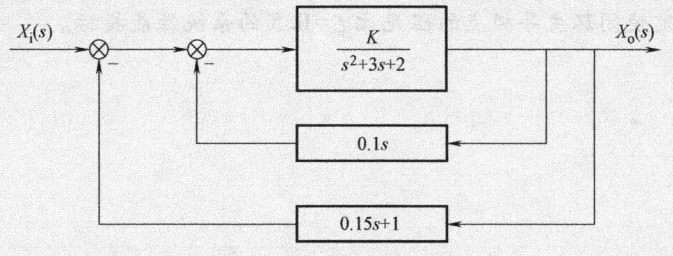

图 4-22 题 4.6 系统框图

4.7 某系统框图如图4-23所示，画出当 K 从 $0 \to +\infty$ 的闭环根轨迹。

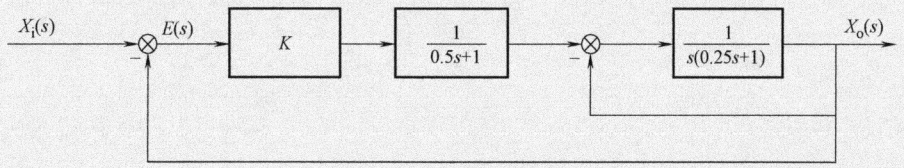

图 4-23 题 4.7 系统框图

4.8 已知单位负反馈系统的开环传递函数为

$$G_K(s) = \frac{10(s+b)}{s(s+8)}$$

绘制参数 b 从 $0 \to +\infty$ 的根轨迹。

4.9 已知某正反馈系统的开环传递函数为

$$G(s)H(s) = \frac{K^*(s+2)}{(s+3)(s^2+2s+2)}$$

绘制该系统根轨迹的大致形状。

4.10 已知单位负反馈系统的开环传递函数为

$$G_K(s) = \frac{K^*}{s(s+5)}$$

要使系统满足 $\xi = 0.3$ 的要求，试确定满足条件的闭环特征根和对应的根轨迹增益 K^*。

4.11 试用MATLAB绘制具有如下开环传递函数的单位负反馈系统的根轨迹。

(1) $G_K(s) = \dfrac{K^*}{s(s+7)(s+12)}$

(2) $G_K(s) = \dfrac{K^*}{s(s+5)(s^2+4s+12)}$

(3) $G_K(s) = \dfrac{K^*(s+7)}{s(s+5)(s^2+4s+12)}$

4.12 已知单位负反馈系统的开环传递函数为

$$G_K(s) = \dfrac{K}{s(s+1)(s+2)}$$

试用根轨迹法确定使闭环主导极点的阻尼比 $\xi=0.5$ 的系统性能指标。

第 5 章 控制系统的频域分析

> **学习目标**
>
> 本章要求掌握频率特性的基本概念,能求取系统的频率特性,并能绘制系统的奈奎斯特图和伯德图。

频域分析方法是经典控制理论中对控制系统进行研究和分析的主要方法之一。本章首先介绍频率特性的概念,讨论频率特性与传递函数的关系,重点介绍频率特性的几种求取方法。然后介绍频率特性的两种图示方法——奈奎斯特图和伯德图的绘制方法,同时介绍在 MATLAB 中绘制奈奎斯特图和伯德图的方法,为控制系统的计算机仿真和分析打下一定的基础。

5.1 系统频率特性概述

频域分析方法是控制系统分析的一种重要方法,它以频率特性为数学模型对控制系统进行分析。相比时域分析方法,频域分析方法具有下述优点:频率特性具有明确的物理意义;计算量小,一般采用简单近似的作图方法,简单、直观,易于在工程技术领域使用;另外,由于频率特性可以采用试验的方法获取,对于机理复杂或机理不明而难以列出微分方程的系统而言有重要的实用意义。在频域分析方法中,一般采用正弦信号作为典型的输入信号。因为任何信号都可由正弦信号叠加而成。综合以上优点,频域分析方法具有普适性。

5.1.1 频率特性的基本概念

设一个稳定的线性定常系统微分方程为

$$a_n x_o^{(n)}(t) + a_{n-1} x_o^{(n-1)}(t) + \cdots + a_1 \dot{x}_o(t) + a_0 x_o(t)$$
$$= b_m x_i^{(m)}(t) + b_{m-1} x_i^{(m-1)}(t) + \cdots + b_1 \dot{x}_i(t) + b_0 x_i(t)$$

则系统的传递函数为

$$G(s) = \frac{X_o(s)}{X_i(s)} = \frac{b_m s^m + b_{m-1} s^{m-1} + \cdots + b_1 s + b_0}{a_n s^n + a_{n-1} s^{n-1} + \cdots + a_1 s + a_0} \quad (n \geqslant m) \tag{5-1}$$

设输入的正弦信号为

$$x_i(t) = N\sin\omega t$$

其拉普拉斯变换为

$$X_i(s) = \frac{N\omega}{s^2 + \omega^2} \tag{5-2}$$

由式（5-1）和式（5-2）可得

$$X_o(s) = G(s)X_i(s) = \frac{b_m s^m + b_{m-1} s^{m-1} + \cdots + b_1 s + b_0}{a_n s^n + a_{n-1} s^{n-1} + \cdots + a_1 s + a_0} \frac{N\omega}{s^2 + \omega^2} \tag{5-3}$$

为了进行拉普拉斯反变换，不妨设系统无重复极点，可将式（5-3）拆项为

$$X_o(s) = \sum_{k=1}^{n} \frac{A_k}{s - s_k} + \frac{B}{s - j\omega} + \frac{C}{s + j\omega} \tag{5-4}$$

式中，s_k 为系统的闭环极点；A_k、B、C 为待定系数。

对式（5-4）进行拉普拉斯反变换，可得系统的响应为

$$x_o(t) = \sum_{k=1}^{n} A_k e^{s_k t} + B e^{j\omega t} + C e^{-j\omega t} \tag{5-5}$$

由于系统是稳定的，其极点均分布在复平面的左半平面，因而前 n 项都是收敛的，当 $t \to \infty$ 时，全部会衰减到 0。因而系统的稳态响应为

$$x_o(t) = B e^{j\omega t} + C e^{-j\omega t} \tag{5-6}$$

此结论在系统有重复极点时仍然有效。

若系统有 p 个重复极点 s_q，其余极点均为单极点，则由拉普拉斯反变换相关知识可知，重极点所对应的响应为

$$x_o(t) = t^p e^{s_q t}$$

当极点实部为负时，容易证明该项是收敛的。

因此，无论是否存在重复极点，系统的稳态响应均为式（5-6）。

接下来确定 B 和 C 的值，由式（5-3）和式（5-4）可得

$$G(s) \frac{N\omega}{s^2 + \omega^2} = \sum_{k=1}^{n} \frac{A_k}{s - s_k} + \frac{B}{s - j\omega} + \frac{C}{s + j\omega}$$

$$B = G(s) \frac{N\omega}{s + j\omega} - (s - j\omega)\left(\sum_{k=1}^{n} \frac{A_k}{s - s_k} + \frac{C}{s + j\omega} \right) \tag{5-7}$$

取 $s = j\omega$ 代入式（5-7）可得

$$B = G(j\omega) \frac{N}{2j}$$

同理可得

$$C = -G(-j\omega) \frac{N}{2j}$$

显然 B 与 C 为共轭复数，将二者代入式（5-6）并整理，可得系统的稳态响应为

$$x_o(t) = G(j\omega) \frac{N}{2j} e^{j\omega t} - G(-j\omega) \frac{N}{2j} e^{-j\omega t}$$

$$= |G(j\omega)| e^{j\angle G(j\omega)} \frac{N}{2j} e^{j\omega t} - |G(j\omega)| e^{-j\angle G(j\omega)} \frac{N}{2j} e^{-j\omega t}$$

$$= |G(j\omega)| N \frac{e^{j[\omega t + \angle G(j\omega)]} - e^{-j[\omega t + \angle G(j\omega)]}}{2j}$$

$$= |G(j\omega)| N \sin[\omega t + \angle G(j\omega)]$$

由此可以看出，对于稳定的线性定常系统 $G(s)$，当输入为正弦信号时，其稳态响应为

同一频率的正弦信号,且输出相对于输入的幅值之比为$|G(j\omega)|$,输出与输入的相位之差为$\angle G(j\omega)$。

由此进行如下定义:当系统输入为正弦信号时,将输出的稳态响应的幅值与输入的幅值之比定义为系统的幅频特性,记作$A(\omega)$;将输出的稳态响应的相位与输入的相位之差定义为系统的相频特性,记作$\varphi(\omega)$。幅频特性与相频特性总称为系统的频率特性。系统的频率特性是关于ω的复变函数,它以幅频特性$A(\omega)$为幅值,以相频特性$\varphi(\omega)$为相位,记作$A(\omega)e^{j\varphi(\omega)}$。

幅频特性无量纲;相频特性的单位是弧度或度。频率特性是一个复变函数,其自变量是复数,值域也是复数空间,因此频率特性包括实部和虚部两部分。频率特性的实部称为实频特性,频率特性的虚部称为虚频特性。

5.1.2 频率特性与传递函数的关系

结合频率特性的定义和线性定常系统的稳态响应可知,系统的幅频特性为

$$A(\omega) = |G(j\omega)|$$

相频特性为

$$\varphi(\omega) = \angle G(j\omega)$$

则系统的频率特性为

$$A(\omega)e^{j\varphi(\omega)} = |G(j\omega)|e^{j\angle G(j\omega)} = G(j\omega)$$

将传递函数的自变量s变为$j\omega$,就是系统的频率特性。所以频率特性也可直接记为$G(j\omega)$,幅频特性也记为$|G(j\omega)|$,相频特性也记为$\angle G(j\omega)$。

可见,频率特性是以复数$j\omega$为自变量的函数,它包含了与传递函数相同的信息,反映了系统的固有特性,也是系统的一种数学模型。系统的微分方程、传递函数和频率特性这三种数学模型之间的相互关系如图5-1所示。

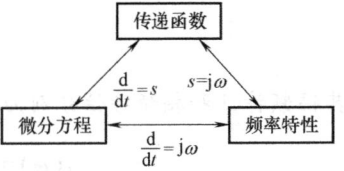

图 5-1 微分方程、传递函数和频率特性的关系

传递函数的自变量是复变量$s=a+jb$,频率特性是传递函数在$a=0$且$b=\omega$时的特例。

将频率特性表达为

$$G(j\omega) = u(\omega) + jv(\omega)$$

则实部$u(\omega)$即为实频特性,虚部$v(\omega)$即为虚频特性,且有

$$u(\omega) = |G(j\omega)|\cos\angle G(j\omega)$$
$$v(\omega) = |G(j\omega)|\sin\angle G(j\omega)$$

根据以上关系可以逆推得

$$A(\omega) = |G(j\omega)| = \sqrt{u^2(\omega) + v^2(\omega)}$$
$$\varphi(\omega) = \angle G(j\omega) = \arctan\frac{v(\omega)}{u(\omega)}$$

5.1.3 频率特性的求取方法

频率特性的求取方法主要有以下三种。

1) 通过时间响应求取:如果已知系统的传递函数,可以用正弦信号作为输入,求得系

统的稳态响应，再根据频率特性的定义来求出频率特性。

2) 通过传递函数求取：如果已知系统的传递函数，将传递函数的自变量 s 变为 $j\omega$ 即可求出频率特性。

3) 通过试验求取：一个实际存在的系统，其传递函数是未知的，无法用上述两种方法求出其频率特性，此时可以用各种不同频率的正弦信号作为系统的输入，然后对其稳态响应进行检测。可以将稳态响应与输入信号的幅值之比记录下来，或者根据其变化规律绘制出曲线，即为幅频特性的函数曲线；同样，将稳态响应与输入信号的相位之差记录下来，或者根据其变化规律绘制出曲线，即为相频特性的函数曲线。如果确定了幅频特性和相频特性，将二者结合起来，即可求得系统的频率特性。将频率特性中的 $j\omega$ 转换为 $\dfrac{d}{dt}$ 或 s 并进行整理，也可求得系统的微分方程和传递函数。

若已知系统的传递函数，第二种方法最为简便，也是最常用的求取方法。

【例 5.1】 已知系统的传递函数为 $G(s) = \dfrac{1}{2s+1}$，求其频率特性。

解：利用上述三种方法的第 2) 种进行求取，将 s 用 $j\omega$ 代替，可得

$$G(j\omega) = \dfrac{1}{j2\omega+1} = \dfrac{1-j2\omega}{1+4\omega^2} = \dfrac{1}{1+4\omega^2} - j\dfrac{2\omega}{1+4\omega^2}$$

由此得到其实频特性和虚频特性分别为

$$u(\omega) = \dfrac{1}{1+4\omega^2}$$

$$v(\omega) = \dfrac{-2\omega}{1+4\omega^2}$$

其幅频特性和相频特性分别为

$$A(\omega) = |G(j\omega)| = \sqrt{u^2(\omega)+v^2(\omega)} = \dfrac{1}{\sqrt{1+4\omega^2}}$$

$$\varphi(\omega) = \angle G(j\omega) = -\arctan 2\omega$$

5.2 频率特性的奈奎斯特图

为了更直观地了解频率特性的变化规律，可以采用图示的方法，将频率特性绘制成曲线图形，这对频率特性的分析和研究十分方便有效。常用的频率特性的图示方法有奈奎斯特图和伯德图。

5.2.1 奈奎斯特图的基本概念

由于频率特性 $G(j\omega)$ 是 $j\omega$ 的复变函数，当 ω 确定时，$G(j\omega)$ 是一个复数，在复平面

上是一个点或一个向量。以直角坐标系或极坐标系表示复平面，画出当 ω 由 0 变到 ∞ 时 $G(j\omega)$ 的轨迹，所得的图形称为系统的奈奎斯特图（简称奈氏图），也称为极坐标图或幅相频率特性图。坐标系上的曲线则称为奈奎斯特曲线。

在极坐标系上，对于奈奎斯特曲线中的任意点，从原点出发的矢量长度表示幅频特性 $|G(j\omega)|$；矢量与极轴间的夹角表示相频特性 $\angle G(j\omega)$，从极轴出发，逆时针方向为正。将极坐标系转换为直角坐标系，则横坐标代表幅频特性在横坐标轴上的投影，即实频特性；纵坐标代表幅频特性在纵坐标轴上的投影，即虚频特性。通常以直角坐标来表示奈奎斯特图，横坐标为实轴，纵坐标为虚轴，即在复平面上表示频率特性随 ω 而变化的轨迹。

一般情况下，取 $\omega \in [0, \infty)$，频率特性 $G(j\omega)$ 在复平面上经过的轨迹即为奈奎斯特图。系统 $G(s) = \dfrac{1}{(s+1)(s^2+s+1)}$ 在取 $\omega \in [0, \infty)$ 时的奈奎斯特图如图 5-2 所示。

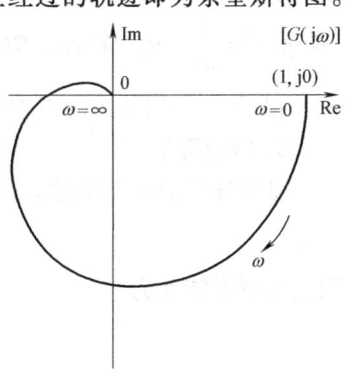

图 5-2 系统的奈奎斯特图

从图 5-2 所示奈奎斯特图中可以直观地了解系统的频率特性的变化规律。当 $\omega = 0$ 时，该系统的频率特性从点（1, j0）出发；随着 ω 逐渐增加，频率特性的轨迹依次经过第四、第三和第二象限；当 $\omega \to \infty$ 时，频率特性趋向于 0。

容易看出，系统的实频特性从 1 开始，先单调递减到负值，再单调递增，最终趋向于 0。系统的虚频特性从 0 开始，经历单调递减、单调递增和单调递减三个阶段，最终趋向于 0。

也可以看出，系统的幅频特性（即原点到曲线上各点的矢量长度）从 1 开始，逐渐递减到 0。系统的相频特性从 0 开始，单调递减（因为逆时针方向为正），经历 $-\dfrac{\pi}{2}$ 和 $-\pi$，曲线最后趋向于原点，而原点的相位可以是任何值，从曲线的发展趋势可以确定相位是趋向于 $-\dfrac{3\pi}{2}$ 的。

以上情况在奈奎斯特图上都非常直观，除了幅频特性在变化较复杂时观察难度略大之外，频率特性的变化规律是很容易观察的，这是奈奎斯特图最突出的优点。

5.2.2 典型环节的奈奎斯特图

许多复杂的系统是由典型环节组成的，因此本小节首先介绍典型环节的频率特性及其图示方法，这是学会分析系统频率特性的基础，也是进一步绘制一般系统的奈奎斯特图的前提。

1. 比例环节

比例环节的传递函数为

$$G(s) = K$$

因此其频率特性为

$$G(j\omega) = K = K e^{j0}$$

可以看出，比例环节的频率特性为定值，不随 ω 而变化，因此其奈奎斯特图为实轴上的一个固定点（K, j0），如图 5-3 所示。实频特性 $u(\omega)$ 恒为 K，虚频特性 $v(\omega)$ 恒为 0，幅频特性 $|G(j\omega)|$ 恒为 K，相频特性 $\angle G(j\omega)$ 恒为 0。

2. 积分环节

积分环节的传递函数为

$$G(s) = \frac{1}{s}$$

因此其频率特性为

$$G(j\omega) = \frac{1}{j\omega} = -j\frac{1}{\omega} = \frac{1}{\omega}e^{-j\frac{\pi}{2}}$$

可以看出,积分环节的实频特性 $u(\omega)$ 恒为 0,虚频特性 $v(\omega) = -\frac{1}{\omega}$,幅频特性 $|G(j\omega)| = \frac{1}{\omega}$,相频特性 $\angle G(j\omega)$ 恒为 $-\frac{\pi}{2}$。ω 从 0 变化到 ∞ 时,其虚频特性从 $-\infty$ 变化到 0,因此其奈奎斯特图为虚轴下半轴,方向自下向上,如图 5-4 所示。

3. 微分环节

微分环节的传递函数为

$$G(s) = s$$

因此其频率特性为

$$G(j\omega) = j\omega = \omega e^{j\frac{\pi}{2}}$$

可以看出,微分环节的实频特性 $u(\omega)$ 恒为 0,虚频特性 $v(\omega) = \omega$,幅频特性 $|G(j\omega)| = \omega$,相频特性 $\angle G(j\omega)$ 恒为 $\frac{\pi}{2}$。ω 从 0 变化到 ∞ 时,其虚频特性从 0 变化到 ∞,因此其奈奎斯特图为虚轴上半轴,方向自下向上,如图 5-5 所示。

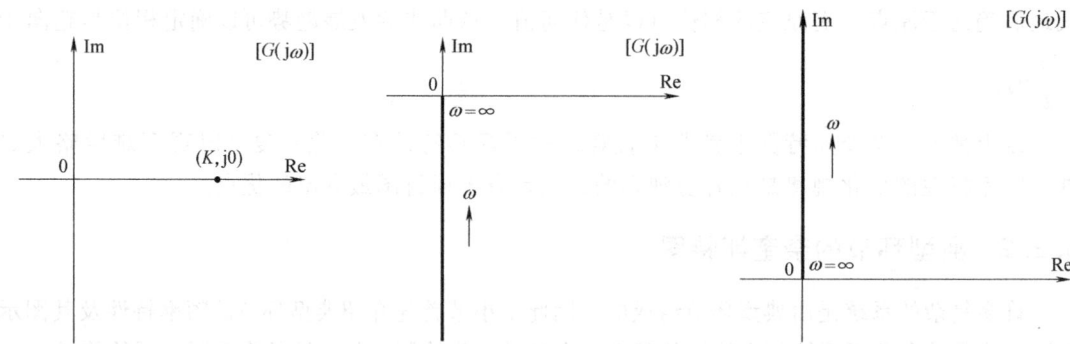

图 5-3 比例环节的奈奎斯特图　　图 5-4 积分环节的奈奎斯特图　　图 5-5 微分环节的奈奎斯特图

需要注意的是,微分环节与积分环节的奈奎斯特图不是关于实轴对称的,因为尽管其形状是对称的,但方向并不对称。

4. 惯性环节

惯性环节的传递函数为

$$G(s) = \frac{1}{Ts+1}$$

因此其频率特性为

$$G(j\omega) = \frac{1}{jT\omega+1} = \frac{1-jT\omega}{1+T^2\omega^2} = \frac{1}{\sqrt{1+T^2\omega^2}} e^{-j\arctan T\omega}$$

可以看出，惯性环节的实频特性 $u(\omega) = \frac{1}{1+T^2\omega^2}$，虚频特性 $v(\omega) = \frac{-T\omega}{1+T^2\omega^2}$，幅频特性 $|G(j\omega)| = \frac{1}{\sqrt{1+T^2\omega^2}}$，相频特性 $\angle G(j\omega) = -\arctan T\omega$。

当 $\omega = 0$ 时，图形的起始点为 $(1, j0)$；当 $\omega \in (0, \infty)$ 时，$u(\omega) > 0$，$v(\omega) < 0$，因此图形在第四象限；其中，当 $\omega = \frac{1}{T}$ 时，$\angle G(j\omega) = -\frac{\pi}{4}$；当 $\omega \to \infty$ 时，$u(\omega)$、$v(\omega)$、$|G(j\omega)|$ 均趋向于 0，而 $\angle G(j\omega)$ 的极限为 $-\frac{\pi}{2}$，即曲线将终止于坐标原点。由于 $\left[u(\omega) - \frac{1}{2}\right]^2 + [v(\omega)]^2 = \left(\frac{1}{2}\right)^2$，结合圆的定义，可知频率特性曲线符合以 $\left(\frac{1}{2}, j0\right)$ 为圆心、以 $\frac{1}{2}$ 为半径的圆的方程，由于 $u(\omega) > 0$，$v(\omega) < 0$，所以惯性环节的奈奎斯特图是一个半圆，如图 5-6 所示。

5. 一阶微分环节

一阶微分环节的传递函数为

$$G(s) = Ts + 1$$

因此其频率特性为

$$G(j\omega) = 1 + jT\omega = \sqrt{1+T^2\omega^2}\, e^{j\arctan T\omega}$$

可以看出，一阶微分环节的实频特性 $u(\omega) = 1$，虚频特性 $v(\omega) = T\omega$，幅频特性 $|G(j\omega)| = \sqrt{T^2\omega^2+1}$，相频特性 $\angle G(j\omega) = \arctan T\omega$。其实频特性恒为 1，而虚频特性随 ω 从 0 变化到 ∞，因此其奈奎斯特图为与虚轴上半轴平行的射线，起始点为 $(1, j0)$，向上直至无穷远处，如图 5-7 所示。

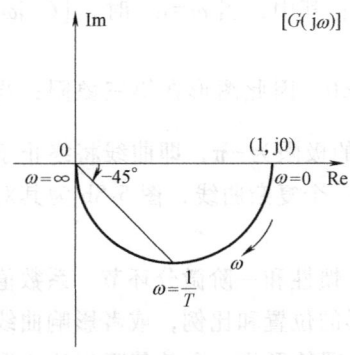

图 5-6　惯性环节的奈奎斯特图

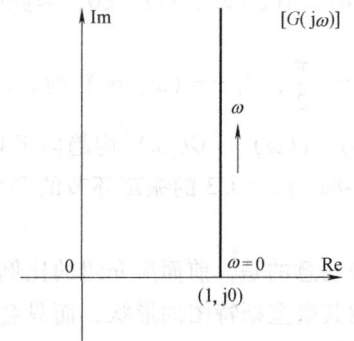

图 5-7　一阶微分环节的奈奎斯特图

6. 振荡环节

振荡环节的传递函数为

$$G(s) = \frac{1}{T^2 s^2 + 2\xi T s + 1} = \frac{\omega_n^2}{s^2 + 2\xi\omega_n s + \omega_n^2}$$

式中，$\omega_n = \frac{1}{T}$。因此振荡环节的频率特性为

$$G(j\omega) = \frac{1}{(j\omega)^2 T^2 + j2\xi T\omega + 1} = \frac{\omega_n^2}{(j\omega)^2 + j2\xi\omega_n\omega + \omega_n^2} = \frac{1}{1-\left(\frac{\omega}{\omega_n}\right)^2 + j2\xi\frac{\omega}{\omega_n}}$$

$$= \frac{\omega_n^2(\omega_n^2 - \omega^2 - j2\xi\omega_n\omega)}{(\omega_n^2 - \omega^2)^2 + 4\xi^2\omega_n^2\omega^2}$$

可以看出，振荡环节的实频特性 $u(\omega) = \frac{\omega_n^2(\omega_n^2 - \omega^2)}{(\omega_n^2 - \omega^2)^2 + 4\xi^2\omega_n^2\omega^2}$，虚频特性 $v(\omega) = \frac{-2\xi\omega_n^3\omega}{(\omega_n^2 - \omega^2)^2 + 4\xi^2\omega_n^2\omega^2}$，幅频特性为 $|G(j\omega)| = \frac{1}{\sqrt{\left[1-\left(\frac{\omega}{\omega_n}\right)^2\right]^2 + \left(2\xi\frac{\omega}{\omega_n}\right)^2}}$

相频特性为

$$\angle G(j\omega) = \begin{cases} \arctan\dfrac{2\xi\omega_n\omega}{\omega^2 - \omega_n^2} & (\omega < \omega_n) \\ -\dfrac{\pi}{2} & (\omega = \omega_n) \\ -\pi + \arctan\dfrac{2\xi\omega_n\omega}{\omega^2 - \omega_n^2} & (\omega > \omega_n) \end{cases}$$

当 $\omega = 0$ 时，$|G(j\omega)| = |G(j0)| = 1$，$\angle G(j\omega) = 0$，图形的起始点为 $(1, j0)$；当 $\omega \in (0, \omega_n)$ 时，$u(\omega) > 0$，$v(\omega) < 0$，因此图形在第四象限；其中，当 $\omega = \omega_n$ 时，$|G(j\omega)| = \frac{1}{2\xi}$，$\angle G(j\omega) = -\frac{\pi}{2}$；当 $\omega \in (\omega_n, \infty)$ 时，$u(\omega) < 0$，$v(\omega) < 0$，因此图形在第三象限；当 $\omega \to \infty$ 时，$u(\omega)$、$v(\omega)$、$|G(j\omega)|$ 均趋向于 0，而 $\angle G(j\omega)$ 的极限为 $-\pi$，即曲线将终止于坐标原点。图 5-8a 为 $\xi = 0.3$ 的振荡环节的奈奎斯特图，它是一个复杂曲线，图 5-8b 为其对应的幅频图。

值得注意的是，前面所介绍的比例、积分、微分、惯性和一阶微分环节，系数值的改变均不影响其奈奎斯特图的形状，而只会影响或改变图形的位置和比例，或者影响曲线轨迹随 ω 而变化的速度；但振荡环节奈奎斯特图及其幅频特性图的形状，会随其阻尼比 ξ 取值的不同而发生变化。当 $\xi = 0.2, 0.3, \cdots, 0.8, 1, 2, 10$ 时，振荡环节的奈奎斯特图如图 5-9a 所示，幅频图如图 5-9b 所示。（图 a 中自外向内排列，图 b 中自上向下排列）。

可以看出振荡环节的奈奎斯特图随阻尼比 ξ 的变化特点。当 ξ 足够大时，二阶环节

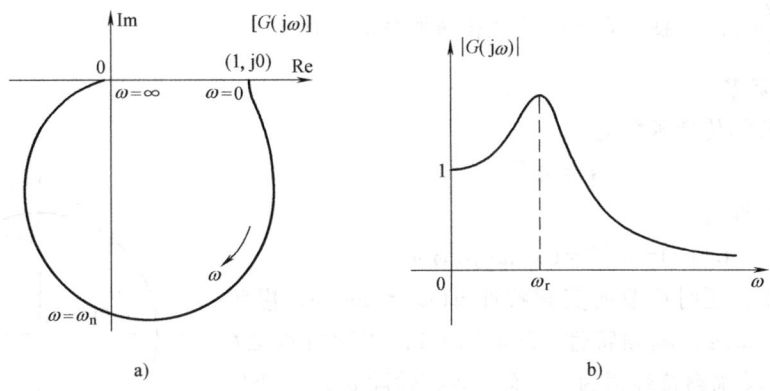

图 5-8 振荡环节的奈奎斯特图及其幅频图

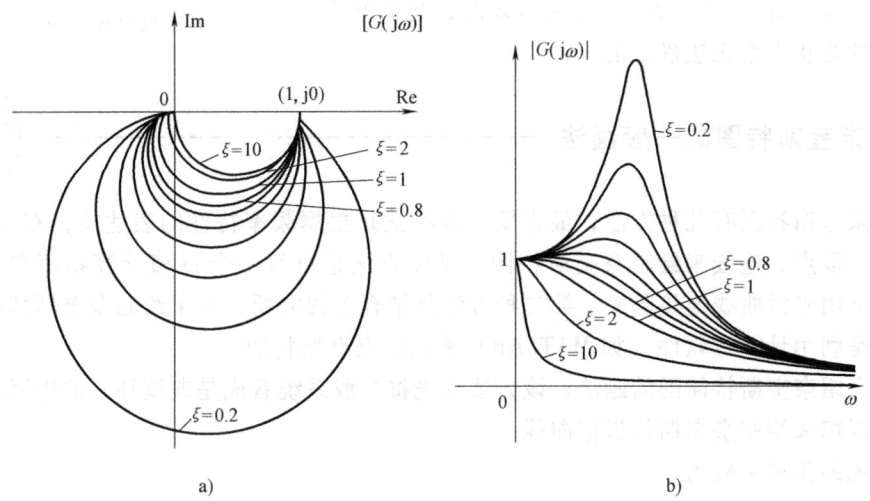

图 5-9 不同阻尼比的振荡环节的奈奎斯特图及其幅频图

（$\xi \geqslant 1$ 时，振荡环节推广为二阶环节）的奈奎斯特图退化如一阶惯性环节的半圆形状。

从幅频图中还可以看到，ξ 越小，其幅频特性的峰值越明显；当 ξ 足够大时，其幅频特性不再有单调递增的变化过程。

对幅频特性求导，可求取最大值。由

$$\frac{\partial |G(j\omega)|}{\partial \omega} = 0$$

可求得

$$\omega_r = \omega_n \sqrt{1 - 2\xi^2}$$

当 $\xi < \frac{\sqrt{2}}{2}$ 时，振荡环节的幅频特性会在频率为 ω_r 处出现峰值，故将其定义为谐振频率；求出对应的幅频特性值，将其定义为谐振峰值，并用 M_r 表示，即

$$M_r = |G(j\omega_r)| = \frac{1}{2\xi \sqrt{1 - \xi^2}}$$

当 $\xi \geq \frac{\sqrt{2}}{2}$ 时，一般认为谐振频率和谐振峰值不存在。

7. 延时环节

延时环节的传递函数为

$$G(s) = e^{-\tau s}$$

因此其频率特性为

$$G(j\omega) = e^{-j\tau\omega} = \cos\tau\omega - j\sin\tau\omega$$

可以看出，延时环节的实频特性 $u(\omega) = \cos\tau\omega$，虚频特性 $v(\omega) = \sin\tau\omega$，幅频特性 $|G(j\omega)| = 1$，相频特性 $\angle G(j\omega) = -\tau\omega$。其幅频特性恒为 1，而相频特性随 ω 从 0 变化到 $-\infty$，因此其奈奎斯特图为以原点为圆心、半径为 1 的圆，如图 5-10 所示。需要注意的是，延时环节的奈奎斯特图并非一个圆，而是无穷多个圆；$\omega \to \infty$ 时，延时环节奈奎斯特图的终止点是无法确定的。

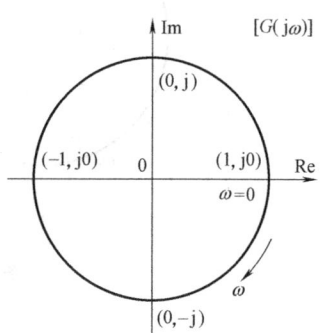

图 5-10 延时环节的奈奎斯特图

5.2.3 奈奎斯特图的一般画法

绘制奈奎斯特图有几种方法，最直接的方法就是根据频率特性的表达式，在坐标系下，通过计算、取点、连线来绘制奈奎斯特图，具体方法是对每一个 ω 值计算幅值和相角，然后将这些点用光滑曲线连接起来。第二种方法是结合工程需要，手工绘制奈奎斯特简图。第三种方法是利用计算机软件（如 MATLAB）来绘制奈奎斯特图。

首先介绍奈奎斯特简图的画法。该方法首先将一般系统看成是典型环节的串联，然后利用一定的规律来绘制奈奎斯特近似曲线。

设系统的传递函数为

$$G(s) = \frac{K\prod_{i=1}^{m}(\tau_i s + 1)}{s^v \prod_{k=1}^{n-v}(T_k s + 1)} = \frac{b_m s^m + \cdots + b_1 s + b_0}{a_n s^n + \cdots + a_1 s + a_0} \quad (n \geq m)$$

则系统的频率特性为

$$G(j\omega) = \frac{K\prod_{i=1}^{m}(j\omega\tau_i + 1)}{(j\omega)^v \prod_{k=1}^{n-v}(j\omega T_k + 1)} = \frac{b_m(j\omega)^m + \cdots + b_1(j\omega) + b_0}{a_n(j\omega)^n + \cdots + a_1(j\omega) + a_0}$$

(1) 起点

当 $\omega \to 0$ 时，

$$\lim_{\omega \to 0} G(j\omega) = \lim_{\omega \to 0} \frac{K}{(j\omega)^v} = \lim_{\omega \to 0} \frac{K}{\omega^v} e^{\left(-v\frac{\pi}{2}\right)j}$$

由此可见，在低频段，幅值和相位与积分环节个数，即系统型别有关。

0 型系统：$|G(j\omega)|=K$，$\angle G(j\omega)=0$，曲线起始于实轴上的点 $(K,j0)$。

Ⅰ 型系统：$|G(j\omega)|=\infty$，$\angle G(j\omega)=-\dfrac{\pi}{2}$，曲线起始于相位为 $-\dfrac{\pi}{2}$ 的无穷远处。

Ⅱ 型系统：$|G(j\omega)|=\infty$，$\angle G(j\omega)=-\pi$，曲线起始于相位为 $-\pi$ 的无穷远处。

Ⅲ 型系统：$|G(j\omega)|=\infty$，$\angle G(j\omega)=-\dfrac{3\pi}{2}$，曲线起始于相位为 $-\dfrac{3\pi}{2}$ 的无穷远处。

图 5-11a 给出了不同型别系统的奈奎斯特图起始段的一般形状。

（2）终点

当 $\omega\to\infty$ 时

$$\lim_{\omega\to\infty}G(j\omega)=\lim_{\omega\to\infty}\frac{b_m(j\omega)^m}{a_n(j\omega)^n}=0e^{-(n-m)\frac{\pi}{2}j}$$

由此可见，在高频段，$|G(j\omega)|=0$，$\angle G(j\omega)$ 与传递函数中分子与分母的阶数的差值有关，即 $\angle G(j\omega)=-\dfrac{\pi}{2}(n-m)$。高频段以 $-\dfrac{\pi}{2}(n-m)$ 的相角终止于坐标原点，如图 5-11b 所示。

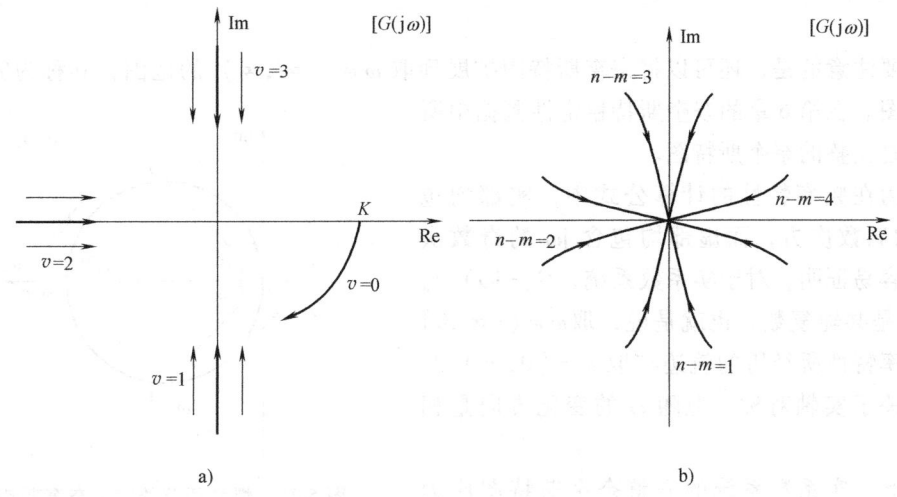

图 5-11 奈奎斯特图起始段和终止段的一般形状

（3）与实轴的交点

令虚频特性 $\mathrm{Im}[G(j\omega)]=0$，求出 ω，将其代入实频特性 $\mathrm{Re}[G(j\omega)]$ 中，得到曲线与实轴的交点。

（4）与虚轴的交点

令实频特性 $\mathrm{Re}[G(j\omega)]=0$，求出 ω，将其代入虚频特性 $\mathrm{Im}[G(j\omega)]$ 中，得到曲线与虚轴的交点。

（5）变化范围

如果频率特性中不含一阶微分环节，则当 $\omega\to\infty$ 时，相角将单调减小，曲线平滑地变化；若含有一阶微分环节，由于一阶微分环节会带来相角的增加，系统总的相角不是以同一方向单调变化，这时曲线会出现凹凸现象。

【例 5.2】 已知 $G(s)=\dfrac{5}{s(s+1)(2s+1)}$,绘制其奈奎斯特简图。

解:$G(j\omega)=\dfrac{5}{j\omega(1+j\omega)(1+j2\omega)}=\dfrac{-j5(1-j\omega)(1-j2\omega)}{\omega(1+\omega^2)(1+4\omega^2)}$

$=\dfrac{-15}{(1+\omega^2)(1+4\omega^2)}-j\dfrac{5(1-2\omega^2)}{\omega(1+\omega^2)(1+4\omega^2)}$

起点:$G(j0)=\infty \angle -90°$

渐近线:$\mathrm{Re}[G(j0)]=-15$

终点:$G(j\infty)=0\angle -270°$

与实轴的交点:由 $\mathrm{Im}[G(j\omega)]=0$,求得 $\omega=1/\sqrt{2}=0.707$,代入实频特性得

$\mathrm{Re}[G(j0.707)]=\dfrac{-15}{(1+0.5)(1+4\times 0.5)}=-\dfrac{10}{3}$

最终的频率特性的奈奎斯特简图如图 5-12 所示。

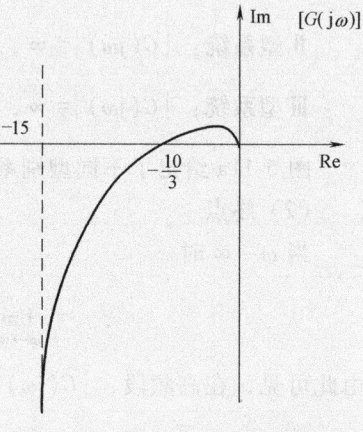

图 5-12 例 5.2 的奈奎斯特简图

需要注意的是,还可以将奈奎斯特图扩展到取 $\omega\in(-\infty,\infty)$ 的范围,其称为完整的奈奎斯特图。在第 6 章的奈奎斯特稳定性判据中所用的就是完整的奈奎斯特图。

因为在频率特性的计算公式中,实部均包含 $j\omega$ 的偶数次方,而虚部均包含 $j\omega$ 的奇数次方。故容易证明,对于实系数系统,$G(-j\omega)$ 与 $G(j\omega)$ 是共轭复数。也就是说,取 $\omega\in(-\infty,0]$ 时,频率特性所经历的轨迹与取 $\omega\in[0,\infty)$ 时的曲线关于实轴对称,但随 ω 的变化方向是相反的。

因此,实系数系统的完整奈奎斯特图应为取 $\omega\in[0,\infty)$ 时的奈奎斯特图关于实轴对称复制后的图形。例如惯性环节的完整奈奎斯特图如图 5-13 所示。

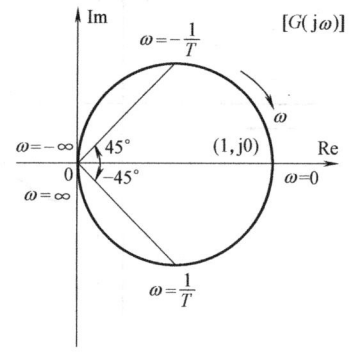

图 5-13 惯性环节的完整奈奎斯特图

5.3 频率特性的伯德图

奈奎斯特图清楚地描绘了当输入信号的频率 ω 变化时,系统的频率特性在复平面上的变化轨迹。按照直角坐标来观察,可以清晰地了解系统的实频特性和虚频特性的变化特点;按照极坐标来观察,则可以清晰地了解系统的幅频特性和相频特性的变化特点。但是,系统频率特性(包括实频特性、虚频特性、幅频特性、相频特性)与频率 ω 的关系在奈奎斯特图中却没有得到合适的展示。为了更好地研究系统的频率特性在不同频段的表现特点,以及频率特性与 ω 之间的关系,可以绘制频率特性的伯德图。

5.3.1 伯德图的基本概念

频率特性的伯德图，也称为波特图或对数坐标图，由对数幅频特性图和对数相频特性图组成。若系统的频率特性为 $G(j\omega)$，则对数幅频特性是对幅频特性采用常用对数运算，并乘以常系数 20，常表示为 $L(\omega) = 20\lg|G(j\omega)|$；对数相频特性与相频特性相同，仍表示为 $\varphi(\omega) = \angle G(j\omega)$。

对数幅频特性图用于表征对数幅频特性，纵坐标采用对数坐标 $20\lg|G(j\omega)|$，其单位为分贝（dB）。当 $|G(j\omega)| = 1$ 时，$20\lg|G(j\omega)| = 0$dB；当 $|G(j\omega)| = 10$ 时，$20\lg|G(j\omega)| = 20$dB。对数相频特性图用于表征对数相频特性，纵坐标直接表示相频特性 $\angle G(j\omega)$，不采用对数运算。

伯德图的坐标系常被称为半对数坐标系，其横轴采用对数分度，纵轴采用均匀分度，如图 5-14 所示。

对数幅频特性图与对数相频特性图的横坐标均用于表示频率 ω，其单位为 rad/s，坐标轴采用对数分度，但一般不标作 $\lg\omega$，仍标作 ω，如图 5-15 所示。

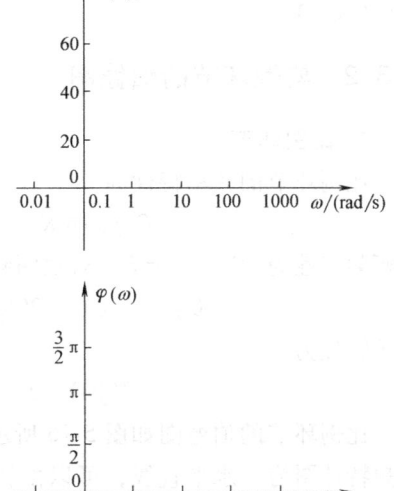

图 5-14 伯德图的坐标系

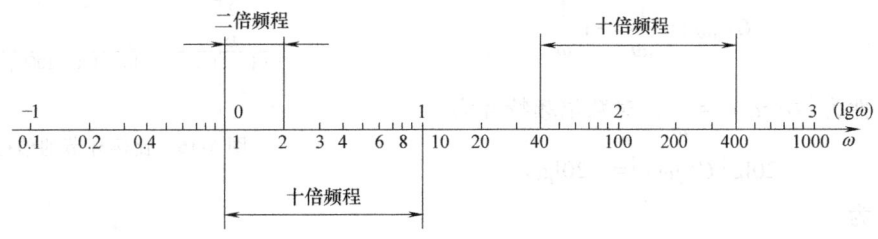

图 5-15 伯德图的横坐标

在横轴上，对应于频率每增大 10 倍的范围，称为十倍频程（dec），如 1~10，4~40，而轴上所有十倍频程的长度都是相等的。而二倍频程则指的是频率增大 2 倍的范围。为了说明对数幅频特性的特点，引进斜率的概念，即横坐标每变化十倍频程所对应的纵坐标分贝数的变化量。

与奈奎斯特图相比，用伯德图表示系统的频率特性具有如下优点。

1) 由于采用对数坐标，可将串联环节频率特性的乘除运算，转化为伯德图的加减运算，简化了计算与作图过程，故手工绘制复杂系统的伯德图（或其近似曲线）比较方便。

2) 可用近似方法进行手工绘图。由于各典型环节的对数幅频特性图（或作为其近似曲线的渐近线）由直线组成，故可以手工绘图，仅在转角频率附近存在较明显的误差。

3) 由于系统的伯德图可由各环节的伯德图叠加得到，故可以看出各环节对系统频率特性的影响。

4）表示频率 ω 的横坐标采用对数分度，能够将较宽频率范围的图形紧凑地表示出来，且按比例放大突出低频段图形，压缩高频段图形，比较符合实际分析和研究的需要。

需要说明的是，伯德图横坐标轴与纵坐标轴的交点，即一般意义上的坐标原点并不一定要选取 10^0 处，而是可以根据绘图情况任意设置。本书伯德图的坐标原点统一选取为 0.1（10^{-1}）。

5.3.2 典型环节的伯德图

1. 比例环节

比例环节的频率特性为

$$G(j\omega) = K$$

其幅频特性为 $|G(j\omega)| = K$，对数幅频特性为

$$20\lg|G(j\omega)| = 20\lg K$$

相频特性为

$$\angle G(j\omega) = 0$$

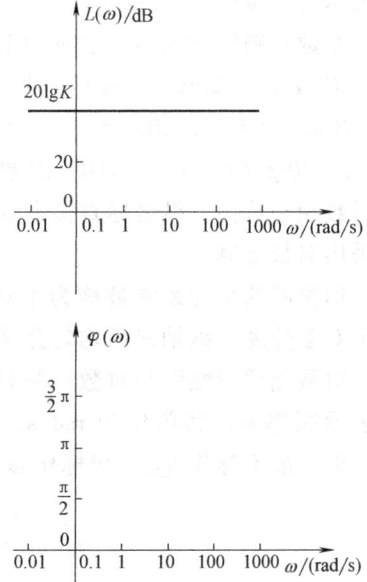

比例环节的伯德图如图 5-16 所示。比例环节的对数幅频特性图为一水平直线，可以由斜率 0 与特征点（1，$20\lg K$）确定，作为手工绘图的依据；对数相频特性图也是水平直线，其值恒为 0。

2. 积分环节

积分环节的频率特性为

$$G(j\omega) = \frac{1}{j\omega} = -j\frac{1}{\omega}$$

其幅频特性为 $|G(j\omega)| = \frac{1}{\omega}$，对数幅频特性为

$$20\lg|G(j\omega)| = -20\lg\omega$$

相频特性为

$$\angle G(j\omega) = -\frac{\pi}{2}$$

图 5-16 比例环节的伯德图

积分环节的伯德图如图 5-17 所示。

由于伯德图实际上是以 $\lg\omega$ 为横坐标，积分环节的对数幅频特性与其成比例关系，因此积分环节的对数幅频特性图为一直线，其特征点为（1，0）。由于频率每增加一个十倍频程（即增加 10 倍），纵坐标减小 20，故依据斜率的概念，得出斜率为 $-20\mathrm{dB/dec}$。对数相频特性图是水平直线，其值恒为 $-\frac{\pi}{2}$。

3. 微分环节

微分环节的频率特性为

$$G(j\omega) = j\omega$$

其幅频特性为 $|G(j\omega)| = \omega$，对数幅频特性为

$$20\lg|G(j\omega)| = 20\lg\omega$$

相频特性为

$$\angle G(j\omega) = \frac{\pi}{2}$$

微分环节的伯德图如图 5-18 所示。

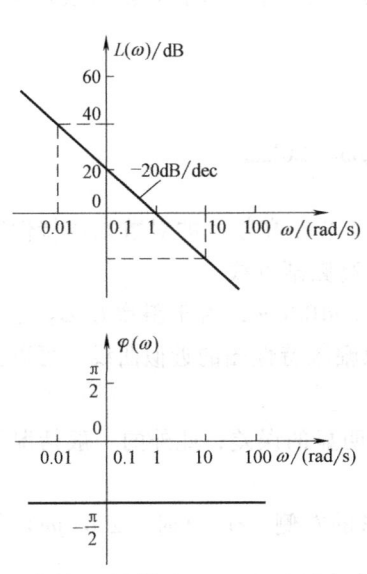

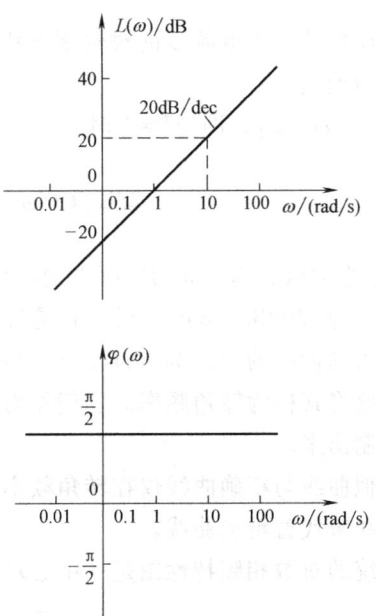

图 5-17　积分环节的伯德图

图 5-18　微分环节的伯德图

微分环节的对数幅频特性同样与 $\lg\omega$ 成正比，因此其对数幅频特性图也为直线，其特征点为 $(1,0)$，斜率为 $20\mathrm{dB/dec}$；对数相频特性图是水平直线，其值恒为 $\dfrac{\pi}{2}$。

应注意到，微分环节与积分环节的伯德图（包括对数幅频特性图和对数相频特性图）是关于横坐标轴对称的。

4. 惯性环节

惯性环节的频率特性为

$$G(j\omega) = \frac{1}{jT\omega+1} = \frac{1-jT\omega}{1+T^2\omega^2}$$

其幅频特性为 $|G(j\omega)| = \dfrac{1}{\sqrt{1+T^2\omega^2}}$，则其对数幅频特性为

$$20\lg|G(j\omega)| = 20\lg\left|\frac{1}{\sqrt{1+(\omega T)^2}}\right|$$

相频特性为

$$\angle G(j\omega) = -\arctan\omega T$$

惯性环节的伯德图如图 5-19 所示。

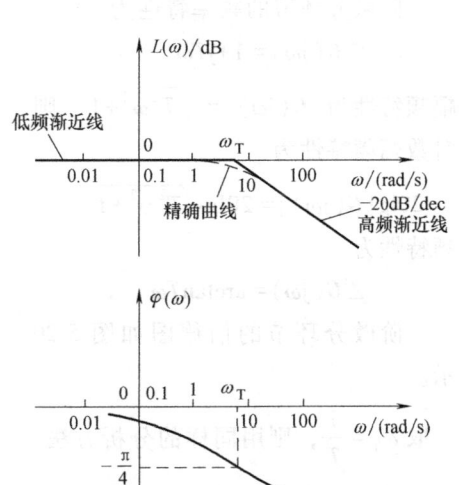

图 5-19　惯性环节的伯德图

惯性环节的对数幅频特性稍显复杂。取 $\omega_T = \dfrac{1}{T}$，则有如下讨论。

1) 当 $\omega \ll \omega_T$，即 $\omega T \ll 1$ 时，
$$20\lg|G(j\omega)| \approx 20\lg 1 = 0$$

因此，惯性环节在低频段的对数幅频特性图近似为值为 0 的水平直线，它是对数幅频特性图的低频渐近线。

2) 当 $\omega \gg \omega_T$，即 $\omega T \gg 1$ 时，
$$20\lg|G(j\omega)| \approx 20\lg\dfrac{1}{\omega T} = 20\lg\omega_T - 20\lg\omega$$

由于 ω_T 为常数，而 $\lg\omega$ 为实际上的横坐标，因此惯性环节在高频段的对数幅频特性图近似为一斜率为 -20dB/dec 的直线，它是对数幅频特性图的高频渐近线。

两条渐近线的交点为 $(\omega_T, 0)$，斜率分别为 0 和 -20dB/dec，由于斜率在 ω_T 处发生改变，因此将其称为转角频率。它们作为惯性环节的对数幅频特性图的近似曲线，可以方便地手工绘制出来。

近似曲线与精确曲线仅在转角频率 ω_T 附近存在较明显的误差，此外的一般情况下可用近似曲线来代替精确曲线。

系统的对数相频特性图是一中心对称曲线。在图形的左侧，$\omega \to 0$ 时，$\angle G(j\omega)$ 的值近似于 0；当 $\omega = \omega_T$ 时，$\angle G(j\omega) = -\dfrac{\pi}{4}$，$\left(\omega_T, -\dfrac{\pi}{4}\right)$ 为曲线的对称中心；在图形的右侧，$\omega \to \infty$ 时，$\angle G(j\omega)$ 的值近似于 $-\dfrac{\pi}{2}$。

5. 一阶微分环节

一阶微分环节的频率特性为
$$G(j\omega) = 1 + jT\omega$$

其幅频特性为 $|G(j\omega)| = \sqrt{T^2\omega^2 + 1}$，则其对数幅频特性为
$$20\lg|G(j\omega)| = 20\lg\sqrt{T^2\omega^2 + 1}$$

相频特性为
$$\angle G(j\omega) = \arctan T\omega$$

一阶微分环节的伯德图如图 5-20 所示。

取 $\omega_T = \dfrac{1}{T}$，则用同样的分析方法，有如下讨论。

1) 当 $\omega \ll \omega_T$，即 $\omega T \ll 1$ 时，
$$20\lg|G(j\omega)| \approx 20\lg 1 = 0$$

因此一阶微分环节在低频段的近似曲

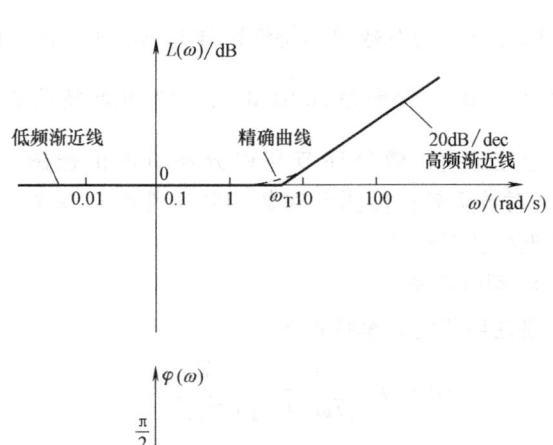

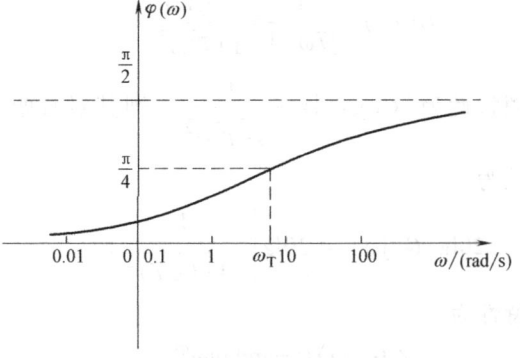

图 5-20 一阶微分环节的伯德图

线，即低频渐近线也是值为 0 的水平直线。

2）当 $\omega \gg \omega_T$，即 $\omega_T \gg 1$ 时，
$$20\lg|G(j\omega)| \approx 20\lg\omega_T = 20\lg\omega - 20\lg\omega_T$$

因此一阶微分环节在高频段的近似曲线，即高频渐近线是斜率为 20dB/dec 的直线。

类似地，两条渐近线的交点为（ω_T,0），斜率分别为 0 和 20dB/dec，它们作为一阶微分环节的对数幅频特性图的近似曲线，可以方便地手工绘制出来。

实际上，容易看到一阶微分环节的对数幅频特性和相频特性均与惯性环节呈相反数关系，因而两环节的伯德图关于横坐标轴对称。

值得思考的是，积分环节与微分环节、惯性环节与一阶微分环节都是传递函数呈倒数关系，伯德图关于横坐标轴对称的，那么是否传递函数呈倒数关系的系统或环节，其伯德图都关于横坐标轴对称呢？

【例 5.3】 试证明：若两系统的传递函数满足倒数关系，它们的伯德图关于横坐标轴对称。

证明： 设两系统传递函数满足
$$G_1(s) = \frac{1}{G_2(s)}$$

则
$$G_1(j\omega) = \frac{1}{G_2(j\omega)} \tag{5-8}$$

$$|G_1(j\omega)| = \frac{1}{|G_2(j\omega)|}$$

$$20\lg|G_1(j\omega)| = -20\lg|G_2(j\omega)| \tag{5-9}$$

因此两系统的对数幅频特性图关于横坐标轴对称。

将式（5-8）展开可知
$$|G_1(j\omega)|e^{j\angle G_1(j\omega)} = \frac{1}{|G_2(j\omega)|e^{j\angle G_2(j\omega)}}$$

取常用对数得
$$\lg|G_1(j\omega)| + j\lg e \cdot \angle G_1(j\omega) = -\lg|G_2(j\omega)| - j\lg e \cdot \angle G_2(j\omega) \tag{5-10}$$

将式（5-9）代入式（5-10）可得
$$\angle G_1(j\omega) = -\angle G_2(j\omega)$$

因此两系统的对数相频特性图关于横坐标轴对称。

6. 振荡环节

振荡环节的频率特性为
$$G(j\omega) = \frac{1}{-T^2\omega^2 + j2\xi T\omega + 1} = \frac{\omega_n^2}{-\omega^2 + j2\xi\omega_n\omega + \omega_n^2}$$

其幅频特性为 $|G(j\omega)| = \dfrac{\omega_n^2}{\sqrt{(\omega_n^2 - \omega^2)^2 + 4\xi^2\omega_n^2\omega^2}}$，对数幅频特性为

$$20\lg|G(\mathrm{j}\omega)| = 40\lg\omega_n - 20\lg\sqrt{(\omega_n^2-\omega^2)^2+4\xi^2\omega_n^2\omega^2}$$

相频特性为

$$\angle G(\mathrm{j}\omega) = \begin{cases} \arctan\dfrac{2\xi\omega_n\omega}{\omega^2-\omega_n^2} & (\omega<\omega_n) \\ -\dfrac{\pi}{2} & (\omega=\omega_n) \\ -\pi+\arctan\dfrac{2\xi\omega_n\omega}{\omega^2-\omega_n^2} & (\omega>\omega_n) \end{cases}$$

当 $\omega \ll \omega_n$ 时,

$$20\lg|G(\mathrm{j}\omega)| \approx 40\lg\omega_n - 40\lg\omega_n = 0$$

因此振荡环节在低频段的对数幅频特性图近似为值等于 0 的水平直线,它是振荡环节对数幅频特性图的低频渐近线。

当 $\omega \gg \omega_n$ 时,

$$20\lg|G(\mathrm{j}\omega)| \approx 40\lg\omega_n - 40\lg\omega$$

振荡环节在高频段的对数幅频特性图近似为一斜率为 -40dB/dec 的直线,它是对数幅频特性图的高频渐近线。

两条渐近线的交点为 $(\omega_n,0)$,斜率分别为 0 和 -40dB/dec,因此,振荡环节的转角频率 ω_T 就是 $\omega_n = \dfrac{1}{T}$ 本身。它们作为振荡环节的对数幅频特性图的近似曲线,可以方便地用手工绘制出来。假定某一系统的 $\omega_n = 8$,利用上述近似方法,可绘制出其近似对数幅频特性图,如图 5-21 所示。

系统的对数相频特性图也是一中心对称曲线。在图形的左侧,$\omega \to 0$ 时,$\angle G(\mathrm{j}\omega)$ 的值近似于 0;当 $\omega = \omega_n$ 时,$\angle G(\mathrm{j}\omega) = -\dfrac{\pi}{2}$,$\left(\omega_n, -\dfrac{\pi}{2}\right)$ 为曲线的对称中心;在图形的右侧,即 $\omega \to \infty$ 时,$\angle G(\mathrm{j}\omega)$ 的值近似于 $-\pi$。曲线的变化率受阻尼比 ξ 影响。阻尼比越小,曲线斜率变化越明显;阻尼比越大,曲线斜率变化越缓慢。

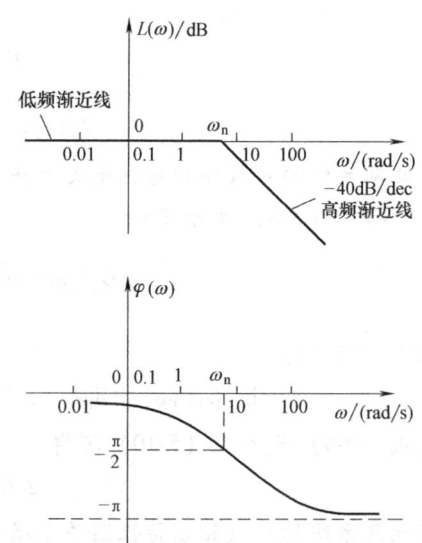

图 5-21 振荡环节的近似对数幅频特性图和对数相频特性图

图 5-22 给出了阻尼比 ξ 分别为 0.1、0.2、0.3、0.5、0.7 和 1 时的振荡环节的伯德图(对数幅频特性图和对数相频特性图左半部分自上向下排列)。需要注意的是,该图是应用 MATLAB 绘制而成的精确曲线。

比较图 5-21 和图 5-22,可知渐近线与精确曲线的误差也主要出现在转角频率 ω_n 附近。此误差受系统阻尼比 ξ 的影响,比较复杂,因而在手工绘图中用它对渐近线进行修正比

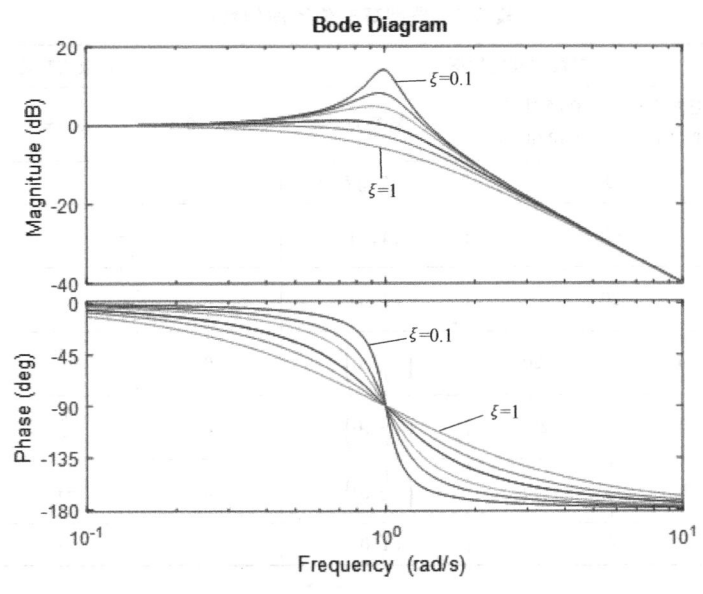

图 5-22 振荡环节的伯德图

较困难。

二阶微分环节的传递函数与振荡环节的传递函数呈倒数关系，故其伯德图与振荡环节的伯德图关于横坐标轴对称，不再赘述。

7. 延时环节

延时环节的频率特性为

$$G(j\omega) = e^{-j\tau\omega}$$

其幅频特性 $|G(j\omega)| = 1$，对数幅频特性

$$20\lg|G(j\omega)| = 0$$

相频特性为

$$\angle G(j\omega) = -\tau\omega$$

延时环节的伯德图如图 5-23 所示。

显然，其对数幅频特性图是值为 0 的水平直线，比前面所有环节都更简单。而由于 $\lg\omega$ 是实质上的横坐标，其对数相频特性图为指数函数曲线 $\angle G(j\omega) = -\tau \cdot 10^{\lg\omega}$。

通过以上分析可以发现，各典型环节的伯德图存在各自的特征。它们的对数幅频特性图（或其近似曲线）由直线组成，可用较简单的方法进行手工

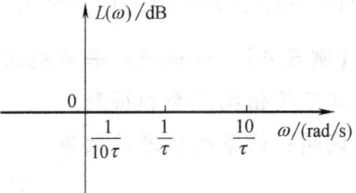

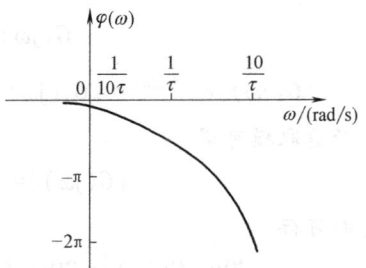

图 5-23 延时环节的伯德图

绘制；对数相频特性图呈单调变化，且除延时环节为指数曲线外，均为中心对称图形，存在明显的变化规律，确定对称中心后，亦容易绘制出其大致形状。

为了便于手工绘制伯德图，这里将各典型环节伯德图（或其近似曲线）的特征归纳成表 5-1。根据表 5-1，很容易手工绘制出各典型环节的伯德图的近似曲线，并为绘制一般系统的伯德图打下了基础。

表 5-1 典型环节伯德图的特征

环节	对数幅频特性图			对数相频特性图		
	低频斜率/(dB/dec)	高频斜率/(dB/dec)	特征点	$\omega \to 0$	$\omega \to \infty$	对称中心
比例环节	0		$(1, 20\lg K)$	0		—
积分环节	−20		$(1, 0)$	$-\dfrac{\pi}{2}$		
微分环节	20		$(1, 0)$	$\dfrac{\pi}{2}$		—
惯性环节	0	−20	$\left(\dfrac{1}{T}, 0\right)$	0	$-\dfrac{\pi}{2}$	$\left(\dfrac{1}{T}, -\dfrac{\pi}{4}\right)$
一阶微分环节	0	20	$\left(\dfrac{1}{T}, 0\right)$	0	$\dfrac{\pi}{2}$	$\left(\dfrac{1}{T}, \dfrac{\pi}{4}\right)$
振荡环节	0	−40	$\left(\dfrac{1}{T}, 0\right)$	0	$-\pi$	$\left(\dfrac{1}{T}, -\dfrac{\pi}{2}\right)$
延时环节	0		$(1, 0)$	0	$-\infty$	无(指数曲线)

5.3.3 伯德图的一般画法

首先思考一个问题,对于一个一般的系统,其传递函数等于各典型环节传递函数的乘积,如果各环节的伯德图均可绘出,那么是否可以得到该系统的伯德图呢?

【例 5.4】 试证明:若系统的传递函数等于若干环节的传递函数的乘积,其伯德图可由各环节的伯德图叠加得到。

证明:设系统传递函数为

$$G(s) = G_1(s) G_2(s) \cdots G_n(s)$$

则有

$$G(j\omega) = G_1(j\omega) G_2(j\omega) \cdots G_n(j\omega)$$

$$|G(j\omega)| e^{j\angle G(j\omega)} = |G_1(j\omega)| e^{j\angle G_1(j\omega)} |G_2(j\omega)| e^{j\angle G_2(j\omega)} \cdots |G_n(j\omega)| e^{j\angle G_n(j\omega)} \quad (5\text{-}11)$$

等式两边取模可得

$$|G(j\omega)| = |G_1(j\omega)| |G_2(j\omega)| \cdots |G_n(j\omega)|$$

取对数可得

$$20\lg |G(j\omega)| = 20\lg |G_1(j\omega)| + 20\lg |G_2(j\omega)| + \cdots + 20\lg |G_n(j\omega)|$$

即系统的对数幅频特性图为各环节对数幅频特性图之叠加。

由式(5-11)等号两端的相角关系可得

$$\angle G(j\omega) = \angle G_1(j\omega) + \angle G_2(j\omega) + \cdots + \angle G_n(j\omega)$$

即系统的对数相频特性图为各环节对数相频特性图之叠加。

据此,可将开环伯德图的手工绘制方法总结如下。

1)将系统的传递函数转化为若干个标准形式的典型环节传递函数乘积的形式。

2) 根据各环节的传递函数确定其对数幅频特性图（或其近似曲线）的斜率和特征点。
3) 画出各环节的对数幅频特性图（或作为其近似曲线的渐近线）。
4) 将各环节的对数幅频特性图进行叠加，得到系统的对数幅频特性图。
5) 如有需要，在对数幅频特性图各转角频率附近进行误差修正。
6) 根据相频特性的变化规律，画出各环节的对数相频特性图。
7) 计算出系统在 $\omega \to 0$ 和 $\omega \to \infty$ 处的总相频特性的极限值，按照各环节对数相频特性图的变化趋势，画出叠加后的总对数相频特性图。

在实际绘制对数幅频特性图时，常会采用以下方法。

1) 将传递函数标准化，化成典型环节（传递函数的常数项为1）的串联形式，写出对数幅频特性和对数相频特性的表达式。
2) 求出所有典型环节的转角频率，并由小到大标在对数频率轴（横坐标轴）上。
3) 根据积分（微分）环节的个数确定最左侧线段的斜率，其斜率为 $-20v\mathrm{dB/dec}$（v 为积分环节的个数，若含有一个微分环节，则 v 取 -1），该线段或其延长线应过点 $(1, 20\lg K)$。
4) 依次画出各频段内的图形，在转角频率处斜率发生变化。若该环节为惯性环节，斜率减 $20\mathrm{dB/dec}$；若该环节为一阶微分环节，斜率加 $20\mathrm{dB/dec}$。

【例 5.5】 已知某系统的传递函数为 $G(s) = \dfrac{10(s+1)}{s(s+4)(s+0.1)}$，绘制系统的伯德图。

解： 首先将系统的传递函数化为典型环节相串联的标准形式

$$G(s) = \frac{25(s+1)}{s\left(\dfrac{s}{4}+1\right)\left(\dfrac{s}{0.1}+1\right)}$$

由此得到系统的频率特性为 $G(\mathrm{j}\omega) = \dfrac{25(\mathrm{j}\omega+1)}{\mathrm{j}\omega\left(\dfrac{\mathrm{j}\omega}{4}+1\right)\left(\dfrac{\mathrm{j}\omega}{0.1}+1\right)}$，其对数幅频特性和对数相频特性分别为

$$L(\omega) = 20\lg|G(\mathrm{j}\omega)| = 20\lg \frac{25\sqrt{\omega^2+1}}{\omega\sqrt{\left(\dfrac{\omega}{4}\right)^2+1}\sqrt{\left(\dfrac{\omega}{0.1}\right)^2+1}}$$

$$\varphi(\omega) = \angle G(\mathrm{j}\omega) = \arctan\omega - \frac{\pi}{2} - \arctan\frac{\omega}{4} - \arctan\frac{\omega}{0.1}$$

可以看出系统的转角频率分别为 0.1、1、4rad/s，它们将频率分为四个频段，分别为 $(0, 0.1]$、$(0.1, 1]$、$(1, 4]$、$(4, \infty)$。

首先绘制对数幅频特性图。因为系统含有一个积分环节，所以第一个频段 $(0, 0.1]$ 的斜率为 $-20\mathrm{dB/dec}$，其延长线过点 $(1, 20\lg25)$；也可以通过确定 $\omega = 0.1\mathrm{rad/s}$ 时的对数幅频特性值来确定曲线。由于低频段的对数幅频特性可近似为

$$L(\omega) = 20\lg|G(j\omega)| = 20\lg \frac{25\sqrt{\omega^2+1}}{\omega\sqrt{\left(\frac{\omega}{4}\right)^2+1}\sqrt{\left(\frac{\omega}{0.1}\right)^2+1}} \approx 20\lg\frac{25}{\omega}$$

计算得到 $L(0.1) = 20\lg 250\text{dB} \approx 48\text{dB}$，因此低频段过点 (0.1, 48)。

由于 0.1rad/s 是惯性环节的转角频率，因此 (0.1, 1] 频段的斜率应在第一个频段的基础上减小 20dB/dec，应为 -40dB/dec。而 1rad/s 是一阶微分环节的转角频率，因此 (1, 4] 频段的斜率应增加 20dB/dec，为 -20dB/dec。4rad/s 是惯性环节的转角频率，因此 (4, ∞) 频段，即最后一个频段的斜率减小 20dB/dec，应为 -40dB/dec。由此，绘制出各频段的曲线，如图 5-24a 所示。

接下来绘制对数相频特性图。当 $\omega \to 0$ 时，对数相频特性值为 $-\frac{\pi}{2}$；当 $\omega \to \infty$，对数相频特性值为 $-\pi$。由于含有一阶微分环节，系统的对数相频特性曲线不是单调递减的，在 (0, 0.1] 频段逐渐减小，(0.1, 1] 频段继续减小，(1, 4] 频段由于含有一阶微分环节，故缓慢上升，而 (4, ∞) 频段则继续减小至 $-\pi$，如图 5-24b 所示。

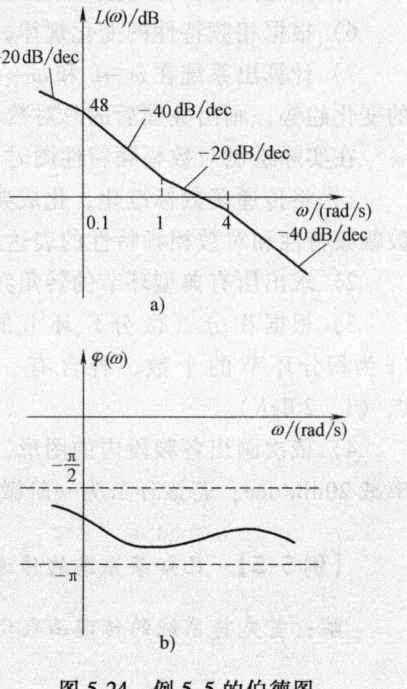

图 5-24 例 5.5 的伯德图

伯德图的优点之一，就是能够比较方便地手工绘制系统伯德图的近似曲线，并通过适当修正得到接近精确曲线的图形。但采用这种方法绘制较复杂系统的对数相频特性图的难度仍然较大，同时在要求较高时，所画出的伯德图不够精确。此外，对于一般意义下的高阶系统，要将其传递函数转化为典型环节的乘积，有时会很难做到。

对于一般系统，要绘制其伯德图的精确曲线，可根据其传递函数，先求得系统的对数幅频特性和对数相频特性函数；然后以一定的频率间隔取 ω 值代入，求出对数幅频特性和对数相频特性的对应值，在伯德图的对数坐标系中绘制出相应的点；最后将各点用平滑曲线连接起来，即可得到系统的伯德图。这种绘图方法通常利用计算机仿真来实现，5.5 节将介绍如何利用 MATLAB 绘制伯德图。

5.3.4 最小相位系统

1. 最小相位系统的概念

如果一个系统其传递函数的极点和零点的实部全部小于或等于零，则称这个系统为最小相位系统。如果传递函数中有具有正实部的零点或极点，这个系统就是非最小相位系统。在幅频特性相同的稳定系统中，最小相位系统的相位变化范围最小。

设系统传递函数分母阶次是 n, 分子的阶次是 m, 积分环节的个数是 v, 即形式为

$$G(s) = \frac{K\prod\limits_{i=1}^{m}(\tau_i s + 1)}{s^v \prod\limits_{k=1}^{n-v}(T_k s + 1)} = \frac{b_m s^m + \cdots + b_1 s + b_0}{a_n s^n + \cdots + a_1 s + a_0} \quad (n \geq m)$$

对于最小相位系统,当 $\omega \to \infty$ 时,对数幅频特性的斜率为 $-20(n-m)\,\mathrm{dB/dec}$,相位等于 $-(n-m)\dfrac{\pi}{2}$;当 $\omega \to 0$ 时,相位等于 $-v\dfrac{\pi}{2}$,符合上述特征的系统一定是最小相位系统。

最小相位系统的对数幅频特性与对数相频特性具有一一对应关系,即对于给定的对数幅频特性,只有唯一的对数相频特性与之对应。而非最小相位系统,对于给定的对数幅频特性,与之对应的对数相频特性却不是唯一的。对于最小相位系统,只要知道其对数幅频特性曲线,就可大致推算出其传递函数;而非最小相位系统则必须在对数幅频特性和对数相频特性曲线都已知时,才能推算出其传递函数。

2. 利用伯德图推算最小相位系统的传递函数

若某最小相位系统的传递函数为

$$G(s) = \frac{K(\tau_1 s + 1)(\tau_2 s + 1)\cdots(\tau_m s + 1)}{s^v(T_1 s + 1)(T_2 s + 1)\cdots(T_{n-v} s + 1)}$$

则系统的频率特性为

$$G(j\omega) = \frac{K(j\omega\tau_1 + 1)(j\omega\tau_2 + 1)\cdots(j\omega\tau_m + 1)}{(j\omega)^v(j\omega T_1 + 1)(j\omega T_2 + 1)\cdots(j\omega T_{n-v} + 1)}$$

可得对数幅频特性为

$$L(\omega) = 20\lg|G(j\omega)| = 20\lg\left|\frac{K(j\omega\tau_1 + 1)(j\omega\tau_2 + 1)\cdots(j\omega\tau_m + 1)}{(j\omega)^v(j\omega T_1 + 1)(j\omega T_2 + 1)\cdots(j\omega T_{n-v} + 1)}\right|$$

在已知对数幅频特性图的情况下,通常采用如下方法来推算对应的传递函数。

1) 确定对数幅频特性的渐近线。

2) 根据图形特点观察系统含有哪些环节,并写出系统含有待定系数的传递函数形式。首先根据低频段渐近线的斜率,确定系统包含的积分(或微分)环节的个数,然后根据渐近线转角频率处斜率的变化,确定对应的环节。若斜率减小 20dB/dec,则该环节为惯性环节,若增加 20dB/dec,则为一阶微分环节。

3) 根据低频段渐近线或其延长线在 $\omega = 1\,\mathrm{rad/s}$ 处的分贝值,确定系统增益。系统低频段对数幅频特性可近似为

$$L(\omega) = 20\lg\frac{K}{\omega^v} = 20\lg K - 20v\lg\omega$$

① 若系统含有积分环节,则低频段或其延长线与横轴的交点为 $\omega = \sqrt[v]{K}$,根据此交点可以确定增益 K。当 $\omega = 1$ 时,$L(\omega) = 20\lg K$,即系统低频段或其延长线过点 $(1, 20\lg K)$,根

据此点,同样可以确定增益 K。

② 若系统不含有积分环节,低频段渐近线为 $20\lg K$ 的水平线,K 值可由该水平渐近线的高度获得。

4) 确定渐近线转角频率所对应的环节的常数 T,其值为转角频率的倒数。

【例 5.6】 已知最小相位系统的对数幅频特性图的近似曲线如图 5-25 所示,试推算其传递函数。

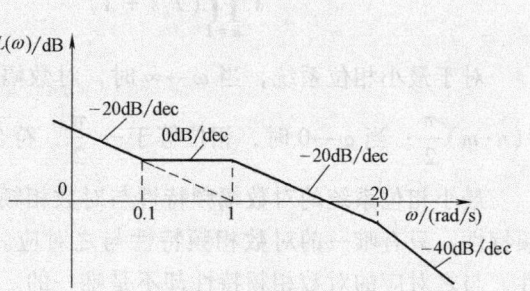

解: 根据图 5-25 可知,系统由一个比例环节、一个积分环节、一个一阶微分环节、两个惯性环节组成。

低频段的斜率为 $-20\mathrm{dB/dec}$,且低频段的延长线与横轴的交点处频率为 $1\mathrm{rad/s}$,因此系统的比例环节系数 $K=1$。

图 5-25 例 5.6 系统的对数幅频特性图近似曲线

由图可知一阶微分环节的转角频率约为 $0.1\mathrm{rad/s}$,惯性环节的转角频率约为 $1\mathrm{rad/s}$ 和 $20\mathrm{rad/s}$。

由此可推算出系统的传递函数为

$$G(s)=\frac{\dfrac{s}{0.1}+1}{s(s+1)\left(\dfrac{s}{20}+1\right)}=\frac{10s+1}{s(s+1)(0.05s+1)}$$

5.4 频域分析的 MATLAB 实现

频域分析在控制系统设计中非常重要,本节主要介绍使用 MATLAB 绘制频域分析的奈奎斯特图和伯德图的方法。

5.4.1 奈奎斯特图的绘制

对于一般系统,采用前面所述的手工绘制方法绘制的曲线精度不高,并且比较复杂。在实际系统的频域分析中,可利用 MATLAB 绘制奈奎斯特图。

可以使用 "nyquist" 函数绘制给定系统传递函数 G 的奈奎斯特图,其主要有两种调用格式。

1) 直接绘制给定系统 G 的奈奎斯特图的调用格式,即

$$\mathrm{nyquist}(G)$$

2) 返回系统频率响应的实部 (Re)、虚部 (Im) 及对应的角频率 ω 的调用格式,即

$$[\mathrm{re,im,w}]=\mathrm{nyquist}(G)$$

【例 5.7】 已知 $G(s) = \dfrac{5s^2+s+1}{s^3+7s^2+s+1}$，试利用 MATLAB 绘制频率特性的奈奎斯特图。

解：MATLAB 程序代码如下：

```
num = [5,1,1];
den = [1,7,1,1];
G = tf(num,den);
nyquist(G);
hold on
title('Nyquist 图');
```

运行结果如图 5-26 所示。

得到曲线后，可利用鼠标在图中选取感兴趣的点，得到所选择点的坐标值，进而确定系统的某些性能指标。需要注意的是，系统默认绘制的是频率从 −∞ 到 +∞ 范围内的奈奎斯特图。利用 MATLAB 绘制奈奎斯特图非常便捷，且绘制的曲线准确。

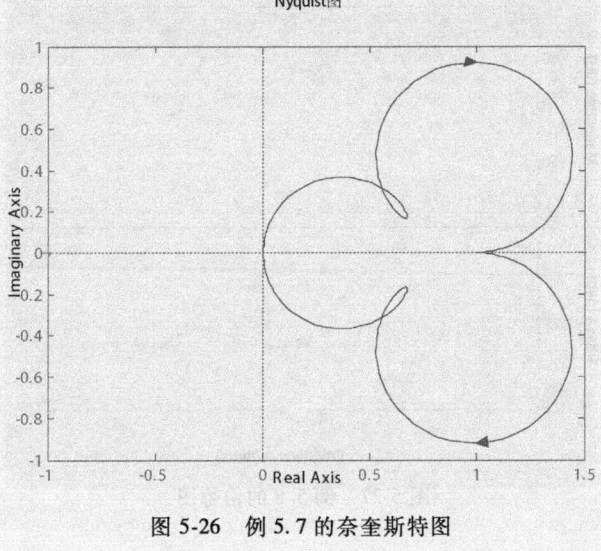

图 5-26 例 5.7 的奈奎斯特图

5.4.2 伯德图的绘制

对于高阶系统，手工绘制伯德图比较烦琐，利用 MATLAB 绘制则更加简便，且绘制的曲线更为精确。

可以使用 "bode" 函数绘制给定系统传递函数 G 的伯德图，它的调用格式有如下两种。

1）直接计算并绘制系统伯德图的调用格式，即

$$\text{bode}(G)$$

2）计算并绘制系统的某个频率范围或某些频率点的伯德图的调用格式，即

$$\text{bode}(G,w)$$

式中，w 为频率向量。若以 w 表示频率范围，则必须用最低频率 w-min 和最高频率 w-max 来定义，即

$$w = [w\text{-min}, w\text{-max}]$$

若以 w 表示一系列频率点，则必须用频率间隔 w-internal 进行限定以构成频率向量，即

$$w = w\text{-min}：w\text{-internal}：w\text{-max}$$

【例 5.8】 已知某系统的传递函数为 $G(s) = \dfrac{10(s+1)}{s(s+4)(s+0.1)}$，试用 MATLAB 绘制系统的伯德图。

解：MATLAB 程序代码如下：

```
num=[10 10];
den=conv([1,4,0],[1 0.1]);
G=tf(num,den);
bode(G);
```

运行结果如图 5-27 所示。整个图形分为两部分，上半部分为对数幅频特性图，下半部分为对数相频特性图。

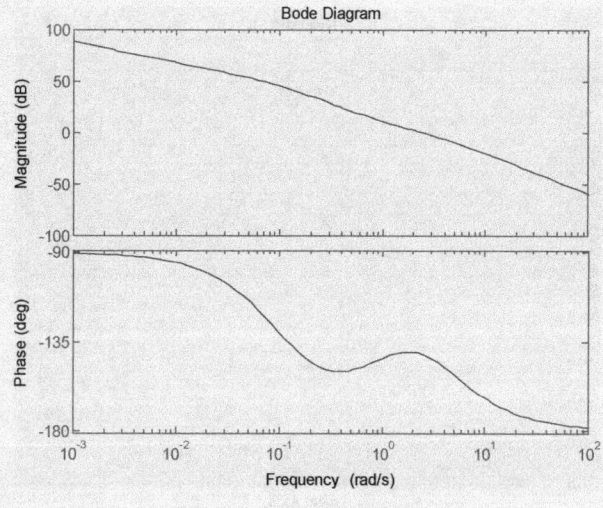

图 5-27 例 5.8 的伯德图

【例 5.9】 已知某系统的传递函数为 $G(s) = \dfrac{10}{s(s+1)(0.5s+1)}$，试画出频率 ω 从 0.01 到 10000 的伯德图。

解：MATLAB 程序代码如下：

```
clear all
num=10;
den=conv([1,0],conv([1,1],[0.5,1]));
G=tf(num,den);
w=0.01:0.01:10000;
bode(G,w)
```

运行结果如图 5-28 所示。

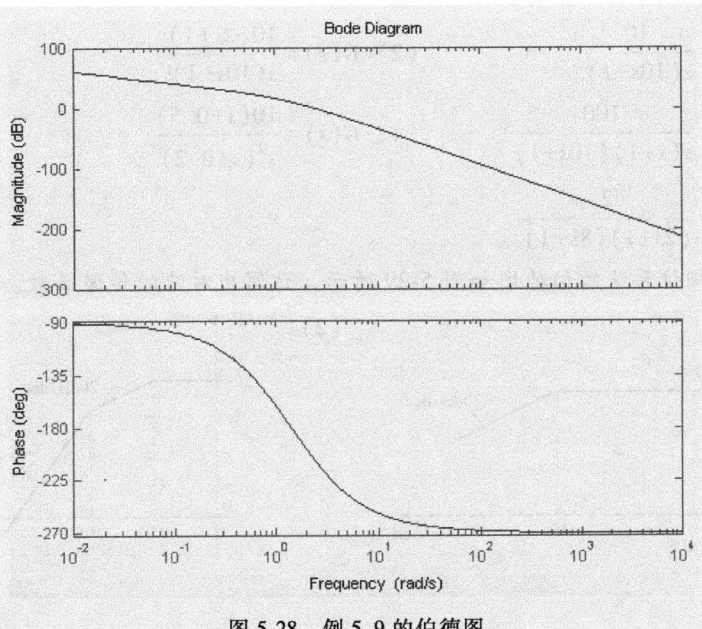

图 5-28 例 5.9 的伯德图

习 题

5.1 什么是频率特性？

5.2 设单位负反馈系统的开环传递函数为

$$G(s)=\frac{1}{10s+1}$$

当输入信号 $x_i(t)=2\sin(t+30°)$ 作用到系统上时，试求系统的稳态输出。

5.3 系统的单位阶跃响应为

$$x_o(t)=1-2e^{-t}+e^{-2t}$$

试求其频率特性。

5.4 试求下列系统的实频特性、虚频特性、幅频特性和相频特性。

(1) $G(s)=\dfrac{5}{20s+1}$ (2) $G(s)=\dfrac{2s+1}{5s+1}$

(3) $G(s)=\dfrac{1}{s(3s+1)}$

5.5 画出下列传递函数的奈奎斯特图。

(1) $G(s)=\dfrac{10}{s(s+1)}$ (2) $G(s)=\dfrac{100}{(2s+1)(5s+1)}$

(3) $G(s)=\dfrac{1}{s(s+1)(2s+1)}$ (4) $G(s)=\dfrac{10s}{(s+1)(5s+1)}$

5.6 画出下列传递函数的伯德图。

(1) $G(s) = \dfrac{10}{s(10s+1)}$ (2) $G(s) = \dfrac{10(2s+1)}{s(10s+1)}$

(3) $G(s) = \dfrac{100}{s(s+1)(10s+1)}$ (4) $G(s) = \dfrac{10(s+0.5)}{s^2(s+0.2)}$

(5) $G(s) = \dfrac{2}{(2s+1)(8s+1)}$

5.7 最小相位系统的伯德图如图 5-29 所示，试写出对应的传递函数。

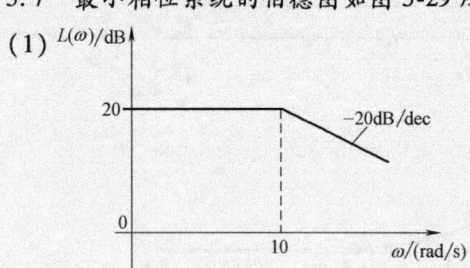
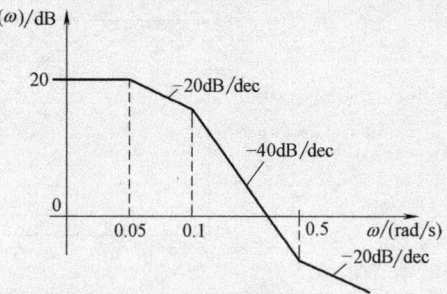
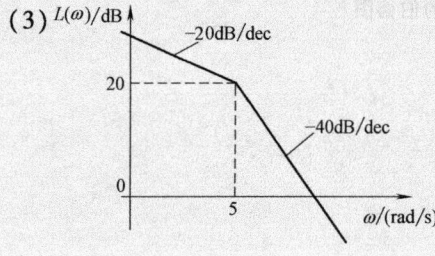
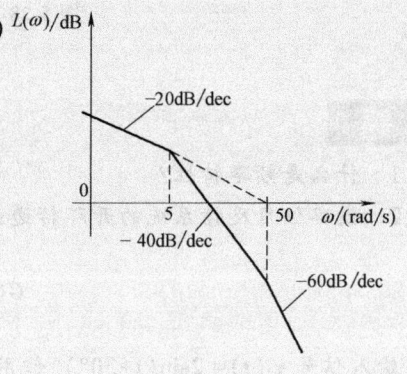

图 5-29 题 5.7 图

第 6 章 控制系统的稳定性分析

> **学习目标**
>
> 本章要求掌握系统稳定性的基本概念和充要条件，能用劳斯稳定性判据和频域稳定性判据判别系统的稳定性，掌握相位裕度和幅值裕度的求取方法。
>
> 控制系统能够正常工作的首要条件是系统稳定，分析系统稳定性是经典控制理论的重要组成部分。本章重点研究线性定常系统的稳定性问题，首先介绍线性系统稳定性的基本概念，接着介绍劳斯判据与奈奎斯特稳定性判据，最后在奈奎斯特稳定性判据的基础上，介绍对数频率特性稳定判据，进而讨论系统相对稳定性的问题。

6.1 代数稳定性判据

6.1.1 稳定性的基本概念

处于平衡工作状态的系统，当受到扰动作用后，将偏离原来的平衡状态，如果扰动消除后，系统能以足够的准确度恢复到初始平衡状态，则称系统是稳定的系统。反之，当扰动消除后，系统不能恢复到初始平衡状态，则称系统是不稳定系统。

一个系统能在实际中应用，其首要条件是保证稳定。不稳定的系统，当其受到外界或内部一些因素的扰动时，即使这些扰动很微弱，持续时间也很短，其中的各物理量依然会偏离其原平衡工作点，并随时间的推移而发散，致使系统在扰动消失后，也不可能恢复到原来的平衡工作状态。显然，不稳定系统是无法正常工作的。因此，如何分析系统的稳定性，并提出保证系统稳定的措施，是自动控制的基本任务。

稳定性是系统去掉扰动后自身的一种恢复能力，是系统的一种固有特性。这种固有特性只与系统本身的结构参数有关，而与初始条件和外作用无关。

6.1.2 系统稳定的充要条件

一般的负反馈控制系统如图 6-1 所示，其传递函数为

$$\frac{X_o(s)}{X_i(s)} = \frac{G(s)}{1+G(s)H(s)}$$

设系统的传递函数的分母等于零，即可得出

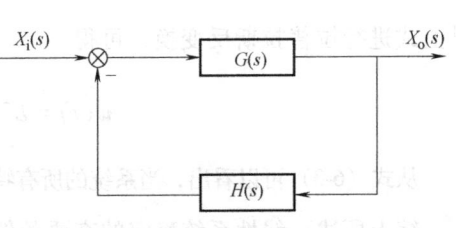

图 6-1 负反馈控制系统

系统的特征方程为

$$D(s) = 1 + G(s)H(s) = 0 \tag{6-1}$$

根据稳定性的定义，线性系统受到扰动作用时输出量 $x_o(t)$ 产生偏差 $\Delta x_o(t)$，扰动消失且经过足够长的时间后，该偏差的绝对值能小于一给定的正值 $\varepsilon(\varepsilon \to 0)$，即

$$\lim_{t \to \infty} |\Delta x_o(t)| \leqslant \varepsilon \tag{6-2}$$

则系统是稳定的，否则系统是不稳定的。

因此，可设系统的初始条件为零，用单位脉冲函数 $\delta(t)$ 作用于系统，系统的输出增量为脉冲响应 $w(t)$，此时 $\delta(t)$ 视为系统的扰动输入。这相当于系统在扰动信号作用下，输出信号偏离原平衡工作点的情形。若 $\lim\limits_{t \to \infty} w(t) = 0$，如图 6-2a 所示，则系统稳定；若 $\lim\limits_{t \to \infty} w(t) = \infty$，如图 6-2b 所示，则系统不稳定；若线性系统的单位脉冲响应随时间的推移趋于常数或趋于等幅振荡，如图 6-2c 所示，则该线性系统趋于临界稳定状态。

临界稳定时，系统由于参数变化及扰动的不可避免，实际上等幅振荡不能维持，系统总会由于某些因素而不稳定，因此从工程控制的实际来看，一般认为临界稳定属于不稳定系统，或者称为工程意义上的不稳定系统。

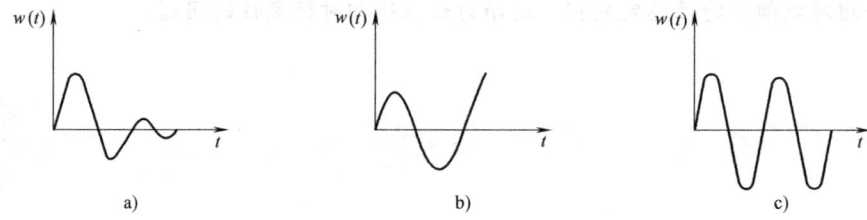

图 6-2 系统输出的三种情况

a) 稳定系统的输出　b) 不稳定系统的输出　c) 临界稳定系统的输出

当 $X_i(t) = \delta(t)$ 时，$X_i(s) = 1$，所以

$$X_o(s) = G_B(s)X_i(s) = \frac{G(s)}{1+G(s)H(s)} \times 1$$

$$= \frac{G(s)}{(s-s_1)(s-s_2)\cdots(s-s_n)}$$

式中，$s_i(i=1,2,\cdots,n)$ 是系统特征方程的根，也称为闭环传递函数的极点。

为方便起见，不妨设这些特征根彼此不等（有重根时结论依然成立），则扰动作用下系统的输出为

$$X_o(s) = \frac{c_1}{s-s_1} + \frac{c_2}{s-s_2} + \cdots + \frac{c_n}{s-s_n} = \sum_{i=1}^{n} \frac{c_i}{s-s_i}$$

对上式进行拉普拉斯反变换，可得

$$w(t) = L^{-1}[X_o(s)] = \sum_{i=1}^{n} c_i e^{s_i t} \tag{6-3}$$

从式 (6-3) 可以看出，当系统的所有特征根 $s_i(i=1,2,\cdots,n)$ 都具有负实部时，$\lim\limits_{t \to \infty} w(t) = 0$。

综上所述，线性系统稳定的充要条件为：系统特征方程的所有根必须全部具有负实部，

或系统闭环传递函数的极点全部位于 [s] 平面的左半部分。若特征根中有一个以上具有正实部时，则系统必为不稳定。若有部分闭环极点位于虚轴上，而其余极点全部在 [s] 平面的左半平面时，则为临界稳定状态。

判断控制系统稳定性的方法有两大类：一类是直接求解系统特征方程，根据极点分布来判定系统稳定性；另一类是不求解特征方程，而通过一定的方法间接判断其特征根的分布，如劳斯稳定性判据。

6.1.3 劳斯稳定性判据

线性定常系统稳定的充要条件是其全部特征根均具有负实部，运用此方法需要求出系统传递函数的全部极点，才能判断系统是否稳定。但在实际工程系统中，特征方程式的阶次往往较高，不使用计算机而直接求根比较困难。这样就常常希望使用一种不需要求取特征根，而只讨论特征根的分布，从而判断系统稳定性的方法。劳斯稳定性判据就是根据系统特征方程式的各项系数进行代数运算，直接判断其根是否在 [s] 平面的左半平面，从而判断系统的稳定性，因此这种稳定判据又称为代数稳定判据。

1. 系统稳定的必要条件

设线性系统的特征方程为

$$D(s) = a_n s^n + a_{n-1} s^{n-1} + \cdots + a_1 s + a_0 = 0 \quad (a_n > 0) \tag{6-4}$$

假定系统的特征根分别为 $s_1, s_2, \cdots, s_n$，则有

$$D(s) = a_n(s-s_1)(s-s_2)\cdots(s-s_n) = 0 \quad (a_n > 0) \tag{6-5}$$

将式（6-5）展开，并与式（6-4）的系数做比较，得

$$\frac{a_{n-1}}{a_n} = -\sum_{i=1}^{n} s_i$$

$$\frac{a_{n-2}}{a_n} = \sum_{\substack{i,j=1 \\ i \neq j}}^{n} s_i s_j$$

$$\frac{a_{n-3}}{a_n} = -\sum_{\substack{i,j=1 \\ i \neq j \neq k}}^{n} s_i s_j s_k$$

$$\vdots$$

$$\frac{a_0}{a_n} = (-1)^n \prod_{i=1}^{n} s_i \tag{6-6}$$

由式（6-6）可知，要使系统特征方程的全部根 s_i 均具有负实部，则式（6-6）左端必须大于零，也就是系统特征方程的各项系数必须同号且均不为零。

按习惯，一般取 a_n 为正值，因此系统稳定的必要条件为

$$a_n, a_{n-1}, \cdots, a_1, a_0 > 0 \tag{6-7}$$

这一条件并不充分，对各项系数均为正且不为零的特征方程，还有可能具有正实部的根。因此稳定的系统肯定能满足上述必要条件，但满足必要条件的系统不一定都是稳定的系统，还须进一步判定其是否满足稳定的充分条件。

2. 劳斯（Routh）判据

劳斯判据：系统稳定的充要条件是劳斯表中第一列各元素的符号均为正，且值不为零。如果劳斯表中第一列元素的符号有变化，其变化的次数等于该特征方程式的根在 [s] 平面右半平面上的个数。

采用劳斯判据判别系统的稳定性，步骤如下。

（1）列出系统特征方程

$$a_n s^n + a_{n-1} s^{n-1} + \cdots + a_1 s + a_0 = 0$$

式中，$a_n > 0$。检查各项系数是否都大于零，若都大于零，则进行下一步。

（2）按系统的特征方程式列写劳斯表

$$
\begin{array}{c|cccccc}
s^n & a_n & a_{n-2} & a_{n-4} & a_{n-6} & \cdots \\
s^{n-1} & a_{n-1} & a_{n-3} & a_{n-5} & a_{n-7} & \cdots \\
s^{n-2} & A_1 & A_2 & A_3 & A_4 & \cdots \\
s^{n-3} & B_1 & B_2 & B_3 & B_4 & \cdots \\
\vdots & \vdots & \vdots & \vdots & \vdots \\
s^2 & D_1 & D_2 \\
s^1 & E_1 \\
s^0 & F_1
\end{array}
$$

表中，A_i 的计算方法为

$$A_1 = \frac{a_{n-1} a_{n-2} - a_n a_{n-3}}{a_{n-1}} = \frac{-1}{a_{n-1}} \begin{vmatrix} a_n & a_{n-2} \\ a_{n-1} & a_{n-3} \end{vmatrix}$$

$$A_2 = \frac{a_{n-1} a_{n-4} - a_n a_{n-5}}{a_{n-1}} = \frac{-1}{a_{n-1}} \begin{vmatrix} a_n & a_{n-4} \\ a_{n-1} & a_{n-5} \end{vmatrix}$$

$$A_3 = \frac{a_{n-1} a_{n-6} - a_n a_{n-7}}{a_{n-1}} = \frac{-1}{a_{n-1}} \begin{vmatrix} a_n & a_{n-6} \\ a_{n-1} & a_{n-7} \end{vmatrix}$$

$$\vdots$$

一直计算到 $A_i = 0$ 为止。B_i 的计算方法为

$$B_1 = \frac{A_1 a_{n-3} - a_{n-1} A_2}{A_1} = \frac{-1}{A_1} \begin{vmatrix} a_{n-1} & a_{n-3} \\ A_1 & A_2 \end{vmatrix}$$

$$B_2 = \frac{A_1 a_{n-5} - a_{n-1} A_3}{A_1} = \frac{-1}{A_1} \begin{vmatrix} a_{n-1} & a_{n-5} \\ A_1 & A_3 \end{vmatrix}$$

$$B_3 = \frac{A_1 a_{n-7} - a_{n-1} A_4}{A_1} = \frac{-1}{A_1} \begin{vmatrix} a_{n-1} & a_{n-7} \\ A_1 & A_4 \end{vmatrix}$$

$$\vdots$$

一直计算到 $B_i = 0$ 为止。C_i，D_i，⋯ 的计算方法以此类推。

计算上述各表中元素的公式是有规律的，表中的第 1 行与第 2 行是由特征方程的系数直接写出的。第 1 行由特征方程的第 1，3，5，⋯ 项的系数组成；第 2 行由特征方程的第 2，4，6，⋯ 项的系数组成。自 s^{n-2} 行以下，每行的元素都是由该行之上两行的元素计算得来的，等号右边的二阶行列式中，第一列都是上两行中第一列的两个元素，第二列是待求元素

右肩上的两个元素，等号右边的分母是上一行中左起第一个元素。

(3) 考察表中第一列各元素的符号

若第一列各元素均为正数，则闭环特征方程所有根具有负实部，系统稳定。如果第一列中有负数，则系统不稳定，第一列中数值符号的改变次数即等于系统特征方程含有正实部根的数目。

注意：在具体计算中为了方便，常常把表中某一行的元素都乘（或除）以一个正数，而不会影响第一列数值的符号，即不影响稳定性的判别。表中空缺的项，运算时以零代入。

【例 6.1】 已知系统的特征方程为

$$s^4+2s^3+3s^2+4s+5=0$$

试用劳斯判据判断系统的稳定性。

解：特征方程的所有系数均为正实数，列写劳斯表，得

$$\begin{array}{c|ccc} s^4 & 1 & 3 & 5 \\ s^3 & 2 & 4 & \\ s^2 & 1 & 5 & \\ s^1 & -6 & & \\ s^0 & 5 & & \end{array}$$

由于劳斯表第一列元素的符号改变了两次（注意，不是一次），因此系统不稳定，有两个具有正实部的根。例 6.1 也进一步说明了即使特征方程系数满足稳定的必要条件（全部大于 0），也不能断定系统就一定是稳定的。

3. 劳斯判据的两种特殊情况

构建劳斯表时会遇到如下两种特殊情况，给完整列出劳斯表带来困难，需要采取相应的处理方法。

(1) 劳斯表中某一行第一列元素为零，该行的其他列元素不全为零

出现这种情况将无法继续构造劳斯表，有如下两种正确的解决方法。

1) 以一个任意小的正数 ε 代替零元素，然后继续列写劳斯表中其余的元素，从而完成劳斯表的构建。如果代替零元素的 ε 上、下元素符号相同，表示该方程中有一对共轭虚根存在，系统属于临界稳定。

2) 用因子 $s+a$（a 为任意正数）乘以特征方程，然后对得到的新特征方程应用劳斯判据。

【例 6.2】 已知系统特征方程为

$$s^4+s^3+2s^2+2s+3=0$$

试用劳斯判据判断系统的稳定性。

解：根据特征方程列写劳斯表，得

$$\begin{array}{c|ccc} s^4 & 1 & 2 & 3 \\ s^3 & 1 & 2 & 0 \\ s^2 & 0(\varepsilon) & 3 & \\ s^1 & 2-\dfrac{3}{\varepsilon} & 0 & \\ s^0 & 3 & & \end{array}$$

当 $\varepsilon \to 0$ 时,$2-\dfrac{3}{\varepsilon} \to -\infty$,系统不稳定,表中第一列元素的符号改变了两次,故系统特征方程有两个正实部根。

读者也可尝试用第二种方法来重做例 6.2,其判别结果一致。

(2)劳斯表中某一行所有元素均为零

这种情况表明特征方程中含有两个大小相等但符号相反的实根或一对共轭纯虚根,或两对共轭复根,可按如下步骤进行处理。

1)用全零行的上一行元素作系数构成一个偶次辅助多项式 $P(s)$。

2)对辅助多项式求导,用辅助多项式一阶导数的系数代替劳斯表中的零行继续计算,直到列出劳斯表。

3)解辅助方程 $P(s)=0$ 可以得到特征方程中对称分布的根。

【例 6.3】 已知系统特征方程为
$$s^6+2s^5+8s^4+12s^3+20s^2+16s+16=0$$
试用劳斯判据判断系统的稳定性。

解:根据特征方程列写劳斯表,得

s^6	1	8	20	16
s^5	2	12	16	
s^4	2	12	16	
s^3	0	0	0	

s^3 行所有元素均为零,以 s^4 行的元素为系数除以 2(注意:某行同时除以某数,不影响计算结果)构成偶次多项式 $P(s)$,即
$$P(s)=s^4+6s^2+8$$
将此辅助多项式对变量 s 求导数,得
$$\frac{\mathrm{d}P(s)}{\mathrm{d}s}=4s^3+12s$$

用 $\dfrac{\mathrm{d}P(s)}{\mathrm{d}s}$ 的系数依次代替 s^3 行的零,继续计算,最后构成劳斯表如下

s^6	1	8	20	16
s^5	2	12	16	
s^4	2	12	16	
s^3	4	12	0	
s^2	6	16		
s^1	$\dfrac{4}{3}$			
s^0	16			

表中第一列元素全部大于零,这说明系统特征方程没有具有正实部的根。解辅助方程

$$P(s)=s^4+6s^2+8=0$$

可得纯虚根为 $s=\pm j2$ 和 $s=\pm j\sqrt{2}$,可见系统是临界稳定的。

4. 利用劳斯判据确定系统的参数

劳斯判据不仅可以用来判定系统的稳定性,还可以用来确定系统一个或几个参数的变化对系统稳定性的影响。

【例 6.4】 已知一单位负反馈控制系统的开环传递函数为

$$G(s)=\frac{K(s+1)}{s(Ts+1)(2s+1)} \quad (T>0, K>0)$$

试确定使闭环系统稳定的 K 和 T 值应满足的关系。

解:闭环系统的特征方程为

$$1+G(s)H(s)=0$$

代入 $G(s)$ 和 $H(s)=1$,得

$$s(Ts+1)(2s+1)+K(s+1)=0$$
$$2Ts^3+(2+T)s^2+(1+K)s+K=0$$

根据特征方程系数列写劳斯表,得

s^3	$2T$	$1+K$
s^2	$2+T$	K
s^1	$\dfrac{(2+T)(1+K)-2KT}{2+T}$	
s^0	K	

根据劳斯判据,若闭环系统稳定,应有

$$\begin{cases} 2T>0 \\ 2+T>0 \\ \dfrac{(2+T)(1+K)-2KT}{2+T}>0 \\ K>0 \end{cases}$$

解该不等式组,得到系统闭环稳定时参数 K 和 T 的取值范围为

$$K>0 \text{ 且 } 0<T\leq 2 \text{ 或 } 0<K<\frac{T+2}{T-2} \text{ 且 } T>2$$

6.2 频域稳定性判据

频域稳定性判据是在频域内分析控制系统稳定的基本方法,它是根据开环频率特性(开环奈奎斯特图和伯德图)判断闭环系统的稳定性。频域稳定性判据包括奈奎斯特稳定性判据和对数频率特性稳定性判据,两者并无本质区别,只是前者依据开环奈奎斯特图来判断

闭环系统的稳定性,而后者依据伯德图（也称为开环对数频率特性图）来判断闭环系统的稳定性。

6.2.1 奈奎斯特稳定性判据

奈奎斯特稳定性判据简称奈氏判据,是由奈奎斯特（Nyquist）于1932年提出的。它是利用开环奈奎斯特曲线判断闭环系统稳定性的图式稳定判别法。由于系统的频率特性可用试验方法获得,因此奈氏判据对那些无法使用劳斯判据判别稳定性的系统具有重要意义。

奈氏判据仍是根据系统稳定的充要条件导出的一种方法,即要使系统稳定,系统特征方程的根（即闭环极点）必须全部位于 $[s]$ 平面的左半平面。奈氏判据是将开环频率特性与系统的闭环极点联系起来的判据,应用奈氏判据不必求解闭环特征根,只根据开环频率特性就可以确定闭环特征根的性质,进而确定系统的稳定性,同时还可以得知系统的相对稳定性,以及改善系统稳定性的途径等。奈氏判据的严格数学证明要依据复变函数中的辐角原理,在此不做证明,直接给出奈氏判据。

1. 奈氏判据

奈氏判据1：当 ω 从 $-\infty$ 变化到 $+\infty$ 时,如果 $[GH]$ 平面上的开环奈奎斯特曲线逆时针包围 $(-1,j0)$ 点的圈数 N 等于开环右极点数 P,则闭环系统稳定,否则系统不稳定。系统不稳定根（即位于 $[s]$ 平面右半平面的闭环极点）的个数 $Z=P-N$。

为了简化作图,通常只画出 ω 从 0 变化到 $+\infty$ 的奈奎斯特曲线,此时的奈氏判据可表述如下。

奈氏判据2：当 ω 从 0 变化到 $+\infty$ 时,$[GH]$ 平面上的开环奈奎斯特曲线逆时针包围 $(-1,j0)$ 点的圈数 N,如果它等于开环右极点数的一半 $P/2$,则闭环系统稳定,否则系统不稳定。不稳定系统闭环右极点（或具有正实部的特征根）的个数 $Z=P-2N$。

需要注意的是,对于开环传递函数中含有积分环节的系统,绘制开环奈奎斯特曲线后,还应从 $\omega=0^+$ 对应的点开始,沿逆时针方向用虚线补画一条半径为无穷大、角度为 $90°\cdot v$ 的圆弧与实轴相交,作为辅助曲线,v 是开环传递函数中含有积分环节的个数,系统的开环奈奎斯特曲线应包括补画的虚线部分,如图6-3所示。

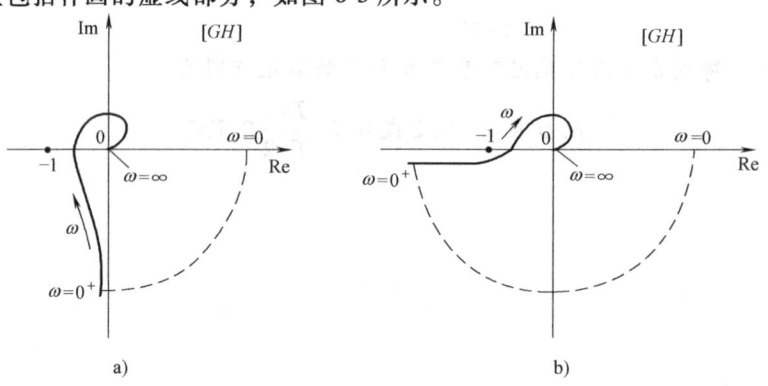

图6-3 开环奈奎斯特曲线的补画方法

a) $G(j\omega)=\dfrac{K}{j\omega(1+j\omega T_1)(1+j\omega T_2)(1+j\omega T_3)}$ b) $G(j\omega)=\dfrac{K}{(j\omega)^2(1+j\omega T_1)(1+j\omega T_2)}$

综上所述，应用奈氏判据判断系统稳定性的一般步骤如下。

1）由给定的开环传递函数确定开环右极点数 P。

2）绘制 ω 从 0 变化到 $+\infty$ 的系统的开环奈奎斯特曲线，即 $G(j\omega)H(j\omega)$ 的奈奎斯特图，根据曲线包围（-1,j0）点的次数和方向，求 N 的大小及正负。

3）按奈氏判据2判断系统的稳定性，若 $N=P/2$，则闭环系统稳定，否则不稳定。如果开环奈奎斯特曲线刚好通过（-1,j0）点，表明闭环系统有极点位于虚轴上，系统处于临界稳定状态，归入不稳定情况。

2. 奈氏判据的应用

（1）开环传递函数中不含积分环节

【**例 6.5**】 已知系统的开环右极点个数为零，开环奈奎斯特曲线如图 6-4 所示，试判断各闭环系统的稳定性。

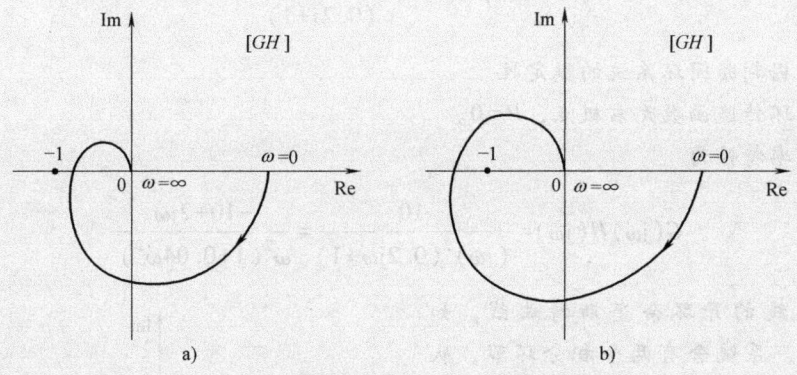

图 6-4 例 6.5 的开环奈奎斯特曲线

解： 1）图 6-4a 所示系统：根据已知条件，系统的开环右极点数 $P=0$。由图 6-4a 所示开环奈奎斯特曲线知，当 ω 从 0 变化到 $+\infty$ 时，曲线不包围（-1,j0）点，故 $N=0$。因此 $N=P/2$，由奈氏判据可知闭环系统稳定。

2）图 6-4b 所示系统：根据已知条件，系统的开环右极点数 $P=0$。由图 6-4b 所示开环奈奎斯特曲线知，当 ω 从 0 变化到 $+\infty$ 时，曲线顺时针包围（-1,j0）点一圈，故 $N=-1$。因此 $N \ne P/2$，由奈氏判据可知闭环系统不稳定。不稳定根的个数 $Z=P-2N=2$

【**例 6.6**】 某单位负反馈控制系统的开环传递函数为

$$G(s) = \frac{2}{10s-1}$$

试用奈氏判据判断闭环系统的稳定性。

解： 开环传递函数右极点的个数 $P=1$。

开环频率特性为

$$G(j\omega) = \frac{2}{10j\omega - 1} = \frac{-2-20j\omega}{1+100\omega^2}$$

开环奈奎斯特曲线如图 6-5 所示。

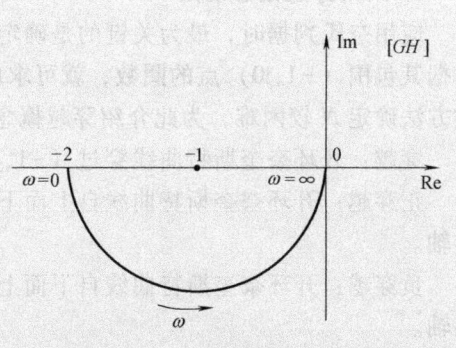

图 6-5 例 6.6 的开环奈奎斯特曲线

由图 6-5 可知，开环奈奎斯特曲线逆时针包围 $(-1,j0)$ 点半圈，即 $N=\dfrac{1}{2}$。因此 $P=2N$，根据奈氏判据可知闭环系统稳定。

(2) 开环传递函数中含有积分环节

若开环传递函数中含有积分环节，则绘制开环幅相频率特性曲线后，还应从 $\omega=0^+$ 对应的点开始，沿逆时针方向用虚线补画一条半径为无穷大、角度为 $90°v$ 的圆弧与实轴相交，作为辅助曲线。

【例6.7】 已知系统的开环传递函数为

$$G(s)H(s)=\dfrac{10}{s^2(0.2s+1)}$$

试用奈氏判据判断闭环系统的稳定性。

解：开环传递函数无右极点，$P=0$。

开环频率特性为

$$G(j\omega)H(j\omega)=\dfrac{10}{(j\omega)^2(0.2j\omega+1)}=\dfrac{-10+2j\omega}{\omega^2(1+0.04\omega^2)}$$

作出系统的开环奈奎斯特曲线，如图 6-6 所示，系统含有两个积分环节，从 $\omega=0^+$ 对应的点开始，沿逆时针方向画一条半径为无穷大的 $180°$ 的圆弧，交于负实轴，形成图中的虚线部分，作为增补段。由图 6-6 可知，当频率 ω 从 0 变化到 $+\infty$ 时，开环奈奎斯特曲线沿顺时针方向包围 $(-1,j0)$ 点一圈，即 $N=-1$。由奈氏判据可知系统不稳定。

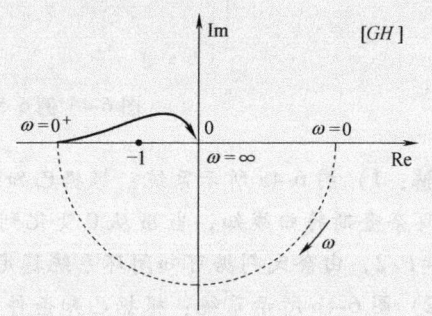

图 6-6　例 6.7 的开环奈奎斯特曲线

3. 采用穿越概念确定 N

应用奈氏判据时，最为关键的是确定 N。对于开环奈奎斯特曲线较为简单的情况，直接根据其包围 $(-1,j0)$ 点的圈数，就可求出 N。但如果开环奈奎斯特曲线比较复杂，应用上述方法确定 N 较困难，为此介绍穿越概念确定 N。

穿越：开环奈奎斯特曲线穿过 $(-1,j0)$ 点左侧的负实轴。

正穿越：开环奈奎斯特曲线自上而下（即按相角增加方向）穿过 $(-1,j0)$ 点左侧的负实轴。

负穿越：开环奈奎斯特曲线自下而上（即按相角减小方向）穿过 $(-1,j0)$ 点左侧的负实轴。

半次穿越：开环奈奎斯特曲线起始或终止于 $(-1,j0)$ 点左侧的负实轴。半次穿越也分半次正穿越和半次负穿越，判别方法与正、负穿越相类似。

若用 N_+ 表示正穿越次数之和，N_- 表示负穿越次数之和，则总穿越次数为

$$N = N_+ - N_- \tag{6-8}$$

式中，N 就是开环奈奎斯特曲线包围（-1, j0）点的圈数。

按照上述定义，图 6-7 所示的开环奈奎斯特曲线有一次正穿越和一次负穿越，所以开环奈奎斯特曲线包围（-1, j0）点的圈数 $N = N_+ - N_- = 0$。

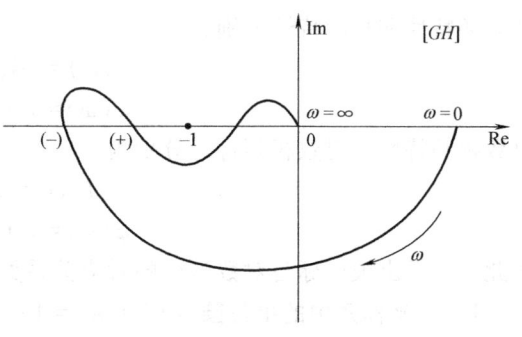

图 6-7 穿越概念示意图

【例 6.8】 已知单位负反馈控制系统的开环传递函数为

$$G(s) = \frac{9\left(\dfrac{1}{3}s+1\right)}{s(s-1)}$$

试用奈氏判据判断闭环系统的稳定性。

解：系统的开环频率特性为

$$G(j\omega) = \frac{9\left(\dfrac{1}{3}j\omega+1\right)}{j\omega(j\omega-1)} = -\frac{12}{\omega^2+1} - j\frac{3\omega^2-9}{\omega(\omega^2+1)}$$

令虚频特性等于 0，可求出该点的频率 $\omega_x = \sqrt{3}$，将其代入实频特性，可得开环奈奎斯特曲线与负实轴的交点为（-3, j0）。

开环奈奎斯特曲线如图 6-8 所示。由于含有一个积分环节，因此系统需要补画虚线，如图 6-8 所示。

由图 6-8 可知，开环奈奎斯特曲线有半次负穿越，一次正穿越，则总穿越次数 $N = N_+ - N_- = \dfrac{1}{2}$。又由于开环右极点的个数 $P=1$，因此根据奈氏判据可知闭环系统稳定。

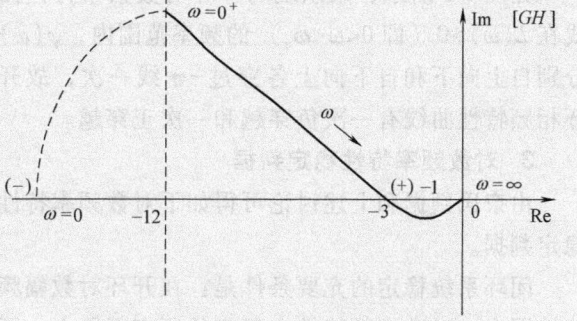

图 6-8 例 6.8 的开环奈奎斯特曲线

6.2.2 对数频率特性稳定判据

对数频率特性稳定判据简称对数判据，它实质上是奈氏判据在对数坐标系中的推广。由于奈氏判据是基于开环奈奎斯特曲线判定闭环系统稳定性的，因此，只要将极坐标系中的开环奈奎斯特曲线转换为对数坐标系中的对数频率特性曲线（即伯德图），或者建立和明确了极坐标与对数坐标的对应关系，就可以由奈氏判据推出对数判据。

1. 极坐标与对数坐标的对应关系

设系统开环频率特性为

$$G(j\omega)H(j\omega) = |G(j\omega)H(j\omega)|e^{j\angle G(j\omega)H(j\omega)} \tag{6-9}$$

其幅频特性和相频特性分别为

$$A(\omega) = |G(j\omega)H(j\omega)| \quad (6\text{-}10)$$

$$\varphi(\omega) = \angle G(j\omega)H(j\omega) \quad (6\text{-}11)$$

对数幅频特性和对数相频特性分别为

$$L(\omega) = 20\lg A(\omega) \quad (6\text{-}12)$$

$$\varphi(\omega) = \angle G(j\omega)H(j\omega) \quad (6\text{-}13)$$

由此可以得出极坐标与对数坐标的对应关系如下。

1) 极坐标系中的单位圆（即 $A(\omega)=1$），对应对数坐标系中的 0dB 线。
2) 极坐标系中的负实轴，对应对数坐标系中的 $-\pi$ 线。
3) 极坐标系中 $(-1, j0)$ 点左侧的负实轴（即 $A(\omega)>1$），对应对数坐标系中 $L(\omega)>$ 0dB 时的 $-\pi$ 线。

2. 对数坐标系中的穿越概念

根据极坐标与对数坐标的对应关系，对数坐标系中有关穿越的定义如下。

穿越：开环对数幅频特性 $L(\omega)>0$dB 时，开环相频特性曲线 $\varphi(\omega)$ 穿过 $-\pi$ 线。

正穿越：$\varphi(\omega)$ 自下向上（按相角增加方向）穿过 $-\pi$ 线。

负穿越：$\varphi(\omega)$ 自上向下（按相角减小方向）穿过 $-\pi$ 线。

半次穿越：$\varphi(\omega)$ 起始或终止于 $-\pi$ 线上。

如图 6-9 所示，某系统的开环对数频率特性曲线在 $L(\omega)>0$（即 $0<\omega<\omega_c$）的频率范围内，$\varphi(\omega)$ 分别自上向下和自下向上各穿过 $-\pi$ 线一次，故开环相频特性曲线有一次负穿越和一次正穿越。

3. 对数频率特性稳定判据

由奈氏判据和上述讨论可得如下对数频率特性稳定判据。

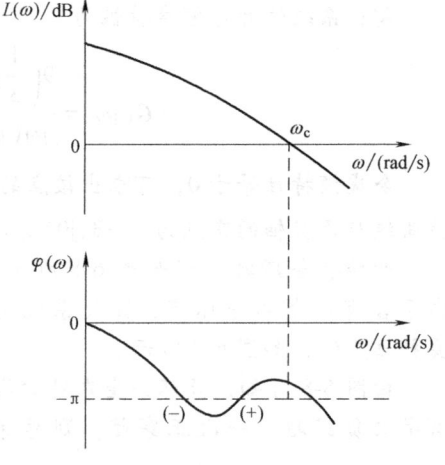

图 6-9 对数坐标上的穿越

闭环系统稳定的充要条件是：在开环对数幅频特性图上，对数幅频特性大于零的所有频段内，开环对数相频特性曲线对 $-\pi$ 线的正穿越次数与负穿越次数之差 N 等于开环传递函数的右极点数 P 的一半，即 $N=P/2$。

如果恰在 $20\lg|G(j\omega)H(j\omega)|=0$dB 处相频曲线穿过 $-\pi$ 线，则系统是临界稳定状态。

当开环传递函数中含有 v 个积分环节时，应按奈氏判据中含有积分环节的情况处理，即补画辅助曲线，在对数相频曲线的起始端（$\omega\to 0$ 端）向上补画一段虚直线作为辅助线，它所跨过的相位值为 $\dfrac{\pi}{2}v$，再检查整条曲线是否穿越 $-\pi$ 线。

由此可见，对数频率特性稳定判据与奈氏判据相同，其区别仅在于前者在对数幅频特性 $L(\omega)>0$ 的频率范围内，根据对数相频特性 $\varphi(\omega)$ 确定穿越次数 N。

【例 6.9】 已知系统的开环传递函数为

$$G(s)H(s) = \dfrac{K}{s^2(Ts+1)}$$

试用对数频率特性稳定判据判断闭环系统的稳定性。

解：根据开环传递函数绘制系统的伯德图，如图 6-10 所示。由于该系统开环传递函数中含有两个积分环节，因此在开环对数相频特性曲线上 ω 为 0^+ 处补画一条 $-\pi$ 到 0 的虚线。这样对数相频特性曲线由补画的虚线和原来的实线构成。

由图 6-10 可知，在 $L(\omega)>0$ 的区间内，$\varphi(\omega)$ 曲线穿越 $-\pi$ 线的正穿越次数为 0，负穿越次数为 1，故总的穿越次数 $N=-1$。

根据已知条件，系统的开环右极点数 $P=0$，由对数频率特性稳定判据知，$N \neq P/2$，故闭环系统不稳定，其右极点个数 $Z=P-2N=2$。

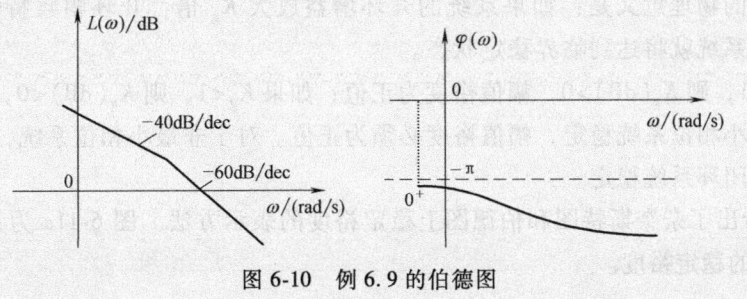

图 6-10 例 6.9 的伯德图

6.3 控制系统的稳定裕度

用奈氏判据和对数频率特性稳定判据可以判断系统是否稳定，但不能确定系统的稳定程度如何。一个实际的控制系统，不仅要稳定，而且还必须具有一定的稳定储备，即相对稳定性的概念。所谓相对稳定性，是指稳定系统的稳定状态距离不稳定（或临界稳定）状态的程度。开环奈奎斯特曲线对 $(-1,j0)$ 点的靠近程度直接表征了系统的稳定程度，反映这种稳定程度的指标就是稳定裕度，它包括相位裕度 γ 和幅值裕度 K_g。

6.3.1 相位裕度

相位裕度定义为

$$\gamma = 180° + \varphi(\omega_c) = 180° + \angle G(j\omega)H(j\omega) \tag{6-14}$$

式中，ω_c 称为系统的开环截止频率（也称为幅值穿越频率或剪切频率），它是指开环频率特性的幅值等于 1 时的频率，即

$$A(\omega_c) = |G(j\omega_c)H(j\omega_c)| = 1 \tag{6-15}$$

在开环对数幅频特性图中，截止频率指的是开环对数幅频特性值为 0dB 时的频率，即

$$L(\omega_c) = 20\lg|G(j\omega_c)H(j\omega_c)| = 0 \tag{6-16}$$

相位裕度的物理意义是：如果 $\varphi(\omega_c)$ 再滞后 γ，那么闭环系统就将达到临界稳定状态。

当 $\gamma>0$ 时，相位裕度为正值；当 $\gamma<0$ 时，相位裕度为负值。为了使最小相位系统稳定，相位裕度必须为正值。对于非最小相位系统，相位裕度为负值时，对应的闭环系统稳定。

6.3.2 幅值裕度

在奈奎斯特图中，幅值裕度定义为

$$K_g = \frac{1}{|G(j\omega_g)H(j\omega_g)|} = \frac{1}{A(\omega_g)} \qquad (6-17)$$

式中，ω_g 称为系统的相角穿越频率，它是指开环相频特性的相角等于 $-\pi$ 时的频率，即

$$\varphi(\omega_g) = \angle G(j\omega_g)H(j\omega_g) = -\pi$$

在开环对数幅频特性图中，幅值裕度定义为

$$\begin{aligned} K_g(\mathrm{dB}) &= 20\lg K_g = 20\lg \frac{1}{|G(j\omega_g)H(j\omega_g)|} \\ &= -20\lg|G(j\omega_g)H(j\omega_g)| = -L(\omega_g) \end{aligned} \qquad (6-18)$$

幅值裕度的物理意义是：如果系统的开环增益放大 K_g 倍，开环幅频特性值将放大 K_g 倍，那么闭环系统就将达到临界稳定状态。

如果 $K_g>1$，则 $K_g(\mathrm{dB})>0$，幅值裕度为正值；如果 $K_g<1$，则 $K_g(\mathrm{dB})<0$，幅值裕度为负值。为了使最小相位系统稳定，幅值裕度必须为正值。对于非最小相位系统，幅值裕度为负值时，对应的闭环系统稳定。

图 6-11 给出了奈奎斯特图和伯德图上稳定裕度的表示方法。图 6-11a 为正的稳定裕度，图 6-11b 为负的稳定裕度。

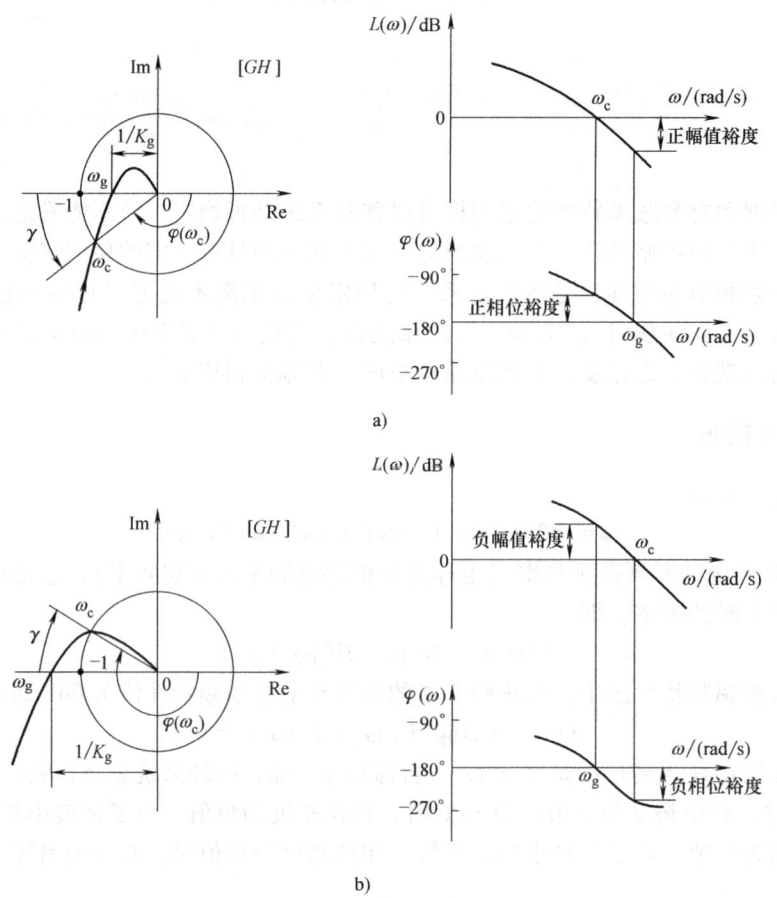

图 6-11 系统稳定裕量
a) 正的相位裕度和幅值裕度　b) 负的相位裕度和幅值裕度

应当指出,在分析系统的稳定程度时必须同时考虑相位裕度和幅值裕度两项指标,只用其中一项指标不足以说明系统的相对稳定性。应用稳定裕度分析系统稳定程度时,一般可分为如下情况。

1) 对于最小相位系统,相位裕度 γ 大于零,幅值裕度 $K_g(dB)$ 大于零,其闭环系统就是稳定的。在工程应用中,往往要求实际的系统有一定的裕度值,一般规定相位裕度 γ 应在 $30°\sim60°$ 之间,幅值裕度 $K_g(dB)$ 应当大于 6dB。

2) 对于最小相位系统,开环幅频特性和相频特性之间有确定的对应关系,$30°\sim60°$ 的相位裕度,意味着在开环伯德图上,对数幅频特性曲线在截止频率 ω_c 处的斜率必须大于 $-40dB/dec$。为保证有合适的相位裕度,一般要求对数幅频特性曲线在 ω_c 处的斜率为 $-20dB/dec$;如果其在 ω_c 处的斜率为 $-40dB/dec$,则系统即使稳定,相位裕度也较小,相对稳定性也是很差的;如果其在 ω_c 处的斜率为 $-60dB/dec$ 或更小,则系统肯定不会稳定。

3) 对于开环传递函数中存在右极点的系统,只有开环奈奎斯特曲线逆时针包围 $(-1,j0)$ 点时系统才能稳定,否则不能满足稳定条件。因此,非最小相位系统($P\neq0$)稳定的时候,将具有负的相位裕度和幅值裕度。

【例 6.10】 已知单位负反馈控制系统的开环传递函数为

$$G(s)=\frac{K}{s(s+1)(0.2s+1)}$$

试在伯德图上求取 $K=2$ 和 $K=20$ 时系统的相位裕度和幅值裕度。

解:在伯德图上求取相位裕度和幅值裕度,具体可采用两种方法,即图解法和解析法。

(1) 图解法

$K=2$ 时,绘制系统的伯德图,如图 6-12 所示,可知,系统的截止频率和相位裕度分别为

$$\omega_{c1}=1.4\text{rad/s},\ \gamma_1=20°$$

系统的相角穿越频率和幅值裕度分别为

$$\omega_{g1}=2.2\text{rad/s},\ K_{g1}(dB)=8dB$$

$K=20$ 时,相当于开环增益 K 放大 10 倍,则将 $K=2$ 时的开环对数幅频特性曲线沿纵轴向上移动 20dB,对数相频特性不变,即得到此情况下的伯德图,如图 6-12 所示,可知,系统的截止频率、相位裕度及幅值裕度为

$$\omega_{c2}=4.5\text{rad/s},\ \gamma_2=-30°,\ K_{g2}(dB)=-12dB$$

显然,开环增益增加使得稳定裕度为负值,系统不稳定。

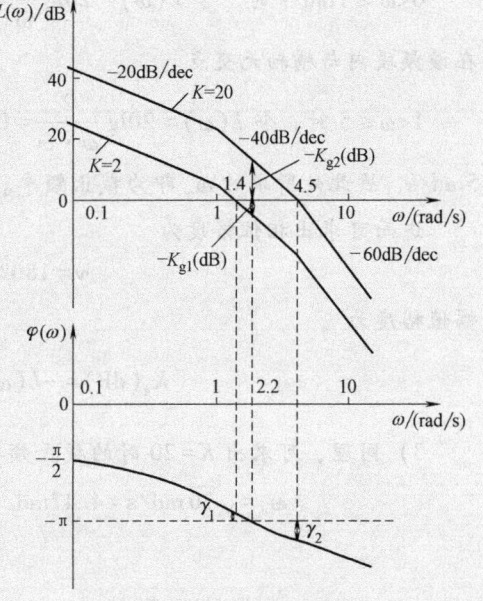

图 6-12 例 6.10 的伯德图

图解法要求精准绘制系统的伯德图,在很多情况下难以实现。实际中常用下述解析法。

(2) 解析法

系统的开环频率特性为

$$G(j\omega)=\frac{K}{j\omega(j\omega+1)(j0.2\omega+1)}$$

系统的开环幅频特性和相频特性分别为

$$A(\omega) = |G(j\omega)| = \frac{K}{\omega\sqrt{(\omega^2+1)(0.04\omega^2+1)}}$$

$$\varphi(\omega) = \angle G(j\omega) = -90° - \arctan\omega - \arctan 0.2\omega$$

系统的开环对数幅频特性渐近线表达为

$$L(\omega) = \begin{cases} 20\lg\dfrac{K}{\omega} & (0<\omega \leq 1\text{rad/s}) \\ 20\lg\dfrac{K}{\omega\cdot\omega} & (1\text{rad/s}<\omega \leq 5\text{rad/s}) \\ 20\lg\dfrac{K}{\omega\cdot\omega\cdot 0.2\omega} & (\omega>5\text{rad/s}) \end{cases}$$

1) 求相角穿越频率 ω_g，令

$$\varphi(\omega_g) = \angle G(j\omega_g) = -90° - \arctan\omega_g - \arctan 0.2\omega_g = -180°$$

解得

$$\omega_g = \sqrt{5}\ \text{rad/s} = 2.236\text{rad/s}$$

2) 求 $K=2$ 时的稳定裕度。先由 $L(\omega)=0$ 求截止频率，具体如下。

$0<\omega\leq 1\text{rad/s}$ 时，令 $L(\omega) = 20\lg\dfrac{2}{\omega} = 0$，求出 $\omega_c = 2\text{rad/s}$ 不在该频段内。表明 $L(\omega)$ 在该频段内与横轴无交点。

$1<\omega\leq 5$ 时，令 $L(\omega) = 20\lg\dfrac{2}{\omega\cdot\omega} = 0$，求出 $\omega_c = \sqrt{2}\ \text{rad/s} = 1.414\text{rad/s}$，由于 $1<\omega_c \leq 5\text{rad/s}$，故此处所求的 ω_c 即为截止频率。

进而可求出相位裕度为

$$\gamma = 180° + \varphi(\omega_c) = 19.5°$$

幅值裕度为

$$K_g(\text{dB}) = -L(\omega_g) = -20\lg\frac{2}{\omega_g^2} = 7.96\text{dB}$$

3) 同理，可求出 $K=20$ 时的截止频率、相位裕度及幅值裕度分别为

$$\omega_c = \sqrt{20}\ \text{rad/s} = 4.47\text{rad/s},\ \gamma = -29.46°,\ K_g(\text{dB}) = -12\text{dB}$$

6.4 稳定性分析的 MATLAB 实现

利用 MATLAB 可以很方便地对控制系统的稳定性进行分析，主要有以下三种方法判别系统的稳定性：一是利用"roots"函数求取系统的特征根，根据特征根的分布情况确定系统是否稳定；二是通过"pzmap"函数绘制零极点分布图，通过零极点分布情况确定系统的稳定性；三是根据频率特性判定系统稳定性，主要通过奈奎斯特稳定性判据和对数频率特性

稳定判据判别系统的稳定性。同时，可利用稳定裕度函数"margin"求取系统的稳定裕度，考察系统的相对稳定性。

6.4.1 求取特征根判定系统的稳定性

已知系统特征方程式为

$$D(s) = a_n s^n + a_{n-1} s^{n-1} + \cdots + a_1 s + a_0 = 0$$

在MATLAB中，其系数向量可以表述为

$$D = \begin{bmatrix} a_n & a_{n-1} & \cdots & a_1 & a_0 \end{bmatrix}$$

然后用"roots"函数求取特征根，即

$$r = \text{roots}(D)$$

返回值r就是以列向量形式表示的特征根。

应用"roots"函数求解特征方程时，如果特征方程中自变量s的某次幂的系数为零（即缺少s某次幂的项），那么在建立系数向量时，应在对应位置添加系数零。

6.4.2 绘制零极点分布图判定系统的稳定性

在MATLAB中，可应用"pzmap"函数绘制零极点分布图，进而直观地确定闭环系统的稳定性。根据线性系统稳定的充要条件可知，系统若想稳定，其零点和极点均要分布在s平面左半部。

【例6.11】 已知某单位负反馈控制系统的开环传递函数为 $G_K(s) = \dfrac{s+2}{s(s+1)(0.5s^2+s+1)}$，试用MATLAB绘制零极点分布图并判定系统的闭环稳定性。

解：系统的闭环传递函数为

$$G_B(s) = \frac{G(s)}{1+G(s)} = \frac{s+2}{0.5s^4+1.5s^3+2s^2+2s+2}$$

MATLAB程序代码如下：
```
num = [1 2];
den = [0.5 1.5 2 2 2];
G = tf(num,den);
pzmap(G);
axis([-2.5 0.5 -1.5 1.5]);
title('零极点分布图')
xlabel('实轴')
ylabel('虚轴')
```

运行结果如图6-13所示。

由图6-13可以看出，系统极点中有一对实部大于0的共轭复根，所以系统不稳定。

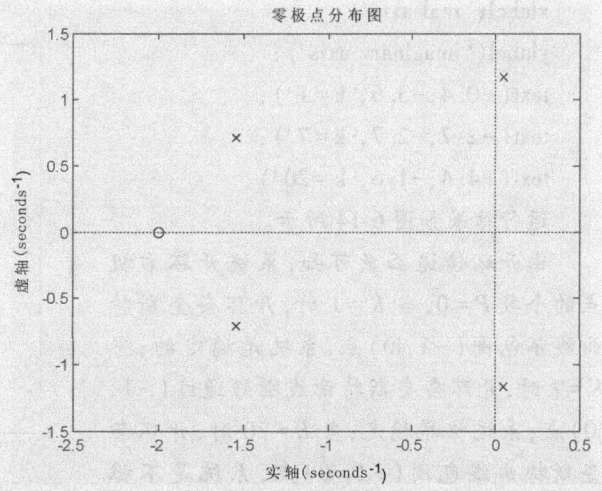

图6-13 例6.11的零极点分布图

6.4.3 频率法判定系统的稳定性

控制系统的频域分析中,有奈奎斯特稳定判据和对数频率特性稳定判据,在 MATLAB 中,可应用"nyquist"函数和"bode"函数绘制系统的奈奎斯特图和伯德图,进而利用图形判别系统的稳定性。

1. 绘制奈奎斯特图判定系统的稳定性

下面通过例子详细介绍在 MATLAB 中用"nyquist"函数绘制奈奎斯特图,并通过奈奎斯特图判断系统稳定性的方法。

【例 6.12】 已知某系统的开环传递函数为 $G(s)H(s)=\dfrac{100K}{s(s+5)(s+10)}$,分别绘制 $K=1$,$K=7$,$K=20$ 时系统的奈奎斯特图,并利用奈奎斯特稳定判据判断闭环系统的稳定性。

解:MATLAB 程序代码如下:

```
clear,close all
z=[];
p=[0,-5,-10];
k=100.*[1,7,20];
G1=zpk(z,p,k(1));
[re1,im1]=nyquist(G1);
G2=zpk(z,p,k(2));
[re2,im2]=nyquist(G2);
G3=zpk(z,p,k(3));
[re3,im3]=nyquist(G3);
plot(re1(:),im1(:),re2(:),im2(:),re3(:),im3(:))
axis([-5,1,-5,1])
grid on
xlabel('real axis');
ylabel('imaginary axis');
text(-0.4,-3.6,'k=1');
text(-2.7,-2.7,'k=7');
text(-4.4,-1.6,'k=20');
```

运行结果如图 6-14 所示。

由开环传递函数可知,系统开环右极点的个数 $P=0$,当 $K=1$ 时,开环奈奎斯特曲线不包围 $(-1,j0)$ 点,系统是稳定的;当 $K=7$ 时,开环奈奎斯特曲线刚好通过 $(-1,j0)$ 点,系统临界稳定;当 $K=20$ 时,开环奈奎斯特曲线包围 $(-1,j0)$ 点,系统是不稳定的。

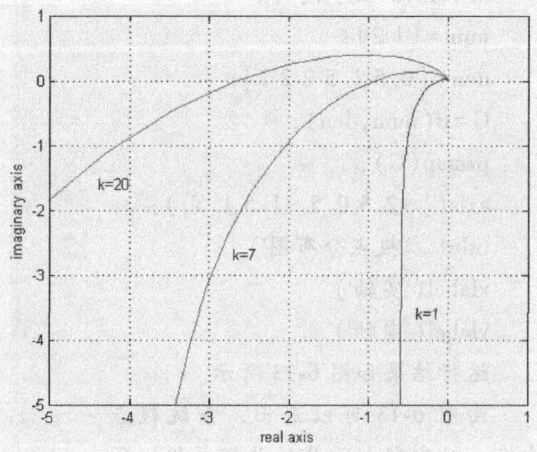

图 6-14 例 6.12 的奈奎斯特图

2. 绘制伯德图判定系统的稳定性

系统的伯德图可以很好地反映系统的频域性能，并且可以通过伯德图衡量系统的相对稳定性，求出系统的稳定裕度。对于最小相位系统，相位裕度和幅值裕度大于 0 说明系统是稳定的，并且系统的稳定裕度越大，意味着系统的稳定程度越高。

在 MATLAB 中，应用"margin"函数可以很容易地求出控制系统的稳定裕度及其响应频率，此函数的调用格式主要有如下两种。

1) 绘制给定系统传递函数 G 所对应的伯德图，并将稳定裕度及响应频率标示在图上的调用格式，即

$$\text{margin}(G)$$

2) 不绘制曲线，只计算稳定裕度及响应频率的调用格式，即

$$[\text{Gm}, \text{Pm}, \text{Wcg}, \text{Wcp}] = \text{margin}(G)$$

式中，Gm 是幅值裕度；Pm 是相位裕度；Wcg 是相角穿越频率；Wcp 是截止频率。

【例 6.13】 已知某单位负反馈控制系统的开环传递函数为 $G_K(s) = \dfrac{s+1}{s^5 + 5s^4 + 15s^3 + 16s^2 + 12s}$，试应用 MATLAB 求系统的幅值裕度、相位裕度、相角穿越频率及截止频率。

解：MATLAB 程序代码如下：

```
num = [1 1];
den = [1 5 15 16 12 0];
G = tf(num, den);
margin(G)
```

运行结果如图 6-15 所示。

由图 6-15 可知，系统的幅值裕度、相位裕度、相角穿越频率及截止频率分别为

$$K_g(\text{dB}) = 21.9\text{dB}, \quad \gamma = 88.4°, \quad \omega_g = 1.36\text{rad/s}, \quad \omega_c = 0.0838\text{rad/s}$$

因此，系统是稳定的。

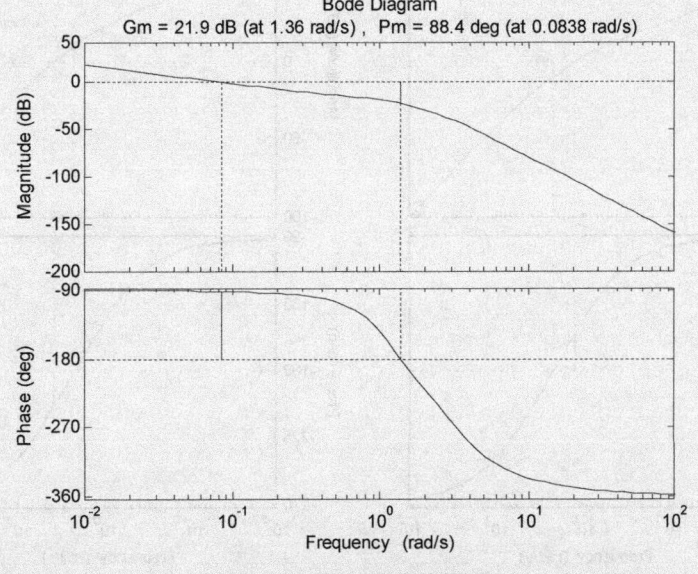

图 6-15 例 6.13 的伯德图

接下来，利用本方法重新求解例 6.10，并对计算结果进行比对。

【例6.14】 已知单位负反馈控制系统的开环传递函数为 $G_K(s) = \dfrac{K}{s(s+1)(0.2s+1)}$，试编制MATLAB程序，求出 $K=2$ 和 $K=20$ 时系统的相位裕度和幅值裕度。

解： MATLAB程序代码如下：

```
num1 = 2;
num2 = 20;
den = conv([1 1 0],[0.2 1]);
sys1 = tf(num1,den);
sys2 = tf(num2,den);
subplot(1,2,1)
margin(sys1)
subplot(1,2,2)
margin(sys2)
```

运行结果如图6-16所示。由图6-16可知，当 $K=2$ 时，幅值裕度和相位裕度分别为 $K_g(\text{dB}) = 9.54\text{dB}$，$\gamma = 25.4°$，系统稳定；当 $K=20$ 时，幅值裕度和相位裕度分别为 $K_g(\text{dB}) = -10.5\text{dB}$，$\gamma = -23.7°$，系统不稳定。由此可见，开环增益越大，系统越不稳定。比对例6.10解析法求取的结果，可知解析法由于采取近似方法求取，结果存在误差。求取准确的幅值裕度和相位裕度可利用MATLAB函数。

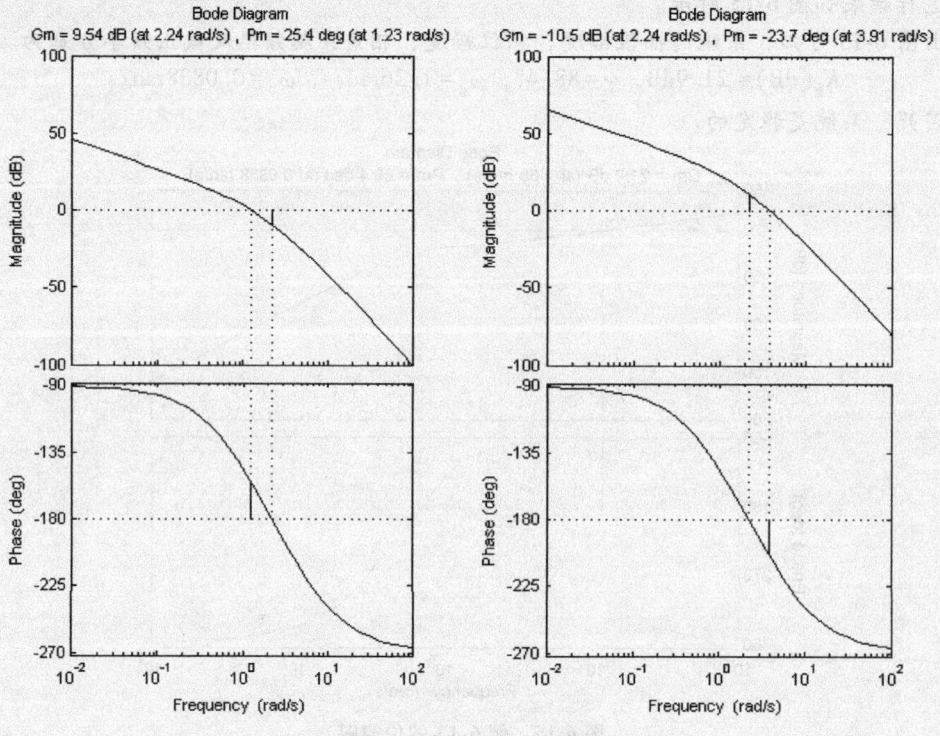

图6-16 例6.14的伯德图

6.5 设计实例

本节通过两个工程实例,进一步介绍控制系统稳定性分析的具体方法。

6.5.1 直流电动机速度控制系统

直流电动机在许多自动控制系统,如轧钢设备、机床设备、矿井设备、数控设备、工业机器人等领域得到了广泛应用。直流电动机速度控制系统是根据控制信号调节电动机转速,以满足不同作业现场需要的。直流电动机转速控制方法主要有电枢电压法和励磁控制法。不管电动机工作在高速还是低速状态下,采用电枢电压法控制时,电动机都能输出额定转矩,所以在直流电动机速度控制系统中应用最为广泛。本小节将介绍简单的单闭环直流电动机调速系统的建模和稳定性分析方法。

1. 单闭环直流电动机调速系统的建模

单闭环直流电动机调速系统,选定转速为反馈量,采用变电压调节方式,实现对直流电动机的无极平滑调速。转速由与电动机同轴相连的测速发电机测出并将其转换为电压信号,反馈到输入端,再与给定值比较,经放大环节产生控制电压,再通过电力电子变换器来调节电动机回路电流,达到控制电动机转速的目的。调速系统中的电压放大环节采用集成电路运算放大器实现,主电路用晶闸管可控整流器调节对电动机的电源供给,具体原理图如图 6-17 所示。

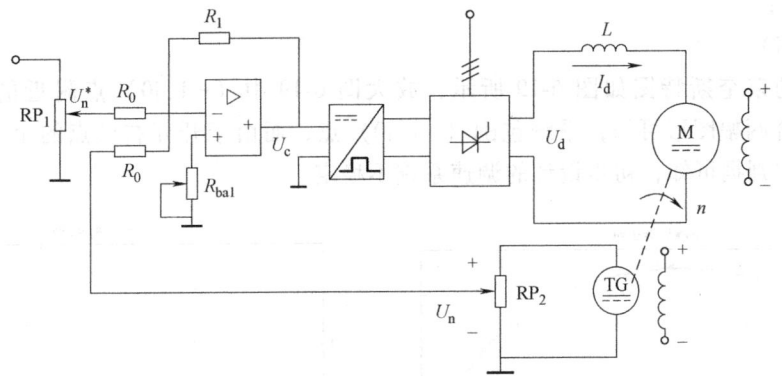

图 6-17 直流电动机调速系统的具体原理图

根据所学的相关课程对系统进行建模,放大环节可以看成比例环节,晶闸管可控整流器环节是一个时间常数很小的滞后环节,这里把它看作一阶惯性环节,而额定励磁下的直流电动机是一个振荡环节,可以得到如图 6-18 所示的框图。其中,K_p 是比例环节的系统;K_s 和

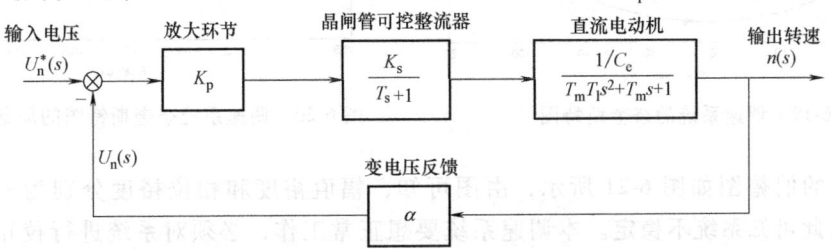

图 6-18 直流电动机调速系统的框图

T_s 是惯性环节的比例和时间常数;T_m 和 T_l 分别是电动机的机电时间常数、电磁时间常数;C_e 是电动势系数。

根据具体电动机的参数和控制要求,确定系统中的具体参数,例如某初步设计的实际电动机调速系统,经过计算后的开环传递函数为

$$G(s)H(s) = \frac{55.58}{(0.00167s+1)(0.001275s^2+0.075s+1)}$$

2. 单闭环直流电动机调速系统的稳定性分析

稳定是调速控制系统工作的首要条件,下面对上述系统进行稳定性分析。根据本章所学习的内容,稳定性分析方法主要有直接求取特征根、画出零极点分布图和利用频域法进行判定三种方法。在此采用第三种方法来进行判别,利用 MATLAB 分别绘制系统的奈奎斯特图和伯德图,并且求取系统的稳定裕度,具体的程序代码如下:

```
num = 55.58;
den = conv([0.00167 1],[0.001275 0.075 1]);
G = tf(num,den);
figure(1)
nyquist(G)
figure(2)
bode(G);
margin(G)
```

运行后的奈奎斯特图如图 6-19 所示,放大图 6-19 中 (-1,j0) 点附近的区域,可得图 6-20。结合两幅图形可知,系统包围 (-1,j0) 点,而由于开环右极点的个数为 0,根据奈奎斯特稳定判据可知,初步设计的调速系统不稳定。

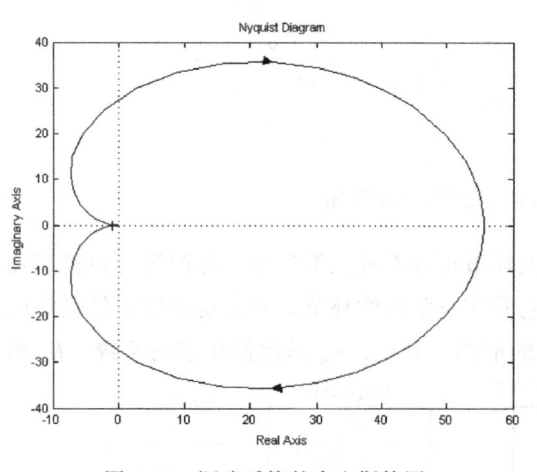

图 6-19 调速系统的奈奎斯特图

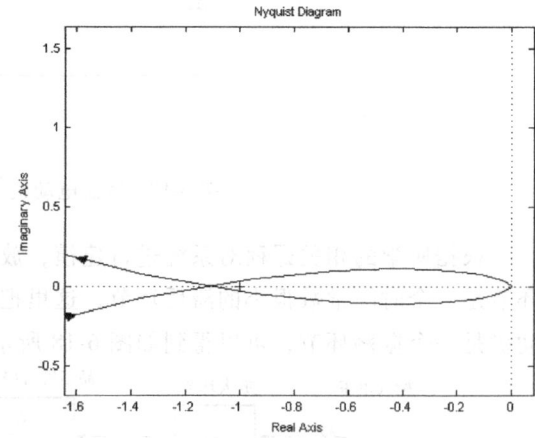

图 6-20 调速系统奈奎斯特图的局部放大图

运行后的伯德图如图 6-21 所示,由图可知,幅值裕度和相位裕度分别为 -1.02dB 和 -1.93°,由此可知系统不稳定。本调速系统要想正常工作,必须对系统进行校正,下一章将介绍相关内容。

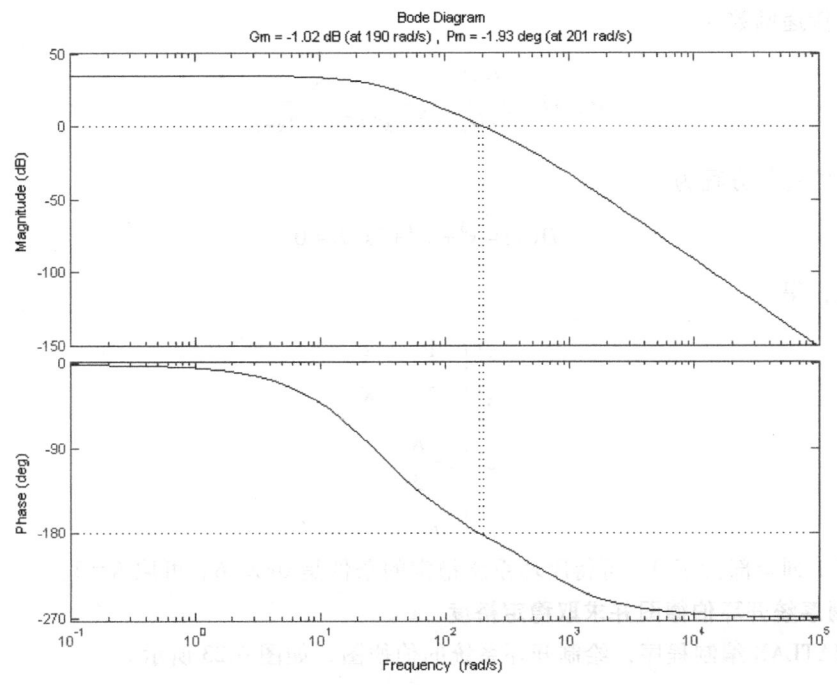

图 6-21 调速系统的伯德图

6.5.2 雕刻机位置控制系统

某雕刻机配有两个驱动电动机用来驱动雕刻针运动,使之到达指定的位置,其中,一个用于 x 方向,另一个用于 y、z 方向。雕刻机 x 方向位置控制系统框图如图 6-22 所示,用稳定性和频域分析方法选择增益 K 的值,使系统稳定且阶跃响应的各项指标保持在允许范围内。

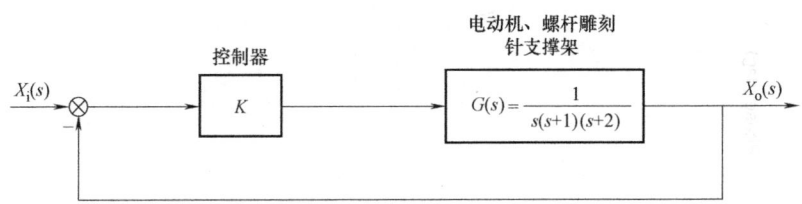

图 6-22 雕刻机 x 方向位置控制系统框图

首先确定系统稳定时 K 的取值范围,在此范围内选择增益 K 的初始值,绘制系统的开环和闭环对数频率特性曲线,然后利用闭环对数频率特性来估算系统时间响应的各项指标;若系统不能满足设计要求,则调整 K 的取值,再重复前面的设计过程;最后,用实际系统的仿真来检验设计结果。

1. 利用劳斯判据确定系统稳定时 K 的取值范围

由图 6-22 所示框图可知,系统的开环传递函数为

$$G_K(s) = \frac{K}{s(s+1)(s+2)}$$

系统的闭环传递函数为

$$G_B(s) = \frac{G_K(s)}{1+G_K(s)} = \frac{K}{s^3+3s^2+2s+K}$$

因此，系统的特征方程为

$$D(s) = s^3+3s^2+2s+K = 0$$

列出劳斯表，得

$$\begin{array}{c|cc} s^3 & 1 & 2 \\ s^2 & 3 & K \\ s^1 & 2-\dfrac{K}{3} & \\ s^0 & K & \end{array}$$

由劳斯表第 1 列全部大于 0，可得闭环系统稳定的条件是 $0<K<6$。可取 $K=2$。

2. 绘制系统开环伯德图并求取稳定裕度

利用 MATLAB 编制程序，绘制开环系统的伯德图，如图 6-23 所示。

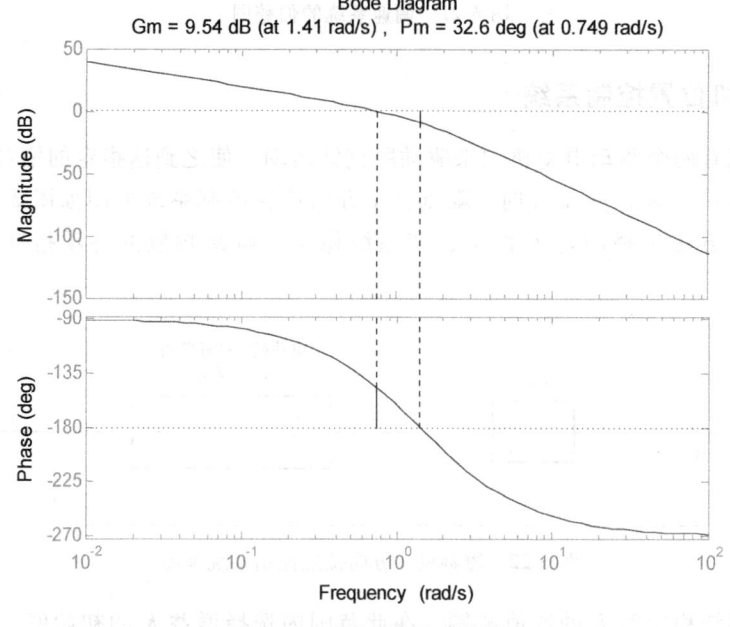

图 6-23 开环系统的伯德图

由图 6-23 可知，系统幅值裕度和相位裕度分别为 9.54dB 和 32.6°，相应的闭环系统具有较好的稳定裕度。

3. 绘制闭环系统的伯德图并估算时间响应性能指标

首先求取系统的闭环频率特性函数，得

$$G_B(j\omega) = \frac{2}{(j\omega)^3+3(j\omega)^2+2j\omega+2} = \frac{2}{2-3\omega^2+j\omega(2-\omega^2)}$$

利用 MATLAB 绘制精确的系统闭环伯德图，如图 6-24 所示。注意：图 6-24 是将频率范围限定在（0.1,2）之间的结果，以便于观察。

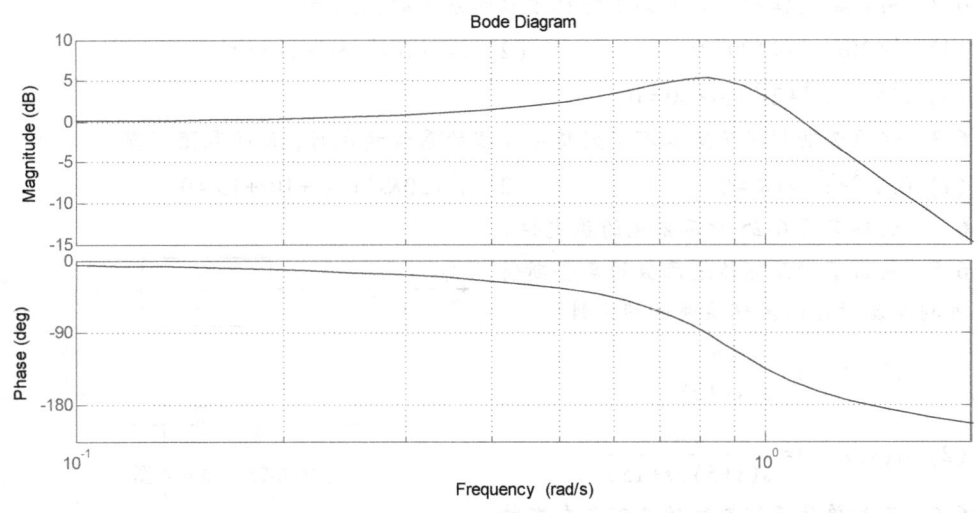

图 6-24 系统闭环伯德图

从图 6-24 所示的伯德图可以看出，$\omega = 0.8\text{rad/s}$ 时，对数幅频值达到最大 5dB，因此有

$$20\lg M_r = 5\text{dB}$$

计算可得 $M_r = 1.78$。根据图 6-24，可认为系统的主导极点为共轭复数极点，系统可近似为一振荡环节。

根据第 5 章中振荡环节的谐振峰值 M_r 与阻尼比 ξ 的关系 $M_r = |G(j\omega_r)| = \dfrac{1}{2\xi\sqrt{1-\xi^2}}$，可估计出 $\xi = 0.29$。

根据 $\omega_r = \omega_n\sqrt{1-2\xi^2}$，可求得 $\dfrac{\omega_r}{\omega_n} = \sqrt{1-2\xi^2} = 0.91$。因为 $\omega_r = 0.8$，所以无阻尼自然频率 $\omega_n = 0.88$，于是雕刻机控制系统的二阶近似模型应为

$$G(s) \approx \frac{\omega_n^2}{s^2 + 2\xi\omega_n s + \omega_n^2} = \frac{0.774}{s^2 + 0.51s + 0.774} \tag{6-19}$$

根据该近似模型，估计得到系统的超调量为 37%，调节时间（2%准则）为

$$t_s = \frac{4}{\xi\omega_n} = 15.7\text{s}$$

再按实际三阶系统仿真，得到系统的超调量为 39%，调节时间为 16s。结果表明式（6-19）是一个合理的二阶近似模型。在控制系统的分析和设计中，经常用近似模型对系统进行设计。在本例中，如果要求更小的超调量，可使 K<2，重复上面的设计过程。

习 题

6.1 什么是系统的稳定性？系统稳定的充要条件是什么？

6.2 用劳斯判据判断具有如下特征方程的系统的稳定性。

(1) $s^3+20s^2+9s+100=0$ (2) $3s^4+10s^3+5s^2+s+2=0$

(3) $s^5+s^4+2s^3+2s^2+3s+10=0$

6.3 试用劳斯判据确定具有下列特征方程的系统稳定时，K 的取值范围。

(1) $0.1s^3+s^2+s+K=0$ (2) $s^4+20Ks^3+5s^2+10s+15=0$

6.4 试确定图 6-25 所示系统的稳定性。

6.5 画出下列开环传递函数的奈奎斯特图，并判断其对应的闭环系统的稳定性。

(1) $G(s)H(s)=\dfrac{25}{s(s+10)}$

(2) $G(s)H(s)=\dfrac{250}{s(s+5)(s+15)}$

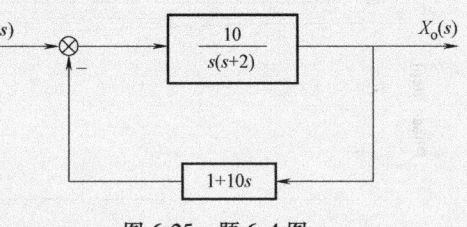

图 6-25　题 6.4 图

6.6 已知单位反馈系统的开环奈奎斯特曲线如图 6-26 所示。其中，P 为开环右极点数，v 为开环传递函数中积分环节的数目，试用奈奎斯特稳定判据判别其闭环系统的稳定性。

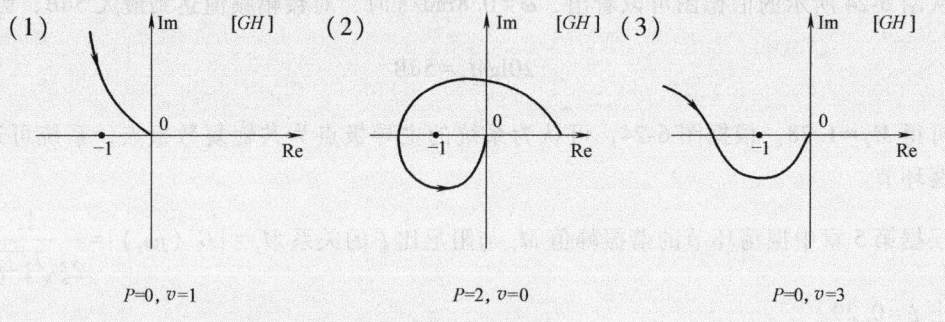

图 6-26　题 6.6 图

6.7 绘制下列开环传递函数的伯德图，并判断其对应的闭环系统的稳定性。

(1) $G(s)=\dfrac{2}{(2s+1)(8s+1)}$ (2) $G(s)=\dfrac{200}{s^2(s+1)(10s+1)}$

(3) $G(s)=\dfrac{40(s+0.5)}{s(s+0.2)(s^2+s+1)}$

6.8 对具有如下开环传递函数的单位负反馈系统，试用对数频率特性稳定判据判断闭环系统的稳定性，并分别用解析法和 MATLAB 编程两种方法确定系统的相位裕度和幅值裕度。

(1) $G(s)=\dfrac{100}{s(0.2s+1)}$ (2) $G(s)=\dfrac{100}{s(s+1)(s+5)}$

第 7 章 控制系统的综合与校正

> **学习目标**
>
> 通过本章学习，读者应熟知控制系统综合和校正的基本概念，熟悉常见的综合和校正的方法，具备常见校正装置的设计能力。

通过前六章的学习，我们针对已知结构和参数的系统，从时域和频域上分析并推算了系统的性能指标，这些内容称为系统分析。

然而在工程上，往往需要根据被控对象、输入信号、扰动等条件，设计一个满足给定指标的系统，这些内容称为系统设计。

在系统分析时，我们发现不同物理结构的系统，可能会得到相同或相似的系统性能，而系统设计作为系统分析的"逆过程"，其设计结果也不是唯一的；同时加上工程系统的复杂性，一次设计往往不能满足或完全满足性能的所有指标，甚至会产生一定的缺陷。这就需要设计或施加部分结构已知、参数可更改的装置——校正装置或补偿器，对系统进行校正或补偿，以改善系统性能，使其满足既定设计目标。

7.1 系统校正的基本概念

7.1.1 系统的性能指标

1. 时域性能指标

时域指标作为符合人类认知习惯的指标形式，其特点是直观，通常人们对系统性能指标的提出都以时域指标体现。

时域指标分为瞬态性能指标和稳态性能指标两类。

例如在单位阶跃输入下，系统输出在过渡过程中的上升时间 t_r、峰值时间 t_p、调节时间 t_s 和超调量 $\sigma\%$ 均为瞬态性能指标；而系统输出稳定阶段的性能，则由稳态误差来体现，也可以由三种误差系数，如位置误差系数、速度误差系数和加速度误差系数表示。

时域指标虽然直观，但是直接采用时域方法进行校正装置的设计却比较困难，因此在设计过程中通常以系统的频域指标进行设计。

2. 频域性能指标

常用的频域性能指标包括开环频域指标［开环截止频率（开环截止频率）ω_c、幅值裕

度 K_g、相位裕度 γ] 和闭环频域指标 [谐振峰值 M_r、峰值频率（谐振频率）ω_r、带宽频率（频带或闭环截止频率）ω_b]。

3. 时域和频域性能指标的转换

时域和频域指标并不是相悖的，二者之间存在一定的关系。以典型二阶系统为例，典型关系如下。

1）超调量 $\sigma\%$ 与谐振峰值 M_r 的关系为

$$\sigma\% = e^{-\pi\sqrt{(M_r-\sqrt{M_r^2-1})/(M_r+\sqrt{M_r^2-1})}} \tag{7-1}$$

2）带宽频率（频带或闭环截止频率）ω_b 与时域指标的关系为

$$\omega_b = \frac{3}{t_s\xi}\sqrt{1-2\xi^2+\sqrt{2-4\xi^2+4\xi^4}} \text{ 或 } \omega_b = \frac{4}{t_s\xi}\sqrt{1-2\xi^2+\sqrt{2-4\xi^2+4\xi^4}} \tag{7-2}$$

3）峰值频率（谐振频率）ω_r 与时域指标的关系为

$$\omega_r = \frac{3}{t_s\xi}\sqrt{1-2\xi^2} \tag{7-3}$$

式中，$t_s = \dfrac{3}{\xi\omega_n}$ 或 $t_s = \dfrac{4}{\xi\omega_n}$

4）相位裕度 γ 与时域指标的关系为

$$\gamma = \arctan\frac{2\xi}{\sqrt{\sqrt{1+4\xi^4}-2\xi^2}} \tag{7-4}$$

5）开环截止频率 ω_c 与时域指标的关系为

$$\omega_c = \omega_n\sqrt{\sqrt{1+4\xi^4}-2\xi^2} \tag{7-5}$$

4. 频率特性曲线与系统性能关系

系统的开环频率特性与系统的闭环时域特性密切相关，而使用系统的频域特性进行系统设计较为简便。因此在系统设计时，通常要用到开环频率特性曲线。

一般地，将系统的开环频率特性曲线分为低频段、中频段和高频段三个部分。三个频段的划分以幅值穿越频率 ω_c 为中心频率。

（1）低频段

将频率 $\omega \ll \omega_c$ 的区间称为低频段，通常为开环频率特性曲线第一个转角频率之前的区段。

决定闭环系统稳定特性好坏的主要参数（如开环增益 K、系统的型次等）可以通过系统的开环频率特性低频段求得。

（2）中频段

将 ω_c 附近的频率区称为中频段。

决定系统性能好坏的主要参数（如幅值穿越频率 ω_c、相位裕度 γ 等）可以通过系统的开环频率特性中频段求得。

（3）高频段

将频率 $\omega \ll \omega_c$ 的区间称为高频段，通常指 $\omega > 10\omega_c$ 的区段。系统的抗干扰能力等可以由系统的开环频率特性高频段来表示。

综上，开环频率特性低频段表征了闭环系统的稳态特性；中频段表征了闭环系统的动态特性；高频段表征了闭环系统的复杂性。每个需要达到特定功能的系统，其对性能指标的侧重点往往大相径庭。例如位置控制系统的主要性能指标包括死区、最大超调量、稳态误差和带宽等，速度调节系统对于稳定性和稳态精度要求严格，而随动系统还要求有一定的快速性。

在系统设计时，性能指标的提出首先要有根据，不能脱离实际。其次，由于系统的几个性能指标往往相互冲突，例如，减小系统的稳态误差往往会降低系统的相对稳定性，甚至导致系统不稳定，因此需要考虑哪个是必须满足的主要性能，哪个是在主要性能被满足后再进行考虑的附加性能。大多数情况下，系统的设计需要采取折中的方案，并加上必要的校正，使两方面的性能都能得到部分满足。

7.1.2 校正的概念

当给定被控对象后，根据系统所要完成的控制任务及对系统的性能要求，可以初步选定组成系统的基本元件，如执行元件、放大元件及测量元件等，然后，将它们与被控对象连接在一起就组成了所要设计的控制系统。

在设计系统时，通常会选用标准元件实现功能，并满足基本性能指标，但标准元件往往有一部分指标是与系统性能要求不符或相悖的，这些元件一旦选定，其系统参数和结构就固定了，因此这一部分称为系统的不可变部分。在这种情况下，设计出来的系统通常不能完全满足系统性能指标，必须加入一些具有某种典型环节特性的电网络、运算部件或测量装置等，靠这些环节的配置来有效地改善整个系统的控制性能，这种附加的部分称为校正元件或校正装置，通常是一些无源或有源微积分电路，以及速度、加速度传感器等。

综上所述，系统的设计过程包括系统不可变部分的选型和校正装置的设计两个步骤。可见，所谓校正就是在系统不可变部分的基础上，加入适当的校正元件，使系统满足给定的性能指标。

系统的性能取决于系统的零、极点的分布，因此引入校正装置来校正的实质是：通过引入校正装置的零、极点来改变整个系统的零、极点分布，从而改变系统的频率特性或根轨迹形状，使系统频率特性的低、中、高频段满足希望的性能或使系统的根轨迹穿越希望的闭环主导极点，从而使系统满足性能指标要求。

7.1.3 校正的分类

按照校正装置与原系统的连接方式，校正可分为串联校正、反馈校正和前馈校正。

1. 串联校正

串联校正是将校正环节放置在前向通道中的校正形式。由于在系统中，小功率的部件通常位于前端，因此为了避免过大的功率损耗，通常要求串联校正环节的功率较小，且应该靠近前向通道的前段。

串联校正的结构形式如图 7-1 所示，图中 $G_c(s)$ 为校正环节的传递函数。

校正前 [$G_c(s)$ 不存在时] 系统的传递函数为

$$G_{B0}(s) = \frac{G_0(s)}{1 + G_0(s)H(s)}$$

串联校正后，系统的传递函数为

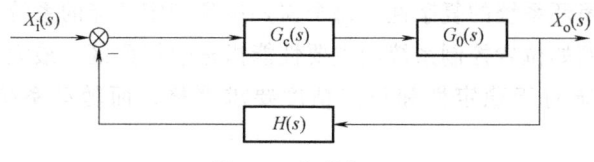

图 7-1 串联校正

$$G_{Bc}(s) = \frac{G_c(s)G_0(s)}{1+G_c(s)G_0(s)H(s)}$$

2. 反馈校正

反馈校正的结构形式如图 7-2 所示，其传递方向与前向通道相反。

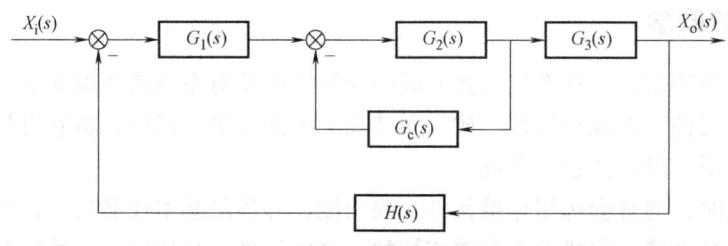

图 7-2 反馈校正

反馈校正前 [$G_c(s)$ 不存在时] 的传递函数为

$$G_{B0}(s) = \frac{G_1(s)G_2(s)G_3(s)}{1+G_1(s)G_2(s)G_3(s)H(s)}$$

反馈校正后的传递函数为

$$G_{Bc}(s) = \frac{G_1(s)G_2(s)G_3(s)}{1+G_2(s)G_c(s)+G_1(s)G_2(s)G_3(s)H(s)}$$

3. 前馈校正

前馈校正的结构形式如图 7-3 所示，其传递方向与前向通道相同。

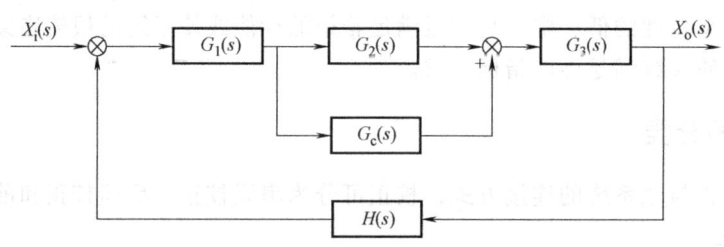

图 7-3 前馈校正

前馈校正前 [$G_c(s)$ 不存在时] 的传递函数为

$$G_{B0}(s) = \frac{G_1(s)G_2(s)G_3(s)}{1+G_1(s)G_2(s)G_3(s)H(s)}$$

前馈校正后的传递函数为

$$G_{Bc}(s) = \frac{G_1(s)[G_2(s)+G_c(s)]G_3(s)}{1+G_1(s)[G_2(s)+G_c(s)]G_3(s)H(s)}$$

上面介绍的几种校正方式，虽然校正装置与系统的连接方式不同，但都可以达到改善系统性能的目的。有时，表面上不同形式的系统结构框图，经过变换和化简（框图简化与梅森公式），也可能变成同样的传递函数，这表明在系统设计中，其结构的形式往往不是唯一的。

在工程应用中，究竟采用哪一种连接方式要视具体情况而定。通常需要考虑的因素有：原系统物理结构、信号是否便于取出和加入、信号的性质、系统中各点功率的大小、可供选用的元件，还有设计者的经验和经济条件等。

一般来讲，串联校正比反馈校正设计简单，也比较容易对系统信号进行变换。由于串联校正通常是由低能量向高能量部位传递信号，加上校正装置本身的能量损耗，系统必须进行能量补偿。因此，串联校正装置通常由有源网络或元件构成，即其中需要有放大元件。

反馈校正装置的输入信号通常由系统输出端或放大器的输出级供给，信号是从高功率点向低功率点传递，因此，系统一般不需要放大器。由于输入信号功率比较大，校正装置的容量和体积相应要大一些。反馈校正可以消除校正回路中元件参数的变化对系统性能的影响，因此，若原系统随着工作条件的变化，它的某些参数变化较大时，采用反馈校正效果会更好些。

综上所述，在对控制系统进行校正时，应根据具体情况，综合考虑各种条件和要求来选择合理的校正装置和校正方式，有时，还可同时采用两种或两种以上的校正方式。

7.2 校正方法和校正装置的设计

校正装置的设计方法有综合法与分析法两种。

综合法又称为期望特性法。它的基本思想是按照设计任务所要求的性能指标，构造期望的数学模型，然后选择校正装置的数学模型，使系统校正后的数学模型与期望的数学模型相同。综合法虽然简单，但得到的校正环节的数学模型一般比较复杂，在实际应用中受到限制。

分析法是把校正装置归结为易于实现的几种类型，放置在系统中实现系统的校正。这些校正装置的结构已知、参数可调。设计时，首先根据系统的现有特性确定校正方案，之后根据系统的性能指标要求，选择某一种或某几种校正装置类型，通过更改校正装置的参数，实现系统的校正目的。

使用分析法对系统进行校正，需要对校正后的系统性能进行验算。如果不能满足全部性能指标，则应调整校正装置参数，甚至重新选择校正装置的结构，直到系统校正后能满足给定的全部性能指标。因此，分析法本质上是一种试探法。

常见的校正装置的形式有串联超前校正、串联滞后校正、滞后-超前校正和 PID 调节等。接下来分别讨论其设计方法。

7.2.1 串联超前校正

1. 串联超前校正的特性

串联校正装置串联在原系统的前向通道中，其传递函数为

$$G_c(s) = \frac{1+aTs}{1+Ts} \quad (a>1) \tag{7-6}$$

式中，a、T 为可调参数。

超前校正环节的零极点分布图如图 7-4 所示。

零点总是位于极点的右侧（$a>1$），改变 a 和 T 的值，零、极点可以位于 s 平面负实轴上的任意位置，从而产生不同的校正效果。

超前校正环节的伯德图如图 7-5 所示。超前校正环节对频率在 $\frac{1}{aT} \sim \frac{1}{T}$ 之间的输入信号有微分作用，在该频率范围内，超前校正环节具有超前相角，"超前校正"的名称由此而得。超前校正的基本原理就是利用超前相角补偿系统的滞后相角，改善系统的动态性能，如增加相位裕度，提高系统稳定性能等。

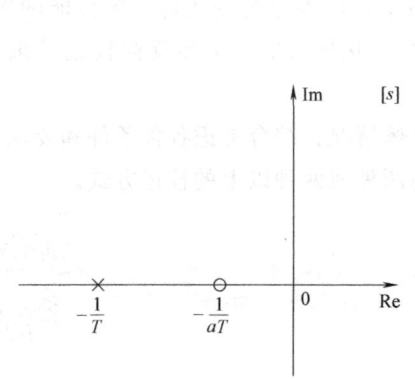

图 7-4 超前校正环节的零极点分布图

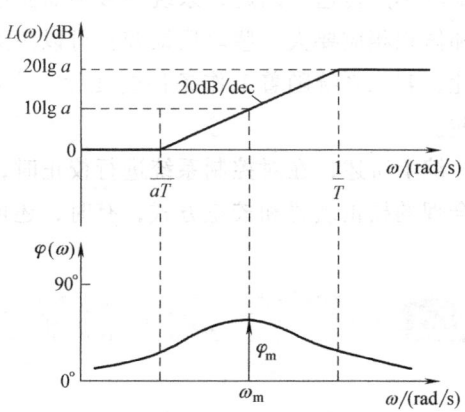

图 7-5 超前校正环节的伯德图

根据式（7-6），可以得到超前校正环节的频率特性为

$$G_c(j\omega) = \frac{1+jaT\omega}{1+jT\omega}$$

则其相频特性为

$$\varphi_c(\omega) = \arctan aT\omega - \arctan T\omega$$

于是

$$\frac{d\varphi_c(\omega)}{d\omega} = \frac{aT}{1+(aT\omega)^2} - \frac{T}{1+(T\omega)^2}$$

令 $\frac{d\varphi_c(\omega)}{d\omega} = 0$，可得当 $\omega_m = \frac{1}{\sqrt{a}T}$ 时，$\varphi_c(\omega)$ 最大且最大值为

$$\varphi_m = \arctan \frac{aT}{\sqrt{a}T} - \arctan \frac{T}{\sqrt{a}T} = \arctan \sqrt{a} - \arctan \frac{1}{\sqrt{a}}$$

$$= \arctan \frac{\sqrt{a} - \frac{1}{\sqrt{a}}}{1 + \sqrt{a}\frac{1}{\sqrt{a}}} = \arctan \frac{a-1}{2\sqrt{a}} = \arcsin \frac{a-1}{a+1}$$

第7章 控制系统的综合与校正

可见,最大超前相角 φ_m 只与 a 有关:a 越大,φ_m 越大,对系统相角补偿越大,但同时由于相位超前,有效带宽一般会增加,导致抗干扰能力下降。当 $a>20$(即 $\varphi_m>65°$)时,φ_m 的增加就不显著了。当 $a\to\infty$ 时,超前校正最大补偿相角为 $\pi/2$,其实是不可能实现的。所以,一般取 $a=5\sim20$,即用超前校正补偿的相角一般不超过 $65°$。

2. 串联超前校正参数的确定

通常,采用频域法对系统校正参数进行设计。通过频域法进行系统校正时,通常采用相位裕度等表征系统的相对稳定性,用开环截止频率表征系统的快速性。当给定的指标是时域指标时,首先需要将其转化为频域指标,才能够进行频域设计。最常用的频域设计方法是依据开环频率特性指标和开环增益,在伯德图上确定校正参数并校验开环频域指标。

一般设计步骤如下。

1) 根据稳态误差的要求,确定原系统的开环增益 K。

2) 根据已经确定的开环增益 K,计算未经过校正系统的相位裕度 γ_0 和幅值裕度 K_g(dB)。

3) 根据给定的相位裕度 γ 计算需要产生的最大超前相角 $\varphi_c = \gamma - \gamma_0 + \varepsilon$。

加 ε 是因为超前校正使系统的开环截止频率 ω_c 增大,未校正系统的相角一般更负一些,为补偿这里增加的负相角,再加一个正相角。当未校正系统在 ω_c 处的斜率为 -20dB/dec 时,可取 $\varepsilon = 5°\sim10°$;当未校正系统在 ω_c 处的斜率为 -40dB/dec 时,可取 $\varepsilon = 10°\sim15°$;当未校正系统在 ω_c 处的斜率为 -60dB/dec 时,可取 $\varepsilon = 15°\sim20°$。或者根据 ω_c 之后的相频曲线变化大小选取,若比较平坦则取 $5°$,否则增加。

4) 让超前校正环节的最大超前相角 $\varphi_c = \varphi_m$,则可得校正装置的参数 a 为 $a = \dfrac{1+\sin\varphi_m}{1-\sin\varphi_m}$。

5) 为使超前校正环节的最大超前相角出现在校正后系统的截止频率 ω_c' 处,即 $\omega_m = \omega_c'$,取未校正系统幅值为 $-10\lg a\,\text{dB}$ 时的频率作为校正后系统的截止频率 ω_c'。

6) 由 $\omega_m = \dfrac{1}{\sqrt{a}\,T}$ 计算参数 T,并写出超前校正环节的传递函数 $G_c(s) = \dfrac{1+aTs}{1+Ts}$。

【例 7.1】 已知单位负反馈系统的开环传递函数为 $G_0(s) = \dfrac{K}{s(1+0.1s)(1+0.3s)}$,试设计超前校正环节,使校正后系统的静态速度误差系数 $K_v \leqslant 6$,相位裕度 $\gamma = 45°$,绘制校正前、后系统的开环伯德图。

解: 设所设计的校正环节传递函数为

$$G_c(s) = \frac{1+aTs}{1+Ts} \quad (a>1)$$

1) 待校正系统为 I 型系统,故而静态速度误差系数 $K_v = K$,由稳态性能指标可知 $K \leqslant 6$,不妨取 $K = 6$。

2) 计算可知待校正系统的相位裕度和截止频率为

$$\gamma_0 = 21.2037°, \quad \omega_{c0} = 3.74\,\text{rad/s}$$

3) 为使相位裕度达到要求值所需增加的超前相角为

$$\varphi_c = \gamma - \gamma_0 + \varepsilon$$

式中，γ 为要求的相位裕度，$\gamma=45°$，是考虑到校正装置影响开环截止频率的位置而附加的相位裕度，由于未校正系统中频段的斜率为 $-40\mathrm{dB/dec}$，应取 $\varepsilon=28°$，可得 $\varphi_c=51.763°$。

4) 令超前校正环节的最大超前相角 $\varphi_m=\varphi_c$，则可求出校正装置的参数为

$$a=\frac{1+\sin\varphi_m}{1-\sin\varphi_m}=8.322$$

5) 未校正系统幅值为 $-10\lg a\,\mathrm{dB}$ 时的频率 $\omega_m=6.56\mathrm{rad/s}$，并将该频率作为校正后系统的开环截止频率 ω_c，即 $\omega_c=\omega_m$。

6) 根据 $\omega_m=\dfrac{1}{\sqrt{a}\,T}$，可得 $T=0.0983$，得到所设计的校正环节的传递函数为

$$G_c(s)=\frac{0.44s+1}{0.053s+1}$$

则校正后系统的开环传递函数为

$$G_K(s)=\frac{6(0.44s+1)}{s(1+0.1s)(1+0.053s)(1+0.3s)}$$

使用 MATLAB 绘制校正前系统、校正环节和校正后系统的伯德图如图 7-6 所示。

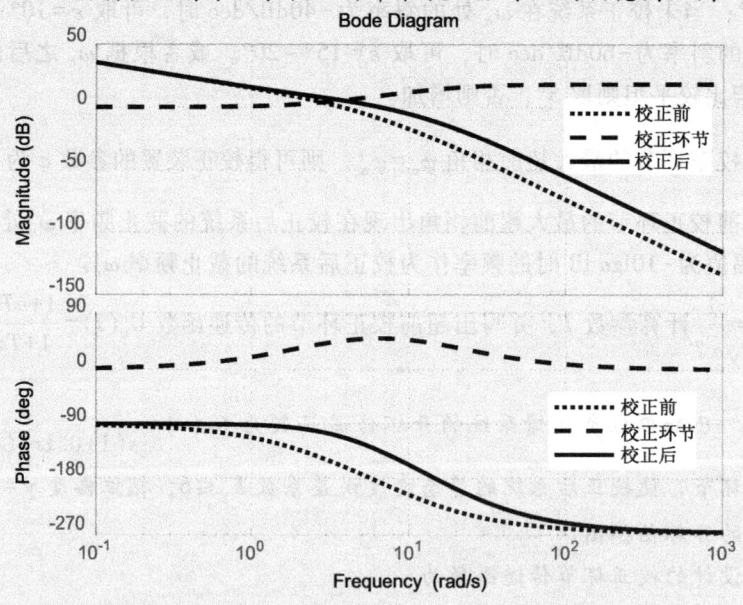

图 7-6 例 7.1 系统超前校正前、后的伯德图

可以计算得到校正后系统的相位裕度为 $45.45°$，满足设计要求。

7.2.2 串联滞后校正

1. 串联滞后校正的特性

串联滞后装置串联在原系统的前向通道中，其传递函数为

$$G_c(s)=\frac{1+aTs}{1+Ts}\qquad(a<1) \tag{7-7}$$

式中，a、T 为可调参数，虽然滞后校正与超前校正环节的传递函数仅是 a 的值不同，但这一点却导致了两种校正的性质具有本质的不同。

滞后校正环节的零极点分布图如图 7-7 所示。

可见，零点总是位于极点左侧（$a<1$），改变 a 和 T 的值，零、极点可以在 [s] 平面负实轴上的任意位置，从而产生不同的校正效果。

滞后校正环节的伯德图如图 7-8 所示。

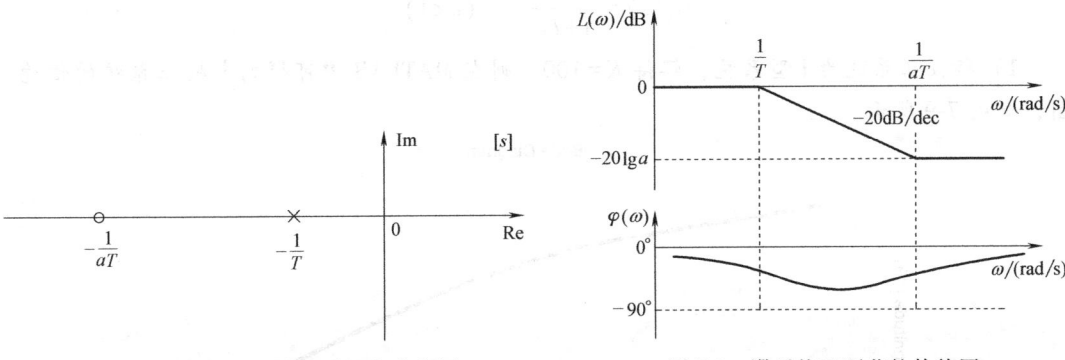

图 7-7 滞后校正环节的零极点分布图　　图 7-8 滞后校正环节的伯德图

从幅频特性看，滞后校正的高频段是负增益的，因此，滞后校正对系统中的高频噪声有削弱作用，可增强系统的抗干扰能力。利用滞后校正环节的这一低通滤波所造成的高频衰减特性，降低系统的截止频率，提高系统的相位裕度，以改善系统的暂态性能，是滞后校正的作用之一。

从相频特性看，滞后校正对于 $\dfrac{1}{T} \sim \dfrac{1}{aT}$ 之间的频率具有相位滞后作用，相位滞后会给系统特性带来不良影响。解决这一问题的原则之一是使滞后校正环节的零、极点靠得很近，使之产生的滞后相角很小；原则之二是使滞后校正环节的零、极点靠近原点，尽量不影响中频段。

2. 串联滞后校正参数的确定

通常，滞后校正环节用于已满足瞬态性能而未满足稳态性能的系统。

在采用频域法设计滞后校正装置时，目的是使系统满足稳态性能要求，同时让校正后的系统重新获得原系统的瞬态性能。

一般设计步骤如下。

1）按稳态性能指标要求的开环放大系数绘制未校正系统的伯德图。

2）在原系统的伯德图上找出相角为 $-(180°-\gamma-\varepsilon)$ 的频率作为校正后系统的截止频率 ω_c'，其中，γ 为要求的相位裕度，ε 为一个补偿值，用于补偿滞后校正环节在 ω_c' 处产生的相角滞后，一般取 $\varepsilon = 5° \sim 10°$。

3）在原系统的伯德图上量取 $L_0(\omega_c')$ [或者由 $20\lg|G_0(j\omega_c)|$ 求取] 的分贝值，并令 $20\lg|G_0(j\omega_c)| = 20\lg\dfrac{1}{a}$，由此确定参数 a（$a<1$）。

4）取 $\dfrac{1}{aT} = \left(\dfrac{1}{5} \sim \dfrac{1}{10}\right)\omega_c'$，并由 a 求参数 T。

5）绘制校正后系统的伯德图，校验各项性能指标，若不满足，可重新选择 ω_c' 或 $\dfrac{1}{aT}$ 的值。

【例 7.2】 已知单位负反馈系统开环传递函数为 $G_0(s) = \dfrac{10K}{s(10+s)(1+s)}$，试设计滞后校正环节，使校正后系统的速度误差系数 $K_v = 100$，相位裕度 $\gamma > 40°$，且幅值裕度 $K_g(\mathrm{dB}) > 10\mathrm{dB}$。

解： 设所设计校正环节的传递函数为

$$G_c(s) = \frac{1+aTs}{1+Ts} \qquad (a<1)$$

1) 待校正系统为 I 型系统，解得 $K = 100$。则在 MATLAB 中可得到未校正系统的伯德图，如图 7-9 所示。

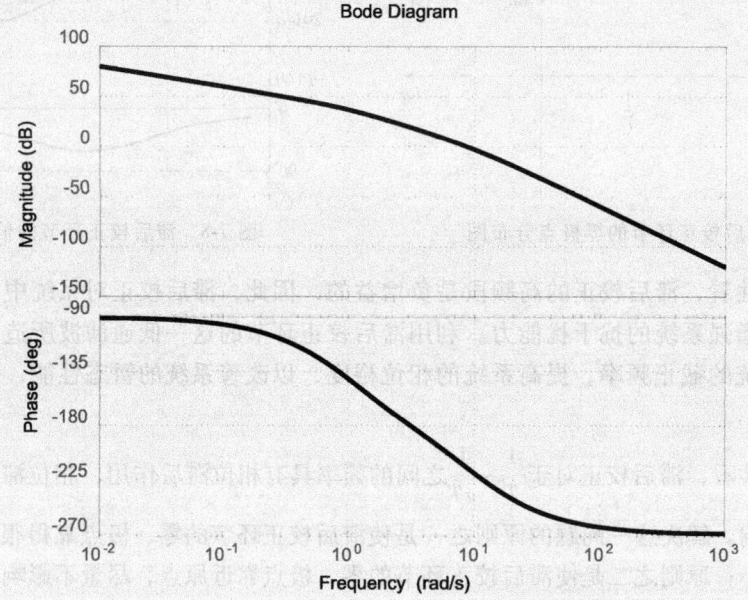

图 7-9　例 7.2 未校正系统的伯德图

可知幅值裕度 $K_g = -19.2\mathrm{dB}$，相位裕度 $\gamma_0 = -34.3°$，小于零且绝对值较大，因此该系统不稳定，需要串联一个滞后校正环节，使其趋于稳定。

2) 系统要求的裕量 $\gamma = 40°$，取 $\varepsilon = 10°$，故

$$\angle G(\mathrm{j}\omega_c) = -180° + \gamma + \varepsilon = -130°$$

计算得到校正后系统的截止频率

$$\omega_c' = 0.729$$

3) ω_c' 对应的幅值

$$L(\omega_c') = 40.97\mathrm{dB}$$

则

$$40.97 = 20\lg\frac{1}{a}$$

可得

$$a = 0.0089$$

4）不妨取

$$\frac{1}{aT}=\frac{1}{5}\omega'_c$$

又可根据 $\frac{1}{aT}=0.2\tan\varepsilon$，得 $T=3170$。

5）所设计校正环节的传递函数为 $G_c(s)=\dfrac{1+28.36s}{1+3170s}$。则校正后系统的开环传递函数为

$$G_K(s)=\frac{1000(1+28.36s)}{s(10+s)(1+s)(1+3170s)}$$

使用 MATLAB 绘制系统校正后的伯德图如图 7-10 所示。

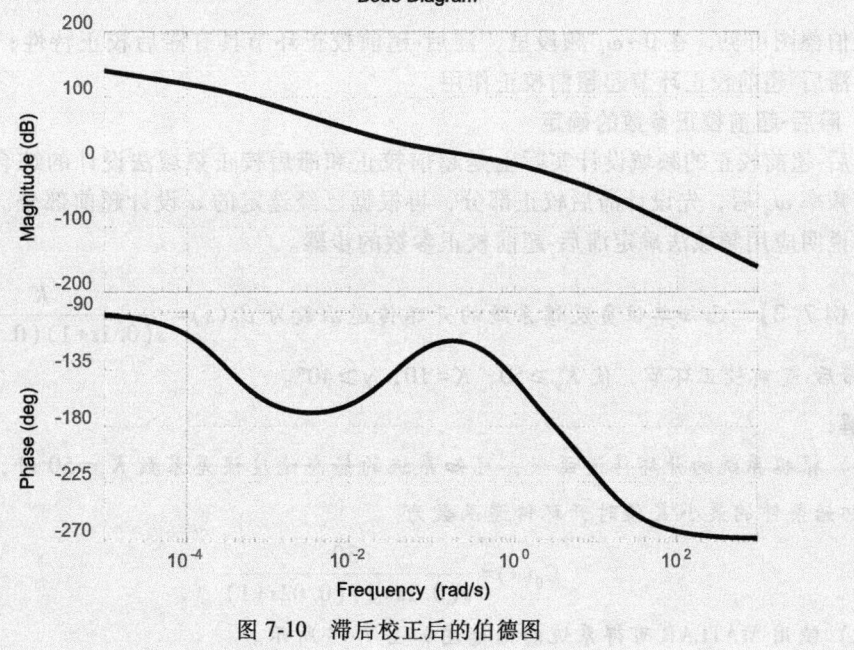

图 7-10 滞后校正后的伯德图

7.2.3 滞后-超前校正

1. 滞后-超前校正的特性

超前校正通常可以改善控制系统的快速性和超调量，但增加了带宽，对于稳定裕度较大的系统，是有效的。而滞后校正可改善超调量及相对稳定性，但往往会因带宽减小而使快速性下降。因此，这两种校正都各有其优点和缺点。如果用一个超前校正网络改善系统的动态性能，同时再用一个滞后校正网络提高系统的稳定性能，设计滞后-超前校正装置的传递函数为

$$G_c(s)=\frac{(T_a s+1)(T_b s+1)}{(\alpha T_a s+1)\left(\dfrac{T_b}{\alpha}s+1\right)} \quad (7\text{-}8)$$

式中，$\alpha>1$；$\alpha T_a>T_a>T_b>\dfrac{T_b}{\alpha}$，则可以得到滞后-超前校正装置的零极点分布图，如图 7-11 所示。

滞后-超前校正环节的伯德图如图 7-12 所示。

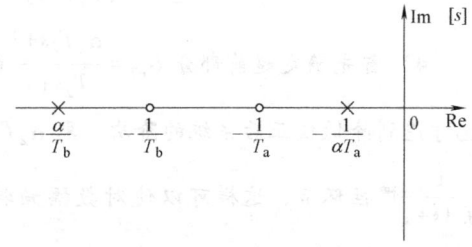

图 7-11 滞后-超前校正的零极点分布图

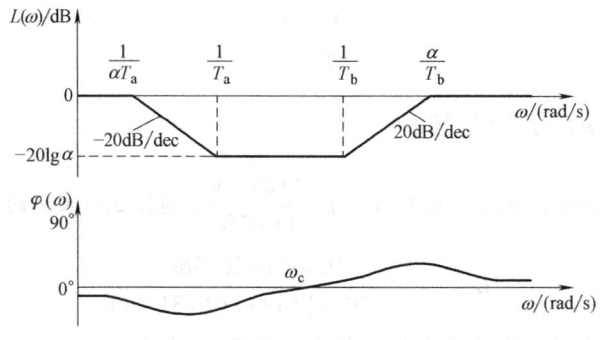

图 7-12 滞后-超前校正环节的伯德图

从伯德图可见，在 $0 \sim \omega_c$ 频段里，滞后-超前校正环节具有滞后校正特性；在 $\omega_c \sim \infty$ 频段里，滞后-超前校正环节起超前校正作用。

2. 滞后-超前校正参数的确定

滞后-超前校正的频域设计实际上是超前校正和滞后校正频域法设计的综合，合理地选择截止频率 ω_c 后，先设计滞后校正部分，再根据已经选定的 α 设计超前部分。下面通过具体例子说明应用频域法确定滞后-超前校正参数的步骤。

【例 7.3】 已知单位负反馈系统的开环传递函数为 $G_0(s) = \dfrac{K}{s(0.1s+1)(0.02s+1)}$，试设计滞后-超前校正环节，使 $K_v \geq 50$，$K = 10$，$\gamma \geq 40°$。

解：

1) 根据系统的开环传递函数，可知系统的静态速度误差系数 $K_v = 50$ 时，$K = K_v$。则满足初始条件的最小 K 值时开环传递函数为

$$G_0(s) = \dfrac{50}{s(0.1s+1)(0.02s+1)}$$

2) 使用 MATLAB 可得系统的伯德图如图 7-13 所示。

可得截止频率 $\omega_c = 20.3882\text{rad/s}$，相位裕度 $\gamma_0 = 3.9431°$，相角穿越频率 $\omega_g = 22.3607\text{rad/s}$，幅值裕度 $K_g(\text{dB}) = 1.58\text{dB}$。转角频率 $\omega_{T1} = 10\text{rad/s}$，$\omega_{T2} = 50\text{rad/s}$，$0 \sim \omega_{T1}$ 的对数幅频特性曲线斜率约为 -20dB/dec，$\omega_{T1} \sim \omega_{T2}$ 的对数幅频特性曲线斜率约为 -40dB/dec，$\omega_{T2} \sim +\infty$ 的对数幅频特性曲线斜率约为 -60dB/dec。

3) 设校正装置的传递函数为

$$G_c(s) = \dfrac{(\alpha_1 T_1 s + 1)(\alpha_2 T_2 s + 1)}{(T_1 s + 1)(T_2 s + 1)} \quad (\alpha_1 < 1, \alpha_2 > 1)$$

4) 首先确定超前部分 $G_{c2} = \dfrac{\alpha_2 T_2 s + 1}{T_2 s + 1}$ 的比例微分项的实现常数 $\alpha_2 T_2$，为了便于计算，也考虑到降低校正后系统的阶次，取 $\alpha_2 T_2 = 0.1$，则分子项 $0.1s + 1$ 就可以对消原系统中的 $\dfrac{1}{0.1s+1}$ 惯性环节，这样可以使对数幅频特性曲线在 $\omega_{T1} \sim \omega_{T2}$ 段斜率变为 -20dB/dec，至 ω_{T2} 处再变为 -40dB/dec。

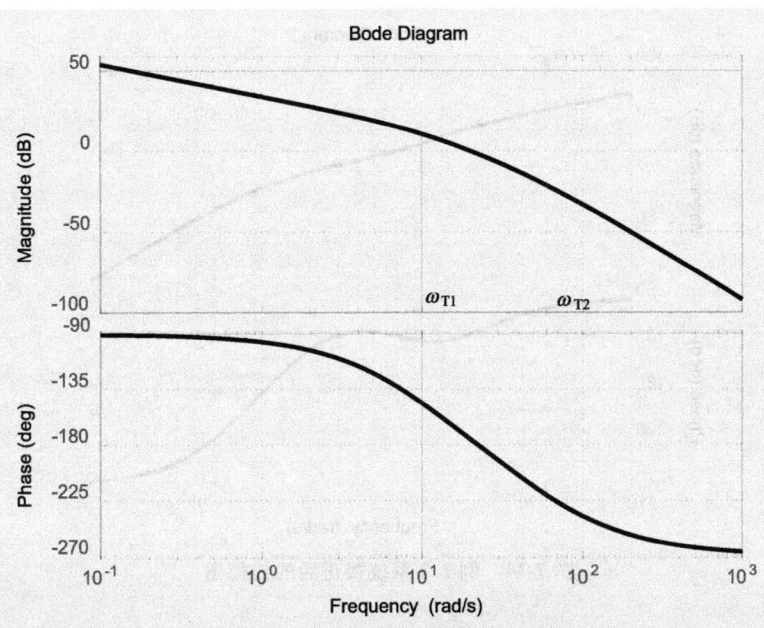

图 7-13 例 7.3 未校正时的伯德图

5) 根据设计指标，取校正后系统的截止频率 $\omega_c' = 12\text{rad/s}$，则在 ω_c' 处有

$$20\lg\alpha_1 + L(\omega_c') + 20\lg\frac{15}{10} = 0$$

可得 $L(\omega_c') = 9.13\text{dB}$，进而得 $\alpha_1 = 0.23$。

6) 根据 $\dfrac{1}{\alpha_1 T_1} = 0.1\omega_c' = 1.2$，可得 $T_1 = 3.57$。得到滞后部分的传递函数为 $G_{c1}(s) = \dfrac{0.83s+1}{3.57s+1}$。

得到滞后校正后的传递函数为

$$G_0(s) = \frac{50(0.83s+1)}{s(0.02s+1)(3.57s+1)(T_2s+1)}$$

7) 根据相位裕度的要求，有

$$\gamma = 180° - 90° + \arctan 0.667\omega_c' - \arctan 0.02\omega_c' - \arctan 2.22\omega_c' - \arctan T_2\omega_c' = 45°$$

得到 $T_2 = 0.069$。

8) 于是得到滞后-超前校正装置的传递函数为

$$G_c(s) = \frac{(0.83s+1)(0.1s+1)}{(3.57s+1)(0.069s+1)}$$

9) 校正后系统的开环传递函数为

$$G_0(s) = \frac{50(0.83s+1)}{s(0.02s+1)(3.57s+1)(0.069s+1)}$$

校正后，使用 MATLAB 得到系统的伯德图如图 7-14 所示。

校正后系统的幅值裕度 $K_g = 14.11\text{dB}$，相位裕度 $\gamma = 40.063°$。可以满足设计要求。

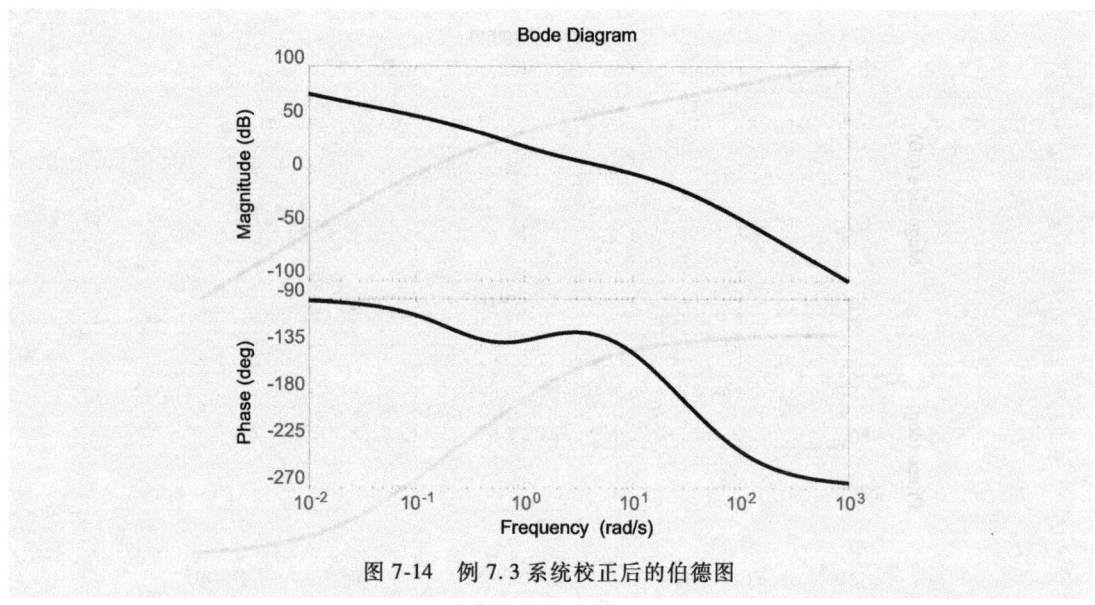

图 7-14　例 7.3 系统校正后的伯德图

7.2.4　PID 调节器

被广泛应用于工程控制系统中的有源校正环节常常被称为调节器。其中，按偏差的比例（Proportion）、积分（Integral）和微分（Derivation）进行控制的 PID 调节器（PID 校正器）是应用最为广泛的一种调节器。PID 调节器已经形成了典型结构，如图 7-15 所示，其本质是将比例、积分和微分三个环节并联后串联到系统中以实现校正。PID 调节器参数整定方便，结构改变灵活（可以进行 P、PI、PD、PID 组合等），在许多工业控制过程中获得了良好的效果。对于那些数学模型不易求得、参数变化较大的被控对象，采用 PID 调节器也往往能得到满意的控制效果。

在经典控制理论的应用中，PID 控制技术较为成熟，模拟式 PID 调节器至今仍被非常广泛地应用，数字式 PID 控制的控制作用更灵活、更易于改进和完善。

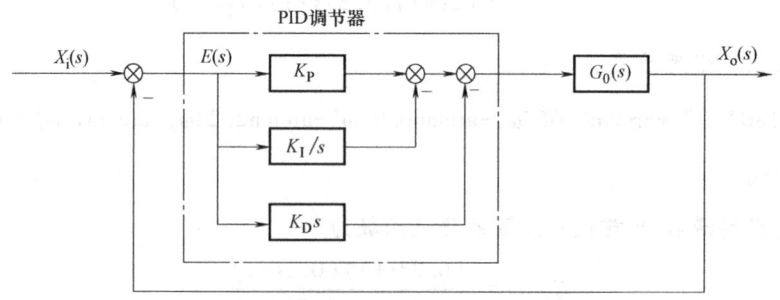

图 7-15　典型的 PID 校正系统结构框图

1. P 调节器

P 调节器（比例调节器）的传递函数为

$$G_c(s) = K_P \tag{7-9}$$

式中，K_P 为比例调节系数。

引入比例校正可以提高系统的开环增益而不影响其相位。因此在串联校正中，采用比例校正装置可以提高系统的开环增益，减小稳态误差，提高系统响应的快速性，随着 K_P 值的增大，闭环系统阶跃响应的超调量增大，响应速度加快，但相对稳定性变差，降低了其稳定性，故在系统校正中很少单独使用。

2. PD 调节器

PD 调节器（比例-微分调节器）的传递函数为

$$G_c(s) = K_P + K_D s = K_P \left(1 + \frac{K_D}{K_P} s\right) = K_P \left(1 + \frac{s}{\omega_D}\right) \tag{7-10}$$

式中，$\omega_D = \dfrac{K_P}{K_D}$；$K_D$ 为微分调节系数。

PD 调节器的伯德图如图 7-16 所示，由于 PD 调节器提供了一个超前相位，因此 PD 校正也称为超前校正。PD 校正环节是一种有源校正装置，一般由 RC 网络和运算放大器构成。

采用 PD 调节器可以提高系统的相位裕度，提高系统的稳定性；提高系统的幅值穿越频率，提高系统响应的快速性。但系统的高频增益上升，抗干扰能力减弱。

3. PI 调节器

PI 调节器的传递函数为

$$G_c(s) = K_P + \frac{K_I}{s} = \frac{K_I \left(1 + \dfrac{s}{\omega_I}\right)}{s} \tag{7-11}$$

式中，$\omega_I = \dfrac{K_I}{K_P}$；$K_I$ 为积分调节系数。

PI 调节器的伯德图如图 7-17 所示，由于 PI 调节器给系统带来了一个滞后相位，因此 PI 校正也称为滞后校正。PI 校正环节是一种有源校正装置，一般由 RC 网络和运算放大器构成。

引入 PI 调节器后，系统的型次提高，使系统的稳态误差得以消除或减少，改善了系统的稳态性能。但由于校正后系统相位裕度有所下降，因此系统的稳定性变差，故 PI 调节器只有原系统的稳定裕度相对足够大时才被采用。

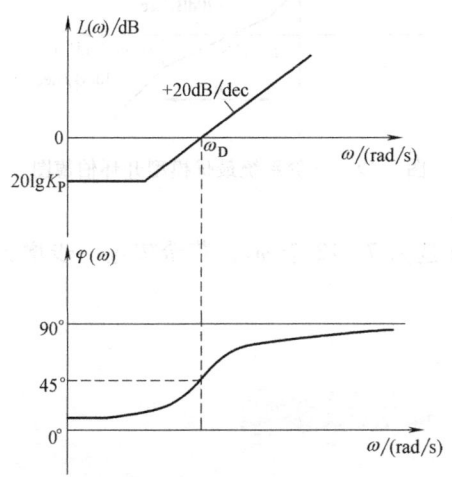

图 7-16 PD 调节器的伯德图

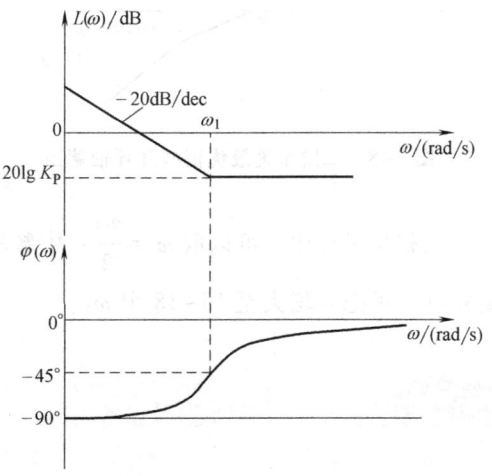

图 7-17 PI 调节器的伯德图

4. PID 调节器

PID 调节器（比例-积分-微分调节器）的传递函数为

$$G(s) = K_P + \frac{K_I}{s} + K_D s \tag{7-12}$$

通过选择 PID 调节器各部分的参数，使积分部分发生在系统频率特性的低频段，以提高系统的稳态性能；而使微分部分发生在系统频率特性的高频段，以改善系统的动态性能。

5. PID 调节器的设计

在工程上常采用两种最优模型来设计 PID 调节器。

（1）二阶系统最优模型

典型二阶系统的开环传递函数为 $G_K(s) = \dfrac{K}{s(Ts+1)}$，其开环伯德图如图 7-18 所示。

该系统的闭环传递函数为

$$G_B(s) = \frac{K}{Ts^2+s+K} = \frac{\omega_n^2}{s^2+2\xi\omega_n s+\omega_n^2}$$

式中，$\omega_n = \sqrt{\dfrac{K}{T}}$ 为无阻尼固有频率；$\xi = \dfrac{1}{2\sqrt{KT}}$ 为阻尼比。当阻尼比 $\xi = 0.707$ 时，超调量 $\sigma\% = 4.3\%$，调节时间 $t_s = 6T$，故 $\xi = 0.707$ 的阻尼比成为工程最优阻尼比，此时转角频率为 ω_c。要保证 $\xi = 0.707$ 并不容易，通常取 $0.5 \leqslant \xi \leqslant 0.8$。

（2）三阶系统最优模型

三阶系统最优模型的开环伯德图如图 7-19 所示。由图 7-19 可见，这个模型既保证了中频段斜率为 -20dB/dec，又使低频段具有更大的斜率，提高了系统的稳态精度。其性能比二阶最优模型高，因此工程上常采用这种模型。

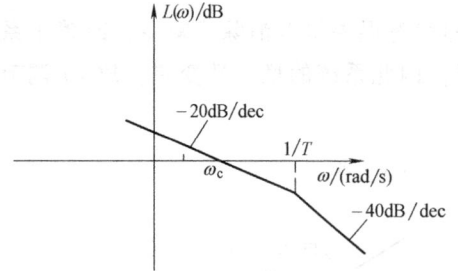

图 7-18 二阶系统最优模型开环伯德图

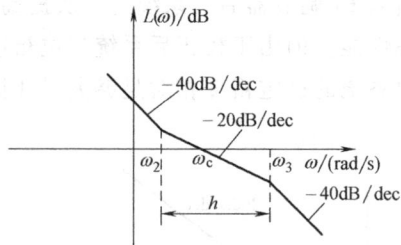

图 7-19 三阶系统最优模型开环伯德图

在初步设计中，可以取 $\omega_c = \dfrac{\omega_3}{2}$；中频段宽度 h 选为 $7\sim 12$ 个 ω_2，若希望进一步增大稳定裕度，可把 h 增大至 $15\sim 18$ 个 ω_2。

7.3 系统的综合与校正的 MATLAB 实现

前面的例题分别说明了串联超前校正、串联滞后校正和滞后-超前校正的校正步骤并进行参数计算，并通过 MATLAB 绘制了相关伯德图。本节以例 7.1 所给条件为例，尝试通过 MATLAB 实现系统的校正。

【例 7.4】 已知单位反馈系统开环传递函数为 $G_0(s) = \dfrac{K}{s(1+0.1s)(1+0.3s)}$，试用 MATLAB 设计超前校正环节，使其校正后系统的静态速度误差系数 $K_v \leqslant 6$，相位裕度 $\gamma = 45°$，绘制校正前、后系统的开环伯德图。

解： 下面采用与例 7.1 相同的步骤进行校正设计与计算。

设所设计的校正环节为

$$G_c = \frac{1+aTs}{1+Ts} \quad (a>1)$$

原系统的开环传递函数可以表示为

$$G_0(s) = \frac{K}{(s+0.1s^2)(1+0.3s)}$$

1) 由稳态性能指标取 $K = 6$。
2) 计算待校正系统的相位裕度和截止频率。MATLAB 程序代码如下：

num = 6; den = conv([0.1,1,0],[0.3,1]);
[gm,pm,wcg,wcp] = margin(num,den); %求校正前系统的幅值裕度 gm, 相位裕度 pm, 相角穿越频率 wcg, 截止频率 wcp

3) 采用与例 7.1 相同的方法，由 $\varphi_c = \gamma - \gamma_0 + \varepsilon$，取 $\varepsilon = 28°$，求为使相位裕度达到要求值所需增加的超前相角 φ_c。MATLAB 程序代码如下：

dpm = 45-pm+28;   %根据性能指标求出超前相角 φ_c，即 φ_m
phi = dpm * pi/180;   %将超前相角 φ_m 转化为弧度值

4) 由 $\varphi_m = \arcsin\left(\dfrac{a-1}{a+1}\right)$，$a = \dfrac{1+\sin\varphi_m}{1-\sin\varphi_m}$ 求 a，MATLAB 程序代码如下：

a = (1+sin(phi))/(1-sin(phi));

5) 求校正后系统的开环截止频率 ω_c，MATLAB 程序代码如下：

mm = -10 * log10(a);   %计算-10 lga
[mag,phase,w] = bode(num,den); %利用伯德图得到幅值向量 mag
bode(num,den); grid on;   %显示伯德图
mag_db = 20 * log10(mag);   %将幅值 mag 转换为分贝值
wc = spline(mag_db,w,mm);   %使用 spline 函数插值计算出当幅值为 mm 时的频率

6) 利用 T 与 a 关系求出 T，MATLAB 程序代码如下：

T = 1/(wc * sqrt(a));
p = a * T;

7) 生成校正后的传递函数并验证稳定性，MATLAB 程序代码如下：

numk = [p,1]; denk = [T,1];
gc = tf(numk, denk);   %求校正环节传递函数

```
printsys(numk,denk,'s')          %求出校正后系统的传递函数
```
运行可得校正环节的传递函数为

$$G_c(s) = \frac{0.43988s+1}{0.052857s+1} \tag{7-13}$$

继续验证校正后系统稳定性，MATLAB 程序代码如下：

```
g0 = tf(num,den); gc = tf(numk,denk);
g = g0 * gc;                     %生成校正后的传递函数
[gm1,pm1,wcg1,wcp1] = margin(g); %求校正后系统的幅值裕度 gm，相位裕度 pm，
                                 相角穿越频率 wcg，截止频率 wcp
fprintf('系统相位裕度是%f\n',pm1)  %调用显示系统相位裕度的值
if (pm1 >= 45)                    %判断相位裕度是否满足设计要求
    fprintf('满足设计要求')
else
    fprintf('不满足设计要求')
end
```

最终，校正后的系统相位裕度为 45.45°，满足了设计要求。

7.4 设计实例：直流电动机调速性能指标改善

某直流电动机调速的电路原理如图 7-20 所示，采用一个积分环节和一个时间常数为 0.5s 的惯性环节模拟，控制方式为比例控制，比例系数为 20。请设计校正装置，使：① 单位阶跃响应超调量 $\sigma\% \leq 25\%$；② 单位阶跃响应调节时间 $t_s \leq 1s (\Delta = 2\%)$；③ 静态速度误差系数 $K_v \leq 20$。

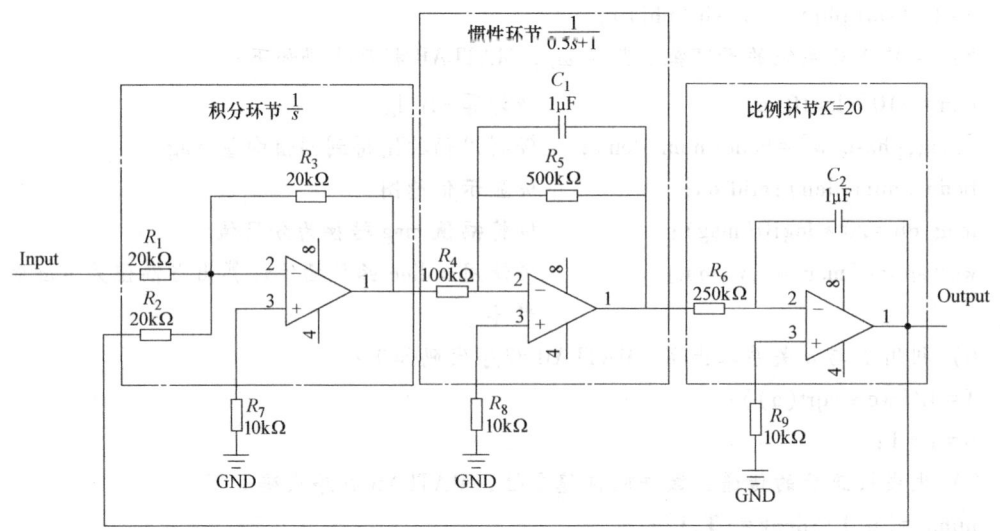

图 7-20 某直流电动机调速的电路原理图

根据图 7-20 及已知条件，直流电动机调速系统的开环传递函数为

$$G_K(s) = \frac{20}{s(0.5s+1)} \qquad (7\text{-}14)$$

对应的闭环传递函数为

$$G_B(s) = \frac{G_K(s)}{1+G_K(s)} = \frac{40}{s^2+2s+40}$$

1. 校正前系统性能

1) 通过与二阶系统标准传递函数 $G(s) = \dfrac{\omega_n^2}{s^2+2\xi\omega_n s+\omega_n^2}$ 对比可解得

$$\omega_n = 6.32\text{rad/s}, \xi = 0.16$$

2) 由于该系统为 Ⅰ 型系统，故 $K_v = K = 20$。

3) 由 $\sigma\% = e^{-\pi\xi/\sqrt{\gamma\xi^2}} \times 100\%$ 求得超调量

$$\sigma\% = 60\%$$

4) 取 $\Delta = 2\%$ 时，由 $t_s \approx \dfrac{4}{\xi\omega_n}$ 求得调节时间

$$t_s = 4\text{s}$$

用 MATLAB 得到此时的直流电动机调速系统单位阶跃响应如图 7-21 所示。

可见，系统的超调量和调节时间均较大。

2. 设计校正环节

一般情况下，在保证稳态性能的前提下，设计超前校正环节以改善系统的动态性能。

1) 根据系统超调量不大于 25% 的要求，有

$$\sigma\% = e^{-\pi\xi/\sqrt{1-\xi^2}} \leq 0.25$$

可得系统的阻尼比 $\xi \geq 0.4$。

2) 根据要求 $t_s = 4/(\xi\omega_n) \leq 1$，可得

$$\omega_n \geq 10\text{rad/s}$$

3) 由校正后系统静态速度误差系数 $K_v \leq 20$，可知当前系统 $K_v = K = 20$ 满足要求。

则校正后系统的开环传递函数为

$$G(s) = \frac{20}{s(0.05s+1)} \qquad (7\text{-}15)$$

则结合式（7-14）和式（7-15）可得校正环节传递函数为

$$G_c(s) = \frac{0.5s+1}{0.05s+1}$$

用 MATLAB 得到校正后的直流电动机调速系统单位阶跃响应如图 7-22 所示。

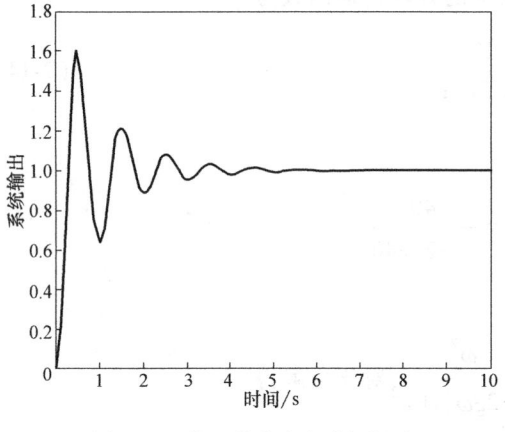
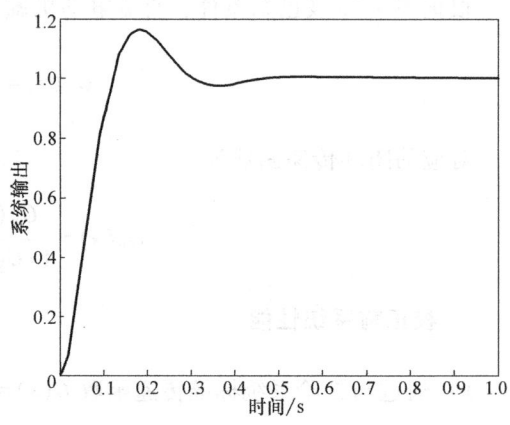

图 7-21 校正前直流电动机调速系统单位阶跃响应

图 7-22 校正后直流电动机调速系统单位阶跃响应

校正后直流电动机调速系统电路原理图如图 7-23 所示。

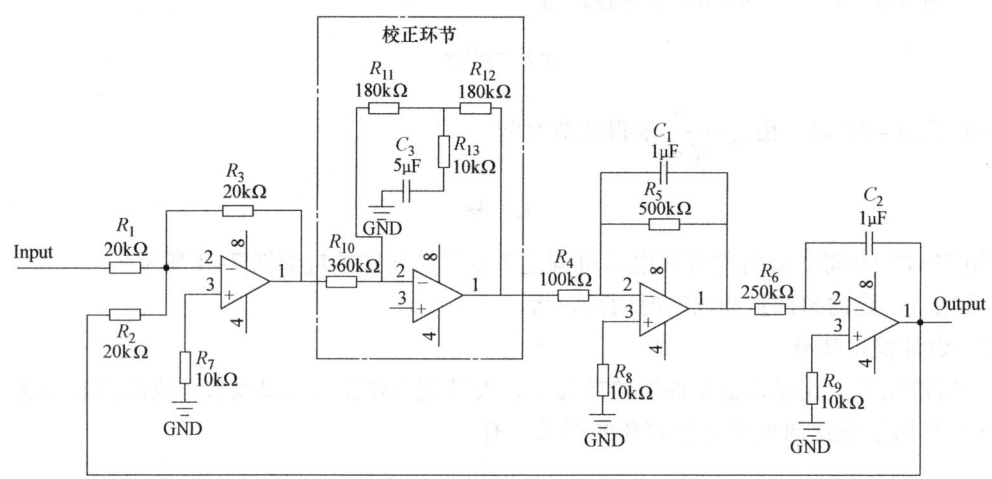

图 7-23 校正后直流电动机调速系统电路原理图

> 2020 年 12 月 17 日,"嫦娥五号"成功将 1731 克月球样品带回地球。探测器对月壤的钻探采集作业是通过远程控制机械臂和电动机来完成的,扫描下方二维码观看相关视频,了解中国航天人如何凭借自主创新,铸就"中国探月精神"、实现探月工程中一系列重大科技突破成就的故事。

我们的征途
中国探月工程(1)

我们的征途
中国探月工程(2)

我们的征途
中国探月工程(3)

习 题

7.1 设控制系统如图 7-24 所示。若要求系统在单位斜坡输入信号作用下，输出稳态误差 $e_{ss} \leq 0.1$，开环系统截止频率 $\omega_c \geq 4.4$，相位裕度 $\gamma \geq 45°$，幅值裕度 $K_g \geq 10\text{dB}$，试选择超前校正参数。

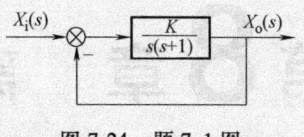

图 7-24 题 7.1 图

7.2 设控制系统不可变部分的传递函数为 $G_0(s) = \dfrac{K}{s(s+1)(0.5s+1)}$，要求：$K_v = 5\text{s}^{-1}$，$\gamma \geq 40°$，$K_g \geq 10\text{dB}$，试确定滞后校正环节的参数 a 和 T。

7.3 设单位负反馈控制系统的开递传递函数为 $G_0(s) = \dfrac{K}{s(s+1)(0.5s+1)}$，要求：$K = 10$，$\gamma = 50°$，$h = 10\text{dB}$，试确定滞后-超前校正环节参数。

7.4 系统在什么条件下采用超前校正、滞后校正和滞后-超前校正？为什么？

7.5 设单位负反馈控制系统的开环传递函数为 $G(s) = \dfrac{8}{s\left(\dfrac{s}{3}+1\right)\left(\dfrac{s}{9}+1\right)}$，在 $r(t) = t$ 作用下，稳态误差 $e_{ss} = 0.05$，要求校正后的相位裕度 $\gamma = 60°$，设计串联滞后-超前校正装置。若只对系统进行串联滞后校正，能否满足上述要求？为什么？

7.6 设系统开环传递函数为 $G(s) = \dfrac{K}{s(0.1s+1)}$，试用比例-微分装置进行校正，使校正后的系统 $K_v \geq 200$，$\gamma(\omega_c) \geq 50°$，并确定校正参数。

第 8 章 离散控制系统分析基础

> **学习目标**
>
> 本章要求掌握线性离散控制系统的基本概念,掌握 Z 变换及其反变换的方法、Z 传递函数的表示方法、稳定性分析和瞬态响应分析方法,以及利用 MATLAB 实现线性离散系统性能分析的方法。

在连续系统中,系统所有的变量都是连续时间的函数,即在 $t>0$ 的任何时刻都有定义,称为连续时间信号。如果信号只在时间的一些离散点上或区间上有定义,则称为离散时间信号,简称离散信号。某一部分信号是离散信号的系统,或者含有一个或多个离散信号的系统均称为离散系统。本章首先讨论连续时间信号的采样过程及采样定理、离散时间信号的恢复与保持,然后介绍 Z 变换及其反变换方法、离散系统的数学模型、Z 域分析,最后介绍离散系统的稳定性分析。

8.1 采样与信号

8.1.1 采样过程与采样定理

1. 采样器和理想采样

将模拟信号变成离散时间信号的过程,称为信号的采样过程。如果系统中的离散时间信号是通过对系统中连续时间信号采样得到的,则称这样的系统为采样系统。如果系统中的离散信号是经过量化而成为数字序列形式的数字信号的,则称这样的系统为数字系统。有数字计算机参与控制的系统称为计算机控制系统,它是一种最常见的数字控制系统。采样系统、数字系统、计算机控制系统中都存在离散时间信号,故可以统称为离散系统。

一种典型计算机控制系统框图如图 8-1 所示。因为计算机内参与运算的信号都是二进制代码,所以输入与输出间的连续误差信号 $e(t)$ 首先要经过模/数(A/D)转换器的转换,变成数字信号 $e^*(t)$ 输入至计算机,计算机给出控制信号的数字量 $x^*(t)$,然后经过数/模(D/A)转换器的转换,数字量恢复成连续的控制信号 $x_h(t)$ 对被控对象实施控制。

采样过程可以用一个采样开关(电子开关)形象地表示,称其为采样器,闭合时采集信号,断开时信号中断,闭开一次瞬间完成的采样。本章讨论周期采样,即采样器每次采样的时间间隔是固定不变的,所得到的离散脉冲序列的间断时间也是固定不变的。假设采样开

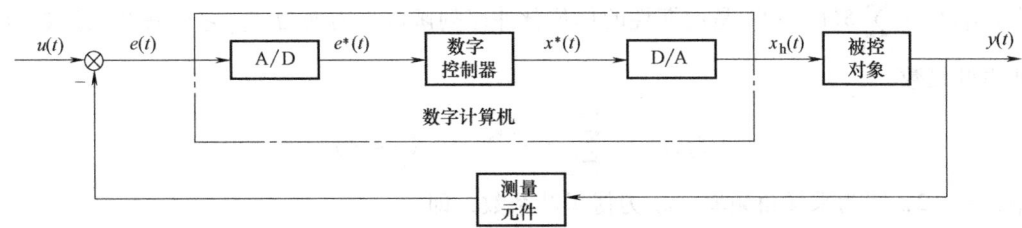

图 8-1　典型计算机控制系统框图

关每隔时间 T 闭合一次，T 称为采样周期，单位为 s；采样频率为 $f_s = \dfrac{1}{T}$，单位为 1/s，即 Hz；采样角频率记为 $\omega_s = 2\pi f_s = \dfrac{2\pi}{T}$，单位为 rad/s。一个连续模拟信号通过采样器后就会变成幅值宽度极窄、时间变量上离散、幅值上随连续模拟信号变化的一系列脉冲信号，如图 8-2a、b 所示。

理论上使用的是理想采样。由于采样器的一次闭合持续时间 τ 极短，比采样周期和系统连续部分的最大时间常数小得多，因此在进行系统分析时，一般认为采样器的闭合时间 $\tau = 0$，即理想采样。经离散采样器采样得到的信号是理想采样信号，是一种离散的周期脉冲序列 $\delta_T(t) = \sum\limits_{k=0}^{+\infty} \delta(t - kT)$（其中 $k \in Z$），如图 8-2c 所示。

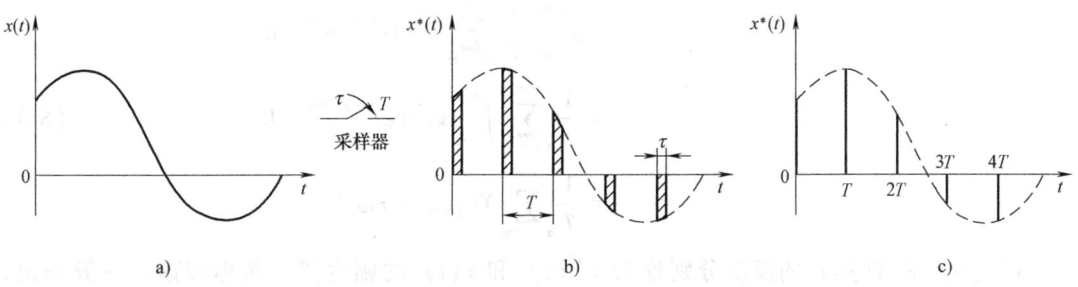

图 8-2　连续信号与采样信号间的关系
a）连续信号　b）实际采样信号　c）理想采样信号

2. 采样定理

奈奎斯特采样定理：对一个具有有限频谱的连续信号进行采样，当采样角频率 $\omega_s \geqslant 2\omega_{\max}$（或者采样频率 $f_s \geqslant 2f_{\max}$）时，则采样得到的离散信号能无失真地恢复到原来的连续信号。

证明： 采样信号 $x^*(t)$ 为由理想采样器把连续信号 $x(t)$ 采样形成的离散序列信号，采样周期为 T。在任意采样瞬时 $t = kT (k \in Z)$，$x^*(t) = x(t)$。因此，$x^*(t)$ 和 $x(t)$ 间的数学关系为

$$x^*(t) = x(t)\delta_T(t) = x(t)\sum_{k=0}^{+\infty}\delta(t-kT) = \sum_{k=0}^{+\infty}x(kT)\delta(t-kT) \tag{8-1}$$

式中，$\delta_T(t) = \sum_{k=0}^{+\infty} \delta(t - kT)$ 是周期性的单位脉冲序列函数，周期为 T，它可展开成复数形式的傅里叶级数

$$\delta_T(t) = \sum_{n=-\infty}^{+\infty} c_n \mathrm{e}^{jn\omega_s t} \qquad (n \in Z)$$

式中，$\omega_s = 2\pi/T$ 为采样角频率；c_n 为傅里叶系数，即

$$\begin{aligned} c_n &= \frac{1}{T}\int_{-T/2}^{+T/2} \delta_T(t) \mathrm{e}^{-jn\omega_s t} \mathrm{d}t \\ &= \frac{1}{T}\int_{0^-}^{0^+} \delta(t) \mathrm{e}^{-jn\omega_s t} \mathrm{d}t \\ &= \frac{1}{T}\mathrm{e}^{-jn\omega_s t}\big|_{t=0} = \frac{1}{T} \end{aligned}$$

综合可得

$$\delta_T(t) = \frac{1}{T}\sum_{n=-\infty}^{+\infty} \mathrm{e}^{jn\omega_s t}$$

故

$$x^*(t) = x(t)\delta_T(t) = \frac{1}{T}\sum_{n=-\infty}^{+\infty} x(t) \mathrm{e}^{jn\omega_s t} \tag{8-2}$$

式（8-2）是描述采样信号与连续信号之间关系的又一数学关系式。

设 $X^*(j\omega)$ 和 $X(j\omega)$ 分别为 $x^*(t)$ 和 $x(t)$ 的傅里叶变换，则有

$$\begin{aligned} X^*(j\omega) &= \int_{-\infty}^{+\infty} x^*(t) \mathrm{e}^{-j\omega t} \mathrm{d}t \\ &= \int_{-\infty}^{+\infty} \frac{1}{T}\sum_{n=-\infty}^{+\infty} x(t) \mathrm{e}^{jn\omega_s t} \mathrm{e}^{-j\omega t} \mathrm{d}t \\ &= \frac{1}{T}\sum_{n=-\infty}^{+\infty} \int_{-\infty}^{+\infty} x(t) \mathrm{e}^{-j(\omega - n\omega_s)t} \mathrm{d}t \\ &= \frac{1}{T}\sum_{n=-\infty}^{+\infty} X[j(\omega - n\omega_s)] \end{aligned} \tag{8-3}$$

$X^*(j\omega)$ 和 $X(j\omega)$ 的模值分别称为 $x^*(t)$ 和 $x(t)$ 的幅度谱，简称频谱。一般来说，连续信号 $x(t)$ 的频谱 $|X(j\omega)|$ 是带宽有限的一个单一连续频谱，其最高频率为 $\omega_{\max}$。由式（8-3）可以看出，采样信号 $x^*(t)$ 的频谱 $|X^*(j\omega)|$ 是以 ω_s 为周期的无穷多个频谱分量之和，其中，$n=0$ 时的频谱分量称为主频谱分量，称为采样频谱的主分量；$n=\pm 1$，± 2，± 3，…时的各频谱分量都是由采样而产生的高频谱分量，称为采样频谱的补分量。如果 $\omega_s \geqslant 2\omega_{\max}$，那么这无穷多个频谱分量 $\frac{1}{T}|X[j(\omega - n\omega_s)]|$（$n=0$，$\pm 1$，$\pm 2$，…）互不交叠，它们叠加后分布于不同的频率位置，如图 8-3a、b 所示。但如果 $\omega_s < 2\omega_{\max}$，那么这些频谱分量就必然在某些频段交叠在一起，在这些交叠频段，$|X^*(j\omega)|$ 不等于相交分量的简单叠加，其频谱形状必然发生畸变，如图 8-3c 所示。

显然，主分量含有原来连续信号的真实信息，是采样信号得以恢复到原连续信号的依据，需要还原的采样信号正是这部分信号分量，而所有补分量应当在信号还原时截去。从图 8-3b 可以看出，对于 $\omega_s \geqslant 2\omega_{\max}$ 的采样信号，由于其频谱的主分量和各个补分量互不交叠，

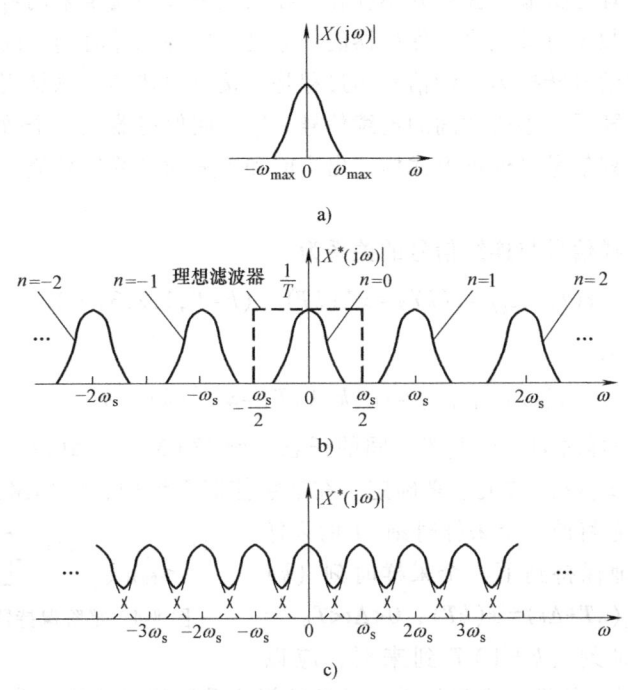

图 8-3 信号频谱图
a) 连续信号频谱 b) 不叠加的采样信号频谱 c) 叠加的采样信号频谱

因此在信号还原时，只用一个理想低通滤波器（其频谱特性如图 8-3b 所示）就能把所有补分量滤除，只让主分量还原，以使采样信号不失真地恢复到原连续信号；而对于 $\omega_s < 2\omega_{max}$ 的采样信号，由于其频谱的主分量和某些补分量交叠在一起，无法用滤波器从这些交叠在一起的信号分量中提取需要还原的主分量，因而也就无法使其不失真地恢复到原连续信号。

采样定理只是给出了对有限频谱连续信号进行采样时选择采样周期 T 或采样角频率 ω_s 的指导原则。它给出的是由采样脉冲序列无失真再现原连续信号所允许的最大采样周期或最低采样频率。在工程实际中，总是取比 $2\omega_{max}$ 大得多的 ω_s，通常选择在连续信号中最高频谱对应的频谱的 10~20 倍。

8.1.2 信号恢复与保持器

信号恢复是将离散时间信号转换成连续时间信号的转换过程，也称为信号保持，用于完成这种工作的装置称为保持器。根据采样定理，在 $\omega_s \geq 2\omega_{max}$ 的条件下，离散信号频谱中各个分量互不重叠，这样就可以用一个理想低通滤波器滤掉各高频分量，保留一个整周期上的频谱，从而使得通过离散信号的频谱无失真地恢复为原来的连续信号。理想低通滤波器的频谱为

$$G(j\omega) = \begin{cases} 1 & \left(|\omega| \leq \dfrac{\omega_s}{2}\right) \\ 0 & \left(|\omega| > \dfrac{\omega_s}{2}\right) \end{cases}$$

而实际上,上述理想低通滤波器并不存在,在离散系统中通常采用特性与理想滤波器近似的保持器代替。从数学意义上讲,保持器的任务是解决各采样时刻之间的插值问题。具体来说,它把采样序列信号转换为连续信号的过程是边接收边转换,总是用已经获得的采样序列信号来构造当前和随后一小段时间的连续信号。这表明保持器是一个数据外推器,其功能是用已获得的采样序列信号以外推方式构造出当前和未来的连续信号值,从而用各采样点的数据实现插值。

在采样时刻,采样信号与连续信号的关系为

$$x(t)\big|_{t=kT} = x(kT) = x^*(kT) \quad (k=0,1,2,3,\cdots)$$

对于 $(k+1)T$ 时刻,有

$$x(t)\big|_{t=(k+1)T} = x[(k+1)T] = x^*[(k+1)T]$$

对于处在 kT 与相邻采样时刻 $(k+1)T$ 之间的任意时刻 $kT+\Delta t$ ($0<\Delta t<T$),连续信号 $x_h(kT+\Delta t)$ 的值一般由其与 $x(kT)$ 的关系来确定。在数字控制系统中,应用最广泛的是零阶保持器,如图8-4所示。它将前一个采样时刻 kT 的采样值 $x(kT)$ 不增不减地保持到下一个采样时刻 $(k+1)T$ 到来之前,即 $x_h(kT+\Delta t) = x(kT)$,$0<\Delta t<T$。

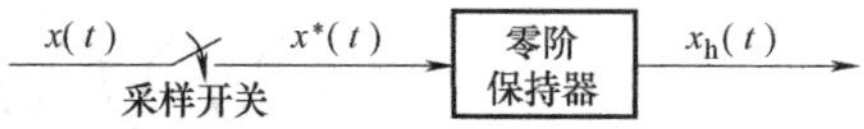

图 8-4 零阶保持器恢复信号框图

当下一个采样时刻 $(k+1)T$ 到来时,应以 $x[(k+1)T]$ 为常值继续外推。也就是说,任意时刻的采样值只能作为常值保持到下一个相邻的采样时刻到来之前,保持时间是一个采样周期。零阶保持器的输出 $x_h(t)$ 为阶梯信号,如图8-5a所示。如果把 $x_h(t)$ 阶梯曲线各段的中点光滑连接起来,则可以得到与连续信号 $x(t)$ 曲线形状一致但时间上延迟 $\dfrac{T}{2}$ 的曲线,即 $x(t-T/2)$ 的曲线。

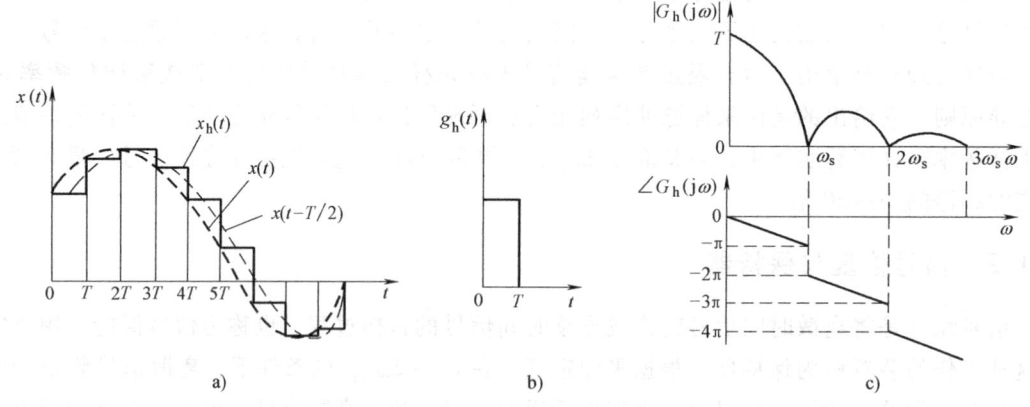

图 8-5 零阶保持器的特性曲线
a) 输出特性 b) 脉冲响应函数 c) 频率特性

由零阶保持器的外推特性可知,保持器在单位脉冲信号 $\delta(t)$ 作用下的响应 $g_h(t)$ 为幅值等于1、持续时间为 T 的矩形脉冲函数,如图8-5b所示,其表达式为

$$g_h(t) = 1(t) - 1(t-T) \tag{8-4}$$

对上式取拉普拉斯变换,可得零阶保持器的传递函数,即

$$G_h(s) = \frac{1}{s} - \frac{e^{-Ts}}{s} = \frac{1-e^{-Ts}}{s} \tag{8-5}$$

令 $s = j\omega$,即得零阶保持器的频率特性,即

$$\begin{aligned} G_h(j\omega) &= \frac{1-e^{-j\omega T}}{j\omega} \\ &= \frac{2e^{-j\omega T/2}(e^{j\omega T/2}-e^{-j\omega T/2})}{2j\omega} \\ &= T\frac{\sin(\omega T/2)}{\omega T/2}e^{-j\omega T/2} \end{aligned}$$

由于 $\omega_s = \frac{2\pi}{T}$,上式的幅频、相频特性可分别表示为

$$|G_h(j\omega)| = \frac{2\pi}{\omega_s}\left|\frac{\sin(\pi\omega/\omega_s)}{\pi\omega/\omega_s}\right|$$

$$\angle G_h(j\omega) = -\frac{\pi\omega}{\omega_s}$$

零阶保持器的频率特性如图 8-5c 所示,从幅频特性看,它是具有高频衰减特性的低通滤波器,$\omega \to 0$ 时的幅值为 T。从相频特性看,它具有负的相角,会对闭环系统的稳定性产生不利影响。零阶保持器相对其他类型保持器具有实现容易及相位滞后小等优点,是在数字控制系统中应用最广泛的一种保持器。

8.2 Z 变换与 Z 传递函数

离散系统的研究方法不同于连续系统的研究方法。对于连续系统,描述系统动态过程的时域数学模型为微分方程,复数域数学模型为基于拉普拉斯变换的传递函数。而对于离散系统,由于系统存在脉冲序列或数字序列信号,这些信号的微分不存在,因此,系统动态过程不能用微分方程来描述,只能改用差分方程来描述。另外,离散信号的拉普拉斯变换式含有复变量 s 的超越函数 e^{-kTs},在数学处理上有困难,因此,研究离散系统的数学工具不再是拉普拉斯变换,而是建立在拉普拉斯变换基础上的 Z 变换。相应地,复数域数学模型是基于 Z 变换的脉冲传递函数。在后面的讨论中,我们将会看到,基于 Z 变换的离散系统的脉冲传递函数与基于拉普拉斯变换的连续系统的传递函数在形式上很相似,因此,在 Z 变换的基础上,有关连续系统的分析和设计方法大多数适用于离散系统。

8.2.1 Z 变换

1. Z 变换的定义

设连续时间信号 $x(t)$ ($t \geq 0$) 可进行拉普拉斯变换,其象函数为 $X(s)$,那么 $x(t)$ 经过周期为 T 的周期采样后,得到离散信号

$$x^*(t) = \sum_{k=0}^{+\infty} x(kT)\delta(t-kT) \quad (k \in Z)$$

对上式表示的脉冲序列进行拉普拉斯变换，得到

$$X^*(s) = \sum_{k=0}^{+\infty} x(kT) e^{-skT} \tag{8-6}$$

因复变量 s 含在指数函数 e^{-skT} 中不便计算，故引进一个新的复变量 z，令 $z = e^{sT}$，得到以 z 为变量的函数 $X(z)$，即

$$X(z) = \sum_{k=0}^{+\infty} x(kT) z^{-k}$$

上式即为采样信号 $x^*(t)$ 的 Z 变换，记为

$$X(z) = Z[x^*(t)] = \sum_{k=0}^{+\infty} x(kT) z^{-k} \tag{8-7}$$

式中，$X(z)$ 称为 $x^*(t)$ 的 Z 变换函数（即象函数）；$x^*(t)$ 称为 $X(z)$ 的原函数。

在 Z 变换过程中，考虑的只有离散时间信号的值，而不考虑采样时刻之间的值。所以，Z 变换式表达的仅是连续时间信号在采样时刻上的信息，而不反映采样时刻之间的信息。从这个意义上说，连续信号 $x(t)$ 与采样信号 $x^*(t)$ 具有相同的 Z 变换，即 $X(z) = Z[x(t)] = Z[x^*(t)]$。总而言之，Z 变换是采样信号的拉普拉斯变换，Z 变换本身包含着离散时间概念。连续时间信号 $x(t)$ 与其拉普拉斯变换 $X(s)$、Z 变换 $X(z)$ 的关系如图 8-6 所示。

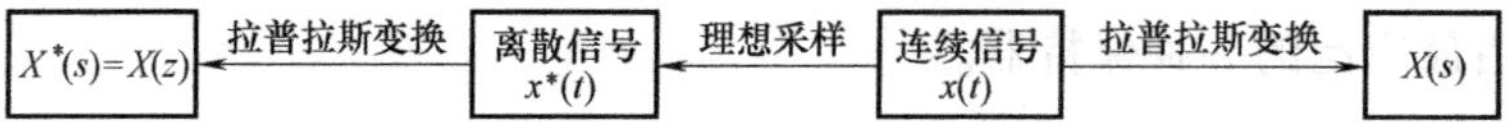

图 8-6 连续时间信号与其拉普拉斯变换、Z 变换的关系

【例 8.1】 求单位阶跃函数 $1(t)$ 的 Z 变换 $Z[1(t)]$。

解：单位阶跃函数 $1(t)$ 在所有采样时刻上的采样值均为 1，即 $x(kT) = 1, k = 0, 1, 2, \cdots$，它的 Z 变换为

$$X(z) = Z[1(t)] = \sum_{k=0}^{+\infty} z^{-k} = 1 + z^{-1} + z^{-2} + \cdots + z^{-n} + \cdots$$

这是等比级数，首项 $a_1 = 1$，公比 $q = z^{-1}$，当公比 $|q| = |z^{-1}| < 1$ 时，这个无穷级数和收敛，即

$$Z[1(t)] = \frac{1}{1 - z^{-1}} = \frac{z}{z-1}$$

由于

$$|z^{-1}| = |e^{-sT}| = |e^{-(\sigma+j\omega)T}| = e^{-\sigma T}$$

式中，$s = \sigma + j\omega$；σ 和 ω 均为实数。故 $|z^{-1}| < 1$ 意味着 $\sigma > 0$，而 $\sigma > 0$ 恰是单位阶跃函数可拉普拉斯变换的条件。

【例 8.2】 求指数函数 e^{-at} 的 Z 变换 $Z[e^{-at}]$。

解：
$$Z[e^{-at}] = \sum_{k=0}^{+\infty} e^{-akT} z^{-k} = 1 + e^{-aT} z^{-1} + e^{-2aT} z^{-2} + \cdots$$

这也是个等比级数，当满足公比 $|e^{-aT}z^{-1}|<1$ 时，有

$$X(z)=\frac{1}{1-e^{-aT}z^{-1}}=\frac{z}{z-e^{-aT}}$$

表 8-1 列出了一些常用函数的拉普拉斯变换表达式和 Z 变换表达式。

表 8-1 常用函数拉普拉斯变换、Z 变换表

$x(t)$ 或 $x(k)$	$X(s)$	$X(z)$
$\delta(t)$	1	1
$\delta(t-kT)$	e^{-kTs}	z^{-k}
$1(t)$	$\dfrac{1}{s}$	$\dfrac{z}{z-1}$
t	$\dfrac{1}{s^2}$	$\dfrac{Tz}{(z-1)^2}$
$\dfrac{1}{2}t^2$	$\dfrac{1}{s^3}$	$\dfrac{T^2(z+1)}{2(z-1)^3}$
e^{-at}	$\dfrac{1}{s+a}$	$\dfrac{z}{z-e^{-aT}}$
te^{-at}	$\dfrac{1}{(s+a)^2}$	$\dfrac{Tze^{-aT}}{(z-e^{-aT})^2}$
$1-e^{-at}$	$\dfrac{a}{s(s+a)}$	$\dfrac{z(1-e^{-aT})}{(z-1)(1-e^{-aT})}$
$\sin\omega t$	$\dfrac{\omega}{s^2+\omega^2}$	$\dfrac{z\sin\omega T}{z^2-2z\cos\omega T+1}$
$\cos\omega t$	$\dfrac{s}{s^2+\omega^2}$	$\dfrac{z(z-\cos\omega T)}{z^2-2z\cos\omega T+1}$
$e^{-at}\sin\omega t$	$\dfrac{\omega}{(s+a)^2+\omega^2}$	$\dfrac{ze^{-aT}\sin\omega T}{z^2-2ze^{-aT}\cos\omega T+e^{-2aT}}$
$e^{-at}\cos\omega t$	$\dfrac{s+a}{(s+a)^2+\omega^2}$	$\dfrac{z^2-ze^{-aT}\cos\omega T}{z^2-2ze^{-aT}\cos\omega T+e^{-2aT}}$
$\sum_{n=0}^{+\infty}\delta(t-nT)$	$\dfrac{1}{1-e^{-Ts}}$	$\dfrac{z}{z-1}$
a^k	—	$\dfrac{z}{z-a}$

2. Z 变换的基本性质及定理

（1）线性性质

设 $X_1(z)=Z[x_1(t)]$，$X_2(z)=Z[x_2(t)]$，a、b 为常数，则

$$Z[ax_1(t)\pm bx_2(t)]=aX_1(z)\pm bX_2(z) \tag{8-8}$$

证明：
$$Z[ax_1(t) \pm bx_2(t)] = \sum_{k=0}^{+\infty}[ax_1(kT) \pm bx_2(kT)]z^{-k}$$
$$= \sum_{k=0}^{+\infty} ax_1(kT)z^{-k} \pm \sum_{k=0}^{+\infty} bx_2(kT)z^{-k}$$
$$= aX_1(z) \pm bX_2(z)$$

(2) 实数域位移定理（平移定理）

实数位移的含义，是指整个采样序列在时间轴上左右平移若干个采样周期，其中向左平移为超前，向右平移为滞后。

设连续时间函数 $x(t)$ 在 $t<0$ 时为零，$x(t)$ 的 Z 变换为 $X(z)$，则有

$$Z[x(t-nT)] = z^{-n}X(z) \tag{8-9}$$
$$Z[x(t+nT)] = z^{n}X(z) \tag{8-10}$$

式（8-9）也称为延迟定理，式（8-10）也称为超前定理。

证明：
$$Z[x(t-nT)] = \sum_{k=0}^{+\infty} x[(k-n)T]z^{-k}$$
$$= z^{-n} \sum_{k=0}^{+\infty} x[(k-n)T]z^{-(k-n)}$$

令 $m = k-n$ 并考虑 Z 变换的单边性，即
$$x(kT) = 0$$

当 $k<0$ 时，上式可化为
$$Z[x(t-nT)] = z^{-n} \sum_{m=-n}^{+\infty} x(mT)z^{-m}$$
$$= z^{-n} \sum_{m=-n}^{0} x(mT)z^{-m} + z^{-n} \sum_{m=0}^{+\infty} x(mT)z^{-m}$$
$$= z^{-n} \sum_{n=0}^{+\infty} x(mT)z^{-m}$$
$$= z^{-n}X(z)$$

证毕。式（8-10）的证明从略。

因 $x(t-nT)$ 是函数 $x(t)$ 的延迟函数，延迟时间为 n 个采样周期，把 $x(t)$ 曲线沿时间坐标向右平移 nT 时段即得 $x(t-nT)$ 曲线，所以式（8-9）称为延迟定理（或右移定理）。

根据延迟定理，有
$$Z[x(t-T)] = z^{-1}X(z)$$

这表明，时域中原函数延迟 1 个采样周期，对应于复域中象函数乘上复算子 z^{-1}；反过来，复数域中象函数乘上复算子 z^{-1}，对应于时域中原函数延迟 1 个采样周期。因此，z^{-1} 代表时域中的延迟环节。事实上，$z^{-1} = e^{-sT}$，而 e^{-sT} 是连续系统中延迟时间为 T 的延迟环节。

z^{-1} 可用独立的物理元件来实现，这种元件称为单位延迟器，其功能是把输入的信号延迟 1 个采样周期后原样输出。因此，单位延迟器的输出信号总是比输入信号恰好慢 1 拍（即 1 个采样周期），如果把输出信号记为 $x(kT)$ [一般记为 $x(k)$]，则输入信号比 $x(kT)$ 超前 1 拍，等于 $x[(k+1)T]$ [记为 $x(k+1)$]，这种输入输出关系可用数学式表示为
$$x(k+1)z^{-1} = x(k)$$

(3) 尺度变换性质

设 $X(z) = Z[x(t)]$，对任意不等于 0 的给定常数 a，则

$$Z[a^{-t}x(t)] = X(za^T) \tag{8-11}$$

证明：由 Z 变换定义式得

$$Z[a^{-t}x(t)] = \sum_{k=0}^{+\infty} x(kT) a^{-kT} z^{-k}$$

$$= \sum_{k=0}^{+\infty} x(kT) (za^T)^{-k}$$

令 $\bar{z} = za^T$，可得

$$Z[a^{-t}x(t)] = \sum_{k=0}^{+\infty} x(kT) (\bar{z})^{-k}$$

$$= X(\bar{z})$$

$$= X(za^T)$$

证毕。

【例 8.3】 求指数函数 e^{-at} 的 Z 变换 ($a>0$)。

解： $$Z[e^{-at}] = Z[e^{-at} \cdot 1(t)]$$

由 $Z[1(t)] = \dfrac{1}{1-z^{-1}} = \dfrac{z}{z-1}$ 和 $Z[a^{-t}x(t)] = X(za^T)$ 可得

$$Z[e^{-at}] = \frac{1}{1-(e^{aT}z)^{-1}} = \frac{z}{z-e^{-aT}}$$

说明：对比例 8.3 和例 8.2 结果可以发现，利用不同方法求取指数函数的 Z 变换结果一样。

(4) 初值定理

设 $X(z) = Z[x(t)]$，则

$$x(0) = \lim_{z \to +\infty} X(z) \tag{8-12}$$

证明：

$$\lim_{z \to +\infty} X(z) = \lim_{z \to +\infty} \sum_{k=0}^{+\infty} x(kT) z^{-k}$$

$$= \lim_{z \to +\infty} [x(0) + x(T)z^{-1} + x(2T)z^{-2} + \cdots]$$

$$= x(0)$$

证毕。

(5) 终值定理

设 $X(z) = Z[x(t)]$，且 $X(z)$ 的所有极点均位于 [z] 平面上以原点为圆心的单位圆内（此为系统稳定的条件，具体推导证明将在 8.3 节介绍），则

$$x(\infty) = \lim_{k \to +\infty} x(kT) = \lim_{z \to 1}(z-1)X(z) \tag{8-13}$$

证明：根据超前位移定理，有

$$Z[x(t+T)] - Z[x(t)] = z[X(z) - x(0)] - X(z)$$

$$= (z-1)X(z) - zx(0)$$

由 Z 变换定义式得

$$Z[x(t+T)] - Z[x(t)] = \sum_{k=0}^{+\infty} x[(k+1)T]z^{-k} - \sum_{k=0}^{+\infty} x(kT)z^{-k}$$

$$= \sum_{k=0}^{+\infty} \{x[(k+1)T] - x(kT)\}z^{-k}$$

$$\stackrel{\Delta}{=} \sum_{k=0}^{+\infty} [x(k+1) - x(k)]z^{-k}$$

由以上两式可得

$$\sum_{k=0}^{+\infty} [x(k+1) - x(k)]z^{-k} = (z-1)X(z) - zx(0)$$

当 $z \to 1$ 时，有

$$\lim_{z \to 1} \sum_{k=0}^{+\infty} [x(k+1) - x(k)]z^{-k} = \lim_{z \to 1} [(z-1)X(z) - zx(0)]$$

亦即

$$x(\infty) - x(0) = \lim_{z \to 1}(z-1)X(z) - x(0)$$

(6) 卷积定理

两个采样函数 $x(kT)$ 与 $y(kT)$ 的卷积定义为

$$x(kT) * y(kT) = \sum_{m=0}^{+\infty} x(mT)y[(k-m)T] \tag{8-14}$$

则 Z 变换的卷积定理为：设 $X(z) = Z[x(t)]$，$Y(z) = Z[y(t)]$，则

$$Z[x(kT) * y(kT)] = X(z)Y(z)$$

证明：由 Z 变换定义式得

$$Z[x(kT) * y(kT)] = \sum_{k=0}^{+\infty}\sum_{m=0}^{+\infty} x(mT)y[(k-m)T]z^{-k}$$

$$= \sum_{m=0}^{+\infty}\sum_{k=0}^{+\infty} x(mT)y[(k-m)T]z^{-k}$$

$$= \sum_{m=0}^{+\infty}\sum_{k=0}^{+\infty} x(mT)y[(k-m)T]z^{-m} \cdot z^{-(k-m)}$$

$$= \sum_{m=0}^{+\infty} x(mT)z^{-m} \sum_{k=0}^{+\infty} y[(k-m)T]z^{-(k-m)}$$

$$= \sum_{m=0}^{+\infty} x(mT)z^{-m} Y(z)$$

$$= X(z)Y(z)$$

证毕。

3. Z 变换的求法

由连续时间函数求离散序列形式 Z 变换的方法有许多种，下面介绍常用的三种方法。

(1) 级数求和法

这是直接按 Z 变换定义式进行计算的一种方法，展开得到

$$X(z) = \sum_{k=0}^{+\infty} x(kT)z^{-k} = x(0) + x(T)z^{-1} + x(2T)z^{-2} + \cdots + x(kT)z^{-k} + \cdots \quad (8\text{-}15)$$

可见，只要知道连续时间函数在采样时刻的采样值，便可以写出 Z 变换的级数展开式。这种级数展开式是开放式的，有无穷多项，如果不能写成闭合形式，很难进行应用。一般来说，应用幂级数求和公式须将其 Z 变换的幂级数表达式化为闭合形式。

(2) 部分分式展开法

将连续时间函数 $x(t)$ 的拉普拉斯变换 $X(s)$（通常是 s 的有理分式）展开成部分分式和的形式，求出每一部分对应的简单时间函数，然后分别求出每一项的 Z 变换，最后整理成 $X(z)$。

【例 8.4】 已知 $X(s) = L[x(t)] = \dfrac{a}{s(s+a)}$，求 $X(z) = Z[x(t)]$。

解： 将 $X(s)$ 展开成部分分式和的形式，可得

$$X(s) = \frac{1}{s} - \frac{1}{s+a}$$

对上式逐项求拉普拉斯反变换，得到

$$x(t) = 1(t) - e^{-at}$$

已知 $Z[1(t)] = \dfrac{z}{z-1}$，$Z[e^{-at}] = \dfrac{z}{z-e^{-aT}}$，故 $X(z) = Z[x(t)] = \dfrac{z}{z-1} - \dfrac{z}{z-e^{-aT}} = \dfrac{z(1-e^{-aT})}{(z-1)(z-e^{-aT})}$

(3) 留数定理法

设连续时间函数 $x(t)$ 的拉普拉斯变换为 $X(s)$，以及它的全部极点 s_i，$i = 1, 2, 3, \cdots, n$，则 $x(t)$ 的采样信号的 Z 变换可应用下面的留数计算公式求得

$$X(z) = \sum_{i=1}^{n} \text{Res}\left[X(s) \frac{z}{z - e^{sT}} \right] \bigg|_{s=s_i} \quad (8\text{-}16)$$

当 s_i 是 $X(s)$ 的单极点时，

$$\text{Res}\left[X(s) \frac{z}{z-e^{sT}} \right] \bigg|_{s=s_i} = \lim_{s \to s_i}(s-s_i) X(s) \frac{z}{z-e^{sT}} \quad (8\text{-}17)$$

当 s_i 是 $X(s)$ 的 r 重极点时，

$$\text{Res}\left[X(s) \frac{z}{z-e^{sT}} \right] \bigg|_{s=s_i} = \frac{1}{(r-1)!} \lim_{s \to s_i} \frac{d^{r-1}}{ds^{r-1}}\left[(s-s_i)^r X(s) \frac{z}{z-e^{sT}} \right] \quad (8\text{-}18)$$

【例 8.5】 求 $X(s) = \dfrac{s(2s+3)}{(s+1)^2(s+2)}$ 的 Z 变换。

解： $X(s)$ 的极点为 $s_{1,2} = -1$（二重极点），$s_3 = -2$，则有

$$X(z) = \frac{1}{(2-1)!} \lim_{s \to -1} \frac{d}{ds}\left[(s+1)^2 \frac{s(2s+3)}{(s+1)^2(s+2)} \frac{z}{z-e^{sT}} \right] + \lim_{s \to -2}\left[(s+2) \frac{s(2s+3)}{(s+1)^2(s+2)} \frac{z}{z-e^{sT}} \right]$$

$$= \frac{-Tze^{-T}}{(z-e^{-T})^2} + \frac{2z}{z-e^{-2T}}$$

常用时间函数的拉普拉斯变换和 Z 变换列于表 8-1 中。由表可见，这些函数的 Z 变换都是 z 的有理分式函数，且分子多项式的次数不高于分母多项式的次数。另外，各原函数的 Z 变换的分母多项式的最高次数与拉普拉斯变换的分母多项式的最高次数相等。

8.2.2 Z 反变换

根据 $X(z)$ 求 $x^*(t)$ 或 $x(kT)$ 的过程，称为 Z 反变换，记为

$$x^*(t) = Z^{-1}[X(z)] = \sum_{k=0}^{+\infty} x(kT)\delta(t-kT)$$

下面介绍常用的三种 Z 反变换的求取方法。

1. 长除法

设 $X(z)$ 是 z 的有理分式，即

$$X(z) = \frac{M(z)}{N(z)} = \frac{b_0 + b_1 z^{-1} + b_2 z^{-2} + \cdots + b_m z^{-m}}{a_0 + a_1 z^{-1} + a_2 z^{-2} + \cdots + a_n z^{-n}} \quad (n \geq m)$$

用分子多项式除以分母多项式，将商按 z^{-1} 进行升幂排列，得到

$$X(z) = x(0T) + x(1T)z^{-1} + x(2T)z^{-2} + x(3T)z^{-3} + \cdots = \sum_{k=0}^{+\infty} x(kT)z^{-k}$$

由上式可得 $X(z)$ 的 Z 变换

$$x^*(t) = Z^{-1}[X(z)] = x(0)\delta(t) + x(T)\delta(t-T) + x(2T)\delta(t-2T) + \cdots + x(kT)\delta(t-kT) + \cdots$$

【例 8.6】 试求 Z 变换函数 $X(z) = \dfrac{10z}{(z-1)(z-2)}$ 的原函数。

解：首先，将 $X(z)$ 的分子和分母化为以 z^{-1} 升幂方式排列的形式，即

$$X(z) = \frac{10z}{(z-1)(z-2)}$$

$$= \frac{10z^{-1}}{1 - 3z^{-1} + 2z^{-2}}$$

其次，用长除法求出上式的幂级数，即

$$\begin{array}{r}
10z^{-1} + 30z^{-2} + 70z^{-3} + \cdots \\
1 - 3z^{-1} + 2z^{-2} \overline{\smash{\big)}\, 10z^{-1}} \\
\underline{10z^{-1} - 30z^{-2} + 20z^{-3}} \\
30z^{-2} - 20z^{-3} \\
\underline{30z^{-2} - 90z^{-3} - 60z^{-4}} \\
70z^{-3} + 60z^{-4} \\
\cdots \quad \cdots
\end{array}$$

得到

$$X(z) = 0z^0 + 10z^{-1} + 30z^{-2} + 70z^{-3} + \cdots$$

$x(t)$ 在各采样时刻上的脉冲强度值分别为

$$x(0) = 0, x(1T) = 10, x(2T) = 30, x(3T) = 70, \cdots$$

则 $x^*(t)$ 可写作 $x^*(t) = Z^{-1}[X(z)] = 0 + 10\delta(t-T) + 30\delta(t-2T) + 70\delta(t-3T) + \cdots$

2. 部分分式展开法

将 Z 变换函数 $X(z)$ 展开成部分分式和的形式，如果已知各分式的原函数，那么根据 Z 变换的线性定理，$X(z)$ 的原函数就等于各分式的原函数之和。考虑到一般 Z 变换函数 $X(z)$ 的分子均含有因子 z，为简化运算，可先求 $X(z)/z$ 的部分分式展开式，再对它的展开式乘以因子 z，便得到 $X(z)$ 的部分分式展开式。

【例 8.7】 已知 $X(z) = \dfrac{z}{(z+1)(z+2)}$，求 Z 反变换 $x^*(t)$。

解：
$$\frac{X(z)}{z} = \frac{1}{(z+1)(z+2)} = \frac{1}{z+1} - \frac{1}{z+2}$$

$$X(z) = \frac{z}{z+1} - \frac{z}{z+2}$$

查表 8-1 得
$$Z^{-1}\left[\frac{z}{z+1}\right] = (-1)^k, \quad Z^{-1}\left[\frac{z}{z+2}\right] = (-2)^k$$

$$x^*(t) = \sum_{k=0}^{+\infty} [(-1)^k - (-2)^k] \delta(t-kT)$$

3. 留数定理法

设 $x(kT)$ 的 Z 变换为 $X(z)$，以及 $X(z)z^{k-1}$ 的所有极点 z_i，$i=1,2,3,\cdots,n$，则 $X(z)$ 的 Z 反变换可应用下面的留数计算公式求得

$$x(kT) = \sum_{i=1}^{n} \text{Res}[X(z)z^{k-1}]\big|_{z=z_i} \tag{8-19}$$

当 z_i 是 $X(z)z^{k-1}$ 的单极点时，
$$\text{Res}[X(z)z^{k-1}]\big|_{z=z_i} = \lim_{z\to z_i}(z-z_i)[X(z)z^{k-1}] \tag{8-20}$$

当 z_i 是 $X(z)z^{k-1}$ 的 r 重极点时，
$$\text{Res}[X(z)z^{k-1}]\big|_{z=z_i} = \frac{1}{(r-1)!}\lim_{z\to z_i}\frac{d^{r-1}}{dz^{r-1}}[(z-z_i)^r X(z)z^{k-1}] \tag{8-21}$$

【例 8.8】 已知 $X(z) = \dfrac{Tz^2}{(z-1)^2(z-2)}$，求其 Z 反变换 $x^*(t)$。

解： 当 $k=0,1,2,\cdots$ 时，$X(z)z^{k-1} = \dfrac{Tz^{k+1}}{(z-1)^2(z-2)}$ 有一个 2 重极点 $z=1$ 和一个单极点 $z=2$，故

$$x(kT) = \text{Res}[X(z)z^{k-1}]\big|_{z=1} + \text{Res}[X(z)z^{k-1}]\big|_{z=2}$$

$$= \frac{1}{(2-1)!}\lim_{z\to 1}\frac{d}{dz}\left[(z-1)^2 \frac{Tz^2}{(z-1)^2(z-2)} z^{k-1}\right] + \lim_{z\to 2}\left[(z-2)\frac{Tz^2}{(z-1)^2(z-2)} z^{k-1}\right]$$

$$= -T(k+2) + T2^{k+1} = T(2^{k+1}-k-2)$$

则 $X(z)$ 的 Z 反变换为

$$x^*(t) = \sum_{k=0}^{+\infty} T(2^{k+1}-k-2)\delta(t-kT)$$

8.2.3 Z 传递函数

在连续时间系统中,通过拉普拉斯变换得到在 s 域建立的传递函数,它是经典控制理论中研究连续控制系统性能的重要数学模型。而离散时间系统的数学模型,可以在 z 域建立传递函数,即 Z 传递函数,从而研究离散时间系统的控制性能。

1. Z 传递函数的概念

Z 传递函数也称为脉冲传递函数,是离散系统的一种数学模型。图 8-7 所示为典型开环离散控制系统的框图,其中 $G(s)$ 为该系统连续部分的传递函数。输入 $u(t)$ 经采样开关后,变为离散时域信号 $u^*(t)$,$u^*(t)$ 作用在传递函数 $G(s)$ 上,输出一般为连续信号 $y(t)$。为了定义离散控制系统的 Z 传递函数,假设在输出端有与输入采样开关同步、同周期的采样开关,得到假想的离散输出信号 $y^*(t)$。

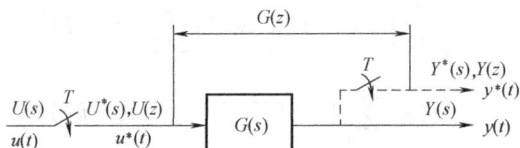

图 8-7 开环离散控制系统框图

Z 传递函数的定义是:在零初始条件下,输出序列的 Z 变换 $Y(z)$ 与输入脉冲序列的 Z 变换 $U(z)$ 之比,即图 8-7 所示系统的 $G(z)$。考虑一般情况 Z 传递函数可表示为

$$G(z) = \frac{Y(z)}{U(z)} = \frac{b_m z^m + b_{m-1} z^{m-1} + \cdots + b_1 z + b_0}{a_n z^n + a_{n-1} z^{n-1} + \cdots + a_1 z + a_0} \quad (n \geq m) \tag{8-22}$$

与连续时间系统不同的是,离散时间系统的 Z 传递函数不仅与组成系统的环节有关,还与系统中采样开关的数目和位置有关。因此,离散时间系统传递函数的求法与连续时间系统传递函数的求法不完全相同。另外,在 Z 传递函数的定义式中,输出信号是离散信号,而大多数实际采样系统的输出信号是连续信号而非离散信号。在这种情况下,为便于应用 Z 传递函数进行系统分析和设计,可在系统输出端虚设一个理想采样开关,它与输入采样开关同步、同周期,如图 8-7 所示。必须注意,虚设的采样开关实际上是不存在的,仅仅是为应用脉冲传递函数来描述输入量与输出量在采样时刻的离散值关系而假设的。在框图中,为区别于实际采样开关,虚设采样开关通常以虚线表示。

2. 串联环节的 Z 传递函数

n 个环节串联的离散系统中,串联环节间有无同步采样开关,等效的 Z 传递函数是不同的。

(1) 串联环节间无采样开关

如图 8-8 所示,串联环节间无同步采样开关时,有

$$Y(s) = G_1(s) G_2(s) U^*(s)$$

进行离散化,得到

$$Y^*(s) = [G_1(s) G_2(s) U^*(s)]^* = [G_1(s) G_2(s)]^* U^*(s)$$

进行 Z 变换,得到

$$Y(z) = Z[G_1(s) G_2(s)] U(z) = \overline{G_1 G_2}(z) U(z)$$

则 Z 传递函数

$$G(z) = Y(z)/U(z) = Z[G_1(s)G_2(s)] = \overline{G_1 G_2}(z) \quad (8\text{-}23)$$

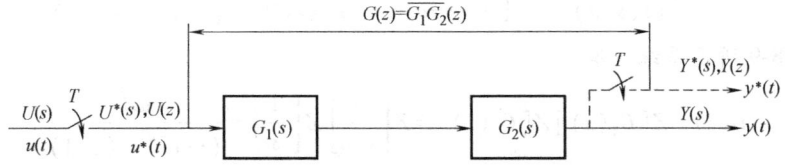

图 8-8　串联环节间无采样开关的系统框图

式（8-23）表明，两个串联环节间无同步采样开关隔离时，等效的 Z 传递函数等于这两个环节传递函数乘积的 Z 变换。此处定义 $\overline{G_1 G_2}(z)$ 为传递函数乘积 $G_1(s)G_2(s)$ 的 Z 变换。

上述结论推广到无采样开关隔离的 n 个环节相串联的情况，由 n 个环节直接串联而成的开环采样系统的脉冲传递函数等于这 n 个环节的传递函数之积所对应的 Z 变换，即

$$G(z) = \frac{Y(z)}{U(z)} = Z[G_1(s)G_2(s)\cdots G_n(s)] = \overline{G_1 G_2 \cdots G_n}(z) \quad (8\text{-}24)$$

（2）串联环节间有采样开关

如图 8-9 所示，两串联环节间有同步采样开关隔离时，有

$$D(z) = G_1(z)U(z),\ Y(z) = G_2(z)D(z)$$

又有

$$G_1(z) = Z[G_1(s)],\quad G_2(z) = Z[G_2(s)]$$

整理可得

$$G(z) = \frac{Y(z)}{U(z)} = G_1(z)G_2(z) \quad (8\text{-}25)$$

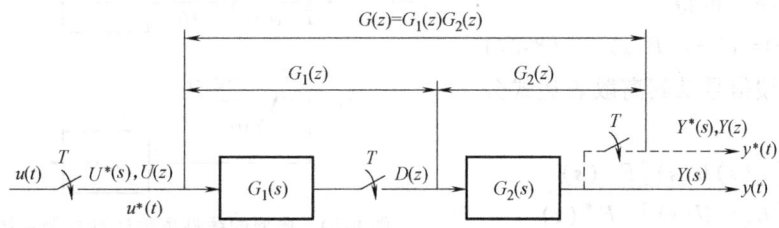

图 8-9　串联环节间有采样开关的系统框图

式（8-25）表明，两个串联环节间有同步采样开关隔离时，等效的 Z 传递函数等于这两个环节的 Z 传递函数乘积。上述结论推广到有采样开关隔离的 n 个环节相串联的情况，有采样开关隔离的 n 个环节串联而成的开环采样系统的脉冲传递函数等于这 n 个环节的 Z 传递函数之积，即

$$G(z) = \frac{Y(z)}{U(z)} = Z[G_1(s)]Z[G_2(s)]\cdots Z[G_n(s)] = G_1(z)G_2(z)\cdots G_n(z) \quad (8\text{-}26)$$

【例 8.9】　已知 $G_1(s) = \dfrac{a}{s+a}, G_2(s) = \dfrac{1}{s}$，试求图 8-8 和图 8-9 所示两串联环节等效的 Z 传递函数 $G(z)$。

解：对于图 8-9 所示系统，有

$$G(z) = Z[G_1(s)G_2(s)]$$
$$= Z\left[\frac{a}{s(s+a)}\right] = Z\left[\frac{1}{s} - \frac{1}{s+a}\right] = \frac{z}{z-1} - \frac{z}{z-e^{-aT}} = \frac{z(1-e^{-aT})}{(z-1)(z-e^{-aT})}$$

对于图 8-9 所示系统，有

$$G(z) = Z[G_1(s)]Z[G_2(s)] = Z\left[\frac{a}{s+a}\right]Z\left[\frac{1}{s}\right] = \frac{az^2}{(z-e^{-aT})(z-1)}$$

对比可得，在串联环节中有无同步采样开关隔离，其等效的 Z 传递函数是不相同的。此时，需注意 $\overline{G_1 G_2}(z) \neq G_1(z)G_2(z)$，其不同之处在于零点不同，而极点是一样的。

3. 线性离散系统的 Z 传递函数

在线性连续系统中，系统闭环传递函数与开环传递函数之间存在确定的关系，因此，可用一个典型结构的框图来表示闭环系统。而对于线性离散闭环系统，其框图随采样开关在系统中的数量和位置的不同而有所不同。系统的框图不同，其 Z 传递函数也不同。下面举例说明求闭环 Z 传递函数的一般方法。

图 8-10 所示是一种典型的线性离散闭环控制系统框图，图中虚线所示采样开关是为分析和计算方便虚设的，它们与实际采样开关同步、同周期工作。

图 8-10 所示的线性离散闭环控制系统的误差信号及其采样信号分别为

$$E(s) = U(s) - B(s)$$
$$E^*(s) = U^*(s) - B^*(s)$$

进行 Z 变换，可得

$$E(z) = U(z) - B(z) \quad (8\text{-}27)$$

系统的反馈信号及其离散表达式分别为

$$B(s) = [G(s)H(s)]E^*(s)$$
$$B^*(s) = [G(s)H(s)]^* E^*(s)$$

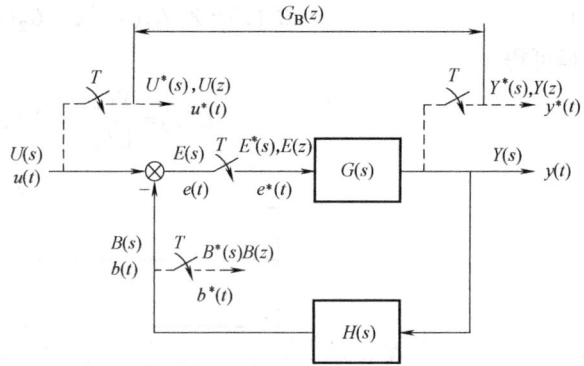

图 8-10 典型的线性离散闭环控制系统框图

应用 Z 变换的卷积定理，进行 Z 变换，可得

$$B(z) = Z[G(s)H(s)]E(z) = \overline{GH}(z)E(z) \quad (8\text{-}28)$$

联立式（8-27）和式（8-28），消去 $B(z)$，并定义误差信号的 Z 变换 $E(z)$ 与采样输入信号的 Z 变换 $U(z)$ 之比 $\frac{E(z)}{U(z)}$ 为误差脉冲传递函数 $G_e(z)$，则有

$$G_e(z) = \frac{E(z)}{U(z)} = \frac{1}{1 + \overline{GH}(z)} \quad (8\text{-}29)$$

系统的输出信号及其离散表达式分别为

$$Y(s) = G(s)E^*(s)$$
$$Y^*(s) = G^*(s)E^*(s)$$

进行 Z 变换，可得

$$Y(z) = G(z)E(z) \tag{8-30}$$

联立式（8-29）和式（8-30），消去 $E(z)$，并由 Z 传递函数的定义，容易求得该离散闭环控制系统的 Z 传递函数，即

$$G_B(z) = \frac{Y(z)}{U(z)} = \frac{G(z)}{1+\overline{GH}(z)}$$

线性离散系统的结构很多，而且并不是每个系统都能写出闭环 Z 传递函数。如果偏差信号不是以离散信号的形式输入到前向通道，则一般写不出闭环 Z 传递函数，只能写出输出的 Z 变换表达式。表 8-2 列出了常见线性离散闭环系统的框图及其输出信号的 Z 变换表达式。

表 8-2 常见线性离散闭环系统框图及其输出信号的 Z 变换表达式

系统框图	$Y(z)$
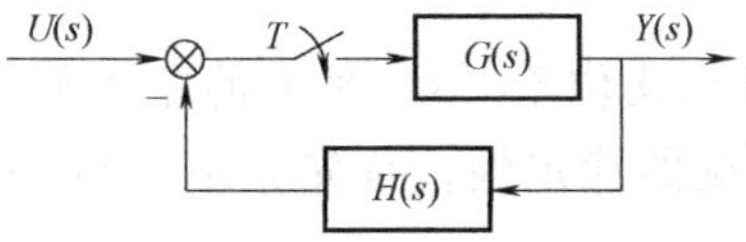 （图：U(s)→⊗→T→G(s)→Y(s)，反馈H(s)）	$\dfrac{G(z)U(z)}{1+\overline{GH}(z)}$
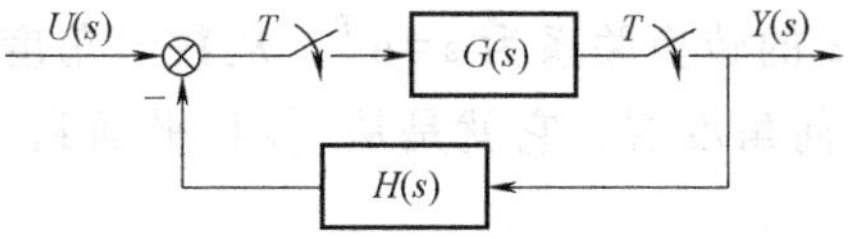 （图：U(s)→⊗→T→G(s)→T→Y(s)，反馈H(s)）	$\dfrac{G(z)U(z)}{1+G(z)H(z)}$
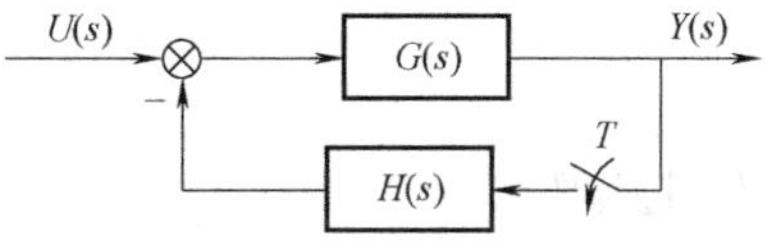 （图：U(s)→⊗→G(s)→Y(s)，反馈经T、H(s)）	$\dfrac{\overline{GU}(z)}{1+\overline{GH}(z)}$
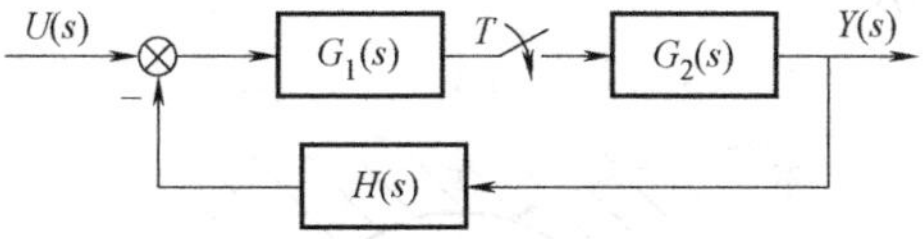 （图：U(s)→⊗→$G_1(s)$→T→$G_2(s)$→Y(s)，反馈H(s)）	$\dfrac{G_2(z)\overline{UG_1}(z)}{1+\overline{G_1G_2H}(z)}$
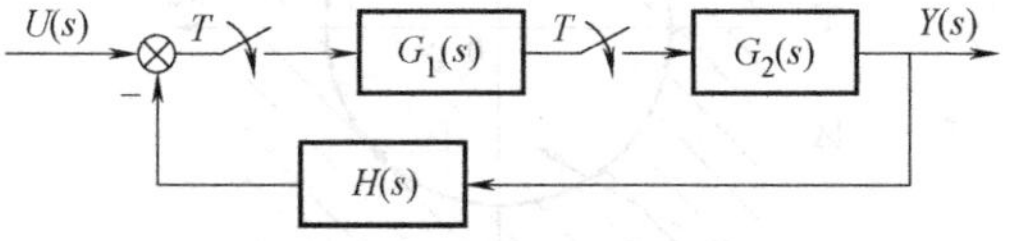 （图：U(s)→⊗→T→$G_1(s)$→T→$G_2(s)$→Y(s)，反馈H(s)）	$\dfrac{G_1(z)G_2(z)U(z)}{1+G_1(z)\overline{G_2H}(z)}$

对于线性离散系统的闭环 Z 传递函数和输出量的 Z 变换有如下几点说明。

1）系统的闭环 Z 传递函数和开环 Z 传递函数间没有固定的关系，不能直接由闭环的 Z 传递函数求取开环的 Z 传递函数。因为系统中采样开关的个数及位置均不同，系统有多种结构形式。

2）闭环 Z 传递函数只能按照框图中各个变量之间的关系来求取。

3）如果选择作为输出的那个变量是连续信号，则可以在闭环回路外设一虚拟的采样开关。

4）对拉普拉斯变换的乘积做 Z 变换时，带星号的拉普拉斯变换可以提到 Z 变换符号之外，例如

$$Z[G_1(s)G_2(s)U^*(s)] = Z[G_1(s)G_2(s)]U^*(s) = \overline{G_1G_2}(z)U(z)$$

5）如果输入信号没有经过采样就输入到某个包含零点或极点的连续环节，则闭环 Z 传递函数求不出来，只能求输出量的 Z 变换。

8.3 线性离散系统的性能分析

8.3.1 稳定性分析

线性定常系统稳定的充要条件是系统的闭环极点均位于 [s] 平面的左半平面，即极点具有负实部。为了在 [z] 平面上分析线性离散系统的稳定性，首先介绍 [s] 平面与 [z] 平面的关系。

1. [s] 平面与 [z] 平面的关系

在定义 Z 变换时，规定了复变量 s 与复变量 z 的转换关系为 $z = e^{sT}$。从数学角度看，它是把拉普拉斯变换转化为 Z 变换的关系式；从几何角度看，它就是从 [s] 平面到 [z] 平面的映射关系式。

用 [s] 平面变量点的实部 σ 和虚部 ω 表示复变量 s 为

$$s = \sigma + j\omega$$

代入式 $z = e^{sT}$ 中，可得

$$z = e^{(\sigma+j\omega)T} = e^{\sigma T}e^{j\omega T} = |z|e^{j\theta} \tag{8-31}$$

式中，$|z| = e^{\sigma T}$ 为 [z] 平面上变量点到原点的距离；$\theta = \omega T$ 为 [z] 平面上变量点的相角。

下面分别介绍对应的映射关系，如图 8-11 示。

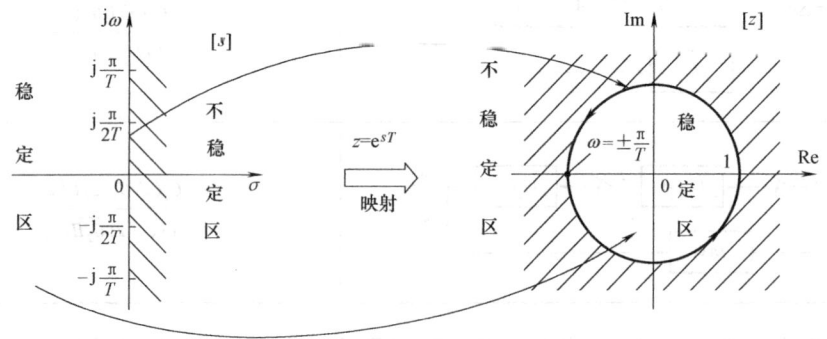

图 8-11 [s] 平面到 [z] 平面的映射关系

（1）$|z| = e^{\sigma T}$

从关系式（8-31）看出，[s] 平面虚轴 $\sigma = 0$ 对应 [z] 平面单位圆 $|z| = 1$；[s] 平面左半平面 $\sigma < 0$ 对应 [z] 平面单位圆内部 $|z| < 1$；[s] 平面右半平面 $\sigma > 0$ 对应 [z] 平面单位圆外部 $|z| > 1$。

(2) $\theta = \omega T$

从关系式（8-31）看出，$[s]$ 平面实轴 $\omega = 0$ 对应 $[z]$ 平面正实轴 $\theta = 0$；$[s]$ 平面上平行于实轴的直线 $j\omega = j\frac{\pi}{T}$ 对应 $[z]$ 平面上始于原点且相角 $\theta = 2k\pi + \pi$ 的射线（$k \in Z$）；$[s]$ 平面上 $\omega \in \left[-\frac{\pi}{T}, \frac{\pi}{T}\right]$ 宽为 $\frac{2\pi}{T}$ 的一条水平带，对应 $[z]$ 平面上正实轴旋转一周的区域，$\theta \in [2k\pi - \pi, 2k\pi + \pi]$，$k \in Z$，也就是覆盖了整个 $[z]$ 平面。

综合上述分析可见，$[s]$ 平面到 $[z]$ 平面的映射不是一一对应的。根据 4.4 节的分析结果可知，$[s]$ 平面上的稳定区域是左半平面，对应 $[z]$ 平面上的映像是单位圆内部。也就是说，在 $[z]$ 平面上的稳定区域是单位圆内部，单位圆之外是 $[z]$ 平面上的不稳定区域。$[z]$ 平面单位圆是稳定区域和不稳定区域的分界线。

2. 线性离散系统稳定的充要条件

对于图 8-10 所示的典型闭环离散系统，已知其闭环脉冲传递函数为

$$G_B(z) = \frac{Y(z)}{U(z)} = \frac{G(z)}{1+\overline{GH}(z)}$$

式中，$\overline{GH}(z)$ 为开环脉冲传递函数。系统的特征方程为

$$D(z) = 1 + \overline{GH}(z) = (z-z_1)(z-z_2)\cdots(z-z_n) = 0$$

求解特征方程可得离散系统的特征根为 z_i，$i = 1, 2, 3, \cdots, n$。因此，离散系统稳定的充分必要条件是闭环系统的全部特征根（即系统的极点）都分布在 $[z]$ 平面的单位圆之内。如果有位于 $[z]$ 平面单位圆之外的极点，则闭环离散系统是不稳定的。

3. 劳斯稳定性判据

线性连续系统的劳斯稳定性判据是通过系统特征方程的系数及由其构成的劳斯表来判断的。而在线性离散系统中，需要判别特征方程的根是否在 $[z]$ 平面的单位圆之内。因此不能直接对 $[z]$ 平面的特征方程应用劳斯判据。为了在线性离散系统中应用劳斯判据，需要引用一种新的坐标变换方式，将 $[z]$ 平面的稳定区域映射到新平面的左半平面。

引入 ω 变换，令 $z = \frac{\omega+1}{\omega-1}$，则有 $\omega = \frac{z+1}{z-1}$，分别设复变量 z 和 ω 为

$$z = x + jy, \quad \omega = u + jv$$

则有

$$\omega = \frac{z+1}{z-1} = \frac{x+1+jy}{x-1-jy} = \frac{(x^2+y^2)-1}{(x-1)^2+y^2} - j\frac{2y}{(x-1)^2+y^2}$$

注意到 $x^2 + y^2 = |z|^2$，那么有如下情况。

1) 当 $|z| = 1$ 时，$u = 0$ $\omega = jv$，即 $[z]$ 平面的单位圆对应 $[\omega]$ 平面的虚轴。
2) 当 $|z| > 1$ 时，$u > 0$，即 $[z]$ 平面的单位圆外对应 $[\omega]$ 平面的右半平面。
3) 当 $|z| > 1$ 时，$u < 0$，即 $[z]$ 平面的单位圆内对应 $[\omega]$ 平面的左半平面。

因此，从 $[z]$ 平面到 $[\omega]$ 平面的映射关系如图 8-12 所示。

可以看出，ω 变换是线性变换，映射关系是一一对应的。以 z 为自变量的有理多项式经过 ω 变换后，变为以 ω 为自变量的有理多项式。对应的特征方程也变为以 ω 为自变量的代

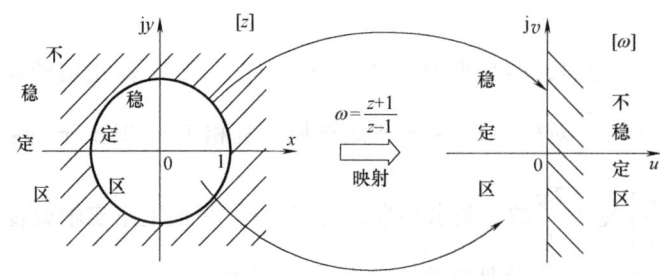

图 8-12 从 [z] 平面到 [ω] 平面的映射关系图

数方程，就可以应用劳斯判据判定线性离散系统的稳定性。

【例 8.10】 某线性离散系统的闭环 Z 传递函数为 $\dfrac{Y(z)}{U(z)} = \dfrac{0.368z+0.264}{z^2-z+0.632}$，用劳斯判据判断系统的稳定性。

解：系统的特征方程为

$$z^2 - z + 0.632 = 0$$

将 $z = \dfrac{\omega+1}{\omega-1}$ 代入得

$$\left(\dfrac{\omega+1}{\omega-1}\right)^2 - \dfrac{\omega+1}{\omega-1} + 0.632 = 0$$

整理为以 ω 为变量的特征方程得

$$0.632\omega^2 + 0.736\omega + 2.632 = 0$$

列写劳斯表得

ω^2	0.632	2.632
ω^1	0.736	0
ω^0	2.632	

因劳斯阵列的第一列元素均为正，故该系统是稳定的。

8.3.2 瞬态响应分析

线性连续系统中，闭环极点在 s 平面上的位置与系统的瞬态响应关系密切。闭环极点决定了瞬态响应中各分量的类型。在线性离散系统中，闭环 Z 传递函数的极点在 [z] 平面上的位置决定了系统瞬态响应各分量的类型。系统输入信号的不同，仅会对瞬态响应中各分量的初值有影响，而不会改变其类型。

设离散系统的脉冲传递函数为

$$G_B(z) = \dfrac{Y(z)}{U(z)} = \dfrac{b_m z^m + b_{m-1} z^{m-1} + \cdots + b_1 z + b_0}{a_n z^n + a_{n-1} z^{n-1} + \cdots + a_1 z + a_0}$$

$$= \dfrac{K \prod\limits_{j=1}^{m}(z - z_j)}{\prod\limits_{i=1}^{n}(z - p_i)} = \dfrac{M(z)}{D(z)} \quad (n \geq m)$$

式中，$M(z)$ 为 $G_B(z)$ 的分子多项式；$D(z)$ 为 $G_B(z)$ 的分母多项式，即特征多项式；p_i 和 z_j 分别为 $G_B(z)$ 的极点和零点。

当输入信号为单位阶跃信号，即 $u(t)=1(t)$，$U(z)=\dfrac{z}{z-1}$ 时，系统输出信号的 Z 变换为

$$Y(z)=G_B(z)U(z)=\frac{M(z)}{D(z)}\frac{z}{z-1}$$

当特征方程无重根时，$Y(z)$ 可展开为

$$Y(z)=\frac{Az}{z-1}+\sum_{i=1}^{n}\frac{B_i z}{z-p_i} \tag{8-32}$$

式中，

$$A=(z-1)Y(z)\big|_{z=1}$$
$$B_i=(z-p_i)Y(z)\big|_{z=p_i} \quad (i=1,2,\cdots,n)$$

对式（8-2）进行 Z 反变换可得

$$y(kT)=A+\sum_{i=1}^{n}B_i p_i^k \quad (k=0,1,2,\cdots)$$

可以看出系统的瞬态分量为 $\sum_{i=1}^{n}B_i p_i^k$。

显然，极点 p_i 在 [z] 平面上的位置决定了瞬态响应中各分量的类型（极点 p_i 可以为实数极点，也可为共轭复数极点）。为了便于分析，下面只考虑 p_i 在实轴上的情况，此时在瞬态响应中将含有一个相应的分量，即

$$y_i(kT)=B_i p_i^k$$

实数极点所对应的瞬态响应序列如图 8-13 所示。

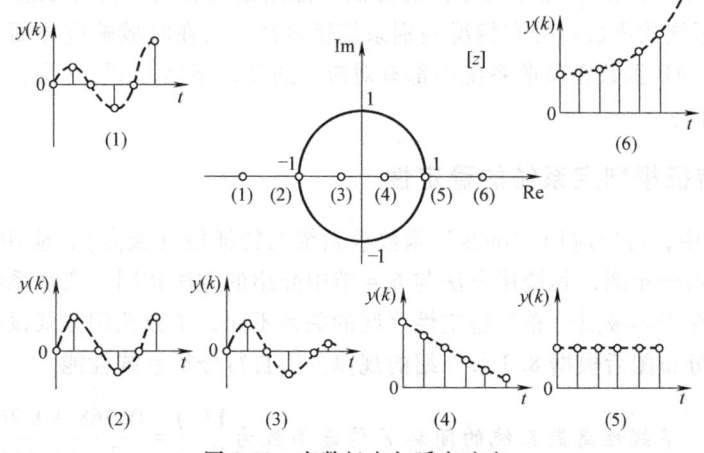

图 8-13 实数极点与瞬态响应

（1）$p_i<-1$

极点在单位圆外负实轴上，相应的瞬态响应序列是正负交替变化的发散序列，振荡的角频率为 $\dfrac{2\pi}{T}$。

（2）$p_i=-1$

对应的瞬态响应是正负交替变化的等幅序列，振荡的角频率为$\frac{2\pi}{T}$。

(3) $-1<p_i<0$

极点在单位圆内负实轴上，相应的瞬态响应序列是正负交替变化的衰减振荡序列，振荡的角频率为$\frac{2\pi}{T}$。

(4) $0<p_i<1$

极点在单位圆内正实轴上，对应的瞬态响应序列单调衰减。

(5) $p_i=1$

相应的瞬态响应为不变的等幅序列。

(6) $p_i>1$

极点在单位圆外正实轴上，对应的瞬态响应序列单调发散。

若极点为复数极点，输入为其他信号时系统的瞬态响应可同样求解，本章节不再赘述。总的来说，闭环 Z 传递函数的极点在 [z] 平面的位置与系统瞬态响应密切相关。当闭环实数极点位于左半单位圆内时，因输出信号正负交替变化，所以系统动态过程质量很差。利用同样方法分析，系统闭环复数极点位于左半单位圆内时，输出信号以衰减趋势高频振荡，动态性能也不理想。为了使系统具有比较满意的瞬态响应性能，极点最好分布在单位圆内的右半部，且尽量靠近原点。

8.4 线性离散系统性能分析的 MATLAB 实现

在 MATLAB 中，离散系统性能分析的方法与连续系统相同，都可以应用"roots" "pzmap"函数根据系统的零极点分布情况判别系统稳定性。而在时域响应方面，大部分适用于连续系统的 MATLAB 函数在离散系统中都有对应，通常以字母"d"开头，其用法与格式与连续系统几乎相同。

8.4.1 求取特征根判定系统的稳定性

在 MATLAB 中，可以应用"roots"函数求系统的特征根（极点），应用"pzmap"函数绘制系统的零极点分布图，其调用方法与 6.4 节中介绍的方法相同。离散系统与连续系统稳定性分析的区别在于零极点分布与稳定性之间的关系不同，函数调用方式没有区别，因此需在绘制出零极点分布图后根据 8.3 节介绍的规律方法自行分析系统性能。

【例 8.11】 某线性离散系统的闭环 Z 传递函数为$\frac{Y(z)}{U(z)}=\frac{0.368z+0.264}{z^2-z+0.632}$，试用 MATLAB 判断系统的稳定性。

解：MATLAB 程序代码如下：
num = [0.368 0.264];
den = [1 -1 0.632];
sys = tf(num,den,-1);   %构建脉冲传递函数

```
p = roots(den)              %求解分母多项式的根,即系统的极点
pzmap(sys)                  %画出系统的零极点分布图
```
运行结果为:
p =
   0.5000+0.6181i
   0.5000-0.6181i

零极点分布图如图 8-14 所示。

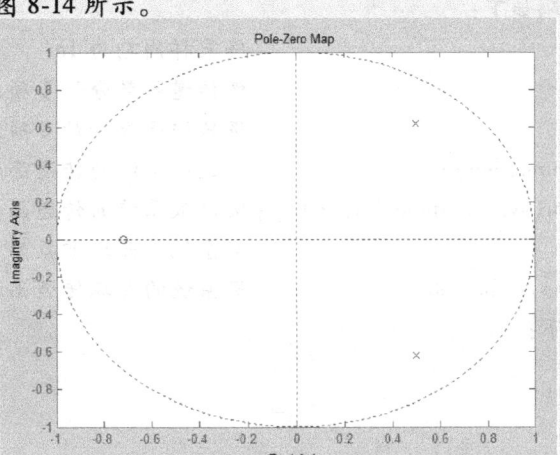

图 8-14　例 8.11 系统的零极点分布图

由图 8-14 可见,系统极点均位于单位圆内,因此系统稳定。

8.4.2　连续系统离散化及离散系统的时域响应

1. 连续系统离散化

在 MATLAB 中,可以应用"c2dm"函数实现连续系统的离散化,其常用调用格式为

$$sys = c2dm(num, den, Ts, 'zoh')$$

式中,num 为连续系统传递函数的分子多项式系数数组;den 为连续系统传递函数分母多项式系数数组;Ts 为采样周期;zoh 为零阶保持器。

2. 离散系统的时域响应

在 MATLAB 中,可以应用"dstep""dimpulse"函数求离散系统的阶跃响应和脉冲输入的响应,其中,"dstep"函数的常用调用格式为

$$y = dstep(dnum, dden, n)$$

式中,dnum 为离散系统传递函数分子多项式系数数组;dden 为离散系统传递函数分母多项式系数数组;n 为采样点数。

【例 8.12】 图 8-15 所示为某单位负反馈离散控制系统框图,其采样周期为 1s,传递函数 $G_1(s) = \dfrac{K(s+1)}{s^2}$ 与零阶保持器 $G_2(s) = \dfrac{1-e^{-Ts}}{s}$ 串联。用 MATLAB 求开环系统的传递函数,并绘制 K 取 1、2、3 时闭环系统的阶跃响应曲线。

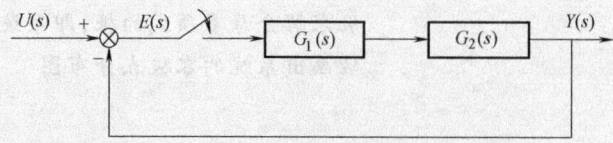

图 8-15 某单位负反馈离散控制系统框图

解：(1) 建立系统的数学模型
MATLAB 程序代码如下：

```
Ts = 1;                                         %采样周期为 1s
num = [1 1];                                    %传递函数分子多项式系数
den = [1 0 0];                                  %传递函数分母多项式系数
sys_continue = tf(num,den);                     %连续系统的传递函数
sys_discrete = c2dm(sys_continue,Ts,'zoh');     %离散系统的传递函数
sys_k = 1;                                      %系统的开环增益为 1
sys_open = sys_k * sys_discrete                 %系统的开环传递函数
```

程序运行结果如下：
sys_open =

　　1.5 z - 0.5
　　-----------
　　z^2 - 2 z + 1

Sample time: 1 seconds
Discrete-time transfer function.

由运行结果可知，$k=1$ 时开环系统的 Z 传递函数为

$$G_K(z) = \frac{1.5z - 0.5}{z^2 - 2z + 1}$$

(2) 分析系统的阶跃响应
MATLAB 程序代码如下：

```
sys_k = 1;                                      %设定系统增益为 1
figure(1);                                      %开启新的图形窗口
sys_close = feedback(sys_k * sys_discrete,1);   %计算闭环系统的脉冲传递函数
[dnumc,ddenc] = tfdata(sys_close,'v');          %提取闭环传递函数的零、极点
dstep(dnumc,ddenc,25);                          %绘制闭环控制系统的阶跃响应曲线，
                                                 采样点数为 25
sys_k = 2;                                      %设定系统增益为 2
figure(2);
sys_close = feedback(sys_k * sys_discrete,1);
[dnumc,ddenc] = tfdata(sys_close,'v');
dstep(dnumc,ddenc,25);
sys_k = 3;                                      %设定系统增益为 3
figure(3);
sys_close = feedback(sys_k * sys_discrete,1);
```

[dnumc,ddenc] = tfdata(sys_close,'v');
dstep(dnumc,ddenc,25);

运行结果如图 8-16~图 8-18 所示。

对比图 8-16~图 8-18 可以看出，当 $K=1$ 时，闭环系统稳定，阶跃响应曲线收敛；当 $K=2$ 时，闭环系统临界稳定，阶跃响应曲线等幅振荡；当 $K=3$ 时，闭环系统不稳定，阶跃响应曲线很快发散。

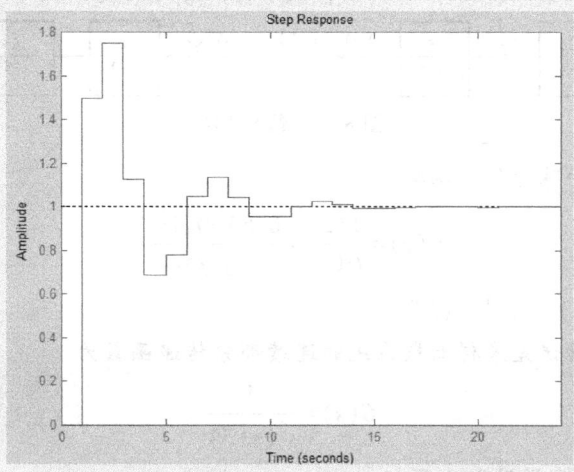

图 8-16 $K=1$ 时闭环系统的阶跃响应曲线

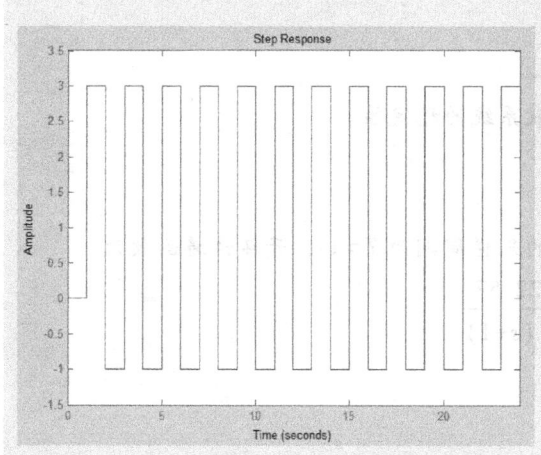

图 8-17 $K=2$ 时闭环系统的阶跃响应曲线

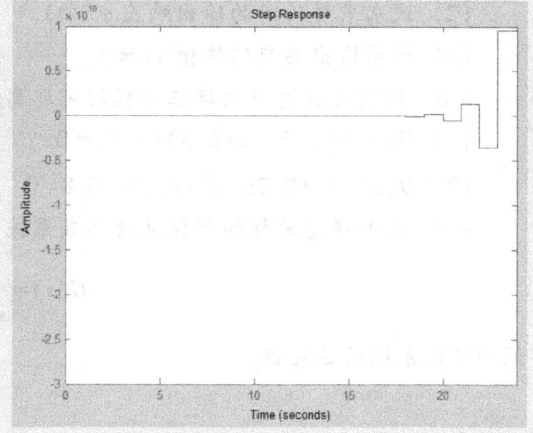

图 8-18 $K=3$ 时闭环系统的阶跃响应曲线

习 题

8.1 试求下列函数的 Z 变换。

(1) $x(k)=a^k$

(2) $x(t)=t^2 e^{-3t}$

(3) $x(t)=\dfrac{1}{3!}t^3$

(4) $X(s)=\dfrac{s+1}{s^2}$

8.2 试分别运用部分分式法、去除法求下列函数的 Z 反变换。

(1) $X(z) = \dfrac{10z}{(z-1)(z-2)}$ (2) $X(z) = \dfrac{-3+z^{-1}}{1-2z^{-1}+z^{-2}}$

(3) $X(z) = \dfrac{z}{(z+1)(3z^2+1)}$ (4) $X(z) = \dfrac{z}{(z-1)(z+0.5)^2}$

8.3 设开环离散系统如图 8-19 所示，试求开环脉冲传递函数 $G(z)$。

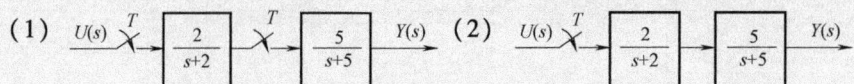

图 8-19 题 8.3 图

8.4 已知系统的脉冲传递函数为

$$G(z) = \frac{Y(z)}{U(z)} = \frac{0.53+0.1z^{-1}}{1-0.37z^{-1}}$$

若 $U(z) = z/(z-1)$，试求 $y(kT)$。

8.5 一单位反馈误差采样离散系统的连续部分传递函数为

$$G(s) = \frac{1}{s^2(s+5)}$$

输入量 $u(t) = 1(t)$，采样周期为 $T = 1\text{s}$。

(1) 试求输出量的 Z 变换 $Y(z)$。

(2) 试求采样瞬时的输出响应 $y^*(t)$。

(3) 试求输出响应的终值 $y(\infty)$。

8.6 试判定具有下列特征方程的闭环离散系统的稳定性。

(1) $D(z) = (z+1)(z+0.5)(z+2) = 0$

(2) $D(z) = z^4 + 0.2z^3 + z^2 + 0.36z + 0.8 = 0$

8.7 已知误差采样的单位反馈离散系统的采样周期为 $T = 1\text{s}$，开环传递函数为

$$G(s) = \frac{22.57}{s^2(s+1)}$$

试判定该系统的稳定性。

第 9 章　现代控制理论基础

> **学习目标**
>
> 本章要求理解线性定常连续控制系统状态空间分析法的基本概念，掌握状态空间表达式的建立、状态方程的求解、系统的能控性和能观性的判断以及利用状态反馈配置系统求极点的方法，掌握应用 MATLAB 软件进行状态空间分析的方法。

前面章节主要学习了以微分方程或传递函数为数学模型来研究系统特性的各种方法，这些均属于经典控制理论范畴。这种理论基于传递函数用试凑法设计单输入单输出系统极为有效，可以从系统的零极点分布得到系统的定性特性，到现在仍然得到广泛应用。但传递函数对系统是一种外部描述，不能描述系统内部的结构及变化，且忽略了初始条件，所以它不能包含系统的所有信息。20 世纪 60 年代以来，随着控制对象日益复杂，控制系统性能要求不断提高，不仅需要了解输入量与输出量之间的关系，还需要掌握内部量的变化规律。以状态空间分析法为特征的现代控制理论开始迅速发展，用以处理复杂的时变、非线性、多输入多输出系统问题，且可借助计算机实现复杂、精确的计算。本章只讨论现代控制理论中线性系统理论部分的状态空间分析法。

9.1　基本概念

系统的状态空间描述是建立在状态变量和状态空间概念基础上的。两者的概念早在经典力学中就得到广泛应用，当将其引入到系统和控制理论中来，用于描述系统的运动和行为时，它们具有更一般性的含义。

1. 状态变量

能够完全确定系统运动状态（描述系统时域行为）的最少个数的一组独立变量。即只要给定初始时刻 t_0 的状态变量值及 $t \geq t_0$ 时的输入，就可以完全确定 $t \geq t_0$ 时刻的运动状态。

一个用 n 阶微分方程描述的系统，有 n 个独立的状态变量，所谓独立就是状态变量间线性无关。当这 n 个独立变量的时间响应都求得时，系统的运动状态也就被完全描述了。需要指出，对同一个系统状态变量的选择不是唯一的，但个数是唯一的，等于微分方程的阶数，取决于系统中独立储能元件的个数，可以使用 $x_1(t), x_2(t), \cdots, x_n(t)$ 进行表示。

2. 状态向量

n 个状态变量看作是向量 $\boldsymbol{x}(t)$ 的分量，称为系统的状态向量，即 n 维列向量

$$x(t) = \begin{bmatrix} x_1(t) \\ x_2(t) \\ \vdots \\ x_n(t) \end{bmatrix}, \quad 简记 \ x = \begin{bmatrix} x_1 \\ x_2 \\ \vdots \\ x_n \end{bmatrix}$$

3. 状态空间和状态轨迹

以状态变量 $x_1, x_2, \cdots, x_n$ 为坐标轴所构成的 n 维空间，称为状态空间。状态空间的一个点代表系统的一个特定时刻的状态，假设 $x(t_0) = x(t)|_{t=t_0}$ 为状态空间的一个初始点，$x(t)$ 为状态空间中对应 t 时刻的一个点。当 t 由 $t_0 \to t$ 时，$x(t)$ 在状态空间中点形成的轨迹，称为状态轨迹。

4. 状态方程

状态方程是描述系统的状态变量之间及其与系统输入量之间关系的一阶微分方程组，也就是每个状态变量的一阶导数与所有状态变量、输入量关系的数学方程组。

【例 9.1】 试确定图 9-1 所示 RLC 电路的状态变量和状态方程。

解：选取 $u_C(t)$ 和 $i(t)$ 为状态变量，则由电路原理得

$$\begin{cases} Ri(t) + u_C(t) + L\dfrac{\mathrm{d}i(t)}{\mathrm{d}t} = u(t) \\ i = C\dfrac{\mathrm{d}u_C(t)}{\mathrm{d}t} \end{cases}$$

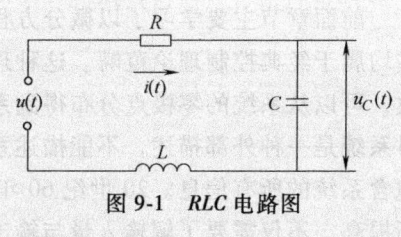

图 9-1 RLC 电路图

写成状态变量的导数在等号左端、状态变量在等号右端的标准形式，即状态方程，得

$$\begin{cases} \dot{u}_C(t) = \dfrac{1}{C}i(t) \\ \dot{i}(t) = -\dfrac{1}{L}u_C(t) - \dfrac{R}{L}i(t) + \dfrac{1}{L}u(t) \end{cases}$$

若令 $x_1 = u_C(t)$，$x_2 = i(t)$，则可写成矩阵形式，得

$$\begin{bmatrix} \dot{x}_1 \\ \dot{x}_2 \end{bmatrix} = \begin{bmatrix} 0 & \dfrac{1}{C} \\ -\dfrac{1}{L} & -\dfrac{R}{L} \end{bmatrix} \begin{bmatrix} x_1 \\ x_2 \end{bmatrix} + \begin{bmatrix} 0 \\ \dfrac{1}{L} \end{bmatrix} u$$

或

$$\dot{x} = Ax + bu$$

式中，$\dot{x} = \begin{bmatrix} \dot{x}_1 \\ \dot{x}_2 \end{bmatrix}$，$x = \begin{bmatrix} x_1 \\ x_2 \end{bmatrix}$，$A = \begin{bmatrix} 0 & \dfrac{1}{C} \\ -\dfrac{1}{L} & -\dfrac{C}{L} \end{bmatrix}$，$b = \begin{bmatrix} 0 \\ \dfrac{1}{L} \end{bmatrix}$

列写状态方程的一般步骤如下：

1) 确定状态变量（完全、确定的描述系统的最少独立变量个数）。
2) 由物理规律写出关于状态变量的一阶微分方程组。
3) 写成状态变量的导数在等号左端、状态变量在等号右端的标准形式。

5. 输出方程

反映系统输出与状态变量间函数关系的表达式称为输出方程。

例 9.1 中，若输出用 y 表示，确定 $x_1 = u_C(t)$ 作为输出，则输出方程为 $y = u_C(t)$ 或 $y = x_1$，写成矩阵形式为

$$y = \begin{bmatrix} 1 & 0 \end{bmatrix} \begin{bmatrix} x_1 \\ x_2 \end{bmatrix}, \text{ 或 } y = \boldsymbol{c}\boldsymbol{x}$$

式中，
$$\boldsymbol{c} = \begin{bmatrix} 1 & 0 \end{bmatrix}$$

列写输出方程的步骤如下：
1) 写出输出与状态变量的表达式。
2) 将该表达式写成矩阵形式。

6. 状态空间表达式

状态方程和输出方程合起来，构成一个系统动态的完整描述，称为状态空间表达式。

（1）单输入单输出系统的状态空间表达式

设状态变量为 x_1，x_2，$\cdots$，x_n，则状态方程的一般形式为

$$\dot{x}_1 = a_{11}x_1 + a_{12}x_2 + \cdots + a_{1n}x_n + b_1 u$$
$$\dot{x}_2 = a_{21}x_1 + a_{22}x_2 + \cdots + a_{2n}x_n + b_2 u$$
$$\vdots$$
$$\dot{x}_n = a_{n1}x_1 + a_{n2}x_2 + \cdots + a_{nn}x_n + b_n u$$

输出方程式一般为 $\quad y = c_1 x_1 + c_2 x_2 + \cdots + c_n x_n$

写成矢量矩阵形式的状态空间表达式为

$$\dot{\boldsymbol{x}} = \boldsymbol{A}\boldsymbol{x} + \boldsymbol{b}u$$
$$y = \boldsymbol{c}\boldsymbol{x}$$

式中，$\boldsymbol{x} = \begin{bmatrix} x_1 \\ x_2 \\ \vdots \\ x_n \end{bmatrix}$ 为 n 维状态矢量；$\boldsymbol{A} = \begin{bmatrix} a_{11} & a_{12} & \cdots & a_{1n} \\ a_{21} & a_{22} & \cdots & a_{2n} \\ \cdots & \cdots & \ddots & \cdots \\ a_{n1} & a_{n2} & \cdots & a_{nn} \end{bmatrix}$ 为 $n \times n$ 阶系统矩阵，反映系统内部状态变量之间的联系；$\boldsymbol{b} = \begin{bmatrix} b_1 \\ b_2 \\ \vdots \\ b_n \end{bmatrix}$ 为 $n \times 1$ 维矩阵（列阵），称为输入矩阵或控制矩阵，反映输入对状态变量的作用；$\boldsymbol{c} = \begin{bmatrix} c_1 & c_2 & \cdots & c_n \end{bmatrix}$ 为 $1 \times n$ 维输出矩阵（行阵），建立了输出与状态变量之间的联系。

此时，对应系统的框图如图 9-2a 所示。

（2）多输入多输出系统的状态空间表达式

如果系统具有 r 个输入，m 个输出，则其状态方程为

$$\dot{x}_1 = a_{11}x_1 + a_{12}x_2 + \cdots + a_{1n}x_n + b_{11}u_1 + b_{12}u_2 + \cdots + b_{1r}u_r$$
$$\dot{x}_2 = a_{21}x_1 + a_{22}x_2 + \cdots + a_{2n}x_n + b_{21}u_1 + b_{22}u_2 + \cdots + b_{2r}u_r$$
$$\vdots$$

$$\dot{x}_n = a_{n1}x_1 + a_{n2}x_2 + \cdots + a_{nn}x_n + b_{n1}u_1 + b_{n2}u_2 + \cdots + b_{nr}u_r$$

至于输出方程，不仅是状态变量的组合，而且在特殊情况下，还可能有输入矢量的直接传递，因而有如下一般形式：

$$y_1 = c_{11}x_1 + c_{12}x_2 + \cdots + c_{1n}x_n + d_{11}u_1 + d_{12}u_2 + \cdots + d_{1r}u_r$$
$$y_2 = c_{21}x_1 + c_{22}x_2 + \cdots + c_{2n}x_n + d_{21}u_1 + d_{22}u_2 + \cdots + d_{2r}u_r$$
$$\vdots$$
$$y_m = c_{m1}x_1 + c_{m2}x_2 + \cdots + c_{mn}x_n + d_{m1}u_1 + d_{m2}u_2 + \cdots + d_{mr}u_r$$

其状态空间表达式的矢量矩阵形式为

$$\begin{aligned}\dot{x} &= Ax + Bu \\ y &= Cx + Du\end{aligned} \tag{9-1}$$

式中，x 和 A 的含义同单输入系统，分别为 n 维状态矢量和 $n \times n$ 阶系统矩阵；$u = \begin{bmatrix} u_1 \\ u_2 \\ \vdots \\ u_r \end{bmatrix}$ 为 r 维输入（或控制）矢量；$y = \begin{bmatrix} y_1 \\ y_2 \\ \vdots \\ y_m \end{bmatrix}$ 为 m 维输出矢量；$B = \begin{bmatrix} b_{11} & b_{12} & \cdots & b_{1r} \\ b_{21} & b_{22} & \cdots & b_{2r} \\ \cdots & \cdots & \ddots & \cdots \\ b_{n1} & b_{n2} & \cdots & b_{nr} \end{bmatrix}$ 为 $n \times r$ 阶输入（控制）矩阵；$C = \begin{bmatrix} c_{11} & c_{12} & \cdots & c_{1n} \\ c_{21} & c_{22} & \cdots & c_{2n} \\ \cdots & \cdots & \ddots & \cdots \\ c_{m1} & c_{m2} & \cdots & c_{mn} \end{bmatrix}$ 为 $m \times n$ 阶输出矩阵；$D = \begin{bmatrix} d_{11} & d_{12} & \cdots & d_{1r} \\ d_{21} & d_{22} & \cdots & d_{2r} \\ \cdots & \cdots & \ddots & \cdots \\ d_{m1} & d_{m2} & \cdots & d_{mr} \end{bmatrix}$ 为 $m \times r$ 阶直接传递矩阵（输入直接传递到输出）。

一般地（除特别说明），为简单起见，令 $D = 0$，即不考虑输入矢量的直接传递作用。

此时，对应系统的框图如图 9-2b 所示。

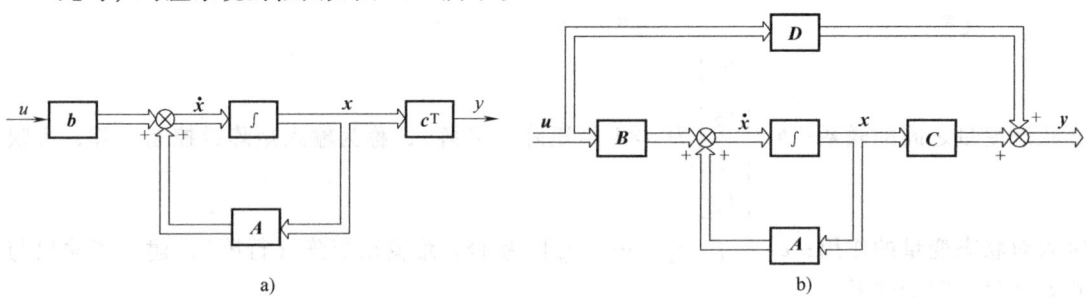

图 9-2　状态空间表达式的信号传递框图
a) 单输入单输出系统的框图　b) 多输入多输出系统的框图

7. 状态变量的非唯一性和状态方程的非唯一性

对例 9.1 所示系统，重新选取 $u_C(t)$ 和 $\dot{u}_C(t)$ 为两个状态变量，令 $x_1 = u_C(t)$，$x_2 = \dot{u}_C(t)$，则 $\dot{x}_1 = \dot{u}_C(t) = x_2$，即 $\dot{x}_1 = x_2$。由电路原理可得

$$\ddot{u}_C(t) + \frac{R}{L}\dot{u}_C(t) + \frac{1}{LC}u_C(t) = \frac{1}{LC}u(t)$$

进而有
$$\dot{x}_2 = -\frac{1}{LC}x_1 - \frac{R}{L}x_2 + \frac{1}{LC}u$$

写成矩阵形式得
$$\dot{x} = \begin{bmatrix} 0 & 1 \\ -\frac{1}{LC} & -\frac{R}{L} \end{bmatrix} x + \begin{bmatrix} 0 \\ \frac{1}{LC} \end{bmatrix} u$$

对比例 9.1，可得如下结论：

1）在同一系统中，选取的状态变量不同，状态方程也不同。

2）状态变量具有非唯一性，如果 x 是状态矢量，只要矩阵 P 是非奇异的（满秩），那么 $\hat{x} = P^{-1}x$ 也是状态矢量。

8. 状态空间表达式的模拟结构图

在状态空间分析中，采用模拟结构图反映系统各状态变量之间的信息传递关系，有助于建立系统的状态空间表达式。对于一个系统，以传递函数表示系统信号之间传递关系的图为框图，类似地，用积分器表示的系统信号之间传递关系的图为模拟结构图。所谓积分器是指框图内的传递函数为 $\frac{1}{s}$，即积分器的输入端为 $\dot{x}(t)$，输出端为 $x(t)$，因此，积分器的个数等于状态变量的个数。

模拟结构图（由微分方程或状态空间表达式绘制）的绘制步骤如下：

1）确定积分器的数目，积分器的数目等于状态变量的数目或微分方程的阶数。每个积分器的输出表示相应的单个状态变量，输入为状态变量的导数。

2）确定最高阶导数项的微分方程或状态方程表达式。

3）根据微分方程或状态方程和输出方程，确定加法器和比例器，并用箭头将这些元件（积分器、加法器和比例器）连接起来。

【**例 9.2**】 画出用以下微分方程描述的系统的模拟结构图。
$$\dddot{x} + a_2\ddot{x} + a_1\dot{x} + a_0 x = bu$$

解：1）系统微分方程为三阶方程，故有 3 个积分器，先画出 3 个积分器。

2）将微分方程写成最高阶导数项在等式左端的表达式，即
$$\dddot{x} = -a_2\ddot{x} - a_1\dot{x} - a_0 x + bu$$

3）其余导数项前的系数分别为各比例器的数值，输入变量前的系数为输入比例器的数值，等式右端为 4 项的代数和，即加法器有 4 个分支输入。

可得出相应的模拟结构图，如图 9-3 所示。

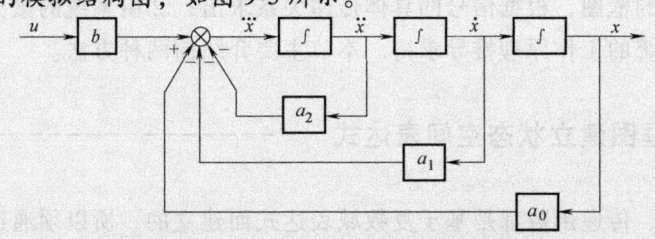

图 9-3 例 9.2 三阶微分方程的模拟结构图

【例 9.3】 根据以下状态空间表达式绘制描述系统的模拟结构图。

$$\dot{x}_1 = x_2$$
$$\dot{x}_2 = x_3$$
$$\dot{x}_3 = -6x_1 - 3x_2 - 2x_3 + u$$
$$y = x_1 + x_2$$

解： 1) 系统状态空间表达式有 3 个状态变量，故先画出 3 个积分器。

2) $\dot{x}_3$ 即为最高阶导数项。

3) 由 $\dot{x}_3$ 的状态方程确定比例器的数值，并注意到 $\dot{x}_3$ 来自 4 路相加，即可将各部分相连接画出状态方程的关系。最后画出输出方程的关系，如图 9-4 所示。

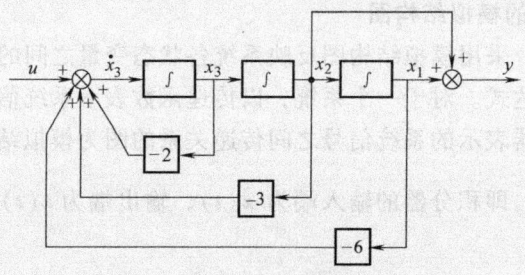

图 9-4　例 9.3 三阶系统的模拟结构图

9.2　状态空间表达式的建立与转换

已知系统的内部结构，可以求得它的状态空间表达式，如上节所述。已知系统的状态空间表达式，也很容易求出它的外部描述，即传递函数或微分方程，此部分在第 9.2.4 小节介绍。它的逆问题，即由描述系统输入输出动态关系的传递函数或微分方程建立状态空间表达式，这样的问题称为实现问题，9.2.1 和 9.2.2 小节将介绍这部分内容。所得到的状态空间表达式既保持了原传递函数所确定的输入输出关系，又将系统的内部关系揭示出来。而状态空间表达式是非唯一的，会有无穷多个内部结构能获得相同的输入输出关系，这个问题涉及状态向量的线性变换，将在 9.2.3 小节中进行讨论。

状态空间表达式作为一种数学模型，它的建立通常可以根据系统的已知条件分为如下三种方式：①由系统的框图，根据信号的具体传递关系求出；②由系统的微分方程或传递函数推导得到；③由系统的工作原理推导求得。本节主要介绍前两种方法。

9.2.1　由系统框图建立状态空间表达式

因为系统框图、传递函数都是基于复数域表达式而建立的，所以须通过拉普拉斯变换来与时域的输入量、状态变量、输出量相转换，故由框图得状态空间表达式一般需要按照如下步骤。

1) 首先根据拉普拉斯变换的微分原理，得出状态变量（一般已给定）一阶导数拉普拉斯变换的关系式。

2) 然后根据具体框图得出输入量、状态变量、输出量在复数域（s 域）内满足的关系式，再进行拉普拉斯反变换。

3) 最后进行整理即可得到时域的状态空间表达式。

【例 9.4】 已知系统框图如图 9-5 所示，其状态变量 x_1，x_2，x_3 [拉普拉斯变换分别为 $X_1(s)$，$X_2(s)$，$X_3(s)$] 位置已给定，试求该系统的状态空间表达式。

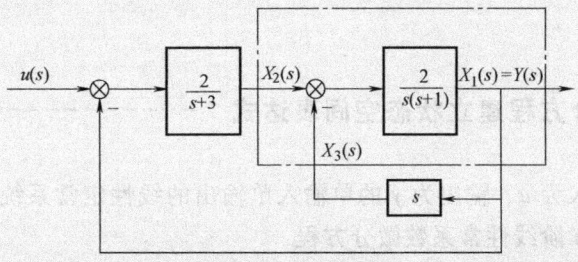

图 9-5 例 9.4 系统框图

解：1) 根据拉普拉斯变换的微分原理，在零初始条件下，本系统中的三个状态变量可满足关系式

$$\begin{cases} L[\dot{x}_1(t)] = sX_1(s) \\ L[\dot{x}_2(t)] = sX_2(s) \\ L[\dot{x}_3(t)] = sX_3(s) \end{cases}$$

2) 根据框图推导输入量、状态变量、输出量在复数域满足的关系式，以图 9-5 中虚线框部分为例，有

$$[X_2(s) - X_3(s)] \frac{2}{s(s+1)} = X_1(s)$$

同理，可以得到另外两个方框所对应的表达式。

故由框图可得的运算关系列写为

$$\begin{cases} X_3(s) = sX_1(s) \\ [U(s) - X_1(s)] \frac{2}{s+3} = X_2(s) \\ [X_2(s) - X_3(s)] \frac{2}{s(s+1)} = X_1(s) \end{cases}$$

推导并整理，然后进行拉普拉斯反变换得

$$\begin{cases} \dot{x}_1 = x_3 \\ \dot{x}_2 = -2x_1 - 3x_2 + 2u \\ \dot{x}_3 = 2x_2 - 3x_3 \end{cases}$$

3) 结合输出方程 $y=x_1$，可得系统的状态空间表达式为

$$\dot{x} = \begin{bmatrix} 0 & 0 & 1 \\ -2 & -3 & 0 \\ 0 & 2 & -3 \end{bmatrix} \begin{bmatrix} x_1 \\ x_2 \\ x_3 \end{bmatrix} + \begin{bmatrix} 0 \\ 2 \\ 0 \end{bmatrix} u$$

$$y = \begin{bmatrix} 1 & 0 & 0 \end{bmatrix} \begin{bmatrix} x_1 \\ x_2 \\ x_3 \end{bmatrix}$$

9.2.2 由系统微分方程建立状态空间表达式

本小节只针对输入为 u、输出为 y 的单输入单输出的线性定常系统进行研究。此时，系统的运动方程是一个 n 阶线性常系数微分方程

$$y^{(n)} + a_{n-1} y^{(n-1)} + \cdots a_1 \dot{y} + a_0 y = b_m u^{(m)} + b_{m-1} u^{(m-1)} + \cdots + b_1 \dot{u} + b_0 u \quad (n \geqslant m)$$

相应的传递函数为

$$G(s) = \frac{Y(s)}{U(s)} = \frac{b_m s^m + b_{m-1} s^{m-1} + \cdots + b_1 s + b_0}{s^n + a_{n-1} s^{n-1} + \cdots + a_1 s + a_0} \quad (n \geqslant m)$$

1. 输入不含导数项（即传递函数中没有零点）

此时，系统的微分方程为

$$y^{(n)} + a_{n-1} y^{(n-1)} + \cdots + a_1 \dot{y} + a_0 y = b_0 u$$

相应的传递函数为

$$G(s) = \frac{Y(s)}{U(s)} \frac{b_0}{s^n + a_{n-1} s^{n-1} + \cdots + a_1 s + a_0}$$

将上述微分方程移项并两端同除以 b_0，得

$$\frac{y^{(n)}}{b_0} = -\frac{a_0 y}{b_0} - \frac{a_1 \dot{y}}{b_0} - \cdots - \frac{a_{n-1} y^{(n-1)}}{b_0} + u$$

将输出及输出 $1 \sim n-1$ 阶导函数取作状态变量，即

$$x_1 = \frac{y}{b_0}, \, x_2 = \frac{\dot{y}}{b_0}, \cdots, x_{n-1} = \frac{y^{(n-2)}}{b_0}, \, x_n = \frac{y^{(n-1)}}{b_0}$$

则有

$$\dot{x}_1 = \frac{\dot{y}}{b_0} = x_2, \, \dot{x}_2 = \frac{\ddot{y}}{b_0} = x_3, \cdots, \dot{x}_{n-1} = \frac{y^{(n-1)}}{b_0} = x_n$$

$$\dot{x}_n = \frac{y^{(n)}}{b_0} = -a_0 x_1 - a_1 x_2 - \cdots - a_{n-1} x_n + u$$

输出方程为

$$y = b_0 x_1$$

表示成矩阵形式为

$$\underbrace{\begin{bmatrix} \dot{x}_1 \\ \dot{x}_2 \\ \vdots \\ \dot{x}_{n-1} \\ \dot{x}_n \end{bmatrix}}_{\dot{x}} = \underbrace{\begin{bmatrix} & 1 & & & \\ & & 1 & & \mathbf{0} \\ \mathbf{0} & & & \ddots & \\ & & & & 1 \\ -a_0 & -a_1 & -a_2 & \cdots & -a_{n-1} \end{bmatrix}}_{A} \underbrace{\begin{bmatrix} x_1 \\ x_2 \\ \vdots \\ x_{n-1} \\ x_n \end{bmatrix}}_{x} + \underbrace{\begin{bmatrix} 0 \\ 0 \\ \vdots \\ 0 \\ 1 \end{bmatrix}}_{b} u$$

$$y = \underbrace{\begin{bmatrix} b_0 & 0 & 0 & \cdots & 0 \end{bmatrix}}_{c} x$$

上面的 A 阵为友矩阵，即主对角线上方元素为 1，最后一行元素取决于部分微分方程里的系数，其余元素均为零。

【例 9.5】 系统的输入输出微分方程为
$$\dddot{y} + 6\ddot{y} + 41\dot{y} + 7y = 6u$$
写出其状态空间表达式。

解： 由于微分方程是三阶的，因此应设三个状态变量。

先对微分方程移项并两端同除以 6，得
$$\frac{\dddot{y}}{6} = -7\frac{y}{6} - 41\frac{\dot{y}}{6} - 6\frac{\ddot{y}}{6} + u$$

取状态变量，得
$$x_1 = \frac{y}{6}, \quad x_2 = \frac{\dot{y}}{6}, \quad x_3 = \frac{\ddot{y}}{6}$$

则有
$$\dot{x}_1 = \frac{\dot{y}}{6} = x_2, \quad \dot{x}_2 = \frac{\ddot{y}}{6} = x_3, \quad \dot{x}_3 = \frac{\dddot{y}}{6} = -7x_1 - 41x_2 - 6x_3 + u$$

输出方程为 $\qquad y = 6x_1$

综合可得状态空间表达式为
$$\begin{bmatrix} \dot{x}_1 \\ \dot{x}_2 \\ \dot{x}_3 \end{bmatrix} = \begin{bmatrix} 0 & 1 & 0 \\ 0 & 0 & 1 \\ -7 & -41 & -6 \end{bmatrix} \begin{bmatrix} x_1 \\ x_2 \\ x_3 \end{bmatrix} + \begin{bmatrix} 0 \\ 0 \\ 1 \end{bmatrix} u$$

$$y = \begin{bmatrix} 6 & 0 & 0 \end{bmatrix} \begin{bmatrix} x_1 \\ x_2 \\ x_3 \end{bmatrix}$$

2. 输入含有导数项（即传递函数中含有零点）

此时，系统的微分方程为
$$y^{(n)} + a_{n-1}y^{(n-1)} + \cdots + a_1\dot{y} + a_0 y = b_m u^{(m)} + b_{m-1}u^{(m-1)} + \cdots + b_1\dot{u} + b_0 u$$

相应地，系统传递函数为

$$G(s) = \frac{b_m s^m + b_{m-1} s^{m-1} + \cdots + b_1 s + b_0}{s^n + a_{n-1} s^{n-1} + \cdots + a_1 s + a_0} \quad (n \geq m)$$

为了说明方便，又不失一般性，这里先以三阶系统为例进行分析，其传递函数为

$$G(s) = \frac{Y(s)}{U(s)} = \frac{b_3 s^3 + b_2 s^2 + b_1 s + b_0}{s^3 + a_2 s^2 + a_1 s + a_0} \quad (n = m = 3)$$

因为 $n=m$，上式经过整理可提取一个常数项，从而使分子项最高次幂低于分母项，可得

$$G(s) = \frac{b_3 s^3 + b_3 (a_2 s^2 + a_1 s + a_0) - b_3 (a_2 s^2 + a_1 s + a_0) + b_2 s^2 + b_1 s + b_0}{s^3 + a_2 s^2 + a_1 s + a_0} \tag{9-2}$$

即

$$G(s) = b_3 + \frac{(b_2 - a_2 b_3) s^2 + (b_1 - a_1 b_3) s + (b_0 - a_0 b_3)}{s^3 + a_2 s^2 + a_1 s + a_0}$$

令

$$\beta_0 = b_0 - a_0 b_3$$
$$\beta_1 = b_1 - a_1 b_3$$
$$\beta_2 = b_2 - a_2 b_3$$

则式（9-2）成为

$$G(s) = b_3 + \frac{\beta_2 s^2 + \beta_1 s + \beta_0}{s^3 + a_2 s^2 + a_1 s + a_0} \tag{9-3}$$

再令

$$\frac{N(s)}{D(s)} = \frac{\beta_2 s^2 + \beta_1 s + \beta_0}{s^3 + a_2 s^2 + a_1 s + a_0}$$

将式（9-3）做串联分解，为便于分解和讨论，引入中间变量 y_1 [拉氏变换为 $Y_1(s)$]，如图9-6所示。

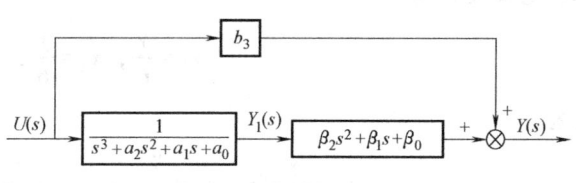

图9-6 系统串联分解图

则由图9-6得

$$Y_1(s) = \frac{1}{s^3 + a_2 s^2 + a_1 s + a_0} U(s) \tag{9-4}$$

$$Y(s) = b_3 U(s) + (\beta_2 s^2 + \beta_1 s + \beta_0) Y_1(s) \tag{9-5}$$

由式（9-4）可得对应的微分方程为

$$\dddot{y}_1 + a_2 \ddot{y}_1 + a_1 \dot{y}_1 + a_0 y_1 = u$$

即

$$\dddot{y}_1 = -a_0 y_1 - a_1 \dot{y}_1 - a_2 \ddot{y}_1 + u$$

取

$$x_1 = y_1, x_2 = \dot{y}_1, x_3 = \ddot{y}_1 \tag{9-6}$$

则有

$$\begin{cases} \dot{x}_1 = x_2 \\ \dot{x}_2 = x_3 \\ \dot{x}_3 = -a_0 x_1 - a_1 x_2 - a_2 x_3 + u \end{cases} \tag{9-7}$$

$$y_1 = x_1$$

对式（9-5）取拉普拉斯反变换得

$$y = b_3 u + \beta_2 \ddot{y}_1 + \beta_1 \dot{y}_1 + \beta_0 y_1 \tag{9-8}$$

将式（9-6）代入式（9-8）消去中间变量 y_1 得

$$y = b_3 u + \beta_2 x_3 + \beta_1 x_2 + \beta_0 x_1 \tag{9-9}$$

最后，由式（9-7）、式（9-9）得到状态空间表达式的矩阵形式为

$$\begin{bmatrix} \dot{x}_1 \\ \dot{x}_2 \\ \dot{x}_3 \end{bmatrix} = \begin{bmatrix} 0 & 1 & 0 \\ 0 & 0 & 1 \\ -a_0 & -a_1 & -a_2 \end{bmatrix} \begin{bmatrix} x_1 \\ x_2 \\ x_3 \end{bmatrix} + \begin{bmatrix} 0 \\ 0 \\ 1 \end{bmatrix} u \tag{9-10}$$

$$y = \begin{bmatrix} b_0 - a_0 b_3 & b_1 - a_1 b_3 & b_2 - a_2 b_3 \end{bmatrix} \begin{bmatrix} x_1 \\ x_2 \\ x_3 \end{bmatrix} + b_3 u \tag{9-11}$$

【例9.6】 已知系统的输入输出微分方程为

$$\dddot{y} + 28\ddot{y} + 196\dot{y} + 740y = 360\dot{u} + 440u$$

试写出系统的状态空间表达式。

解： 在零初始条件下，可得系统的传递函数

$$G(s) = \frac{Y(s)}{U(s)} = \frac{360s + 440}{s^3 + 28s^2 + 196s + 740}$$

将系统表示成串联分解框图，如图9-7所示。

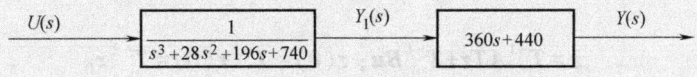

图9-7 例9.6系统串联分解框图

根据图9-7可以得到两个微分方程，即

$$\dddot{y}_1 + 28\ddot{y}_1 + 196\dot{y}_1 + 740y_1 = u$$

$$y = 360\dot{y}_1 + 440y_1$$

取三个状态变量

$$x_1 = y_1, \quad x_2 = \dot{y}_1, \quad x_3 = \ddot{y}_1$$

则有

$$\begin{cases} \dot{x}_1 = x_2 \\ \dot{x}_2 = x_3 \\ \dot{x}_3 = -740x_1 - 196x_2 - 28x_3 + u \end{cases}$$

$$y = 440x_1 + 360x_2$$

可得系统的状态空间表达式为

$$\begin{bmatrix} \dot{x}_1 \\ \dot{x}_2 \\ \dot{x}_3 \end{bmatrix} = \begin{bmatrix} 0 & 1 & 0 \\ 0 & 0 & 1 \\ -740 & -196 & -28 \end{bmatrix} \begin{bmatrix} x_1 \\ x_2 \\ x_3 \end{bmatrix} + \begin{bmatrix} 0 \\ 0 \\ 1 \end{bmatrix} u$$

$$y = \begin{bmatrix} 440 & 360 & 0 \end{bmatrix} \begin{bmatrix} x_1 \\ x_2 \\ x_3 \end{bmatrix}$$

9.2.3 状态矢量的线性变换

1. 状态空间表达式的非唯一性

对同一个系统，选择不同的状态变量，可以得到不同的状态空间表达式，但实质上不同的状态变量可以通过非奇异变换，即矢量的线性变换得到不同的系数矩阵 A、B、C，也就是得到不同的状态空间表达式。进行线性变换的目的是通过变换，使系统具有特殊的标准型结构，如约旦标准型、对角线标准型等，从而便于进行系统的性能分析和控制系统设计。

设系统为

$$\dot{x} = Ax + Bu; \quad x(0) = x_0 \tag{9-12}$$
$$y = Cx + Du$$

对于任意状态变量 x，可以找到一个非奇异矩阵，通过线性变换，将 x 变换为 z。因此，令 $x = Tz$，即 $z = T^{-1}x$，其中 T 为变换矩阵（T 为非奇异矩阵，T^{-1} 存在）。将 $z = T^{-1}x$ 代入式（9-12）得

$$T\dot{z} = ATz + Bu; \quad Tz(0) = x_0$$
$$y = CTz + Du$$

整理得

$$\dot{z} = T^{-1}ATz + T^{-1}Bu; \quad z(0) = T^{-1}x(0) = T^{-1}x_0 \tag{9-13}$$
$$y = CTz + Du$$

令

$$\hat{A} = T^{-1}AT, \quad \hat{B} = T^{-1}B, \quad \hat{C} = CT$$

则式（9-13）变换为

$$\dot{z} = \hat{A}z + \hat{B}u$$
$$y = \hat{C}z + Du$$

因 T 为任意非奇异矩阵，故状态空间表达式非唯一。

2. 系统的特征值

（1）特征值的定义

设多输入多输出系统的状态空间表达式为

$$\dot{x} = Ax + Bu$$
$$y = Cx + Du$$

系统特征值就是系统矩阵 A 的特征值，也即特征方程 $|\lambda I - A| = 0$ 的根。若 A 为 $n \times n$ 阶方阵，

则 A 有 n 个特征值。

实际物理系统中，A 为实数方阵，故特征值或为实数，或为成对的共轭复数。若 A 为实数对称方阵，则其特征值都是实数。

(2) 特征值的不变性

定理 9-1 系统经非奇异变换后，其特征值不变，且特征多项式
$$|\lambda I - A| = \lambda^n + a_{n-1}\lambda^{n-1} + \cdots + a_1\lambda + a_0 = 0$$
系数 a_{n-1}，a_{n-2}，$\cdots$，a_1，a_0 也不改变。

证明：系统经过式 (9-13) 的非奇异变换，其特征方程为
$$|\lambda I - \hat{A}| = |\lambda I - T^{-1}AT| = |\lambda T^{-1}T - T^{-1}AT| = |T^{-1}\lambda T - T^{-1}AT| = |T^{-1}(\lambda I - A)T|$$
$$= |T^{-1}||\lambda I - A||T| = |T^{-1}T||\lambda I - A| = |\lambda I - A|$$
$$= \lambda^n + a_{n-1}\lambda^{n-1} + \cdots + a_1\lambda + a_0 = 0$$

可以看出，非奇异变换前、后的特征多项式不变，特征值不变。又由于特征值完全由特征多项式的系数 a_{n-1}，a_{n-2}，$\cdots$，a_1，a_0 唯一地确定，即特征多项式系数 a_{n-1}，a_{n-2}，$\cdots$，a_1，a_0 也是不变的量。

(3) 特征矢量

设 λ_i 为 A 的一个特征值，若存在某个非零矢量 p_i，满足 $Ap_i = \lambda_i p_i$，则称 p_i 为 A 的对应于 λ_i 的特征矢量。

9.2.4 由状态空间表达式求系统传递函数 (阵)

1. 单输入单输出系统

已知系统的状态空间表达式为
$$\begin{aligned} \dot{x} &= Ax + bu \\ y &= cx + du \end{aligned} \tag{9-14}$$

假定初始条件为零，则对式 (9-14) 进行拉普拉斯变换有
$$sX(s) = AX(s) + bU(s)$$
$$Y(s) = cX(s) + dU(s)$$

整理可得
$$X(s) = (sI - A)^{-1}bU(s)$$
$$Y(s) = [c(sI - A)^{-1}b + d]U(s)$$

根据传递函数的定义即有
$$G(s) = \frac{Y(s)}{U(s)} = c(sI - A)^{-1}b + d = \frac{c\,\text{adj}(sI - A)b}{|sI - A|} + d \tag{9-15}$$

式中，$\text{adj}(sI - A)$ 为伴随矩阵。

式 (9-15) 所描述的传递函数是一个标量。

【例 9.7】 已知系统的状态空间表达式为
$$\begin{bmatrix} \dot{x}_1 \\ \dot{x}_2 \\ \dot{x}_3 \end{bmatrix} = \begin{bmatrix} 0 & 1 & 0 \\ 0 & 0 & 1 \\ -5 & -3 & -2 \end{bmatrix} \begin{bmatrix} x_1 \\ x_2 \\ x_3 \end{bmatrix} + \begin{bmatrix} 0 \\ 0 \\ 1 \end{bmatrix} u$$

$$y = \begin{bmatrix} 3 & 2 & 1 \end{bmatrix} \begin{bmatrix} x_1 \\ x_2 \\ x_3 \end{bmatrix}$$

利用公式求该系统的传递函数。

解： 根据式（9-15）进行如下计算。

$$(s\boldsymbol{I}-\boldsymbol{A})^{-1} = \begin{bmatrix} s & -1 & 0 \\ 0 & s & -1 \\ 5 & 3 & s+2 \end{bmatrix}^{-1} = \frac{1}{s^3+2s^2+3s+5} \begin{bmatrix} s^2+2s+3 & s+2 & 1 \\ -5 & s(s+2) & s \\ -5s & -(3s+5) & s^2 \end{bmatrix}$$

$$G(s) = \frac{Y(s)}{U(s)} = \boldsymbol{c}(s\boldsymbol{I}-\boldsymbol{A})^{-1}\boldsymbol{b} = \frac{s^2+2s+3}{s^3+2s^2+3s+5}$$

2．多输入多输出系统

已知系统的状态空间表达式为

$$\dot{\boldsymbol{x}} = \boldsymbol{A}\boldsymbol{x}+\boldsymbol{B}\boldsymbol{u}$$
$$\boldsymbol{y} = \boldsymbol{C}\boldsymbol{x}+\boldsymbol{D}\boldsymbol{u} \tag{9-16}$$

式中，$\boldsymbol{u}$ 为 r 维输入矢量；$\boldsymbol{y}$ 为 m 维输出矢量；$\boldsymbol{A}$ 为 $n\times n$ 阶系统矩阵；$\boldsymbol{B}$ 为 $n\times r$ 阶输入矩阵；$\boldsymbol{C}$ 为 $m\times n$ 阶输出矩阵；$\boldsymbol{D}$ 为 $m\times r$ 阶直接传递矩阵。

在零初始条件下，对式（9-16）进行拉普拉斯变换可得

$$s\boldsymbol{X}(s) = \boldsymbol{A}\boldsymbol{X}(s)+\boldsymbol{B}\boldsymbol{U}(s)$$

运算整理

$$\boldsymbol{Y}(s) = \boldsymbol{C}\boldsymbol{X}(s)+\boldsymbol{D}\boldsymbol{U}(s)$$

可得传递函数为

$$\boldsymbol{G}(s) = \frac{\boldsymbol{Y}(s)}{\boldsymbol{U}(s)} = \boldsymbol{C}(s\boldsymbol{I}-\boldsymbol{A})^{-1}\boldsymbol{B}+\boldsymbol{D} \tag{9-17}$$

它是一个 $m\times r$ 阶传递函数阵，即

$$\boldsymbol{G}(s) = \begin{bmatrix} G_{11}(s) & G_{12}(s) & \cdots & G_{1r}(s) \\ G_{21}(s) & G_{22}(s) & \cdots & G_{2r}(s) \\ \vdots & \vdots & & \vdots \\ G_{m1}(s) & G_{m2}(s) & \cdots & G_{mr}(s) \end{bmatrix}$$

式中，元素 $G_{ij}(s)$ 都是标量函数，它表征第 j 个输入变量对第 i 个输出变量的传递关系（$j=1, 2, \cdots, r; i=1, 2, \cdots, m$）。

式（9-17）还可以表示为

$$\boldsymbol{G}(s) = \frac{\boldsymbol{Y}(s)}{\boldsymbol{U}(s)} = \frac{1}{|s\boldsymbol{I}-\boldsymbol{A}|}[\boldsymbol{C}\mathrm{adj}(s\boldsymbol{I}-\boldsymbol{A})\boldsymbol{B}+|s\boldsymbol{I}-\boldsymbol{A}|\boldsymbol{D}] \tag{9-18}$$

式中，$\mathrm{adj}(s\boldsymbol{I}-\boldsymbol{A})$ 为伴随矩阵。

可以看出，式（9-18）中 $\boldsymbol{G}(s)$ 的分母就是系统矩阵 $\boldsymbol{A}$ 的特征多项式，分子是一个多项式矩阵。

需要说明的是，虽然一个给定系统的状态空间表达式可以通过各种非奇异变换阵变换而

不是唯一的，但它的传递函数（阵）是不变的。

证明：令 $z=T^{-1}x$，则式（9-16）系统的状态空间表达式变换为

$$\dot{z}=T^{-1}ATz+T^{-1}Bu$$
$$y=CTz+Du$$

根据式（9-17），对应该状态空间表达式的传递函数阵 $\widetilde{G}(s)$ 应为

$$\begin{aligned}\widetilde{G}(s)&=CT(sI-T^{-1}AT)^{-1}T^{-1}B+D\\&=C[T(sI-T^{-1}AT)T^{-1}]^{-1}B+D\\&=C[T(sI)T^{-1}-TT^{-1}ATT^{-1}]^{-1}B+D\\&=C(sI-A)^{-1}B+D=G(s)\end{aligned}$$

由此得证，对同一系统，由状态空间表达式求得的传递函数（阵）是唯一的。

由传递函数（阵）的不变性，结合式（9-18）可以看出分母表达式 $|sI-A|$ 的不变性，由式 $|sI-A|=0$ 可以得到系统 $G(s)$ 的极点。结合定理9-1，对比可以发现，系统的特征值（λ_1，λ_2，…，λ_n）就是系统的极点。根据系统特征值（极点）的情况不同，可以将状态空间表达式通过线性变换化为不同的标准型进行分析。

9.2.5 由状态空间表达式变换为对角线标准型和约旦标准型

前面几个小节论证了选择不同的状态变量时，同一个系统可以得到不同的状态空间表达式，而不同的状态空间表达式可以通过非奇异变换相互转换，若将任意复杂形式的状态空间矩阵变换为只有一些元素有值，其他元素均为零的标准形式，则可大大简化系统的分析和设计难度。

若要求得指定形式的控制矩阵和输出矩阵，必须求出变换矩阵 T。下面针对具有任意形式的系统矩阵 A 及有无重根的情况，介绍非奇异变换矩阵 T 的求法。

1. 非奇异变换矩阵 T 的求法

定理9-2 对于线性定常系统，如果其特征值 λ_1，λ_2，…，λ_n 互异，则必存在非奇异矩阵 T，经过 $z=T^{-1}x$ 变换，将原状态空间表达式化为对角线标准型。即 $\begin{matrix}\dot{x}=Ax+Bu\\y=Cx\end{matrix}$ 经过 $z=T^{-1}x$ 变换化为

$$\dot{z}=Jz+T^{-1}Bu$$
$$y=CTz$$

式中，

$$J=\Lambda=T^{-1}AT=\begin{bmatrix}\lambda_1 & & & \\ & \lambda_2 & & \mathbf{0}\\ & & \ddots & \\ & \mathbf{0} & & \ddots & \\ & & & & \lambda_n\end{bmatrix} \quad (9\text{-}19)$$

如果特征值包含 q 个重根 λ_1 时，则将原状态方程化为约旦标准型

$$J = \begin{bmatrix} \lambda_1 & 1 & & & & & & \\ & \lambda_1 & \ddots & & & & \mathbf{0} & \\ & & \ddots & 1 & & & & \\ & & & \lambda_1 & 0 & & & \\ & & & & \lambda_{q+1} & \ddots & & \\ & \mathbf{0} & & & & \ddots & 0 & \\ & & & & & & & \lambda_n \end{bmatrix} \quad (9\text{-}20)$$

证明略，下面仅视特征值互异和包含重根两种情况对变换步骤进行进一步说明。

1）若特征值互异，则可由特征值按照式（9-19）直接求得 $\boldsymbol{\Lambda}$；由 $\boldsymbol{A}\boldsymbol{p}_1 = \lambda_1 \boldsymbol{p}_1$ 求对应每一特征值的特征矢量，由于特征值 $\lambda_1, \lambda_2, \cdots, \lambda_n$ 互异，故特征矢量 $\boldsymbol{p}_1, \boldsymbol{p}_2, \cdots, \boldsymbol{p}_n$ 线性无关。它们构成的矩阵 $\boldsymbol{T} = [\boldsymbol{p}_1 \quad \boldsymbol{p}_2 \quad \cdots \quad \boldsymbol{p}_n]$ 必为非奇异阵，即 $\boldsymbol{T}^{-1}$ 存在，求出 $\boldsymbol{T}^{-1}$ 后，$\hat{\boldsymbol{B}} = \boldsymbol{T}^{-1} \boldsymbol{B}$ 和 $\hat{\boldsymbol{C}} = \boldsymbol{C} \boldsymbol{T}$ 即可求得。

2）若特征值包含 q 重特征值 λ_1，则可由特征值按照式（9-20）直接求得 $\boldsymbol{J}$；变换矩阵 $\boldsymbol{T} = [\boldsymbol{p}_1 \quad \boldsymbol{p}_2 \quad \cdots \quad \boldsymbol{p}_q \quad \boldsymbol{p}_{q+1} \quad \cdots \quad \boldsymbol{p}_n]$，但需注意，$\boldsymbol{p}_{q+1}, \boldsymbol{p}_{q+2}, \cdots, \boldsymbol{p}_n$ 是对应于 $n-q$ 个单根的特征矢量，求法同前，对应于 q 个 λ_1 重特征值的各向量 $\boldsymbol{p}_1, \boldsymbol{p}_2, \cdots, \boldsymbol{p}_q$ 应根据下式计算

$$\begin{cases} \lambda_1 \boldsymbol{p}_1 - \boldsymbol{A}\boldsymbol{p}_1 = 0 \\ \lambda_1 \boldsymbol{p}_2 - \boldsymbol{A}\boldsymbol{p}_2 = -\boldsymbol{p}_1 \\ \vdots \\ \lambda_1 \boldsymbol{p}_q - \boldsymbol{A}\boldsymbol{p}_q = -\boldsymbol{p}_{q-1} \end{cases}$$

显然，$\boldsymbol{p}_1$ 仍为 λ_1 对应的特征矢量，余下的 $\boldsymbol{p}_2, \boldsymbol{p}_3, \cdots, \boldsymbol{p}_q$ 则称为广义特征矢量。$\hat{\boldsymbol{B}} = \boldsymbol{T}^{-1} \boldsymbol{B}$ 和 $\hat{\boldsymbol{C}} = \boldsymbol{C} \boldsymbol{T}$ 求法同前。对多重特征值的情况，例如包含 q_1 重特征值 λ_2，q_2 重特征值 λ_2 等情况可仿照上述方法构造 $\boldsymbol{T}$ 和 $\boldsymbol{J}$。

需要指出：这里只讨论了一种最简单的情况，即每个重特征值只对应一个独立特征矢量（及其余 $q-1$ 个广义特征矢量）。而重特征值有时不止对应一个独立特征矢量，对于这种情况，可查阅有关参考书学习。

【例9.8】 将如下状态空间表达式化为约旦标准型。

$$\dot{\boldsymbol{x}} = \begin{bmatrix} 0 & 1 & 0 \\ 0 & 0 & 1 \\ 2 & 3 & 0 \end{bmatrix} \boldsymbol{x} + \begin{bmatrix} 0 \\ 0 \\ 1 \end{bmatrix} u$$

$$y = \begin{bmatrix} 1 & 0 & 0 \end{bmatrix} \boldsymbol{x}$$

解：先求出 $\boldsymbol{A}$ 的特征值

$$|\lambda \boldsymbol{I} - \boldsymbol{A}| = \begin{vmatrix} \lambda & -1 & 0 \\ 0 & \lambda & -1 \\ -2 & -3 & \lambda \end{vmatrix} = 0$$

解得

$$\lambda_{1,2} = -1, \quad \lambda_3 = 2$$

1) 设对应重根 $\lambda_1 = -1$ 的特征向量为 $\boldsymbol{p}_1 = \begin{bmatrix} p_{11} \\ p_{21} \\ p_{31} \end{bmatrix}$，由特征矢量的定义 $\boldsymbol{A}\boldsymbol{p}_1 = \lambda \boldsymbol{p}_1$，得

$$\begin{bmatrix} 0 & 1 & 0 \\ 0 & 0 & 1 \\ 2 & 3 & 0 \end{bmatrix} \begin{bmatrix} p_{11} \\ p_{21} \\ p_{31} \end{bmatrix} = \begin{bmatrix} p_{21} \\ p_{31} \\ 2p_{11}+3p_{21} \end{bmatrix} = -\begin{bmatrix} p_{11} \\ p_{21} \\ p_{31} \end{bmatrix}$$

则有

$$\begin{cases} p_{21} = -p_{11} \\ p_{31} = -p_{21} \\ 2p_{11}+3p_{21} = -p_{31} \end{cases} \Rightarrow \begin{cases} p_{21} = -p_{11} \\ p_{31} = p_{11} \end{cases}$$

取 $p_{11} = 1$，则得

$$\boldsymbol{p}_1 = \begin{bmatrix} p_{11} \\ p_{21} \\ p_{31} \end{bmatrix} = \begin{bmatrix} 1 \\ -1 \\ 1 \end{bmatrix}$$

2) 求对应于 $\lambda_1 = -1$ 的广义特征向量 $\boldsymbol{p}_2$，设 $\boldsymbol{p}_2 = \begin{bmatrix} p_{12} \\ p_{22} \\ p_{32} \end{bmatrix}$，由 $\lambda_1 \boldsymbol{p}_2 - \boldsymbol{A}\boldsymbol{p}_2 = -\boldsymbol{p}_1$，得

$$-\begin{bmatrix} p_{12} \\ p_{22} \\ p_{32} \end{bmatrix} - \begin{bmatrix} 0 & 1 & 0 \\ 0 & 0 & 1 \\ 2 & 3 & 0 \end{bmatrix} \begin{bmatrix} p_{12} \\ p_{22} \\ p_{32} \end{bmatrix} = \begin{bmatrix} -p_{12}-p_{22} \\ -p_{22}-p_{32} \\ -p_{32}-2p_{12}-3p_{22} \end{bmatrix} = -\begin{bmatrix} 1 \\ -1 \\ 1 \end{bmatrix}$$

则有

$$\begin{cases} -p_{12}-p_{22} = -1 \\ -p_{22}-p_{32} = 1 \\ -p_{32}-2p_{12}-3p_{22} = -1 \end{cases} \Rightarrow \begin{cases} p_{12}+p_{22} = 1 \\ p_{22}+p_{32} = -1 \end{cases}$$

取 $p_{12} = 1$，则得

$$\boldsymbol{p}_2 = \begin{bmatrix} 1 \\ 0 \\ -1 \end{bmatrix}$$

3) 求对应于 $\lambda_3 = 2$ 的特征矢量 $\boldsymbol{p}_3$，设 $\boldsymbol{p}_3 = \begin{bmatrix} p_{13} \\ p_{23} \\ p_{33} \end{bmatrix}$，仿照如上解法解得 $\boldsymbol{p}_3 = \begin{bmatrix} 1 \\ 2 \\ 4 \end{bmatrix}$。

最后得到变换矩阵

$$T = \begin{bmatrix} p_1 & p_2 & p_3 \end{bmatrix} = \begin{bmatrix} 1 & 1 & 1 \\ -1 & 0 & 2 \\ 1 & -1 & 4 \end{bmatrix}$$

$$\therefore T^{-1} = \frac{1}{9} \begin{bmatrix} 2 & -5 & 2 \\ 6 & 3 & -3 \\ 1 & 2 & 1 \end{bmatrix}$$

为此变换后的矩阵分别为

$$J = T^{-1}AT = \begin{bmatrix} -1 & 1 & 0 \\ 0 & -1 & 0 \\ 0 & 0 & 2 \end{bmatrix}$$

$$\hat{B} = T^{-1}B = \frac{1}{9} \begin{bmatrix} 2 & -5 & 2 \\ 6 & 3 & -3 \\ 1 & 2 & 1 \end{bmatrix} \begin{bmatrix} 0 \\ 0 \\ 1 \end{bmatrix} = \begin{bmatrix} \frac{2}{9} \\ -\frac{1}{3} \\ \frac{1}{9} \end{bmatrix}$$

$$\hat{C} = CT = \begin{bmatrix} 1 & 0 & 0 \end{bmatrix} \begin{bmatrix} 1 & 1 & 1 \\ -1 & 0 & 2 \\ 1 & -1 & 4 \end{bmatrix} = \begin{bmatrix} 1 & 1 & 1 \end{bmatrix}$$

变换后的状态空间表达式为

$$\dot{z} = Jz + \hat{B}u$$
$$y = \hat{C}z$$

顺便指出，约旦矩阵是系统具有重特征值情况下状态变量的最简单耦合形式，从本例也可看出，在这种情况下，各状态变量至多和下一序号的状态变量有联系。

2. 系统的并联实现

已知系统的传递函数为

$$G(s) = \frac{Y(s)}{U(s)} = \frac{b_m s^m + b_{m-1} s^{m-1} + \cdots + b_1 s + b_0}{s^n + a_{n-1} s^{n-1} + \cdots + a_1 s + a_0} \quad (n \geq m)$$

现将该传递函数展开成部分分式。由于系统的特征值（即传递函数的极点）有两种情况：①所有特征值互异；②包含重特征值，所以分别讨论如下。

（1）特征值互异

系统的特征值为 $\lambda_1, \lambda_2, \cdots, \lambda_n$，且全部互异时，有

$$G(s) = \frac{Y(s)}{U(s)} = \frac{b_m s^m + b_{m-1} s^{m-1} + \cdots + bs + b_0}{(s - \lambda_1)(s - \lambda_2) \cdots (s - \lambda_n)}$$

展开成部分分式和的形式得

$$G(s) = \frac{Y(s)}{U(s)} = \frac{c_1}{s-\lambda_1} + \frac{c_2}{s-\lambda_2} + \cdots + \frac{c_n}{s-\lambda_n} = \sum_{i=1}^{n} \frac{c_i}{s-\lambda_i}$$

式中，

$$c_i = \left[\frac{Y(s)}{U(s)}(s-\lambda_i)\right]\bigg|_{s=\lambda_i}$$

输出

$$Y(s) = \left(\frac{c_1}{s-\lambda_1} + \frac{c_2}{s-\lambda_2} + \cdots + \frac{c_n}{s-\lambda_n}\right)U(s)$$

选取 n 个状态变量为

$$X_i(s) = \frac{1}{s-\lambda_i}U(s) \quad (i=1,2,\cdots,n)$$

整理得

$$sX_i(s) = \lambda_i X_i(s) + U(s) \quad (i=1,2,\cdots,n)$$

进行拉普拉斯反变换得

$$\dot{x}_1(t) = \lambda_1 x_1(t) + u(t)$$
$$\dot{x}_2(t) = \lambda_2 x_2(t) + u(t)$$
$$\vdots$$
$$\dot{x}_n(t) = \lambda_n x_n(t) + u(t)$$

输出方程为

$$y(t) = \sum_{i=1}^{n} c_i x_i(t) = c_1 x_1(t) + c_2 x_2(t) + \cdots + c_n x_n(t)$$

用矩阵矢量形式表示，得到以下状态空间表达式

$$\dot{x} = \begin{bmatrix} \lambda_1 & & & \\ & \lambda_2 & & \mathbf{0} \\ & \mathbf{0} & \ddots & \\ & & & \lambda_n \end{bmatrix} x + \begin{bmatrix} 1 \\ 1 \\ \vdots \\ 1 \end{bmatrix} u \tag{9-21}$$

$$y = \begin{bmatrix} c_1 & c_2 & \cdots & c_n \end{bmatrix} x$$

式（9-21）即为对角线标准型，对应的模拟结构图如图 9-8a 所示。当选取 $X_i(s) = \frac{c_i}{s-\lambda_i}$ $U(s)$ 为状态变量时（$i=1, 2, \cdots, n$），可得式（9-22）的另外一种状态空间表达式（请读者自行推导），对应的模拟结构图如图 9-8b 所示。

$$\dot{x} = \begin{bmatrix} \lambda_1 & & & \\ & \lambda_2 & & \mathbf{0} \\ & \mathbf{0} & \ddots & \\ & & & \lambda_n \end{bmatrix} x + \begin{bmatrix} c_1 \\ c_2 \\ \vdots \\ c_n \end{bmatrix} u \tag{9-22}$$

$$y = \begin{bmatrix} 1 & 1 & \cdots & 1 \end{bmatrix} x$$

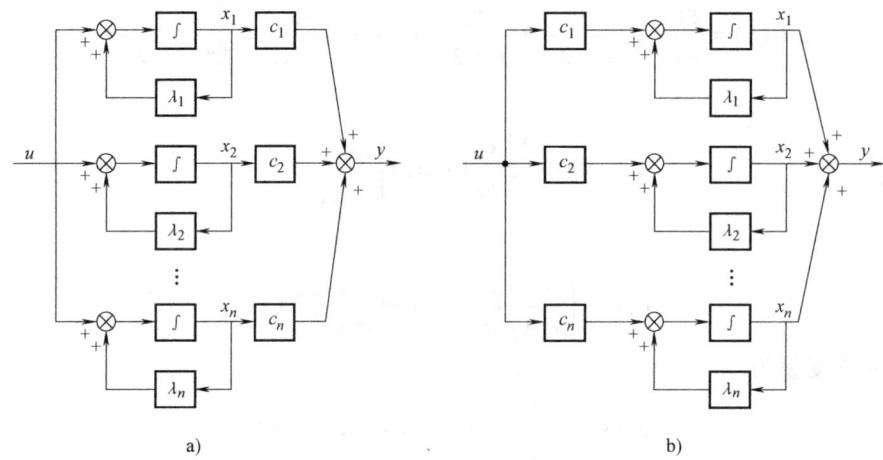

图 9-8 特征值互异时并联型模拟结构图

不论式（9-21）或式（9-22），它们都属于对角线标准型，因此对角线标准型的实现是并联型的。

（2）包含重特征值

设系统有一个 q 重特征值 λ_1，其余特征值 λ_{q+1}，λ_{q+2}，$\cdots$，λ_n 为互异根。这时 $G(s)$ 的部分分式展开式为

$$G(s) = \frac{Y(s)}{U(s)} = \frac{c_{11}}{s-\lambda_1} + \frac{c_{12}}{(s-\lambda_1)^2} + \cdots + \frac{c_{1q}}{(s-\lambda_1)^q} + \sum_{i=q+1}^{n} \frac{c_i}{s-\lambda_i}$$

系统的输出为

$$Y(s) = \frac{c_{11}}{s-\lambda_1}U(s) + \frac{c_{12}}{(s-\lambda_1)^2}U(s) + \cdots + \frac{c_{1q}}{(s-\lambda_1)^q}U(s) + \sum_{i=q+1}^{n} \frac{c_i}{s-\lambda_i}U(s) \quad (9-23)$$

根据式（9-23），$n-q$ 个互异特征值对应的状态变量的选取前面已介绍，一个 q 重特征值对应的 q 个状态变量的选取方法为

$$X_1(s) = \frac{1}{(s-\lambda_1)^q}U(s) = \frac{1}{s-\lambda_1}\left(\frac{1}{(s-\lambda_1)^{q-1}}U(s)\right) = \frac{1}{s-\lambda_1}X_2(s)$$

$$X_2(s) = \frac{1}{(s-\lambda_1)^{q-1}}U(s) = \frac{1}{s-\lambda_1}\left(\frac{1}{(s-\lambda_1)^{q-2}}U(s)\right) = \frac{1}{s-\lambda_1}X_3(s)$$

$$\vdots$$

$$X_{q-1}(s) = \frac{1}{(s-\lambda_1)^2}U(s) = \frac{1}{s-\lambda_1}\left(\frac{1}{s-\lambda_1}U(s)\right) = \frac{1}{s-\lambda_1}X_q(s)$$

$$X_q(s) = \frac{1}{s-\lambda_1}U(s)$$

进行拉普拉斯反变换得

$$\dot{x}_1 = \lambda_1 x_1 + x_2$$
$$\dot{x}_2 = \lambda_1 x_2 + x_3$$
$$\vdots$$
$$\dot{x}_{q-1} = \lambda_1 x_{q-1} + x_q$$
$$\dot{x}_q = \lambda_1 x_q + u$$
$$\dot{x}_{q+1} = \lambda_{q+1} x_{q+1} + u$$
$$\vdots$$
$$\dot{x}_n = \lambda_n x_n + u$$

输出方程为
$$y = c_{1q} x_1 + c_{1(q-1)} x_2 + \cdots + c_{12} x_{q-1} + c_{11} x_q + c_{q+1} x_{q+1} + \cdots + c_n x_n$$

用矩阵矢量形式表示，得到以下状态空间表达式

$$\dot{x} = \begin{bmatrix} \dot{x}_1 \\ \dot{x}_2 \\ \vdots \\ \dot{x}_{q-1} \\ \dot{x}_q \\ \dot{x}_{q+1} \\ \vdots \\ \dot{x}_n \end{bmatrix} = \begin{bmatrix} \lambda_1 & 1 & & & & & & \\ & \lambda_1 & 1 & & & 0 & & \\ & & \ddots & \ddots & & & & \\ & 0 & & \lambda_1 & 1 & & & \\ & & & & \lambda_1 & & & \\ & & & & & \lambda_{q+1} & 0 & \\ & & 0 & & & & \ddots & \\ & & & & & & 0 & \lambda_n \end{bmatrix} \begin{bmatrix} x_1 \\ x_2 \\ \vdots \\ x_{q-1} \\ x_q \\ x_{q+1} \\ \vdots \\ x_n \end{bmatrix} + \begin{bmatrix} 0 \\ 0 \\ \vdots \\ 0 \\ 1 \\ 1 \\ \vdots \\ 1 \end{bmatrix} u \quad (9\text{-}24)$$

$$y = \begin{bmatrix} c_{1q} & c_{1(q-1)} & \cdots & c_{12} & c_{11} & c_{q+1} & \cdots & c_n \end{bmatrix} \begin{bmatrix} x_1 \\ x_2 \\ \vdots \\ x_{q-1} \\ x_q \\ x_{q+1} \\ \vdots \\ x_n \end{bmatrix}$$

式（9-24）即为约旦标准型，对应的模拟结构图如图9-9所示。

由图9-9可以看出，q重特征值部分是串联实现的，因此约旦标准型的实现是串并联型的。

通过对对角线标准型和约旦标准型的分析和讨论可以发现：当系统中含有多个重特征值时，标准型中会出现多个约旦块；对角线标准型是约旦标准型的特例，也就是系统含有重特征根的个数为1时的约旦标准型，并且可以通过系统特征值的情况直接写出标准型中的系统矩阵 A。

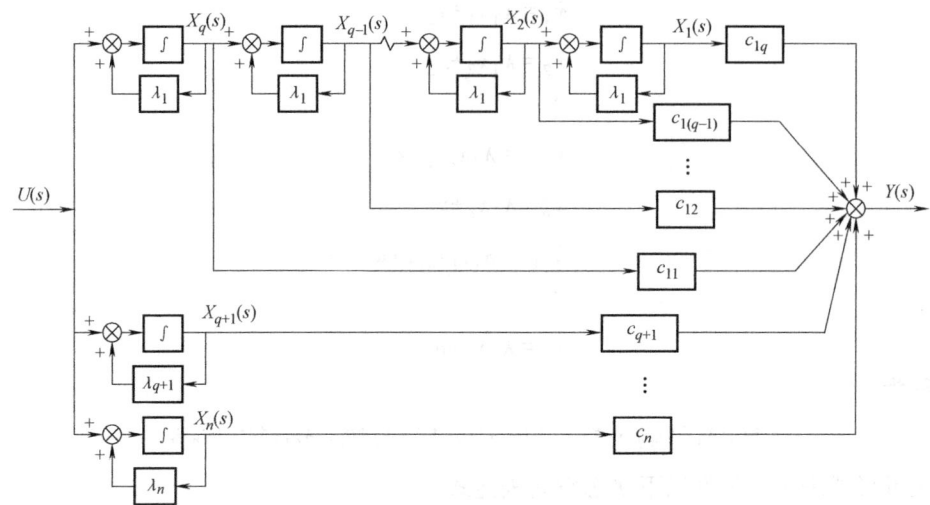

图 9-9　包含重根时串并联型模拟结构图

9.3 状态方程的求解

建立数学模型状态空间表达式后，就要对其进行求解，更直接地说，就是求解状态方程，从而研究系统运动轨迹状态来分析系统性能。本节只针对线性定常系统进行介绍。

9.3.1 齐次状态方程的解

所谓系统齐次状态方程的解，是指系统输入为零时，状态方程的解，即求解 $\dot{x}=Ax$。它反映了输入 $u=0$ 时，系统在初始状态 x_0 下的自由运动。

1. 幂级数法

设微分方程 $\dot{x}=Ax$ 的解为 t 的矢量幂级数形式，即

$$x(t)=b_0+b_1t+b_2t^2+\cdots+b_kt^k+\cdots \tag{9-25}$$

将该式代入齐次状态方程 $\dot{x}=Ax$，得

$$b_1+2b_2t+3b_3t^2+\cdots+kb_kt^{k-1}+\cdots=A(b_0+b_1t+b_2t^2+\cdots+b_kt^k+\cdots)$$

上式应对任意时刻 t 都成立，则 t 的同次幂项的系数应相等，即

$$b_1=Ab_0$$

$$b_2=\frac{1}{2}Ab_1=\frac{1}{2!}A^2b_0$$

$$b_2=\frac{1}{3}Ab_2=\frac{1}{3!}A^3b_0$$

$$\vdots$$

$$b_k=\frac{1}{k}Ab_k=\frac{1}{k!}A^kb_0$$

$$\vdots$$

对式（9-25），令 $t=0$，得

$$x(0) = b_0 = x_0$$

将这些结果代入式（9-25）中，得

$$x(t) = b_0 + Ab_0 t + \frac{1}{2!}A^2 b_0 t^2 + \cdots + \frac{1}{k!}A^k b_0 t^k + \cdots = \left(I + At + \frac{1}{2!}A^2 t^2 + \cdots + \frac{1}{k!}A^k t^k + \cdots\right)x_0 \quad (9\text{-}26)$$

令

$$e^{At} = I + At + \frac{A^2}{2!}t^2 + \cdots + \frac{1}{k!}A^k t^k + \cdots$$

于是式（9-26）表示为

$$x(t) = e^{At} x_0 \quad (9\text{-}27)$$

e^{At} 称为矩阵指数函数，式（9-27）反映了从初始时刻的状态矢量 x_0，到任意 $t>0$ 或 $t>t_0$ 时刻的状态矢量 $x(t)$ 的一种矢量变换关系，通过矩阵 e^{At} 的变换实现了状态转移，故 e^{At} 也称为状态转移矩阵，记为 $\boldsymbol{\Phi}(t)$，即

$$\boldsymbol{\Phi}(t) = e^{At} \quad (9\text{-}28)$$

2. 拉普拉斯变换法

设齐次微分方程 $\dot{x}(t) = Ax(t)$，$x(0) = x_0$。两边取拉普拉斯变换得

$$sX(s) - X(0) = AX(s)$$
$$(sI - A)X(s) = X(0) = X_0$$

则有

$$X(s) = (sI - A)^{-1} X_0$$

两边取拉普拉斯反变换，从而得到齐次微分方程的解

$$x(t) = L^{-1}\left[(sI - A)^{-1}\right] x_0$$

与式（9-27）对比，即得

$$e^{At} = L^{-1}\left[(sI - A)^{-1}\right]$$

可以看出，通过拉普拉斯变换法可以求得状态转移矩阵 e^{At}，这也是计算状态转移矩阵最方便的一种方法。

9.3.2 状态转移矩阵

1. 状态转移矩阵的几何意义

为了便于说明问题，以二维状态矢量为例，设在 $t=0$ 时，$x(0) = \begin{bmatrix} x_{10} \\ x_{20} \end{bmatrix}$，若以此为初始条件，且已知 $\boldsymbol{\Phi}(t_1)$，那么在 $t=t_1$ 时的状态将为 $x(t_1) = \begin{bmatrix} x_{11} \\ x_{21} \end{bmatrix} = \boldsymbol{\Phi}(t_1)x(0)$。若已知 $\boldsymbol{\Phi}(t_2)$，那么在 $t=t_2$ 时的状态将为 $x(t_2) = \begin{bmatrix} x_{12} \\ x_{22} \end{bmatrix} = \boldsymbol{\Phi}(t_2)x(0)$。即从状态 $x(0)$ 开始，通过 $\boldsymbol{\Phi}(t_1)$ 转移到 $x(t_1)$，通过 $\boldsymbol{\Phi}(t_2)$ 转移到 $x(t_2)$，可在状态空间中描绘出一条轨迹，如图 9-10 所示。

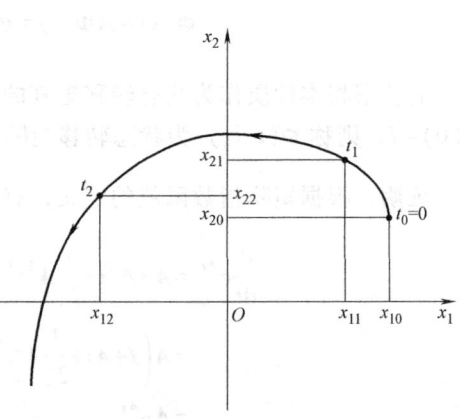

图 9-10 状态转移轨迹

若 $t=t_1$ 为初始时刻，状态 $x(t_1)$ 即为初始状态，从状态 $x(t_1)$ 转移到 $x(t_2)$ 的状态为
$$x(t_2) = \Phi(t_2-t_1)x(t_1)$$
而
$$x(t_1) = \Phi(t_1)x(0)$$
故
$$x(t_2) = \Phi(t_2-t_1)\Phi(t_1)x(0)$$

对比从 $x(0)$ 直接转移到 $x(t_2)$ 的表达式 $x(t_2) = \Phi(t_2)x(0)$，可得
$$\Phi(t_2-t_1)\Phi(t_1) = \Phi(t_2), \text{ 或 } e^{A(t_2-t_1)}e^{At_1} = e^{At_2}$$

这就是状态转移矩阵的组合性质。

2. 状态转移矩阵的性质

(1) 性质一
$$\Phi(t)\Phi(\tau) = \Phi(t+\tau) \text{ 或 } e^{At}e^{A\tau} = e^{A(t+\tau)}$$

这是组合性质的另一种形式。

证明： $\Phi(t)\Phi(\tau) = \Phi[(t+\tau)-\tau]\Phi(\tau) = \Phi(t+\tau)$

(2) 性质二
$$\Phi(t-t) = I \text{ 或 } e^{A(t-t)} = I$$

证明： 根据矩阵指数函数的定义
$$e^{A(t-t)} = I + A(t-t) + \frac{A^2}{2!}(t-t)^2 + \cdots + \frac{1}{k!}A^k(t-t)^k + \cdots = I$$
$$\Phi(t-t) = e^{A(t-t)} = I$$

这其实是显然的，因为状态矢量从时刻 t 又转移回到时刻 t，当然状态矢量不变。

(3) 性质三（可逆性）
$$[\Phi(t)]^{-1} = \Phi(-t) \text{ 或 } [e^{At}]^{-1} = e^{-At}$$

证明： 由性质一和性质二，$\Phi(t)\Phi(-t) = \Phi(t-t) = I$；同理可得，$\Phi(-t)\Phi(t) = \Phi(-t+t) = I$，即
$$\Phi(t)\Phi(-t) = \Phi(-t)\Phi(t) = I$$

所以根据逆矩阵的定义，有
$$[\Phi(t)]^{-1} = \Phi(-t) \text{ 或 } [e^{At}]^{-1} = e^{-At}$$

(4) 性质四
$$\dot{\Phi}(t) = A\Phi(t) = \Phi(t)A \text{ 或 } \frac{d}{dt}e^{At} = Ae^{At} = e^{At}A$$

有些书将本性质作为状态转移矩阵的定义给出，即如果矩阵满足 $\dot{\Phi}(t-t_0) = A\Phi(t-t_0)$，$\Phi(0) = I$，则称 $\Phi(t-t_0)$ 为状态转移矩阵。

证明： 根据矩阵指数函数的定义，有 $e^{At} = I + At + \frac{1}{2!}A^2t^2 + \cdots + \frac{1}{k!}A^kt^k + \cdots$，故

$$\frac{d}{dt}e^{At} = A + A^2t + \frac{1}{2!}A^3t^2 + \cdots + \frac{1}{(k-1)!}A^kt^{k-1} + \frac{1}{k!}A^{k+1}t^k + \cdots$$
$$= A\left(I + At + \frac{1}{2!}A^2t^2 + \cdots + \frac{1}{(k-1)!}A^{k-1}t^{k-1} + \frac{1}{k!}A^kt^k + \cdots\right)$$
$$= Ae^{At}$$

注意到 t 为标量，则有

$$\frac{\mathrm{d}}{\mathrm{d}t}\mathrm{e}^{At} = A + A^2 t + \frac{1}{2!}A^3 t^2 + \cdots + \frac{1}{(k-1)!}A^k t^{k-1} + \frac{1}{k!}A^{k+1} t^k + \cdots$$

$$= A + A \cdot tA + \frac{1}{2!}A^2 t^2 \cdot A + \cdots + \frac{1}{(k-1)!}A^{k-1} t^{k-1} \cdot A + \frac{1}{k!}A^k t^k \cdot A + \cdots$$

$$= \left(I + At + \frac{1}{2!}A^2 t^2 + \cdots + \frac{1}{(k-1)!}A^{k-1} t^{k-1} + \frac{1}{k!}A^k t^k + \cdots \right) A$$

$$= \mathrm{e}^{At} \cdot A$$

(5) 性质五（传递性）

$$\Phi(t_2 - t_1) \Phi(t_1 - t_0) = \Phi(t_2 - t_0)$$

证明：由性质一得

$$\Phi(t_2 - t_1) \Phi(t_1 - t_0) = \Phi(t_2) \Phi(-t_1) \Phi(t_1) \Phi(-t_0) = \Phi(t_2) \Phi(-t_1 + t_1) \Phi(-t_0)$$

而由性质二得

$$\Phi(-t_1 + t_1) = \Phi(t_1 - t_1) = I$$

原式 $= \Phi(t_2) I \Phi(-t_0) = \Phi(t_2) \Phi(-t_0) = \Phi(t_2 - t_0)$

(6) 性质六

对于 $n \times n$ 方阵 A 和 B，当且仅当 $AB = BA$ 时，有 $\mathrm{e}^{At}\mathrm{e}^{Bt} = \mathrm{e}^{(A+B)t}$；而当 $AB \neq BA$ 时，则 $\mathrm{e}^{At}\mathrm{e}^{Bt} \neq \mathrm{e}^{(A+B)t}$。本性质表明，除非 A 和 B 矩阵是可交换的，否则它的矩阵指数函数之积与其和的矩阵指数函数不相等（与标量函数不同）。

根据矩阵指数函数的定义分别计算 $\mathrm{e}^{At}\mathrm{e}^{Bt}$ 与 $\mathrm{e}^{(A+B)t}$，对比展开结果即可证明本性质。

3. 状态转移矩阵的计算

对于状态转移矩阵的求解，一般有如下四种方法。

1) 根据 e^{At} 或 $\Phi(t)$ 的定义式。
2) 利用（变换为）对角线标准型或约旦标准型计算。
3) 利用拉普拉斯变换法计算 $\mathrm{e}^{At} = L^{-1}[(sI - A)^{-1}]$（前面已证明）。
4) 基于凯莱-哈密顿定理计算。

本书以第 3) 种方法为主（例题形式）进行介绍，第 1) 种方法一般不使用，第 2) 和 4) 种方法请读者自行查阅相关资料。

【例 9.9】 利用拉普拉斯变换法求齐次状态方程

$$\dot{x} = Ax = \begin{bmatrix} 0 & 1 \\ -2 & -3 \end{bmatrix} x$$

的状态转移矩阵。

解：

$$sI - A = \begin{bmatrix} s & -1 \\ 2 & s+3 \end{bmatrix}, \quad |sI - A| = (s+1)(s+2)$$

$$(sI - A)^{-1} = \frac{\mathrm{adj}(sI - A)}{s^2 + 3s + 2} = \frac{1}{(s+2)(s+1)} \begin{bmatrix} s+3 & 1 \\ -2 & s \end{bmatrix} = \begin{bmatrix} \dfrac{2}{s+1} - \dfrac{1}{s+2} & \dfrac{1}{s+1} - \dfrac{1}{s+2} \\ \dfrac{-2}{s+1} + \dfrac{2}{s+2} & \dfrac{-1}{s+1} + \dfrac{2}{s+2} \end{bmatrix}$$

$$\mathrm{e}^{At} = L^{-1}[(sI - A)^{-1}] = \begin{bmatrix} 2\mathrm{e}^{-t} - \mathrm{e}^{-2t} & \mathrm{e}^{-t} - \mathrm{e}^{-2t} \\ -2\mathrm{e}^{-t} + 2\mathrm{e}^{-2t} & -\mathrm{e}^{-t} + 2\mathrm{e}^{-2t} \end{bmatrix}$$

9.3.3 非齐次状态方程的解

线性定常系统在非零控制输入 $u(t)$ 作用下做强迫（制）运动，数学上表征为非齐次微分方程，此时，状态方程为 $\dot{x}(t)=Ax(t)+Bu(t)$，有常用如下两种求解方法。

1. 积分法

将状态方程写成 $\dot{x}(t)-Ax(t)=Bu(t)$

等式两边同时左乘 e^{-At}，得 $e^{-At}[\dot{x}(t)-Ax(t)]=e^{-At}Bu(t)$

即
$$\frac{d}{dt}[e^{-At}x(t)]=e^{-At}Bu(t) \tag{9-29}$$

在 $0\sim t$ 间积分有
$$e^{-At}x(t)-x(0)=\int_0^t e^{-At}Bu(\tau)d\tau$$

两边同时左乘 e^{At} 并移项得
$$x(t)=e^{At}x(0)+\int_0^t e^{A(t-\tau)}Bu(\tau)d\tau$$

同理，若初始时刻为 t_0，初始状态为 $x(t_0)$，则式（9-21）在 $t_0\sim t$ 间积分有
$$x(t)=e^{A(t-t_0)}x(t_0)+\int_{t_0}^t e^{-A(t-\tau)}Bu(\tau)d\tau \tag{9-30}$$

2. 拉普拉斯变换法

对状态方程两端取拉普拉斯变换得 $sX(s)-X(0)=AX(s)+BU(s)$

整理得
$$X(s)=(sI-A)^{-1}X(0)+(sI-A)^{-1}BU(s) \tag{9-31}$$

由于 $e^{At}=\Phi(t)=L^{-1}[(sI-A)^{-1}]$

因此 $L[\Phi(t)]=(sI-A)^{-1}$

又 $U(s)=L[u(t)]$

由卷积定理得
$$L[g_1(t)]L[g_2(t)]=L[g_1(t)*g_2(t)]=L\left[\int_{-\infty}^{+\infty}g_1(t-\tau)g_2(\tau)d\tau\right]$$

故
$$(sI-A)^{-1}BU(s)=L[\Phi(t)]BL[u(t)]=L[\Phi(t)]L[Bu(t)]$$
$$=L\left[\int_{-\infty}^{+\infty}\Phi(t-\tau)Bu(\tau)d\tau\right]$$

从而，式（9-31）取拉普拉斯反变换，即得
$$x(t)=\Phi(t)x(0)+\int_0^t \Phi(t-\tau)Bu(\tau)d\tau$$

9.4 控制系统的能控性和能观性

经典控制理论主要研究线性定常系统中输出量与输入量之间的关系可以唯一地由系统的传递函数确定，只要系统稳定，输入量就可以按一定的要求进行控制，输出量就可以测量。而状态空间法从对状态变量的控制入手，不仅研究输入与输出之间的关系，还要研究输入与状态、状态与输出之间的关系。对于一个物理系统，状态变量的选取是不唯一的，且可能是内部变量，那就存在是否所有状态变量都可以由输入量控制的问题；同时，还存在输出量是

否具备反映所有状态变量的能力。这就是系统的能控性和能观性问题,这两个概念是卡尔曼在 1960 年首次提出来的。

9.4.1 能控性与能控性判据

1. 能控性的定义

能控性考察系统的输入 $u(t)$ 是否能够控制状态变量 $x(t)$,而与输出 $y(t)$ 无关,故讨论能控性时,只需要从系统的状态方程出发。

设线性定常连续系统的状态方程为 $\dot{x} = Ax + Bu$,如果存在一个无约束的分段连续的控制作用 $u(t)$,能在有限时间间隔 $[t_0, t_f]$ 内,将系统从任意(非零)初始状态 $x(t_0)$ 转移到零状态 $x(t_f) = 0$,$(x(t_0) \neq 0 \rightarrow x(t_f) = 0)$ 则称此系统是能控(可控)的。

关于能控性的定义,现做如下说明。

1)对于任意非零有限点到任意非零有限点的转移,可以理解为是从任意非零有限点→零点→任意非零有限点的过程。

2)对于线性定常连续系统 $\dot{x} = Ax + Bu$,若存在一个分段连续的输入 $u(t)$,能在有限时间 $[t_0, t_f]$ 内,将状态 $x(t)$ 从零状态转移到任意(非零)终点(目标)状态 $x(t_f)$,则称系统是可达的。

3)对于线性定常连续系统,可控性和可达性是等价的,即如果系统可控,那么一定能找到 $u(t)$ 将任意非零初态 $x(t_0) \neq 0 \rightarrow x(t_f) = 0$。由于两者等价,那么也一定能找到 $u(t)$,将零初始状态 $x(t_0) = 0 \rightarrow x(t_f) \neq 0$。

4)在讨论能控问题时,我们关心的是:是否存在某个分段连续的输入 $u(t)$ 可把任意非零初始状态转移到零状态,借此确定状态空间中哪些状态能控,能控状态在状态空间中如何分布。能控问题的讨论并不解决如何选择输入,以及求出具体的输入和状态的轨迹。

2. 能控性矩阵判别准则

为了研究能控性,需应用凯莱-哈密顿定理及其推论,所以先介绍此定理。

(1)凯莱-哈密顿定理

设 $n \times n$ 阶矩阵 A 的特征多项式为

$$f(\lambda) = |\lambda I - A| = \lambda^n + a_{n-1}\lambda^{n-1} + \cdots + a_1\lambda + a_0 I$$

则矩阵 A 满足

$$f(A) = A^n + a_{n-1}A^{n-1} + \cdots + a_1 A + a_0 I = 0$$

应用上述定理可得推论:A^n 可表示为 A 的 $n-1$ 次多项式,即

$$A^n = -a_{n-1}A^{n-1} - \cdots - a_1 A - a_0 I$$

也即 A^n 可以由 $A^{n-1}, A^{n-2}, \cdots, A, I$ 之和来表达,进而可推得

$$A^{n+1} = A \cdot A^n = A[-a_{n-1}A^{n-1} - a_{n-2}A^{n-2} - \cdots - a_1 A - a_0 I]$$

$$= -a_{n-1}A^n - a_{n-2}A^{n-1} - \cdots - a_1 A^2 - a_0 A$$

$$= -a_{n-1}A^n - (a_{n-2}A^{n-1} + a_{n-3}A^{n-2} + \cdots + a_1 A^2 + a_0 A)$$

$$= -a_{n-1}(-a_{n-1}A^{n-1} - a_{n-2}A^{n-2} - \cdots - a_0 I) - (a_{n-2}A^{n-1} + \cdots + a_1 A^2 + a_0 A)$$

$$= (a_{n-1}^2 - a_{n-2})A^{n-1} + (a_{n-1}a_{n-2} - a_{n-3})A^{n-2} + \cdots + (a_{n-1}a_1 - a_0)A + a_{n-1}a_0 I$$

以此类推，A^{n+2}，A^{n+3}…也都可以用 A^{n-1}，A^{n-2}，…，A，I 之和来表达。应用矩阵指数函数的级数展开式，并将上述结果代入得

$$e^{At} = I + At + \frac{1}{2!}A^2 t^2 + \cdots + \frac{1}{(n-1)!}A^{n-1} t^{n-1} + \frac{1}{n!}A^n t^n + \frac{1}{(n+1)!}A^{n+1} t^{n+1} + \cdots$$

$$= \alpha_{n-1}(t)A^{n-1} + \alpha_{n-2}(t)A^{n-2} + \cdots + \alpha_1(t)A + \alpha_0(t)I$$

$$= \sum_{m=0}^{n-1} \alpha_m(t) A^m \tag{9-32}$$

式中，

$$\alpha_0(t) = 1 + \frac{1}{n!}(-a_0) t^n + \frac{1}{(n+1)!}(a_{n-1} a_0) t^{n+1} + \cdots$$

$$\alpha_1(t) = t + \frac{1}{n!}(-a_1) t^n + \frac{1}{(n+1)!}(a_{n-1} a_1 - a_0) t^{n+1} + \cdots$$

$$\vdots$$

$$\alpha_{n-2}(t) = \frac{1}{(n-2)!} t^{n-1} + \frac{1}{n!}(-a_{n-2}) t^n + \frac{1}{(n+1)!}(a_{n-1} a_{n-2} - a_{n-3}) t^{n+1} + \cdots$$

$$\alpha_{n-1}(t) = \frac{1}{(n-1)!} t^{n-1} + \frac{1}{n!}(-a_{n-1}) t^n + \frac{1}{(n+1)!}(a_{n-1}^2 - a_{n-2}) t^{n+1} + \cdots$$

（2）判别准则

定理 9-3 线性定常系统的状态方程为

$$\dot{x} = Ax + Bu$$

式中，u 为 r 维输入矢量；A 为 $n \times n$ 阶系统矩阵；B 为 $n \times r$ 阶输入矩阵。

该系统状态完全可控的充要条件是由 A、B 阵所构成的能控性判别矩阵 $M = [\begin{array}{cccc} B & AB & A^2B & \cdots & A^{n-1}B \end{array}]_{n \times nr}$ 满秩，即

$$\text{rank}[\begin{array}{cccc} B & AB & A^2B & \cdots & A^{n-1}B \end{array}] = n$$

证明：由式（9-30）得到该系统的解为

$$x(t) = \Phi(t - t_0) x(t_0) + \int_{t_0}^{t} \Phi(t - \tau) Bu(\tau) d\tau$$

再由能控性的定义，若系统能控，则对于任意初始状态 $x(t_0)$ 应能找到输入 $u(t)$，使之在 $[t_0, t_f]$ 时间区间内转移到零状态。

于是，令 $t = t_f$，且 $x(t_f) = 0$，从而

$$\Phi(t_f - t_0) x(t_0) = -\int_{t_0}^{t_f} \Phi(t_f - \tau) Bu(\tau) d\tau$$

即

$$[\Phi(t_f - t_0)]^{-1} \Phi(t_f - t_0) x(t_0) = -[\Phi(t_f - t_0)]^{-1} \int_{t_0}^{t_f} \Phi(t_f - \tau) Bu(\tau) d\tau$$

由状态转移矩阵性质三得

$$[\Phi(t_f - t_0)]^{-1} = \Phi(t_0 - t_f)$$

注意到状态转移矩阵性质五及性质二，有

$$x(t_0) = -\int_{t_0}^{t_f} \Phi(t_0 - \tau) Bu(\tau) d\tau$$

根据凯莱-哈密顿定理，由式（9-32）得

$$\Phi(t_0 - \tau) = e^{A(t_0-\tau)} = \alpha_{n-1}(t_0-\tau)A^{n-1} + \alpha_{n-2}(t_0-\tau)A^{n-2} + \cdots + \alpha_1(t_0-\tau)A + \alpha_0(t_0-\tau)I$$

代入式 $x(t_0) = -\int_{t_0}^{t_f} \Phi(t_0 - \tau) Bu(\tau) d\tau$ 中得

$$\begin{aligned}x(t_0) &= -\int_{t_0}^{t_f} [\alpha_{n-1}(t_0-\tau)A^{n-1} + \alpha_{n-2}(t_0-\tau)A^{n-2} + \cdots + \alpha_1(t_0-\tau)A + \\ &\quad \alpha_0(t_0-\tau)I] Bu(\tau) d\tau \\ &= -\int_{t_0}^{t_f} B \cdot \alpha_0(t_0-\tau)u(\tau)d\tau - \int_{t_0}^{t_f} AB \cdot \alpha_1(t_0-\tau)u(\tau)d\tau - \cdots - \\ &\quad \int_{t_0}^{t_f} A^{n-2}B \cdot \alpha_{n-2}(t_0-\tau)u(\tau)d\tau - \int_{t_0}^{t_f} A^{n-1}B \cdot \alpha_{n-1}(t_0-\tau)u(\tau)d\tau\end{aligned}$$

于是

$$\begin{aligned}x(t_0) = -\Big[& B\int_{t_0}^{t_f} \alpha_0(t_0-\tau)u(\tau)d\tau + AB\int_{t_0}^{t_f} \alpha_1(t_0-\tau)u(\tau)d\tau + \cdots + \\ & A^{n-2}B\int_{t_0}^{t_f} \alpha_{n-2}(t_0-\tau)u(\tau)d\tau + A^{n-1}B\int_{t_0}^{t_f} \alpha_{n-1}(t_0-\tau)u(\tau)d\tau \Big]\end{aligned} \quad (9\text{-}33)$$

∵ B 为 $n \times r$ 阶矩阵，$u(\tau)$ 为 r 维矢量。

∴ 定积分 $\beta_j = \int_{t_0}^{t_f} \alpha_j(t_0-\tau)u(t)d\tau$ 也为 r 维矢量，其中 $j = 0, 1, 2, \cdots, n-1$。

代入式（9-33）得

$$x(t_0) = -[B\beta_0 + AB\beta_1 + \cdots + A^{n-1}B\beta_{n-1}] = -[B \quad AB \quad \cdots \quad A^{n-1}B]\begin{bmatrix} \beta_0 \\ \beta_1 \\ \vdots \\ \beta_{n-1} \end{bmatrix}$$

注意 $\beta^* = \begin{bmatrix} \beta_0 \\ \beta_1 \\ \vdots \\ \beta_{n-1} \end{bmatrix}$ 为 $n \times r$ 维的列矢量，则

$$x(t_0) = -M\beta^*$$

该式表示该矩阵方程为 n 个方程，$n \times r$ 个未知数的非齐次方程组，要使系统能控，应能解出 $\beta_0, \beta_1, \cdots, \beta_{n-1}$，由线性方程组解的定理可知，该非齐次方程组有解的充要条件是它的系数矩阵 M 和增广矩阵 $[M \quad x(t_0)]$ 的秩相等，即 rank M = rank$[M \quad x(t_0)]$。

由于 $x(t_0)$ 是任意给定的，欲使上式成立，M 必须满秩，即 rank$M = n$，因此定理得证。

【例9.10】 判别如下系统的能控性。

$$\dot{x} = \begin{bmatrix} 1 & 1 & 0 \\ 0 & 1 & 0 \\ 0 & 1 & 1 \end{bmatrix} x + \begin{bmatrix} 0 & 1 \\ 1 & 0 \\ 0 & 1 \end{bmatrix} \begin{bmatrix} u_1 \\ u_2 \end{bmatrix}$$

解：构造并计算能控性判别矩阵，得

$$M = \begin{bmatrix} B & AB & A^2B \end{bmatrix} = \begin{bmatrix} 0 & 1 & 1 & 1 & 2 & 1 \\ 1 & 0 & 1 & 0 & 1 & 0 \\ 0 & 1 & 1 & 1 & 2 & 1 \end{bmatrix}$$

观察 M，可见矩阵第一行和第三行完全相同，故 rank $M = 2$，而 $n = 3$，所以该系统不能控。

【例9.11】 判别如下系统的能控性。

$$\dot{x} = \begin{bmatrix} 1 & 2 & 1 \\ 0 & 1 & 0 \\ 1 & 0 & 3 \end{bmatrix} x + \begin{bmatrix} 0 & 1 \\ 1 & 0 \\ 0 & 0 \end{bmatrix} \begin{bmatrix} u_1 \\ u_2 \end{bmatrix}$$

解：构造并计算能控性判别矩阵，得

$$M = \begin{bmatrix} B & AB & A^2B \end{bmatrix} = \begin{bmatrix} 1 & 0 & 1 & 2 & 2 & 4 \\ 0 & 1 & 0 & 1 & 0 & 1 \\ 0 & 1 & 1 & 0 & 4 & 2 \end{bmatrix}$$

观察 M，由前三列易知，rank $M = 3$，M 满秩，所以该系统完全能控。

3. 约旦（包括对角线）标准化后的能控性判别准则

这里首先说明非奇异变换不改变系统的能控性。

系统的状态方程为 $\dot{x} = Ax + Bu$，经非奇异变换后为

$$\dot{z} = \hat{A}z + \hat{B}u$$

式中，$\hat{A} = T^{-1}AT$；$\hat{B} = T^{-1}B$；T 为变换阵。

构造变换后的能控性判别矩阵，得

$$\hat{M} = \begin{bmatrix} \hat{B} & \hat{A}\hat{B} & \hat{A}^2\hat{B} & \cdots & \hat{A}^{n-1}\hat{B} \end{bmatrix}$$
$$= \begin{bmatrix} T^{-1}B & T^{-1}ATT^{-1}B & (T^{-1}AT)^2T^{-1}B & \cdots & (T^{-1}AT)^{n-1}T^{-1}B \end{bmatrix}$$

考虑到

$$(T^{-1}AT)^2 = (T^{-1}AT)(T^{-1}AT) = T^{-1}A^2T$$
$$\vdots$$
$$(T^{-1}AT)^{n-1} = T^{-1}A^{n-1}T$$

则

$$\hat{M} = \begin{bmatrix} T^{-1}B & T^{-1}AB & (T^{-1}A^2T)T^{-1}B & \cdots & (T^{-1}A^{n-1}T)T^{-1}B \end{bmatrix}$$
$$= T^{-1}\begin{bmatrix} B & AB & A^2B & \cdots & A^{n-1}B \end{bmatrix} \tag{9-34}$$

由线性代数知，任意矩阵用一个非奇异矩阵左乘或右乘后秩不变。所以，式（9-34）说明，非奇异变换不改变系统的能控性。

定理9-4 设线性定常系统 $\dot{x} = Ax + Bu$ 具有互异特征值，经 $z = T^{-1}x$ 的非奇异变换转换

为对角线标准型

$$\dot{z} = T^{-1}ATz + T^{-1}Bu$$

式中，

$$T^{-1}AT = \hat{A} = \begin{bmatrix} \lambda_1 & & & 0 \\ & \lambda_2 & & \\ & & \ddots & \\ 0 & & & \lambda_n \end{bmatrix}; \quad T^{-1}B = \hat{B} = \begin{bmatrix} \hat{b}_1 \\ \hat{b}_2 \\ \vdots \\ \hat{b}_n \end{bmatrix}$$

则其状态完全可控的充要条件是 $\hat{B} = T^{-1}B$ 阵中所有（各）行元素不全为零。

注意：本判别准则针对互异特征值的条件，对于有重特征值的情况，即使 A 阵呈现对角线标准型，也不能用这个判别准则，本书不涉及这种情况。

定理 9-5 设线性定常系统 $\dot{x} = Ax + Bu$ 具有重特征值，经 $z = T^{-1}x$ 的非奇异变换转换为约旦标准型，即

$$\dot{z} = T^{-1}ATz + T^{-1}Bu$$

式中，

$$T^{-1}AT = \hat{A} = \begin{bmatrix} J_1 & & & 0 \\ & J_2 & & \\ & & \ddots & \\ 0 & & & J_l \end{bmatrix}, \quad J_1, J_2, \cdots, J_l \text{ 为约旦块}; \quad T^{-1}B = \hat{B} = \begin{bmatrix} \hat{B}_1 \\ \hat{B}_2 \\ \vdots \\ \hat{B}_l \end{bmatrix}$$

则其状态完全可控的充要条件是（相同特征值下的）每个约旦块 J_i 最后一行对应的 $\hat{B}_i$（$i = 1, 2, \cdots, l$）的相应（各）行线性无关。

该准则可由定理 9-4 证明，此处不予证明，但有如下说明。

1）对每个重特征值，其独立特征矢量为 1，其余为广义特征矢量的情形，即每个重特征值只对应一个约旦块的情况下，判别准则只要求每个约旦块 J_i 最后一行对应的 $\hat{B}_i$ 的行元素不全为零。

2）对其余单根（对应约旦标准型中一个值构成约旦块的特例）可做同样处理。

下面举例说明定理的应用。

【**例 9.12**】 判断下列系统的能控性。

1）

$$\begin{bmatrix} \dot{x}_1 \\ \dot{x}_2 \\ \dot{x}_3 \end{bmatrix} = \begin{bmatrix} \lambda_1 & 1 & 0 \\ 0 & \lambda_1 & 0 \\ 0 & 0 & \lambda_3 \end{bmatrix} \begin{bmatrix} x_1 \\ x_2 \\ x_3 \end{bmatrix} + \begin{bmatrix} 0 \\ \boxed{b_2} \\ b_3 \end{bmatrix} u$$

2）

$$\begin{bmatrix} \dot{x}_1 \\ \dot{x}_2 \\ \dot{x}_3 \\ \dot{x}_4 \\ \dot{x}_5 \end{bmatrix} = \begin{bmatrix} \lambda_1 & 1 & 0 & & \\ 0 & \lambda_1 & 1 & & \\ 0 & 0 & \lambda_1 & & \\ & & & \lambda_4 & 1 \\ & & & 0 & \lambda_4 \end{bmatrix} \begin{bmatrix} x_1 \\ x_2 \\ x_3 \\ x_4 \\ x_5 \end{bmatrix} + \begin{bmatrix} 0 & 1 \\ 0 & 0 \\ \boxed{3} & \boxed{0} \\ 0 & 0 \\ \boxed{1} & \boxed{2} \end{bmatrix} \begin{bmatrix} u_1 \\ u_2 \end{bmatrix}$$

3)
$$\begin{bmatrix} \dot{x}_1 \\ \dot{x}_2 \\ \dot{x}_3 \end{bmatrix} = \begin{bmatrix} \lambda_1 & 1 & 0 \\ 0 & \lambda_1 & 0 \\ 0 & 0 & \lambda_3 \end{bmatrix} \begin{bmatrix} x_1 \\ x_2 \\ x_3 \end{bmatrix} + \begin{bmatrix} b_{11} & b_{12} \\ 0 & 0 \\ b_{31} & b_{32} \end{bmatrix} \begin{bmatrix} u_1 \\ u_2 \end{bmatrix}$$

解：

1) A 阵包含两个约旦块，第一个约旦块最后一行对应 $\hat{B}$ 相应行只有一个元素 b_2 且 $b_2 \neq 0$；第二个约旦块（单根 λ_3）对应元素 $b_3 \neq 0$，由上述定理知系统状态完全能控。

2) A 阵包含两个约旦块，第一个约旦块最后一行对应 $\hat{B}$ 相应行元素为 3 和 0，不全为零；第二个约旦块最后一行对应 $\hat{B}$ 相应行元素为 1 和 2，不为零，故系统状态完全能控。

3) A 阵包含两个约旦块，第一个约旦块最后一行对应 $\hat{B}$ 阵的行元素全为 0，故状态不完全能控。

下面从信息传递的角度对该准则做进一步说明。为简单起见，以二阶系统为例分析，两个二阶系统状态空间表达式分别如下。

1) $\dot{x} = \begin{bmatrix} \lambda_1 & 0 \\ 0 & \lambda_2 \end{bmatrix} x + \begin{bmatrix} 0 \\ b_2 \end{bmatrix} u, \quad y = \begin{bmatrix} c_1 & c_2 \end{bmatrix} x$；即

$$\begin{aligned} \dot{x}_1 &= \lambda_1 x_1 \\ \dot{x}_2 &= \lambda_2 x_2 + b_2 u \end{aligned}, \quad y = c_1 x_1 + c_2 x_2 \tag{9-35}$$

2) $\dot{x} = \begin{bmatrix} \lambda_1 & 0 \\ 0 & \lambda_1 \end{bmatrix} x + \begin{bmatrix} 0 \\ b_2 \end{bmatrix} u, \quad y = \begin{bmatrix} c_1 & c_2 \end{bmatrix} x$；即

$$\begin{aligned} \dot{x}_1 &= \lambda_1 x_1 + x_2 \\ \dot{x}_2 &= \lambda_1 x_2 + b_2 u \end{aligned}, \quad y = c_1 x_1 + c_2 x_2 \tag{9-36}$$

按照能控性判别准则易知，式（9-35）描述的二阶系统不能控，式（9-36）描述的二阶系统能控，它们对应的模拟结构图如图 9-11a、b 所示。

由图 9-11a 所示模拟结构图可以清晰地看到，式（9-35）描述的二阶系统是一个并联结构，从输入 $u(t)$ 出发的信号线没有"流向"状态变量 $x_1(t)$，所以状态变量 $x_1(t)$ 不受 $u(t)$ 控制；尽管从输入 $u(t)$ 出发的信号线"流向"了状态变量 $x_2(t)$，即 $u(t)$ 可以控制状态变量 $x_2(t)$，但整个系统是不能控的。这说明，因为系统矩阵为对角阵时具有并联结构，状态变量之间没有耦合，所以要保证系统能控，从模拟结构图来看，从输入 $u(t)$ 出发的信号线必须"流向"所有的状态变量；对状态方程而言，每个状态方程等号右端必须都包含输入项，即 $\hat{B}$ 所有行中元素至少有一个不为零。

由图 9-11b 所示模拟结构图可以看出，式（9-36）描述的二阶系统是一个串联结构。尽管 $u(t)$ 与状态变量 $x_1(t)$ 之间没有直接联系，而与状态变量 $x_2(t)$ 之间有直接联系，又由于状态变量 $x_1(t)$ 和状态变量 $x_2(t)$ 之间有联系，因此 $u(t)$ 与状态变量 $x_1(t)$ 之间有间接联系。即 $u(t)$ 不仅能直接控制状态变量 $x_2(t)$，而且通过状态变量 x_2 间接控制状态变量 $x_1(t)$，因此整个系统是完全能控的。

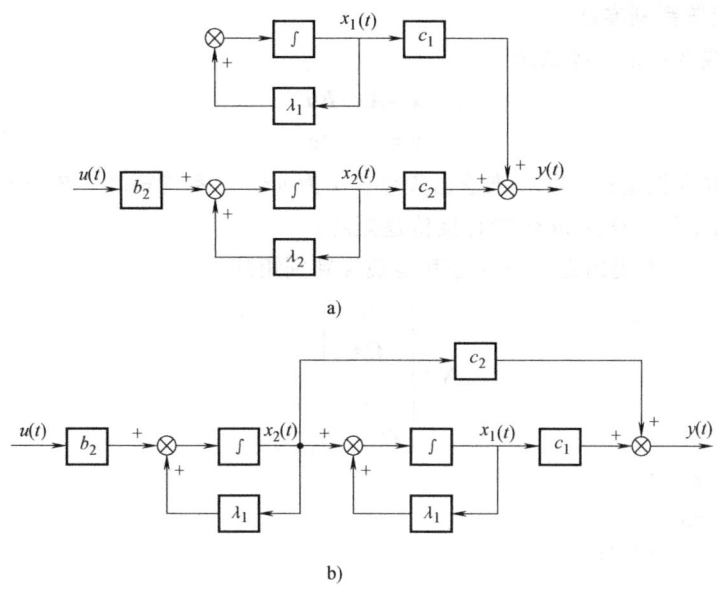

a)

b)

图 9-11 二阶系统模拟结构图

9.4.2 能观性与能观性判据

1. 能观性的定义

能观性考察是否能通过观测有限时间内的输出值,来唯一地识别出系统的状态。能观性具有明显的工程意义。控制系统大多采用反馈方式,而反馈信息来自于系统的状态变量,由于并非所有的状态变量在物理上都是可测量的,于是提出可否通过对输出的测量获得全部状态变量信息的问题,下面予以进一步说明。

设线性定常连续系统的状态空间表达式为

$$\dot{x}(t) = Ax(t) + Bu(t)$$
$$\dot{y}(t) = Cx(t) + Du(t)$$

式(9-30)已给出了上述状态方程的解为

$$x(t) = e^{A(t-t_0)}x(t_0) + \int_{t_0}^{t} e^{-A(t-\tau)}Bu(\tau)d\tau$$

则系统输出的解为

$$y(t) = Ce^{A(t-t_0)}x(t_0) + C\int_{t_0}^{t} e^{-A(t-\tau)}Bu(\tau)d\tau + Du(t)$$

由于 A、B、C、D 均已知,输入 $u(t)$ 通常也是已知的,根据 $y(t)$ 表达式的后两项,可以看出 $u(t)$ 引起的输出部分是可以计算出来的,因而,讨论能观性问题,即由输出求取状态变量时,只需从齐次状态方程出发。

如果对任意给定的输入 $u(t)$,能在有限观测时间 $[t_0, t_f]$ 内,根据系统输出 $y(t)$ 唯一确定系统在初始时刻时的状态 $x(t_0)$,则称状态 $x(t_0)$ 是能观测的。若系统的每一个状态都是能观测的,则称系统是状态完全能观的,简称系统能观。

2. 能观性矩阵判别准则

定理 9-6 线性定常连续系统

$$\dot{x} = Ax + Bu$$
$$y = Cx + Du$$

式中，u 为 r 维输入矢量；y 为 m 维输出矢量；A 为 $n \times n$ 阶系统矩阵；B 为 $n \times r$ 阶输入矩阵；C 为 $m \times n$ 阶输入矩阵；D 为 $m \times r$ 阶直接传递矩阵。

该系统状态完全能观的充要条件是其能观性判别矩阵

$$N = \begin{bmatrix} C \\ CA \\ \vdots \\ CA^{n-1} \end{bmatrix}_{nm \times n}$$

满秩，即 $\mathrm{rank} \begin{bmatrix} C \\ CA \\ \vdots \\ CA^{n-1} \end{bmatrix} = n$。

证明：将状态转移方程 $x(t) = \Phi(t-t_0)x_0(t_0)$ 代入输出方程，有

$$y(t) = C\Phi(t-t_0)x(t_0)$$

根据凯莱-哈密顿定理，由式（9-32）可知

$$\Phi(t-t_0) = \alpha_0(t-t_0)I + \alpha_1(t-t_0)A + \cdots + \alpha_{n-1}(t-t_0)A^{n-1}$$

于是

$$y(t) = [\alpha_0(t-t_0)C + \alpha_1(t-t_0)CA + \cdots + \alpha_{n-1}(t-t_0)CA^{n-1}]x(t_0)$$

$$y(t) = [\alpha_0(t) \quad \alpha_1(t) \quad \cdots \quad \alpha_{n-1}(t)] \begin{bmatrix} C \\ CA \\ \vdots \\ CA^{n-1} \end{bmatrix} x(t_0)$$

也可写作

$$y(t) = [\alpha_0(t)I_m \quad \alpha_1(t)I_m \quad \cdots \quad \alpha_{n-1}(t)I_m] \begin{bmatrix} C \\ CA \\ \vdots \\ CA^{n-1} \end{bmatrix} x(t_0)$$

由于 $x(t_0)$ 为 n 维状态矢量，因此这是一个含有 n 个未知量的、由 m 个方程构成的线性方程组。当 $m < n$ 时，方程无唯一解，为了要唯一地解出 n 个初始状态变量，必须由 n 个不同时刻 $t_1, t_2, \cdots, t_n$ 的输出值 $y(t_1), y(t_2), \cdots, y(t_n)$ 组成具有 $n \times m$ 个方程式的线性方程组，即

$$\begin{bmatrix} y(t_1) \\ y(t_2) \\ \vdots \\ y(t_n) \end{bmatrix} = \begin{bmatrix} \alpha_0(t_1)I_m & \alpha_1(t_1)I_m & \cdots & \alpha_{n-1}(t_1)I_m \\ \alpha_0(t_2)I_m & \alpha_1(t_2)I_m & \cdots & \alpha_{n-1}(t_2)I_m \\ \vdots & \vdots & \ddots & \vdots \\ \alpha_0(t_n)I_m & \alpha_1(t_n)I_m & \cdots & \alpha_{n-1}(t_n)I_m \end{bmatrix} \begin{bmatrix} C \\ CA \\ \vdots \\ CA^{n-1} \end{bmatrix} x(t_0)$$

令 $Q = \begin{bmatrix} \alpha_0(t_1)I_m & \alpha_1(t_1)I_m & \cdots & \alpha_{n-1}(t_1)I_m \\ \alpha_0(t_2)I_m & \alpha_1(t_2)I_m & \cdots & \alpha_{n-1}(t_2)I_m \\ \vdots & \vdots & \ddots & \vdots \\ \alpha_0(t_n)I_m & \alpha_1(t_n)I_m & \cdots & \alpha_{n-1}(t_n)I_m \end{bmatrix} \begin{bmatrix} C \\ CA \\ \vdots \\ CA^{n-1} \end{bmatrix}$，则

$$y^* = Qx(t_0)$$

式中，Q 为 $n \times m$ 行、n 列的矩阵；y^* 为 $n \times m$ 维矢量。其中的每一个 $y(t_i)$ 为 m 维矢量（$i = 1, 2, \cdots, n$）。

由线性方程组解的定理可知，要使线性非齐次方程 $y = Qx(t_0)$ 的解存在且唯一，其充分必要条件是系数矩阵 Q 和增广矩阵 $[Q \quad y^*]$ 的秩相同且等于 n，即

$$\text{rank } Q = \text{rank}[Q \quad y^*] = n$$

由 Q 可以看出，欲使矩阵 Q 的秩等于 n，则要求 $nm \times n$ 阶矩阵

$$N = \begin{bmatrix} C \\ CA \\ \vdots \\ CA^{n-1} \end{bmatrix}$$

满秩，即 $\text{rank } N = n$，或者写为 $N^T = [C^T \quad A^T C^T \quad \cdots \quad (A^T)^{n-1} C^T]$ 满秩。

【例 9.13】 判别如下系统的能观性。

$$\dot{x} = \begin{bmatrix} 1 & 3 & 2 \\ 0 & 4 & 2 \\ 0 & 0 & 1 \end{bmatrix} x + \begin{bmatrix} 0 & 1 \\ 0 & 0 \\ 1 & 0 \end{bmatrix} \begin{bmatrix} u_1 \\ u_2 \end{bmatrix}$$

$$y = \begin{bmatrix} 1 & 0 & 0 \\ 0 & 0 & 1 \end{bmatrix} x$$

解：构造并计算能观性判别矩阵

$$\text{rank } N = \text{rank} \begin{bmatrix} C \\ CA \\ CA^2 \end{bmatrix} = \text{rank} \begin{bmatrix} 1 & 0 & 0 \\ 0 & 0 & 1 \\ 1 & 3 & 2 \\ 0 & 0 & 1 \\ 1 & 15 & 10 \\ 0 & 0 & 1 \end{bmatrix}$$

现观 N，由前三行易知，$\text{rank } N = 3$，N 满秩，所以该系统完全能观。

3. 约旦（包括对角线）标准化后的能观性判别准则

定理 9-7 设线性定常连续系统

$$\dot{x} = Ax + Bu$$
$$y = Cx$$

的特征值 $\lambda_1, \lambda_2, \cdots, \lambda_n$ 均互异，经 $z = T^{-1}x$ 的非奇异变换转换为对角线标准型

$$\dot{z} = Jz + \hat{B}u$$
$$y = \hat{C}z$$

式中，$J = T^{-1}AT \begin{bmatrix} \lambda_1 & & & 0 \\ & \lambda_2 & & \\ & & \ddots & \\ 0 & & & \lambda_n \end{bmatrix}$；$\hat{B} = T^{-1}B$；$\hat{C} = CT$。

则系统状态完全能观的充要条件是 $\hat{C} = CT$ 中所有（各）列元素不全为零。对于有重特征值的情况，即使 A 阵呈现对角线标准型，也不能用这个判据。

定理 9-8 设线性定常系统

$$\dot{x} = Ax + Bu$$
$$y = Cx$$

有重特征值，经 $z = T^{-1}x$ 的非奇异变换转换为约旦标准型

$$\dot{z} = Jz + \hat{B}u$$
$$y = \hat{C}z$$

式中，$J = T^{-1}AT = \begin{bmatrix} J_1 & & & 0 \\ & J_2 & & \\ & & \ddots & \\ 0 & & & J_l \end{bmatrix}$，$J_1, J_2, \cdots, J_l$ 为约旦块；$\hat{B} = T^{-1}B$；$\hat{C} = CT = [\hat{C}_1\ \hat{C}_2\ \cdots\ \hat{C}_l]$。

则系统状态完全能观的充要条件是（对于每个特征值只有一个约旦块的情况下，即重特征值只有一个特征向量，其余为广义特征向量）每个约旦块 J_i 首列所对应于 $\hat{C}_i$（$i=1$，$2, \cdots, l$）的相应各列元素不全为零。更一般地，系统状态完全能观的充要条件是每个约旦块 J_i 的首列所对应的 $\hat{C}_i$（$i=1, 2, \cdots, l$）的相应（各）列线性无关。

同非奇异变换不改变系统的能控性一样，非奇异变换也不改变系统的能观性。

下面以三阶系统为例，从信息传递的角度对该准则做进一步说明。设一个具有对角线标准型的三阶系统的状态空间表达式为

$$\dot{x} = Ax = \begin{bmatrix} \lambda_1 & 0 & 0 \\ 0 & \lambda_2 & 0 \\ 0 & 0 & \lambda_3 \end{bmatrix} x, x(t_0) = x_0$$

$$y = Cx = \begin{bmatrix} c_{11} & c_{12} & c_{13} \\ c_{21} & c_{22} & c_{23} \\ c_{31} & c_{32} & c_{33} \end{bmatrix} x$$

方程组形式为

$$\begin{cases} \dot{x}_1 = \lambda_1 x_1 \\ \dot{x}_2 = \lambda_2 x_2 \\ \dot{x}_3 = \lambda_3 x_3 \end{cases} \quad (9\text{-}37)$$

输出方程为

$$\begin{cases} y_1 = c_{11}x_1 + c_{12}x_2 + c_{13}x_3 \\ y_2 = c_{21}x_1 + c_{22}x_2 + c_{23}x_3 \\ y_3 = c_{31}x_1 + c_{32}x_2 + c_{33}x_3 \end{cases}$$

系统状态方程的解为

$$\begin{cases} x_1(t) = e^{\lambda_1 t} x_{10} \\ x_2(t) = e^{\lambda_2 t} x_{20} \\ x_3(t) = e^{\lambda_3 t} x_{30} \end{cases} \quad (9\text{-}38)$$

代入输出方程得

$$y(t) = \begin{bmatrix} c_{11} & c_{12} & c_{13} \\ c_{21} & c_{22} & c_{23} \\ c_{31} & c_{32} & c_{33} \end{bmatrix} \begin{bmatrix} e^{\lambda_1 t} x_{10} \\ e^{\lambda_2 t} x_{20} \\ e^{\lambda_3 t} x_{30} \end{bmatrix} \quad (9\text{-}39)$$

其模拟结构图如图 9-12 所示。

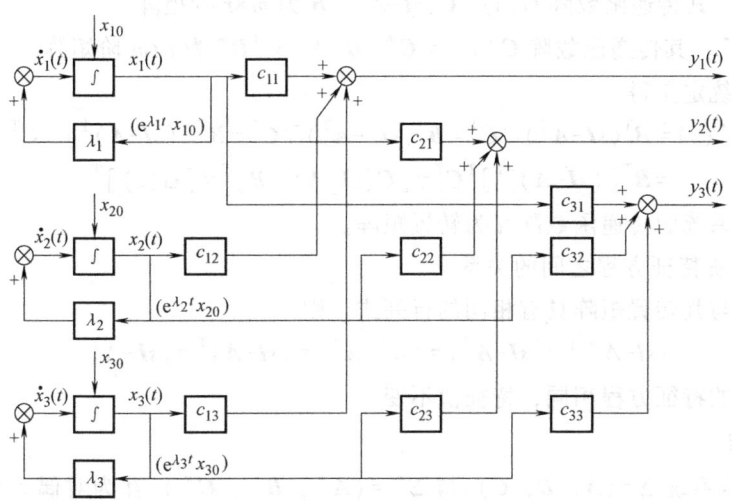

图 9-12 对角线标准型三阶系统模拟结构图

按照能观性判别准则知，要使系统能观，输出矩阵 C 中每一列元素不能全为零。若 C 中某一列，如第二列元素 c_{12}、c_{22}、c_{32} 全为零，则在输出 $y(t)$ 中将不包含状态变量 $x_2(t)$，又由于对角线标准型系统具有如图 9-12 所示的并联结构，状态变量之间没有耦合，则输出 $y(t)$ 中既不直接包含 $x_2(t)$，也不会间接包含 $x_2(t)$ 的信息。所以，$x_2(t)$ 不能从 $y(t)$ 的测量值及式 (9-38)、式 (9-39) 的方程解算出来。这说明，对于并联结构的系统，要保证系统能观，从模拟结构图来看，所有状态变量都应至少"流向"输出 $y(t)$ 的一个分量；从状态方程来看，每个状态变量应至少在输出方程"出现"一次，即输出矩阵 C 中，各列的元素不全为零。

约旦标准型的情形请参照与对角线标准型相似的方法自行分析。

9.4.3 能控性与能观性的对偶关系

1. 对偶关系的定义

有两个系统，一个系统 $\Sigma = (A, B, C)$ 为

$$\dot{x} = Ax + Bu$$
$$y = Cx$$

另一个系统 $\Sigma^* = (A^*, B^*, C^*)$ 为

$$\dot{x}^* = A^* x^* + B^* u^*$$
$$y^* = C^* x^*$$

式中，x，x^* 均为 n 维状态矢量；u，u^* 分别为 r 维、m 维控制矢量；y，y^* 分别为 m 维、r 维输出矢量；A，A^* 均为 $n \times n$ 阶系统矩阵；B，B^* 分别为 $n \times r$ 阶、$n \times m$ 阶控制矩阵；C，C^* 分别为 $m \times n$ 阶、$r \times n$ 阶输出矩阵。

若满足 $A^* = A^T$，$B^* = C^T$，$C^* = B^T$，则称 Σ 与 Σ^* 互为对偶系统。

2. 对偶系统的两个重要特性

（1）对偶系统传递函数阵之间的关系

对于系统 Σ，其传递函数阵 $G(s) = C(sI - A)^{-1} B$ 为 $m \times r$ 阶矩阵。

对于系统 Σ^*，其传递函数阵 $G^*(s) = C^*(sI - A^*)^{-1} B^*$ 为 $r \times m$ 阶矩阵。

根据对偶系统定义得

$$G^*(s) = B^T(sI - A^T)^{-1} C^T = B^T(sI^T - A^T)^{-1} C^T = B^T[(sI - A)^T]^{-1} C^T$$
$$= B^T[(sI - A)^{-1}]^T C^T = [C(sI - A)^{-1} B]^T = [G(s)]^T$$

由此可见，对偶系统的传递函数阵互为转置矩阵。

（2）对偶系统特征方程之间的关系

注意到矩阵与其转置矩阵具有相同的行列式，则

$$|sI - A^*| = |sI - A^T| = |sI^T - A^T| = |sI - A|^T = |sI - A|$$

因而，对偶系统的特征方程相同，特征值不变。

3. 对偶原理

定理 9-9 若系统 $\Sigma = (A, B, C)$ 与 $\Sigma^* = (A^*, B^*, C^*)$ 互为对偶系统，则 Σ 的能控性等价于 Σ^* 的能观性，Σ 的能观性等价于 Σ^* 的能控性。

证明：注意到矩阵与其转置矩阵的秩相等，从系统 Σ 的能控性判别矩阵的转置矩阵出发推演，并代入对偶系统定义式得

$$M^T = [B \quad AB \quad \cdots \quad A^{n-1}B]^T = \begin{bmatrix} B^T \\ (AB)^T \\ \vdots \\ (A^{n-1}B)^T \end{bmatrix} = \begin{bmatrix} B^T \\ B^T A^T \\ \vdots \\ B^T(A^{n-1})^T \end{bmatrix} = \begin{bmatrix} C^* \\ C^* A^* \\ \vdots \\ C^*(A^*)^{n-1} \end{bmatrix} = N \quad (9\text{-}40)$$

由此可知系统 Σ 的能控性判别矩阵的转置矩阵与系统 Σ^* 的能观性判别矩阵相同，从而它们的秩相等。那么若系统 Σ 能控，则 M（亦即 M^T）满秩，由式（9-40）知，系统 Σ^* 的能观性判别矩阵 N 也满秩，从而系统 Σ^* 能观；反之亦然。

9.4.4 能控标准型与能观标准型

前面已经讨论过,同一系统的状态空间表达式不是唯一的,并通过非奇异变换将状态空间表达式化为约旦标准型,方便了状态转移矩阵的计算,以及能控性和能观性的判别。此外,前面也论证了非奇异变换不改变系统的能控性和能观性。

本小节讨论通过非奇异变换将系统化成能控标准型和能观标准型的方法,这对状态反馈和状态观测器的分析和设计是很有用的。此外,只有系统状态完全能控(能观),才能化成所谓能控(能观)标准型。

还应指出,单输入系统的能控标准型和单输出系统的能观标准型是唯一的。多输入输出系统的能控标准型(能观标准型)的形式不唯一。本节仅讨论单输入系统的能控标准型和单输出系统的能观标准型。

1. 单输入系统的能控标准型

(1)能控标准 I 型

定理 9-10 若线性定常单输入系统

$$\dot{x} = Ax + Bu$$
$$y = cx$$

能控,则存在线性非奇异变换 $x = T_{c1}\bar{x}$ 将系统状态空间表达式变换为如下能控标准 I 型

$$\dot{\bar{x}} = \bar{A}\bar{x} + \bar{b}u \tag{9-41}$$
$$y = \bar{c}\,\bar{x}$$

式中,

$$T_{c1} = \begin{bmatrix} A^{n-1}b & A^{n-2}b & \cdots & Ab & b \end{bmatrix} \begin{bmatrix} 1 & & & & \\ a_{n-1} & 1 & & \mathbf{0} & \\ \vdots & \ddots & \ddots & & \\ a_2 & \cdots & a_{n-1} & 1 & \\ a_1 & a_2 & \cdots & a_{n-1} & 1 \end{bmatrix} \tag{9-42}$$

$$\bar{A} = T_{c1}^{-1}AT_{c1} = \begin{bmatrix} 0 & 1 & & & \\ 0 & 0 & 1 & & \mathbf{0} \\ \vdots & \vdots & \ddots & \ddots & \\ 0 & 0 & \cdots & 0 & 1 \\ -a_0 & -a_1 & \cdots & -a_{n-2} & -a_{n-1} \end{bmatrix} \tag{9-43}$$

$$\bar{b} = T_{c1}^{-1}b = \begin{bmatrix} 0 \\ 0 \\ \vdots \\ 0 \\ 1 \end{bmatrix} \tag{9-44}$$

$$\bar{c} = cT_{c1} = \begin{bmatrix} \beta_0 & \beta_1 & \cdots & \beta_{n-2} & \beta_{n-1} \end{bmatrix} \tag{9-45}$$

式中，a_0，a_1，$\cdots$，a_{n-1} 为特征多项式 $|\lambda I - A| = \lambda^n + a_{n-1}\lambda^{n-1} + \cdots + a_1\lambda + a_0$ 的各项系数；β_0，β_1，$\cdots$，β_{n-2}，β_{n-1} 是 cT_{c1} 相乘的结果，即

$$\begin{aligned}
\beta_0 &= c(A^{n-1}b + a_{n-1}A^{n-2}b + \cdots + a_1 b) \\
\beta_1 &= c(A^{n-2}b + a_{n-1}A^{n-3}b + \cdots + a_2 b) \\
&\vdots \\
\beta_{n-2} &= c(Ab + a_{n-1}b) \\
\beta_{n-1} &= cb
\end{aligned} \tag{9-46}$$

1）定理 9-10 的证明。

证明： 因假设系统是能控的，则根据定理 9-3，$M = [b \ \ Ab \ \ \cdots \ \ A^{n-1}b]$ 满秩，n 个列矢量 b，Ab，$\cdots$，$A^{n-1}b$ 线性无关。

现以特征多项式 $|\lambda I - A| = \lambda^n + a_{n-1}\lambda^{n-1} + \cdots + a_1\lambda + a_0$ 各项系数构成 n 个新矢量 e_1，e_2，$\cdots$，e_n，即

$$e_1 = A^{n-1}b + a_{n-1}A^{n-2}b + a_{n-2}A^{n-3}b + \cdots + a_1 b$$

$$= \underbrace{[A^{n-1}b \quad A^{n-1}b \quad \cdots \quad b]}_{n\text{列}} \underbrace{\begin{bmatrix} 1 \\ a_{n-1} \\ \vdots \\ a_1 \end{bmatrix}}_{n\text{行}}$$

$$e_2 = A^{n-2}b + a_{n-1}A^{n-3}b + \cdots + a_2 b$$

$$= \underbrace{[A^{n-2}b \quad A^{n-3}b \quad \cdots \quad b]}_{n-1\text{列}} \underbrace{\begin{bmatrix} 1 \\ a_{n-1} \\ \vdots \\ a_2 \end{bmatrix}}_{n-1\text{行}} = \underbrace{[A^{n-1}b \quad A^{n-2}b \quad \cdots \quad b]}_{n\text{列}} \underbrace{\begin{bmatrix} 0 \\ 1 \\ a_{n-1} \\ \vdots \\ a_2 \end{bmatrix}}_{n\text{行}}$$

$$\vdots$$

$$e_{n-1} = Ab + a_{n-1}b = \underbrace{[A^{n-1}b \quad A^{n-2}b \quad \cdots \quad b]}_{n\text{列}} \underbrace{\begin{bmatrix} 0 \\ \vdots \\ 1 \\ a_{n-1} \end{bmatrix}}_{n\text{行}}$$

$$e_n = b = \underbrace{[A^{n-1}b \quad A^{n-2}b \quad \cdots \quad b]}_{n\text{列}} \underbrace{\begin{bmatrix} 0 \\ \vdots \\ 0 \\ 1 \end{bmatrix}}_{n\text{行}}$$

取 $T_{c1} = [e_1 \ \ e_2 \ \ \cdots \ \ e_n]$，则有

$$T_{c1} = [\begin{matrix} e_1 & e_2 & \cdots & e_n \end{matrix}] = [\begin{matrix} A^{n-1}b & A^{n-2}b & \cdots & b \end{matrix}] \begin{bmatrix} 1 & & & & \\ a_{n-1} & 1 & & \mathbf{0} & \\ \vdots & \ddots & \ddots & & \\ a_2 & a_3 & \ddots & 1 & \\ a_1 & a_2 & \cdots & a_{n-1} & 1 \end{bmatrix}$$

可见 T_{c1} 由两个矩阵相乘而得，由于 M 阵满秩（秩为 n），则第一个矩阵的秩为 n；第二个矩阵显然也满秩（秩为 n）。从而，由线性代数知 T_{c1} 满秩，T_{c1}^{-1} 存在，存在线性非奇异变换 $x = T_{c1}\bar{x}$，并可推出 $\bar{A} = T_{c1}^{-1}AT_{c1}$，$\bar{b} = T_{c1}^{-1}b$，$\bar{c} = cT_{c1}$。

① 推导 $\bar{A}$。由于 T_{c1}^{-1} 求解困难，因此采取"迂回"的方法，将 $\bar{A} = T_{c1}^{-1}AT_{c1}$ 化为

$$T_{c1}\bar{A} = AT_{c1} \tag{9-47}$$

比较式（9-47）等号左、右两端，可以发现如果将等号右端变换为 T_{c1} 乘以某个矩阵的形式，则这个矩阵就是 $\bar{A}$，以下按照这个思路进行变换。

$$AT_{c1} = A[\begin{matrix} e_1 & e_2 & \cdots & e_n \end{matrix}] = [\begin{matrix} Ae_1 & Ae_2 & \cdots & Ae_n \end{matrix}] \tag{9-48}$$

而

$$Ae_1 = A(A^{n-1}b + a_{n-1}A^{n-2}b + \cdots + a_1b) = (A^n b + a_{n-1}A^{n-1}b + \cdots + a_1 Ab + a_0 b) - a_0 b \tag{9-49}$$

由凯莱-哈密顿原理知式（9-49）括号内部分为零，从而

$$Ae_1 = -a_0 b = -a_0 e_n$$
$$Ae_2 = A(A^{n-2}b + a_{n-1}A^{n-3}b + \cdots + a_2 b)$$
$$\quad = (A^{n-1}b + a_{n-1}A^{n-2}b + \cdots + a_2 Ab + a_1 b) - a_1 b = e_1 - a_1 e_n$$
$$\vdots$$
$$Ae_{n-1} = A(Ab + a_{n-1}b) = (A^2 b + a_{n-1}Ab + a_{n-2}b) - a_{n-2}b = e_{n-2} - a_{n-2}e_n$$
$$Ae_n = Ab = (Ab + a_{n-1}b) - a_{n-1}b = e_{n-1} - a_{n-1}e_n$$

把上述 Ae_1，Ae_1，$\cdots$，Ae_n 代入式（9-47）得

$$T_{c1}\bar{A} = AT_{c1} = [\begin{matrix} -a_0 e_n & e_1 - a_1 e_n & \cdots & e_{n-2} - a_{n-2}e_n & e_{n-1} - a_{n-1}e_n \end{matrix}]$$

整理得

$$T_{c1}\bar{A} = [\begin{matrix} e_1 & e_2 & \cdots & e_{n-1} & e_n \end{matrix}] \begin{bmatrix} 0 & 1 & & & \\ 0 & 0 & 1 & & \mathbf{0} \\ \vdots & \vdots & \ddots & \ddots & \\ 0 & 0 & \cdots & 0 & 1 \\ -a_0 & -a_1 & \cdots & -a_{n-2} & -a_{n-1} \end{bmatrix} \tag{9-50}$$

式（9-50）中，由于 $[\begin{matrix} e_1 & e_2 & \cdots & e_{n-1} & e_n \end{matrix}]$ 即为 T_{c1}，那么，后一个矩阵必为所求 $\bar{A}$，即得

$$\bar{A} = T_{c1}^{-1}AT_{c1} = \begin{bmatrix} 0 & 1 & & & \\ 0 & 0 & 1 & & \mathbf{0} \\ \vdots & \vdots & \ddots & \ddots & \\ 0 & 0 & \cdots & 0 & 1 \\ -a_0 & -a_1 & \cdots & -a_{n-2} & -a_{n-1} \end{bmatrix}$$

式（9-43）得证。

② 推导 $\bar{b}$。虽然 $\bar{b} = T_{c1}^{-1} b$，参照求 $\bar{A}$ 的"迂回"方法，两端同时左乘 T_{c1} 并注意到式（9-47），可得

$$T_{c1}\bar{b} = b = e_n = [e_1 \quad e_2 \quad \cdots \quad e_{n-1} \quad e_n] \begin{bmatrix} 0 \\ 0 \\ \vdots \\ 0 \\ 1 \end{bmatrix} = T_{c1} \begin{bmatrix} 0 \\ 0 \\ \vdots \\ 0 \\ 1 \end{bmatrix} \quad (9\text{-}51)$$

对比式（9-51）等号两端，即可得

$$\bar{b} = \begin{bmatrix} 0 \\ 0 \\ \vdots \\ 0 \\ 1 \end{bmatrix} = [0 \quad 0 \quad \cdots \quad 0 \quad 1]^T$$

③ 推导 $\bar{c}$。令 $\bar{c} = [\beta_0 \quad \beta_1 \quad \cdots \quad \beta_{n-1}]$，

∵ $\quad\quad\quad\quad\quad \bar{c} = c T_{c1} = c[e_1 \quad e_2 \quad \cdots \quad e_n]$

∴ $[\beta_0 \quad \beta_1 \quad \cdots \quad \beta_{n-1}] = c[e_1 \quad e_2 \quad \cdots \quad e_n] = [ce_1 \quad ce_2 \quad \cdots \quad ce_n]$

$$\beta_0 = ce_1 = c[A^{n-1}b + a_{n-1}A^{n-2}b + a_{n-2}A^{n-3}b + \cdots + a_1 b]$$
$$\beta_1 = ce_2 = c[A^{n-2}b + a_{n-1}A^{n-3}b + \cdots + a_3 Ab + a_2 b]$$
$$\vdots$$
$$\beta_{n-2} = ce_{n-1} = c[Ab + a_{n-1}b]$$
$$\beta_{n-1} = ce_n = cb$$

2）由能控标准 I 型的 $\bar{A}$，$\bar{b}$，$\bar{c}$ [式（9-43）~式（9-45）] 求系统的传递函数阵。

根据式（9-15）可知，式（9-40）所描述的单输入系统的传递函数为

$$G(s) = \bar{c}(s I - \bar{A})^{-1} \bar{b} = \frac{\bar{c} \operatorname{adj}(s I - \bar{A}) \bar{b}}{|s I - \bar{A}|}$$

根据式（9-43）有

$$s I - \bar{A} = \begin{bmatrix} s & -1 & & & & \\ 0 & s & -1 & & \mathbf{0} & \\ 0 & 0 & s & \ddots & & \\ \vdots & \vdots & \ddots & \ddots & \ddots & \\ 0 & 0 & \cdots & 0 & s & -1 \\ a_0 & a_1 & \cdots & a_{n-3} & a_{n-2} & s + a_{n-1} \end{bmatrix} \quad (9\text{-}52)$$

首先求行列式 $|s I - \bar{A}|$，将式（9-52）第二列的所有元素乘以 s，第三列乘以 s^2，……第 n 列乘以 s^{n-1}，并全部加到第一列上后得

$$|s\boldsymbol{I}-\overline{\boldsymbol{A}}| = \begin{vmatrix} 0 & & -1 & & & \\ 0 & & s & -1 & & \boldsymbol{0} \\ 0 & & 0 & s & \ddots & \\ \vdots & & \vdots & \ddots & \ddots & \ddots \\ 0 & & 0 & \cdots & 0 & s & -1 \\ a_0+a_1s+a_2s^2+\cdots+a_{n-1}s^{n-1}+s^n & a_1 & \cdots & a_{n-3} & a_{n-2} & s+a_{n-1} \end{vmatrix}$$

按第 1 列展开求行列式的值得

$$|s\boldsymbol{I}-\overline{\boldsymbol{A}}| = [a_0+a_1s+a_2s^2+\cdots+a_{n-1}s^{n-1}+s^n](-1)^{n+1}(-1)^{n-1} = a_0+a_1s+a_2s^2+\cdots+a_{n-1}s^{n-1}+s^n \tag{9-53}$$

式中，等号右端的 $(-1)^{n+1}$ 为按第 n 行第 1 列展开求行列式时决定符号的系数，$(-1)^{n-1}$ 为去掉第 n 行第 1 列后所剩行列式的值。

接着求 adj $(s\boldsymbol{I}-\overline{\boldsymbol{A}})$，注意到 $\overline{\boldsymbol{b}} = [0 \ 0 \ \cdots \ 0 \ 1]^T$，因此只需求 adj$(s\boldsymbol{I}-\boldsymbol{A})$ 的最后一列元素，再根据伴随矩阵的计算规则，即求式 (9-52) 最后一行元素 a_0，a_1，$\cdots$，a_{n-2}，$s+a_{n-1}$ 的代数余子式即可。

a_0 的代数余子式为 $(-1)^{n+1}(-1)^{n-1}$，$(-1)^{n+1}$ 为代数余子式中第 n 行第 1 列的决定符号的系数，$(-1)^{n-1}$ 为余子式中对应行列式的值；a_1 的代数余子式为 $(-1)^{n+2}(-1)^{n-2}s$；…… 以此类推，得

$$\text{adj}(s\boldsymbol{I}-\overline{\boldsymbol{A}}) = \begin{bmatrix} \times & \cdots & \times & (-1)^{n+1}(-1)^{n-1} \\ \times & \cdots & \times & (-1)^{n+2}(-1)^{n-2}s \\ \times & \cdots & \times & (-1)^{n+3}(-1)^{n-3}s^2 \\ \vdots & & \vdots & \vdots \\ \times & \cdots & \times & (-1)^{n+n-1}(-1)s^{n-2} \\ \times & \cdots & \times & (-1)^{n+n}s^{n-1} \end{bmatrix} = \begin{bmatrix} \times & \cdots & \times & 1 \\ \times & \cdots & \times & s \\ \times & \cdots & \times & s^2 \\ \vdots & & \vdots & \vdots \\ \times & \cdots & \times & s^{n-2} \\ \times & \cdots & \times & s^{n-1} \end{bmatrix}$$

最后求得

$$G(s) = \overline{\boldsymbol{c}}(s\boldsymbol{I}-\overline{\boldsymbol{A}})^{-1}\overline{\boldsymbol{b}} = [\beta_0 \ \beta_1 \ \cdots \ \beta_{n-2} \ \beta_{n-1}] \frac{\begin{bmatrix} \times & \cdots & \times & 1 \\ \times & \cdots & \times & s \\ \vdots & & \vdots & \vdots \\ \times & \cdots & \times & s^{n-2} \\ \times & \cdots & \times & s^{n-1} \end{bmatrix}}{a_0+a_1s+\cdots+a_{n-1}s^{n-1}+s^n} \begin{bmatrix} 0 \\ 0 \\ \vdots \\ 0 \\ 1 \end{bmatrix}$$

即

$$G(s) = \frac{\beta_{n-1}s^{n-1}+\beta_{n-2}s^{n-2}+\cdots+\beta_1s+\beta_0}{s^n+a_{n-1}s^{n-1}+\cdots+a_1s+a_0} \tag{9-54}$$

反之，也可由传递函数阵求能控标准 I 型的 $\overline{\boldsymbol{A}}$，$\overline{\boldsymbol{b}}$，$\overline{\boldsymbol{c}}$。

(2) 能控标准Ⅱ型

定理 9-11 若线性定常单输入系统

$$\dot{x} = Ax + bu$$
$$y = cx$$

能控，则存在线性非奇异变换 $x = T_{c2}\bar{x}$，将系统状态空间表达式变换为如下能控标准Ⅱ型

$$\dot{\bar{x}} = \bar{A}\bar{x} + \bar{b}u$$
$$y = \bar{c}\bar{x}$$

式中，

$$T_{c2} = \begin{bmatrix} b & Ab & \cdots & A^{n-2}b & A^{n-1}b \end{bmatrix}$$

$$\bar{A} = T_{c2}^{-1}AT_{c2} = \begin{bmatrix} 0 & 0 & \cdots & 0 & -a_0 \\ 1 & 0 & \cdots & 0 & -a_1 \\ & 1 & \ddots & \vdots & \vdots \\ \mathbf{0} & & \ddots & 0 & -a_{n-2} \\ & & & 1 & -a_{n-1} \end{bmatrix} \tag{9-55}$$

$$\bar{b} = T_{c2}^{-1}b = \begin{bmatrix} 1 \\ 0 \\ \vdots \\ 0 \\ 0 \end{bmatrix} \tag{9-56}$$

$$\bar{c} = cT_{c2} = \begin{bmatrix} \beta_0 & \beta_1 & \cdots & \beta_{n-2} & \beta_{n-1} \end{bmatrix} \tag{9-57}$$

式中，$a_0, a_1, \cdots, a_{n-2}, a_{n-1}$ 是矩阵 A 特征多项式 $|\lambda I - A| = \lambda^n + a_n\lambda^{n-1} + \cdots + a_1\lambda + a_0$ 的各项系数；$\beta_0, \beta_1, \cdots, \beta_{n-2}, \beta_{n-1}$ 是 cT_{c2} 相乘的结果，即

$$\begin{aligned} \beta_0 &= cb \\ \beta_1 &= cAb \\ &\vdots \\ \beta_{n-2} &= cA^{n-2}b \\ \beta_{n-1} &= cA^{n-1}b \end{aligned} \tag{9-58}$$

证明可参照能控标准Ⅰ型的证明过程，此处略。

2. 单输出系统的能观标准型

(1) 能观标准Ⅰ型

定理 9-12 若线性定常系统

$$\dot{x} = Ax + bu$$
$$y = cx$$

能观，能观性判别矩阵为 N，则存在非奇异变换 $x = T_{o1}\tilde{x}$，满足 $T_{o1}^{-1} = N$，将系统状态空间表达式变换为如下能观标准Ⅰ型

$$\dot{\tilde{x}} = \tilde{A}\tilde{x} + \tilde{b}u$$
$$y = \tilde{c}\tilde{x}$$

式中，

$$\widetilde{A} = T_{o1}^{-1} A T_{o1} = \begin{bmatrix} 0 & 1 & & & \\ 0 & 0 & 1 & & \mathbf{0} \\ \vdots & \vdots & \ddots & \ddots & \\ 0 & 0 & \cdots & 0 & 1 \\ -a_0 & -a_1 & \cdots & -a_{n-2} & -a_{n-1} \end{bmatrix}$$

$$\widetilde{b} = T_{o1}^{-1} b = \begin{bmatrix} \beta_0 \\ \beta_1 \\ \vdots \\ \beta_{n-2} \\ \beta_{n-1} \end{bmatrix}$$

$$\widetilde{c} = c T_{o1} = \begin{bmatrix} 1 & 0 & \cdots & 0 & 0 \end{bmatrix}$$

式中，$a_0, a_1, \cdots, a_{n-1}$ 是矩阵 A 特征多项式 $|\lambda I - A| = \lambda^n + a_{n-1}\lambda^{n-1} + \cdots + a_1\lambda + a_0$ 的各项系数；$\beta_0, \beta_1, \cdots, \beta_{n-1}$ 为 $T_{o1}^{-1} b$ 相乘的结果，具体计算式与能控标准Ⅱ型的相应计算式相同。

利用对偶原理，可以直接验证能观标准Ⅰ型与能控标准Ⅱ型相对偶，此处略。

（2）能观标准Ⅱ型

定理 9-13 若线性定常单输出系统

$$\dot{x} = Ax + bu$$
$$y = cx$$

能观，则存在非奇异变换 $x = T_{o2}\widetilde{x}$ 将系统状态空间表达式变换为如下能观标准Ⅱ型

$$\dot{\widetilde{x}} = \widetilde{A}\widetilde{x} + \widetilde{b}u$$
$$y = \widetilde{c}\widetilde{x}$$

$$T_{o2}^{-1} = \begin{bmatrix} 1 & a_{n-1} & \cdots & a_2 & a_1 \\ & 1 & a_{n-1} & \cdots & a_2 \\ & & \ddots & \ddots & \vdots \\ \mathbf{0} & & & 1 & a_{n-1} \\ & & & & 1 \end{bmatrix} \begin{bmatrix} cA^{n-1} \\ cA^{n-2} \\ \vdots \\ cA \\ c \end{bmatrix}$$

式中，

$$\widetilde{A} = T_{o2}^{-1} A T_{o2} = \begin{bmatrix} 0 & 0 & \cdots & 0 & -a_0 \\ 1 & 0 & \cdots & 0 & -a_1 \\ & 1 & \ddots & \vdots & \vdots \\ \mathbf{0} & & \ddots & 0 & -a_{n-2} \\ & & & 1 & -a_{n-1} \end{bmatrix}$$

$$\tilde{b} = T_{o2}^{-1} b = \begin{bmatrix} \beta_0 \\ \beta_1 \\ \vdots \\ \beta_{n-2} \\ \beta_{n-1} \end{bmatrix}$$

$$\tilde{c} = c T_{o2} = [\, 0 \quad 0 \quad \cdots \quad 0 \quad 1 \,]$$

式中，$a_0, a_1, \cdots, a_{n-1}$ 是矩阵 A 特征多项式 $|\lambda I - A| = \lambda^n + a_n \lambda^{n-1} + \cdots + a_1 \lambda + a_0$ 的各项系数；$\beta_0, \beta_1, \cdots, \beta_{n-1}$ 为 $T_{o1}^{-1} b$ 相乘的结果，具体计算式与能控标准Ⅰ型的相应计算式相同。

本定理证明可参照能控标准Ⅰ型由变换法证得，或者参照能观标准Ⅰ型由对偶原理证得，此处略。

与能控标准Ⅰ型一样，根据状态空间表达式的能观标准Ⅱ型，也可直接写出系统的传递函数。

$$G(s) = \frac{\beta_{n-1} s^{n-1} + \beta_{n-2} s^{n-2} + \cdots + \beta_1 s + \beta_0}{s^n + a_{n-1} s^{n-1} + a_{n-2} s^{n-2} + \cdots + a_1 s + a_0}$$

式中，分母多项式的各项系数是 $\tilde{A}$ 阵的最后一列元素的相反数，分子多项式的各项系数是 $\tilde{b}$ 阵的元素。

【例9.14】 试将下列空间表达式分别变换为能控标准Ⅰ型、能控标准Ⅱ型、能观标准Ⅰ型、能观标准Ⅱ型。

$$\dot{x} = \begin{bmatrix} 1 & 2 & 0 \\ 3 & -1 & 1 \\ 0 & 2 & 0 \end{bmatrix} x + \begin{bmatrix} 2 \\ 1 \\ 1 \end{bmatrix} u$$

$$y = [\, 0 \quad 0 \quad 1 \,] x$$

解：（1）判别系统的能控性

$$b = \begin{bmatrix} 2 \\ 1 \\ 1 \end{bmatrix}, Ab = \begin{bmatrix} 1 & 2 & 0 \\ 3 & -1 & 1 \\ 0 & 2 & 0 \end{bmatrix} \begin{bmatrix} 2 \\ 1 \\ 1 \end{bmatrix} = \begin{bmatrix} 4 \\ 6 \\ 2 \end{bmatrix}, A^2 b = \begin{bmatrix} 1 & 2 & 0 \\ 3 & -1 & 1 \\ 0 & 2 & 0 \end{bmatrix} \begin{bmatrix} 4 \\ 6 \\ 2 \end{bmatrix} = \begin{bmatrix} 16 \\ 8 \\ 12 \end{bmatrix}$$

$$M = [\, b \quad Ab \quad A^2 b \,] = \begin{bmatrix} 2 & 4 & 16 \\ 1 & 6 & 8 \\ 1 & 2 & 12 \end{bmatrix}$$

可求出 rank $M = 3$，所以系统是能控的。

（2）计算系统的特征多项式

由 $|\lambda I - A| = \lambda^3 - 9\lambda + 2$，得 $a_2 = 0$，$a_1 = -9$，$a_0 = 2$。

（3）求能控标准Ⅰ型

$$\overline{A} = \begin{bmatrix} 0 & 1 & 0 \\ 0 & 0 & 1 \\ -a_0 & -a_1 & -a_2 \end{bmatrix} = \begin{bmatrix} 0 & 1 & 0 \\ 0 & 0 & 1 \\ -2 & 9 & 0 \end{bmatrix}$$

$$\bar{\boldsymbol{b}} = \begin{bmatrix} 0 & 0 & 1 \end{bmatrix}^{\mathrm{T}}$$

$$\bar{\boldsymbol{c}} = \boldsymbol{c}\begin{bmatrix} \boldsymbol{A}^2\boldsymbol{b} & \boldsymbol{A}\boldsymbol{b} & \boldsymbol{b} \end{bmatrix}\begin{bmatrix} 1 & 0 & 0 \\ a_2 & 1 & 0 \\ a_1 & a_2 & 1 \end{bmatrix} = \begin{bmatrix} 0 & 0 & 1 \end{bmatrix}\begin{bmatrix} 16 & 4 & 2 \\ 8 & 6 & 1 \\ 12 & 2 & 1 \end{bmatrix}\begin{bmatrix} 1 & 0 & 0 \\ 0 & 1 & 0 \\ -9 & 0 & 1 \end{bmatrix} = \begin{bmatrix} 3 & 2 & 1 \end{bmatrix}$$

因此，系统的能控标准Ⅰ型为

$$\dot{\bar{\boldsymbol{x}}} = \begin{bmatrix} 0 & 1 & 0 \\ 0 & 0 & 1 \\ -2 & 9 & 0 \end{bmatrix}\bar{\boldsymbol{x}} + \begin{bmatrix} 0 \\ 0 \\ 1 \end{bmatrix}u$$

$$y = \begin{bmatrix} 3 & 2 & 1 \end{bmatrix}\bar{\boldsymbol{x}}$$

同时可据此写出该系统的传递函数为

$$G(s) = \frac{\beta_2 s^2 + \beta_1 s + \beta_0}{s^3 + a_2 s^2 + a_1 s + a_0} = \frac{s^2 + 2s + 3}{s^3 - 9s + 2}$$

当然也可先由 $G(s) = \boldsymbol{c}(s\boldsymbol{I}-\boldsymbol{A})^{-1}\boldsymbol{b}$ 求出 $G(s)$，然后根据 $G(s)$ 的分母多项式和分子多项式的系数，分别求出 $\bar{\boldsymbol{A}}$, $\bar{\boldsymbol{b}}$, $\bar{\boldsymbol{c}}$。

(4) 求能控标准Ⅱ型

$$\bar{\boldsymbol{A}} = \begin{bmatrix} 0 & 0 & -a_0 \\ 1 & 0 & -a_1 \\ 0 & 1 & -a_2 \end{bmatrix} = \begin{bmatrix} 0 & 0 & -2 \\ 1 & 0 & 9 \\ 0 & 1 & 0 \end{bmatrix}$$

$$\bar{\boldsymbol{b}} = \begin{bmatrix} 1 & 0 & 0 \end{bmatrix}^{\mathrm{T}}$$

$$\bar{\boldsymbol{c}} = \begin{bmatrix} \beta_0 & \beta_1 & \beta_2 \end{bmatrix} = \begin{bmatrix} \boldsymbol{c}\boldsymbol{b} & \boldsymbol{c}\boldsymbol{A}\boldsymbol{b} & \boldsymbol{c}\boldsymbol{A}^2\boldsymbol{b} \end{bmatrix} = \begin{bmatrix} 1 & 2 & 12 \end{bmatrix}$$

因此，系统的能控标准Ⅱ型为

$$\dot{\bar{\boldsymbol{x}}} = \begin{bmatrix} 0 & 0 & -2 \\ 1 & 0 & 9 \\ 0 & 1 & 0 \end{bmatrix}\bar{\boldsymbol{x}} + \begin{bmatrix} 1 \\ 0 \\ 0 \end{bmatrix}u$$

$$y = \begin{bmatrix} 1 & 2 & 12 \end{bmatrix}\bar{\boldsymbol{x}}$$

(5) 判断能观性

$$\boldsymbol{c} = \begin{bmatrix} 0 & 0 & 1 \end{bmatrix}, \boldsymbol{c}\boldsymbol{A} = \begin{bmatrix} 0 & 0 & 1 \end{bmatrix}\begin{bmatrix} 1 & 2 & 0 \\ 3 & -1 & 1 \\ 0 & 2 & 0 \end{bmatrix} = \begin{bmatrix} 0 & 2 & 0 \end{bmatrix}$$

$$\boldsymbol{c}\boldsymbol{A}^2 = \boldsymbol{c}\boldsymbol{A} \cdot \boldsymbol{A} = \begin{bmatrix} 0 & 2 & 0 \end{bmatrix}\begin{bmatrix} 1 & 2 & 0 \\ 3 & -1 & 1 \\ 0 & 2 & 0 \end{bmatrix} = \begin{bmatrix} 6 & -2 & 2 \end{bmatrix}$$

$$\boldsymbol{N} = \begin{bmatrix} \boldsymbol{c} \\ \boldsymbol{c}\boldsymbol{A} \\ \boldsymbol{c}\boldsymbol{A}^2 \end{bmatrix} = \begin{bmatrix} 0 & 0 & 1 \\ 0 & 2 & 0 \\ 6 & -2 & 2 \end{bmatrix}$$

可求出 rank $N=3$，故知此系统能观。

(6) 求能观标准 I 型

本例求能控标准 II 型时已求得 $\beta_0=1$，$\beta_1=2$，$\beta_2=12$，可得

$$\widetilde{A}=\begin{bmatrix} 0 & 1 & 0 \\ 0 & 0 & 1 \\ -2 & 9 & 0 \end{bmatrix}, \widetilde{b}=\begin{bmatrix} 1 \\ 2 \\ 12 \end{bmatrix}, \widetilde{c}=\begin{bmatrix} 1 & 0 & 0 \end{bmatrix}$$

因此，系统的能控标准 I 型为

$$\dot{\widetilde{x}}=\begin{bmatrix} 0 & 1 & 0 \\ 0 & 0 & 1 \\ -2 & 9 & 0 \end{bmatrix}\widetilde{x}+\begin{bmatrix} 1 \\ 2 \\ 12 \end{bmatrix}u$$

$$y=\begin{bmatrix} 1 & 0 & 0 \end{bmatrix}\widetilde{x}$$

(7) 求能观标准 II 型

本例在求能控标准 I 型时已求得 $\beta_0=3$，$\beta_1=2$，$\beta_2=1$，可得

$$\widetilde{A}=\begin{bmatrix} 0 & 0 & -2 \\ 1 & 0 & 9 \\ 0 & 1 & 0 \end{bmatrix}, \widetilde{b}=\begin{bmatrix} 3 \\ 2 \\ 1 \end{bmatrix}, \widetilde{c}=\begin{bmatrix} 0 & 0 & 1 \end{bmatrix}$$

因此，系统的能观标准 II 型为

$$\dot{\widetilde{x}}=\begin{bmatrix} 0 & 0 & -2 \\ 1 & 0 & 9 \\ 0 & 1 & 0 \end{bmatrix}\widetilde{x}+\begin{bmatrix} 3 \\ 2 \\ 1 \end{bmatrix}u$$

$$y=\begin{bmatrix} 0 & 0 & 1 \end{bmatrix}\widetilde{x}$$

9.5 控制系统的状态反馈及状态观测器

反馈是自动控制的一个基本原理，因为反馈能改变系统的性能，以达到系统的设计要求。在经典控制理论中，只能以输出量作为反馈量，即输出反馈。而现代控制理论中，除了输出反馈外，还可以采用状态反馈法。选用状态反馈可以把系统的极点配置到合适的位置，从而达到设计要求。

9.5.1 状态反馈

1. 状态反馈的概念

设受控系统状态空间表达式为

$$\dot{x}=Ax+Bu$$
$$y=Cx+Du$$

所谓状态反馈是指从系统中引出 n 个状态变量 x_1，x_2，$\cdots$，x_n 的信号，并分别乘以常

数增益 $k_1, k_2, \cdots, k_n$，构成状态变量的线性组合 Kx 作为系统的反馈信号送到输入端与原参考输入相加，其和作为受控系统的新控制输入，则系统的反馈信号可以表示为

$$Kx = k_1x_1 + k_2x_2 + \cdots + k_nx_n = \begin{bmatrix} k_1 & k_2 & \cdots & k_n \end{bmatrix} \begin{bmatrix} x_1 \\ x_2 \\ \vdots \\ x_n \end{bmatrix}$$

式中，$K = \begin{bmatrix} k_1 & k_2 & \cdots & k_n \end{bmatrix}$ 为状态反馈系数矩阵。

根据状态反馈的概念，带状态反馈的多输入多输出系统模拟结构图如图 9-13 所示。

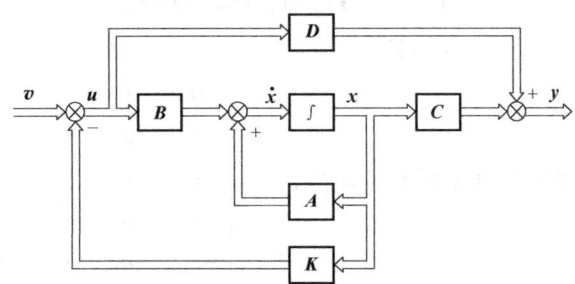

图 9-13 带状态反馈的多输入多输出系统模拟结构图

2. 状态反馈系统的状态空间表达式

由图 9-13 知，$u = v - Kx$ 代入原状态空间表达式得

$$\dot{x} = Ax + B(v - Kx) = (A - BK)x + Bv$$
$$y = Cx + D(v - Kx) = (C - DK)x + Dv \tag{9-59}$$

若 $D = 0$，则

$$\dot{x} = (A - BK)x + Bv \tag{9-60}$$
$$y = Cx$$

简记为 $\Sigma_K = ((A - BK), B, C)$。

对比式（9-59）与式（9-60）易知，引入状态反馈并没有增加系统的维数。但引入状态反馈后，系统特征方程从 $|\lambda I - A| = 0$ 变为 $|\lambda I - (A - BK)| = 0$，显然，改变 K 各分量的值可以使系统特征值改变。那么，是否可以改变 K 各分量的值使系统特征值（极点）任意改变，从而使系统获得所要求的性能呢？为简单起见，下面仅对单输入单输出系统进行分析，为区分多输入多输出系统与单输入单输出系统，将单输入单输出系统状态反馈系数矩阵记为 k。

3. 状态反馈系统任意配置极点的条件

定理 9-14 若单输入单输出系统

$$\dot{x} = Ax + Bu$$
$$y = cx$$

能控，则对其进行状态反馈可以任意配置极点。

证明：若系统的状态完全能控，则其引入状态反馈后的状态空间表达式为

$$\dot{x} = (A - bk)x + bv \tag{9-61}$$
$$y = cx$$

当 A 阵为任意形式时，一般地，直接求取特征方程 $|\lambda I - (A - bk)| = 0$ 的根可能较为烦

琐。但是，我们知道，系统经非奇异变换后，其特征值不变，又已知本系统能控，则可将其变换为能控标准型，此时系统矩阵为友矩阵，可以方便地写出特征多项式。为此，先将系统变换为能控标准型，再求特征值。

令 $x = T_c \bar{x}$，其中 T_c 为将系统变换为能控标准型的非奇异变换矩阵，则式（9-61）变为

$$T_c \dot{\bar{x}} = (A - bk) T_c \bar{x} + bv \tag{9-62}$$
$$y = cT_c \bar{x}$$

整理得

$$\dot{\bar{x}} = (T_c^{-1} A T_c - T_c^{-1} bk T_c) \bar{x} + T_c^{-1} bv \tag{9-63}$$
$$y = cT_c \bar{x}$$

式中，$T_c^{-1} A T_c = \bar{A}$ 即为能控标准型的系统矩阵，$\bar{A} = \begin{bmatrix} 0 & 1 & & & \\ 0 & 0 & 1 & & \mathbf{0} \\ \vdots & \vdots & \ddots & \ddots & \\ 0 & 0 & \cdots & 0 & 1 \\ -a_0 & -a_1 & \cdots & -a_{n-2} & -a_{n-1} \end{bmatrix}$；$T_c^{-1} b = \bar{b}$ 即为能控标准型的输入矩阵，$\bar{b} = \begin{bmatrix} 0 \\ 0 \\ \vdots \\ 0 \\ 1 \end{bmatrix}$；$cT_c = \bar{c}$ 即为能控标准型的输出矩阵，$\bar{c} = [\beta_0 \quad \beta_1 \quad \cdots \quad \beta_{n-2} \quad \beta_{n-1}]$；令

$$\bar{k} = kT_c = [\bar{k}_0 \quad \bar{k}_1 \quad \cdots \quad \bar{k}_{n-2} \quad \bar{k}_{n-1}] \tag{9-64}$$

则式（9-61）可表示为

$$\dot{\bar{x}} = (\bar{A} - \bar{b}\bar{k}) x + \bar{b} v \tag{9-65}$$
$$y = \bar{c}\, \bar{x}$$

此时系数矩阵 $\bar{A} - \bar{b}\bar{k}$ 为

$$\bar{A} - \bar{b}\bar{k} = \begin{bmatrix} 0 & 1 & & & \\ 0 & 0 & 1 & & \mathbf{0} \\ \vdots & \vdots & \ddots & \ddots & \\ 0 & 0 & \cdots & 0 & 1 \\ -a_0 & -a_1 & \cdots & -a_{n-2} & -a_{n-1} \end{bmatrix} - \begin{bmatrix} 0 \\ 0 \\ \vdots \\ 0 \\ 1 \end{bmatrix} [\bar{k}_0 \quad \bar{k}_1 \quad \cdots \quad \bar{k}_{n-2} \quad \bar{k}_{n-1}]$$

$$= \begin{bmatrix} 0 & 1 & & & \\ 0 & 0 & 1 & & \mathbf{0} \\ \vdots & \vdots & \ddots & \ddots & \\ 0 & 0 & \cdots & 0 & 1 \\ -a_0 & -a_1 & \cdots & -a_{n-2} & -a_{n-1} \end{bmatrix} - \begin{bmatrix} 0 & 0 & \cdots & 0 & 0 \\ 0 & 0 & \cdots & 0 & 0 \\ \vdots & \vdots & \vdots & \vdots & \vdots \\ 0 & 0 & \cdots & 0 & 0 \\ \bar{k}_0 & \bar{k}_1 & \cdots & \bar{k}_{n-2} & \bar{k}_{n-1} \end{bmatrix}$$

$$\therefore \quad \overline{A}-\overline{b}\,\overline{k} = \begin{bmatrix} 0 & 1 & & & \\ 0 & 0 & 1 & & \mathbf{0} \\ \vdots & \vdots & \ddots & \ddots & \\ 0 & 0 & \cdots & 0 & 1 \\ -(a_0+\overline{k}_0) & -(a_1+\overline{k}_1) & \cdots & -(a_{n-2}+\overline{k}_{n-2}) & -(a_{n-1}+\overline{k}_{n-1}) \end{bmatrix} \quad (9\text{-}66)$$

显然，式（9-66）所示矩阵 $(\overline{A}-\overline{b}\,\overline{k})$ 的特征多项式是容易求取的，对比式（9-43），根据式（9-53）易得

$$|\lambda I - (\overline{A}-\overline{b}\,\overline{k})| = \lambda^n + (a_{n-1}+\overline{k}_{n-1})\lambda^{n-1} + \cdots + (a_1+\overline{k}_1)\lambda + (a_0+\overline{k}_0) \quad (9\text{-}67)$$

若系统要求配置的极点（特征值）为 $\lambda_1^*, \lambda_2^*, \cdots, \lambda_n^*$，即期望特征多项式为

$$f^*(\lambda) = (\lambda-\lambda_1^*)(\lambda-\lambda_2^*)\cdots(\lambda-\lambda_n^*) = \lambda^n + a_{n-1}^*\lambda^{n-1} + \cdots + a_1^*\lambda + a_0^* \quad (9\text{-}68)$$

令 $|\lambda I - (\overline{A}-\overline{b}\,\overline{k})| = f^*(\lambda)$，求得

$$\begin{aligned} \overline{k}_{n-1} &= a_{n-1}^* - a_{n-1} \\ \overline{k}_{n-2} &= a_{n-2}^* - a_{n-2} \\ \overline{k}_1 &= a_1^* - a_1 \\ \overline{k}_0 &= a_0^* - a_0 \end{aligned} \quad (9\text{-}69)$$

于是

$$\overline{K} = [a_0^*-a_0 \quad a_1^*-a_1 \quad \cdots \quad a_{n-2}^*-a_{n-2} \quad a_{n-1}^*-a_{n-1}] \quad (9\text{-}70)$$

令 $k = [k_0 \quad k_1 \quad \cdots \quad k_{n-2} \quad k_{n-1}]$，由式（9-64）得

$$k = [k_0 \quad k_1 \quad \cdots \quad k_{n-2} \quad k_{n-1}] = \overline{k}T_c^{-1} \quad (9\text{-}71)$$

因此，可以由式（9-68）求得 $k_0, k_1, \cdots, k_{n-2}, k_{n-1}$ 构成状态反馈，使经过状态反馈后的系统的极点为任意期望配置极点 $\lambda_1^*, \lambda_2^*, \cdots, \lambda_n^*$。亦即受控系统能控，则对其进行状态反馈可以任意配置极点。

事实上，本定理的条件是充分必要的，即本定理也可叙述为：状态反馈可以任意配置极点的充分必要条件是受控系统能控。该定理对于多输入多输出的系统同样成立。

此外，由上述推演过程不难发现，如果系统 $\begin{array}{l}\dot{x}=Ax+bu\\y=cx\end{array}$ 能控，则对其引入状态反馈后变为式（9-61），式（9-61）经非奇异变换后变为式（9-65），而由式（9-66）易知变换后的系统也能控（为能控标准型），这说明状态反馈不改变系统的能控性。

4. 状态反馈系数矩阵的计算

根据状态反馈系统任意配置极点充要条件的证明过程，可以得到当系统矩阵 A 为任意形式时，利用设定参数法求状态反馈系数矩阵。

对定理 9-14 描述的系统，引入状态反馈后的状态空间表达式为式（9-61），则求状态反馈系统矩阵 k 的具体步骤如下。

1）首先利用能控性矩阵判别准则判断系统是否能控，如果能控就可以利用状态反馈任意配置极点，继续进行下一步；如果不能控，则不能实现极点配置。

2）对于单输入系统，设 $k=[k_1 \quad k_2 \quad \cdots \quad k_n]$（其中系数的个数 n 等于状态变量的个数），另根据式（9-67）将已知的 A，b 代入式子 $|\lambda I-(A-bk)|$ 可求引入状态反馈后的系统特征多项式

$$|\lambda I-(A-bk)| = \lambda^n + a'_{n-1}\lambda^{n-1} + \cdots + a'_1\lambda + a'_0 \tag{9-72}$$

注意，式（9-72）的各项系数 a'_0，a'_1，…，a'_{n-1} 不同于前述的系统不变量 a_0，a_1，…，a_n，对比式（9-67）可知此处特征多项式中的这些系数已经隐含有状态反馈矩阵 k 的各分量 k_1，k_2，…，k_n。

3）求期望特征多项式。

如果系统要求配置的极点（特征值）为 λ_1^*，λ_2^*，…，λ_n^*，则期望特征多项式为式（9-68），摘抄如下

$$f^*(\lambda) = (\lambda-\lambda_1^*)(\lambda-\lambda_2^*)\cdots(\lambda-\lambda_n^*) = \lambda^n + a_{n-1}^*\lambda^{n-1} + \cdots + a_1^*\lambda + a_0 \tag{9-73}$$

4）最后求出 k_1，k_2，…，k_n。

令希望特征多项式（9-73）与引入状态反馈后系统的特征多项式（9-72）相等，则由 $|\lambda I-(A-bk)| = f^*(\lambda)$ 得

$$\lambda^n + a_{n-1}^*\lambda^{n-1} + \cdots + a_1^*\lambda + a_0 = \lambda^n + a'_{n-1}\lambda^{n-1} + \cdots + a'_1\lambda + a'_0$$

对比即得

$$a_0 = a_0^*, \quad a_0 = a_1^*, \quad \cdots, \quad a_n = a_n^*$$

如此即可求得 k_1，k_2，…，k_n。

下面举例说明。

【例 9.15】 设受控系统的状态空间表达式为

$$\dot{x} = \begin{bmatrix} 0 & 1 & 0 \\ 0 & -1 & 1 \\ 0 & 0 & -2 \end{bmatrix} x + \begin{bmatrix} 0 \\ 0 \\ 1 \end{bmatrix} u$$

$$y = [10 \quad 0 \quad 0]x$$

试设计状态反馈系数矩阵 k，使系统的闭环极点为 -2，$-1\pm j$。

解： 先判断能控性

$$b = \begin{bmatrix} 0 \\ 0 \\ 1 \end{bmatrix}$$

$$Ab = \begin{bmatrix} 0 & 1 & 0 \\ 0 & -1 & 1 \\ 0 & 0 & -2 \end{bmatrix} \begin{bmatrix} 0 \\ 0 \\ 1 \end{bmatrix} = \begin{bmatrix} 0 \\ 1 \\ -2 \end{bmatrix}$$

$$A^2 b = \begin{bmatrix} 0 & 1 & 0 \\ 0 & -1 & 1 \\ 0 & 0 & -2 \end{bmatrix} \begin{bmatrix} 0 \\ 1 \\ -2 \end{bmatrix} = \begin{bmatrix} 1 \\ -3 \\ 4 \end{bmatrix}$$

能控性判别矩阵为

$$M = \begin{bmatrix} 0 & 0 & 1 \\ 0 & 1 & -3 \\ 1 & -2 & 4 \end{bmatrix}$$

容易计算得 $|M|=1$，rank $M=3$，所以，系统能控。

设状态反馈矩阵 $k=\begin{bmatrix} k_1 & k_2 & k_3 \end{bmatrix}$，则

$$A-bk = \begin{bmatrix} 0 & 1 & 0 \\ 0 & -1 & 1 \\ 0 & 0 & -2 \end{bmatrix} - \begin{bmatrix} 0 \\ 0 \\ 1 \end{bmatrix} \begin{bmatrix} k_1 & k_2 & k_3 \end{bmatrix}$$

$$= \begin{bmatrix} 0 & 1 & 0 \\ 0 & -1 & 1 \\ 0 & 0 & -2 \end{bmatrix} - \begin{bmatrix} 0 & 0 & 0 \\ 0 & 0 & 0 \\ k_1 & k_2 & k_3 \end{bmatrix} = \begin{bmatrix} 0 & 1 & 0 \\ 0 & -1 & 1 \\ -k_1 & -k_2 & -2-k_3 \end{bmatrix}$$

$$|\lambda I - (A-bk)| = \begin{vmatrix} \lambda & -1 & 0 \\ 0 & \lambda+1 & -1 \\ k_1 & k_2 & \lambda+k_3+2 \end{vmatrix}$$

$$= (\lambda^2+\lambda)(\lambda+k_3+2)+k_1+k_2\lambda$$

$$= \lambda^3+(k_3+3)\lambda^2+(k_2+k_3+2)\lambda+k_1$$

由期望的闭环极点可求得系统的希望特征多项式为

$$f^*(\lambda) = (\lambda+2)(\lambda+1-j)(\lambda+1+j) = \lambda^3+4\lambda^2+6\lambda+4$$

令 $|\lambda I-(A-bk)|=f^*(\lambda)$ 得

$$\begin{cases} k_3+3=4 \\ k_2+k_3+2=6 \\ k_1=4 \end{cases}$$

解得 $k_1=4$，$k_2=3$，$k_3=1$，即 $k=\begin{bmatrix} 4 & 3 & 1 \end{bmatrix}$，则反馈信号

$$kx = \begin{bmatrix} 4 & 3 & 1 \end{bmatrix} \begin{bmatrix} x_1 \\ x_2 \\ x_3 \end{bmatrix}$$

系统模拟结构图如图 9-14 所示。

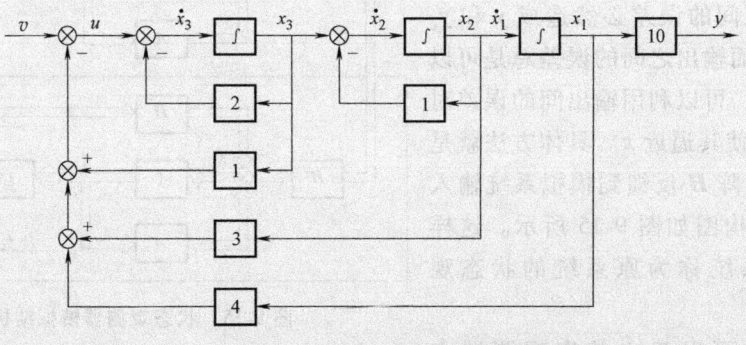

图 9-14　例 9.15 状态反馈系统的模拟结构图

9.5.2 状态观测器

1. 状态观测器的概念

通过9.5.1小节的学习，可以知道状态反馈就是把系统的每一个状态变量都引出来反馈到输入端，并且如果系统完全能控，则采用状态反馈可以任意配置系统的闭环极点，从而使系统达到所要求的性能指标。但是，系统的状态变量是反映系统内部状况的一些变量，并不总是能够直接测量得到，那么这时要实现状态反馈，就需要采用一种间接的方法，即根据系统能够测量到的一些变量（如输出量）去构造状态变量（即状态变量的估计值），使其逼近真实状态变量。如此，便可利用这些值去构成状态反馈。这种能够根据测量到的输入量和输出量，重构系统状态估计值的物理上可实现的动力学系统，称为状态观测器。

2. 状态观测器的结构

设有线性定常多输入多输出系统

$$\begin{aligned}\dot{x} &= Ax + Bu \\ y &= Cx\end{aligned} \tag{9-74}$$

可以证明，如果该线性定常系统状态完全能观，则其状态矢量 x 可由输出 y 和输入 u 进行重构。显然，重构的状态矢量（此处记为 x_e）应该尽量逼近实际的状态矢量 x 才有实际意义。直观的想法是采用仿真技术构造一个与受控系统具有相同状态空间表达式的模拟系统。由于该模拟系统是根据数学模型仿制的，因此它的状态是可以测量的（如取该模拟系统的输出作为系统的状态）。即利用原系统的 A、B、C 和输入 u，构造一个模拟系统：

$$\begin{aligned}\dot{x}_e &= Ax_e + Bu \\ y_e &= Cx_e\end{aligned}$$

当模拟系统与受控系统的初始状态矢量相同，且在同一输入作用下，$x_e = x$，则可用 x_e 作为反馈信号。但是实际上这是很难做到的，因为模拟系统的初始状态只能预估（或随机选取），而实际受控系统的初始状态取值可能各种各样，即两系统的初始状态很难相同；再有，干扰的存在和实际系统的元器件及连接方式各不相同也会使 x 和 x_e 之间差别很大。

那么，不论初始状态为何，如何均能使 x 与 x_e 之间的误差尽量小呢？我们注意到 x 和 x_e 之间的误差必然造成 y 和 y_e 之间的误差，而输出之间的误差总是可以测量的。这样，可以利用输出间的误差对 x_e 进行修正，使其逼近 x。具体方法就是将 $y_e - y$ 通过矩阵 H 反馈到模拟系统输入端，其模拟结构图如图9-15所示。这样建立的模拟系统称为原系统的状态观测器。

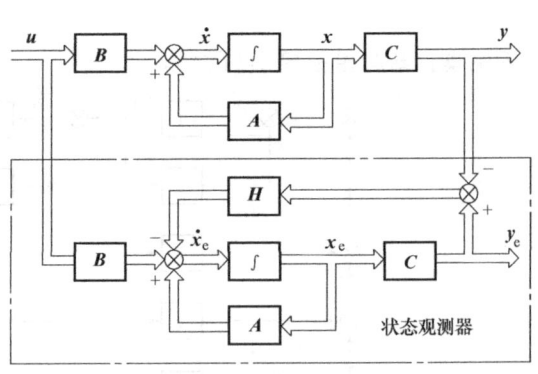

图9-15 状态观测器模拟结构图

由图9-15可以建立状态观测器方

程为
$$\dot{x}_e = Ax_e + Bu - H(y_e - y)$$
$$y_e = Cx_e$$

结合式（9-74），整理得
$$\dot{x}_e = Ax_e + Bu - HC(x_e - x) \tag{9-75}$$
$$y_e = Cx_e$$

现在的问题是如何确定反馈矩阵 H，使 x_e 尽快趋于 x。

将式（9-74）减去式（9-75），可得
$$\dot{x} - \dot{x}_e = Ax + Bu - Ax_e - Bu + HC(x_e - x) = (A - HC)(x - x_e) \tag{9-76}$$

式（9-75）可以看作是以 $x - x_e$ 为状态变量的齐次状态方程，其系数矩阵与状态观测器的系数矩阵相同。设初始条件为 x_0 和 x_{e0}，则该齐次方程的解为
$$x - x_e = e^{(A-HC)t}(x_0 - x_{e0}) \tag{9-77}$$

由式（9-77）可以看出，如果原系统初始条件与观测器初始条件相同，即 $x_0 = x_{e0}$，则 $x = x_e$，这时观测器估计出的状态 x_e 与系统的实际状态 x 恒相同，此时 x_e 便可以作为反馈信号，这意味着不需要输出反馈 $y_e - y$ 即可达到要求。如果初始状态 $x_0 \neq x_{e0}$，只要 $A - HC$ 的特征值分布在 s 平面的左半平面，则齐次状态方程的解必然会随着时间的推移逐渐衰减为零，即 $\lim_{t \to \infty}(x - x_e) = 0$。显然，$x_e$ 趋于 x 的衰减速率取决于 $A - HC$ 的特征值。为此，可以通过选择反馈矩阵 H，对 $A - HC$ 的特征值进行配置，使 x_e 以所期望的（任意）衰减速率趋于 x。

由于矩阵 $A - HC$ 的特征值与其转置矩阵 $A^T - C^T H^T$ 的特征值相等。若记 $A^T = A_1$，$C^T = B_1$，$B^T = C_1$，$H^T = K$，则 $A^T - C^T H^T$ 的特征值即为 $A_1 - B_1 K$ 的特征值。由定理9-14知，存在一个线性状态反馈矩阵 K，使系统的极点可任意配置的充要条件是系统 $\Sigma_1 = (A_1, B_1, C_1)$ 完全能控，即 (A^T, C^T, B^T) 完全能控。又由对偶性原理知，(A^T, C^T, B^T) 完全能控等价于其对偶系统 $\Sigma = (A, B, C)$ 完全能观。因此，存在一个线性观测器反馈矩阵 H 使状态观测器极点可以任意配置的充要条件是系统 (A, B, C) 状态完全能观。这样状态观测器极点的配置计算问题便可参照状态反馈矩阵的设计方法。

【例 9.16】 给定系统的状态空间表达式为
$$\begin{bmatrix} \dot{x}_1 \\ \dot{x}_2 \end{bmatrix} = \begin{bmatrix} 0 & 1 \\ -2 & -3 \end{bmatrix} \begin{bmatrix} x_1 \\ x_2 \end{bmatrix} + \begin{bmatrix} 0 \\ 1 \end{bmatrix} u$$

$$y = \begin{bmatrix} 2 & 0 \end{bmatrix} \begin{bmatrix} x_1 \\ x_2 \end{bmatrix}$$

试设计状态观测器，使观测器的极点为 $\lambda_1 = \lambda_2 = -3$。

解： 首先判断系统的能观性。能观性判别阵
$$N = \begin{bmatrix} C \\ CA \end{bmatrix} = \begin{bmatrix} 2 & 0 \\ 0 & 2 \end{bmatrix}$$

由于 rank $N = 2$，因此系统的状态完全能观，观测器的极点可以任意配置。

设状态观测器反馈阵 $H = \begin{bmatrix} h_0 \\ h_1 \end{bmatrix}$，则

$$f(\lambda) = |\lambda I - (A - HC)| = \begin{vmatrix} \lambda + 2h_0 & -1 \\ 2 + 2h_1 & \lambda + 3 \end{vmatrix} = \lambda^2 + (3+2)h_0\lambda + (6h_0 + 2h_1 + 2)$$

根据期望的观测器极点，状态观测器期望的特征多项式 $f^*(\lambda) = (\lambda + 3)^2 = \lambda^2 + 6\lambda + 9$。比较系数可求得

$$H = \begin{bmatrix} h_0 \\ h_1 \end{bmatrix} = \begin{bmatrix} 1.5 \\ -1 \end{bmatrix}$$

于是观测器的状态方程为

$$\dot{x}_e = (A - HC)x_e + Bu + Hy = \begin{bmatrix} -3 & 1 \\ 0 & -3 \end{bmatrix} x_e + \begin{bmatrix} 0 \\ 1 \end{bmatrix} u + \begin{bmatrix} 1.5 \\ -1 \end{bmatrix} y$$

9.5.3 带状态观测器的闭环控制系统

状态观测器解决了受控系统的状态重构问题，可使状态反馈系统得以实现，从而构成了闭环控制系统。

1. 系统的结构与状态空间表达式

设受控系统的状态方程和输出方程为

$$\dot{x} = Ax + Bu$$
$$y = Cx$$

若此系统是能控且能观的，则可通过选择状态反馈矩阵 K，使系统的闭环极点按性能指标的要求来配置。如果状态 x 不能直接测量，则可构造一个状态观测器 H，以观测器估计的状态 x_e 代替系统实际状态 x 进行状态反馈。因此，在图 9-15 所示模拟结构图的基础上，从状态 x_e 处引出状态反馈，则可得带状态观测器的反馈系统模拟结构图如图 9-16 所示。

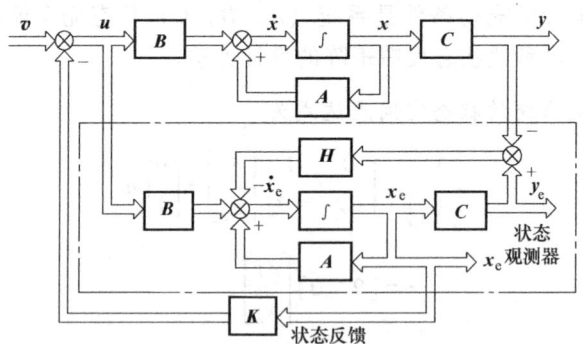

图 9-16 带状态观测器的反馈系统模拟结构图

由图 9-16 知，将 $u = v - Kx_e$ 代入原状态观测器的状态空间表达式（9-75）得

$$\dot{x}_e = Ax_e + B(v - Kx_e) - HC(x_e - x) = (A - BK - HC)x_e + HCx + Bv \quad (9\text{-}78)$$
$$y_e = Cx_e$$

这样，引入状态反馈后的闭环系统的状态空间表达式为

$$\dot{x} = Ax + Bu = Ax + B(v - Kx_e) = Ax - BKx_e + Bv = (A - BK)x + BK(x - x_e) + Bv \quad (9\text{-}79)$$
$$y = Cx$$

那么接下来的问题是：状态反馈矩阵 K 及观测器反馈矩阵 H 如何设计？是否还可以应用前述的方法？以下进行分析。

2. 分离特性

式（9-79）的状态方程减去式（9-78）得

$$\dot{x} - \dot{x}_e = (A - HC)(x - x_e) \tag{9-80}$$

综合式（9-79）和式（9-80），可得带观测器的状态反馈系统的分块矩阵表示的状态空间表达式

$$\begin{bmatrix} \dot{x} \\ \dot{x} - \dot{x}_e \end{bmatrix} = \begin{bmatrix} A-BK & BK \\ 0 & A-HC \end{bmatrix} \begin{bmatrix} x \\ x - x_e \end{bmatrix} + \begin{bmatrix} B \\ 0 \end{bmatrix} v$$

$$y = \begin{bmatrix} C & 0 \end{bmatrix} \begin{bmatrix} x \\ x - x_e \end{bmatrix}$$

如果这个复合系统用 $\Sigma = (A_1, B_1, C_1)$ 表示，则

$$A_1 = \begin{bmatrix} A-BK & BK \\ 0 & A-HC \end{bmatrix}, B_1 = \begin{bmatrix} B \\ 0 \end{bmatrix}, C_1 = \begin{bmatrix} C & 0 \end{bmatrix}$$

该复合系统 $\Sigma =$ 的传递函数阵为

$$G_1(s) = C_1 (sI - A_1)^{-1} B_1$$

式中

$$(sI - A_1)^{-1} = \begin{bmatrix} sI - (A-BK) & -BK \\ 0 & sI - (A-HC) \end{bmatrix}^{-1}$$

根据线性代数分块矩阵关系式

$$\begin{bmatrix} R & S \\ 0 & T \end{bmatrix}^{-1} = \begin{bmatrix} R^{-1} & -R^{-1}ST^{-1} \\ 0 & T^{-1} \end{bmatrix}$$

可得复合系统 Σ 的传递函数阵为

$$G_1(s) = C_1 (sI - A_1)^{-1} B_1$$

$$= \begin{bmatrix} C & 0 \end{bmatrix} \begin{bmatrix} [sI-(A-BK)]^{-1} & [sI-(A-BK)]^{-1} BK [sI-(A-HC)]^{-1} \\ 0 & [sI-(A-HC)]^{-1} \end{bmatrix} \begin{bmatrix} B \\ 0 \end{bmatrix}$$

$$= \begin{bmatrix} C & 0 \end{bmatrix} \begin{bmatrix} [sI-(A-BK)]^{-1} B \\ 0 \end{bmatrix} \tag{9-81}$$

$\therefore G_1(s) = C[sI - (A-BK)]^{-1} B$ 根据式（9-60），当给定系统的状态变量 x 可直接测量时，用 x 进行状态反馈构成的闭环系统 Σ_K 的状态空间表达式为

$$\dot{x} = (A - BK) x + Bv$$

$$y = Cx$$

该闭环系统 Σ_K 的传递函数阵 $G(s)$ 为

$$G(s) = C[sI - (A-BK)]^{-1} B \tag{9-82}$$

比较式（9-81）和式（9-82）可以发现，带状态观测器的状态反馈闭环复合系统与直接状态反馈闭环系统具有相同的传递特性。这表明带状态观测器的状态反馈闭环系统的传递函数阵等于直接状态反馈闭环系统的传递函数阵，或者说它与是否采用观测器反馈无关。

写出复合系统 Σ 的特征多项式

$$f(\lambda) = \begin{vmatrix} \lambda I-(A-BK) & -BK \\ 0 & \lambda I-(A-HC) \end{vmatrix} = |\lambda I-(A-BK)| \times |\lambda I-(A-HC)|$$

该式表明复合系统的特征值是由状态反馈系统和状态观测器的特征值组合而成的，并且两部分特征值相互独立，彼此不受影响，因此状态反馈矩阵 K 和状态观测器反馈矩阵 H，可以根据各自的要求分别进行设计。即有如下的分离定理。

定理 9-15（分离定理） 若受控系统能控且能观，用状态观测器估计值进行状态反馈时，其复合系统的状态反馈设计和观测器设计可分别独立进行。

【例 9.17】 给定系统的状态空间表达式为

$$\dot{x} = \begin{bmatrix} 0 & 1 \\ 0 & -5 \end{bmatrix} x + \begin{bmatrix} 0 \\ 1 \end{bmatrix} u$$

$$y = \begin{bmatrix} 1 & 0 \end{bmatrix} x$$

试设计状态观测器反馈矩阵 H，将观测器的两个极点的配置在 -5 处；设计状态反馈矩阵 K，使反馈系统的极点配置为 $s_{1,2} = -1 \pm j$。

解：（1）先判断系统的能控性和能观性

可求出能控性判别阵和能观性判别阵分别为

$$M = \begin{bmatrix} B & AB \end{bmatrix} = \begin{bmatrix} 0 & 1 \\ 1 & -5 \end{bmatrix}, \quad N = \begin{bmatrix} C \\ CA \end{bmatrix} = \begin{bmatrix} 1 & 0 \\ 0 & 1 \end{bmatrix}$$

由于 $\operatorname{rank} M = 2$，$\operatorname{rank} N = 2$，因此该系统能控且能观，故可以任意配置系统极点和观测器极点。

（2）设计状态观测器的反馈矩阵 H

设状态观测器反馈矩阵 $H = \begin{bmatrix} h_0 \\ h_1 \end{bmatrix}$，则状态观测器的特征多项式为

$$f(\lambda) = |\lambda I-(A-HC)| = \begin{vmatrix} \lambda + h_0 & -1 \\ h_1 & \lambda + 5 \end{vmatrix} = \lambda^2 + (5+h_0)\lambda + 5h_0 + h_1$$

而期望的状态观测器特征多项式为

$$f^*(\lambda) = (\lambda+5)^2 = \lambda^2 + 10\lambda + 25$$

比较系数可求得

$$H = \begin{bmatrix} h_0 \\ h_1 \end{bmatrix} = \begin{bmatrix} 5 \\ 0 \end{bmatrix}$$

（3）设计状态反馈矩阵 K

设状态反馈矩阵 $K = \begin{bmatrix} k_0 & k_1 \end{bmatrix}$，则系统的闭环特征多项式

$$f(\lambda) = |\lambda I-(A-BK)| = \begin{vmatrix} \lambda & -1 \\ k_0 & \lambda+5+k_1 \end{vmatrix} = \lambda^2 + (5+k_1)\lambda + k_0$$

而期望的系统闭环特征多项式为

$$f^*(\lambda) = (\lambda+1-j)(\lambda+1+j) = \lambda^2 + 2\lambda + 2$$

比较系数可求得

$$K = \begin{bmatrix} k_0 & k_1 \end{bmatrix} = \begin{bmatrix} 2 & -3 \end{bmatrix}$$

9.6 状态空间分析的 MATLAB 实现

9.6.1 状态空间表达式和传递函数相互转换的实现

1. 传递函数转换为状态空间表达式

在 MATLAB 中,可以先按照第 2.6.2 小节介绍的方法用 num 和 den 数组构造系统传递函数,然后利用 "tf2ss" 函数将传递函数转换为状态空间表达式,其常用调用格式为

$$[A \quad B \quad C \quad D] = \text{tf2ss(num,den)}$$

式中,A,B,C,D 为描述系统状态空间表达式的矢量矩阵,含义同式 (9-1)。

2. 状态空间表达式转换为传递函数

可以按式 (9-1) 的含义构造系统状态空间表达式的 A,B,C,D 矢量矩阵,然后利用 "ss2tf" 函数将状态空间表达式转换为传递函数,其常用调用格式为

$$[\text{num,den}] = \text{ss2tf(A,B,C,D,iu)}$$

式中,iu 为多维输入矢量 u 的输入信号编号,对于多输入系统,必须确定 iu 的值,单输入系统可以不写 1。例如,若系统有 u_1,u_2,u_3 三个输入,则 iu 必须是 1、2 或 3,其中,1 表示 u_1,2 表示 u_2,3 表示 u_3。该函数的返回结果是第 iu 个输入到所有输出的传递函数数组 num 和 den。

【例 9.18】 设系统的传递函数为

$$G(s) = \frac{2s^2+8s+6}{s^3+8s^2+16s+6}$$

试求其状态空间表达式。

解:MATLAB 程序代码如下:

num = [2,8,6];
den = [1,8,16,6];
[A,b,c,d] = tf2ss(num,den)

运行结果如下:

```
A =   -8   -16   -6
       1     0    0
       0     1    0
b =    1
       0
       0
c =    2    8    6
d =    0
```

由运算结果可知，系统的状态空间表达式为

$$\dot{x} = \begin{bmatrix} -8 & -16 & -6 \\ 1 & 0 & 0 \\ 0 & 1 & 0 \end{bmatrix} x + \begin{bmatrix} 1 \\ 0 \\ 0 \end{bmatrix} u$$

$$y = \begin{bmatrix} 2 & 8 & 6 \end{bmatrix} x$$

【例 9.19】 已知系统的微分方程为

$$\dddot{y} + 3\ddot{y} + 3\dot{y} + y = \ddot{u} + 2\dot{u} + u$$

求系统的状态空间表达式。

解：MATLAB 程序代码如下：

```
num = [1,2,1];
den = [1,3,3,1];
G = tf(num,den);     %建立传递函数
sys = tf2ss(G)       %求状态空间表达式
```

运行结果如下：

G =

　　s^2+2s+1
　　-----------------
　　s^3+3s^2+3s+1

Continuous-time transfer function.

a =

	x1	x2	x3
x1	-3	-1.5	-0.5
x2	2	0	0
x3	0	1	0

b =

	u1
x1	2
x2	0
x3	0

c =

	x1	x2	x3
y1	0.5	0.5	0.25

```
d =
    u1
y1   0
```
Continuous-time state-space model.

由运算结果可知,系统的状态空间表达式为

$$\dot{x} = \begin{bmatrix} -3 & -1.5 & -0.5 \\ 2 & 0 & 0 \\ 0 & 1 & 0 \end{bmatrix} x + \begin{bmatrix} 1 \\ 0 \\ 0 \end{bmatrix} u$$

$$y = \begin{bmatrix} 0.5 & 0.5 & 0.25 \end{bmatrix} x$$

9.6.2 状态转移矩阵的实现

在 MATLAB 中,可用应用"expm"函数来计算给定时间 t 和给定矩阵 A 的状态转移矩阵,其常用调用格式为

$$\text{Phi} = \text{expm}(A * t)$$

式中,Phi 为返回值,即 Phi $= \boldsymbol{\phi}(t) = \mathrm{e}^{At}$,含义同式 (9-28)。

【例 9.20】 某系统的系统矩阵 $\boldsymbol{A} = \begin{bmatrix} 0 & 1 & 0 \\ 0 & 0 & 1 \\ 1 & -3 & 3 \end{bmatrix}$,当 $t = 0.2\mathrm{s}$ 时,求状态转移矩阵。

解: MATLAB 程序代码如下:
```
A=[0,1,0;0,0,1;1,-3,3];
t=0.2;
Phi=expm(A*t)
```
运行结果如下:
```
Phi =

    1.0016    0.1954    0.0244
    0.0244    0.9283    0.2687
    0.2687   -0.7817    1.7344
```

由运算结果可知,系统的 $t = 0.2\mathrm{s}$ 的状态转移矩阵为

$$\boldsymbol{\phi}(t) = \mathrm{e}^{At} = \begin{bmatrix} 1.0016 & 0.1954 & 0.0244 \\ 0.0244 & 0.0983 & 0.2687 \\ 0.2687 & -0.7817 & 1.7344 \end{bmatrix}$$

9.6.3 能控性和能观性分析

在 MATLAB 中,可以应用"ctrb"函数构造系统能控性判别矩阵,应用"obsv"函数构造系统能观性判别矩阵,应用"rank"函数求秩,进而实现能控性和能观性判别。

1) 可用以"ctrb""rank"函数构造能控性判别矩阵并求秩,其常用调用格式为
$$M = \text{ctrb}(A, B)$$
$$RM = \text{rank}(M)$$
式中,M 为能控性判别矩阵,定义见定理 9-3;A,B 为系统矩阵;RM 为返回值,返回系统能控判别矩阵 M 的维数。

2) 可以用"obsv""rank"函数构造能观性判别矩阵并求秩,其常用调用格式为
$$N = \text{obsv}(A, C)$$
$$RN = \text{rank}(N)$$
式中,N 为能观性判别矩阵,定义见定理 9-6;A,C 为系统矩阵;RN 为返回值,返回系统能观性判别矩阵 N 的维数。

【例 9.21】 已知系统 $\Sigma = (A, B, C)$ 的相应矩阵为

$$A = \begin{bmatrix} 1 & 0 & -1 \\ -1 & -2 & 0 \\ 3 & 0 & 1 \end{bmatrix}, B = \begin{bmatrix} 1 & 0 \\ 2 & 1 \\ 0 & 2 \end{bmatrix}, C = \begin{bmatrix} 1 & 0 & 0 \\ 0 & -1 & 0 \end{bmatrix}$$

系统是否完全能控?是否完全能观?

解:MATLAB 程序代码如下:
```
A=[1,0,-1;-1,-2,0;3,0,1;];
B=[1,0;2,1;0,2];
C=[1,0,0;0,-1,0];
M=ctrb(A,B);
RM=rank(M);
N=obsv(A,C);
RN=rank(N)
```
运行结果如下:

M =

1	0	1	-2	-2	-4
2	1	-5	-2	9	6
0	2	3	2	6	-4

RM = 3

N =

1	0	0
0	-1	0
1	0	-1
1	2	0
-2	0	-2
-1	-4	-1

RN = 3

从计算结果可以看出,系统的能控性判别阵和能观性判别阵的秩都是 3,满秩,因此该系统既完全能控,也完全能观。

9.6.4 极点配置的实现

在 MATLAB 中，可以利用控制系统工具箱（Control System Toolbox）中的 "place" 函数求出状态反馈配置极点的反馈矩阵 K，使系统闭环极点配置在所希望的位置上，其常用调用格式为

$$p = [p_1 \quad p_2 \quad \cdots \quad p_n]$$
$$K = \text{place}(A, B, p)$$

式中，$p_1, p_2, \cdots, p_n$ 为期望的系统闭环极点，n 等级系统维数；p 为期望闭环极点组成的列向量，A，B 为系统矩阵；K 为返回值，返回状态反馈矩阵数组。

此外，可以 "eig" 函数求取给定 A，B，K 矩阵的闭环系统特征值（即极点），其常用调用格式为

$$p = \text{eig}(A - BK)。$$

式中，p 为返回值，返回系统闭环极点数组。

【例 9.22】 设受控系统的状态空间表达式为

$$\dot{x} = \begin{bmatrix} 0 & 1 & 0 \\ 0 & -1 & 1 \\ 0 & 0 & -2 \end{bmatrix} x + \begin{bmatrix} 0 \\ 0 \\ 1 \end{bmatrix} u$$

$$y = \begin{bmatrix} 1 & 0 & 0 \end{bmatrix} x$$

利用 MATLAB 编程，设计状态反馈系数矩阵 K，使系统的闭环极点为 $-2, -1 \pm j$。

解：MATLAB 程序代码如下：

```
A = [0 1 0; 0 -1 1; 0 0 -2];
B = [0; 0; 1];
p = [-2 -1+i -1-i];      %在 MATLAB 中用 i 表示虚数单位（j）
K = place (A, B, p)
```

运行结果如下：

K =

  4.0000 3.0000 1.0000

从运算结果可以看出，状态反馈矩阵 $K = [4 \quad 3 \quad 1]$。

【例 9.23】 对例 9.22 描述的系统，已知状态反馈矩阵 $K = [4 \quad 3 \quad 1]$，求状态反馈系统的闭环极点。

解：MATLAB 程序代码如下：

```
A = [0 1 0; 0 -1 1; 0 0 -2];
B = [0; 0; 1];
K = [4; 3; 1];
p = eig (A - BK);
```

运行结果如下：

p =

  -2 -1+i -1-i

从运算结果可以看出，状态反馈系统的闭环极点 $p = -2, -1 \pm j$。

9.7 设计实例：倒立摆

倒立摆的研究具有重要的工程背景，机器人的站立与行走类似双倒立摆系统，尽管第一台机器人在美国问世至今已有几十年的历史，机器人的关键技术——机器人的行走控制问题至今仍未能很好解决；在火箭等飞行器的飞行过程中，为了保持其正确的姿态，要不断进行实时控制；通信卫星在预先计算好的轨道和确定的位置上运行的同时，要保持其稳定的姿态，使卫星天线一直指向地球且太阳能电池板一直指向太阳；侦察卫星中摄像机的轻微抖动会对摄像的图像质量产生很大的影响，为了提高摄像的质量，必须能自动地保持伺服云台的稳定，消除振动；为防止单级火箭在拐弯时断裂而诞生的柔性火箭（多级火箭），其飞行姿态的控制也可以用多级倒立摆系统进行研究。由于倒立摆系统与双足机器人、火箭飞行控制和各类伺服云台稳定有很大相似性，因此对倒立摆控制机理的研究具有重要的理论和实践意义。

> 北斗卫星导航系统是我国自主研制的全球卫星导航系统，扫描下方二维码观看相关视频，理解其中自动控制原理的应用，了解这一重大航天工程的价值和意义。

科普之窗
北斗：想象无限

科普之窗
北斗：北斗之路

科普之窗
北斗：时空文明

倒立摆系统是典型的机电一体化系统，其机械部分遵循牛顿的力学定律，其电气部分遵守电磁学的基本定理。因此，可以通过机理建模方法得到较为准确的系统数学模型，通过实际测量和试验来获取系统模型参数。无论哪种类型的倒立摆系统，都具有3个特性，即不确定性、耦合性和开环不稳定性。直线型倒立摆系统是由沿直线导轨运动的小车及一端固定于小车上的匀质长杆组成的系统，如图9-17所示。小车可以通过传动装置由交流伺服电动机驱动，小车导轨一般有固定的行程，因而小车的运动范围是受到限制的。

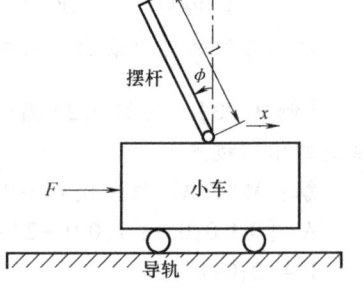

图9-17 直线型一级倒立摆系统

由此，约束限制直线型一级倒立摆系统的实际控制要求可归结为三点：

1) 倒立摆小车控制过程的最大位移量不能超过小车轨道的长度。

2) 为保证倒立摆能顺利起立，要求初始偏角小于20°。

3) 为保证倒立摆保持倒立的平衡态，要求控制系统响应速度足够快。为此，设调节时间小于2s，峰值时间小于0.5s。

9.7.1 数学模型的建立

直线一级倒立摆在建模时,一般忽略掉系统中的一些次要因素。例如空气阻力、伺服电动机的静摩擦力、系统连接处的松弛程度等,之后可将直线一级倒立摆系统抽象成小车和匀质杆组成的系统,对小车和摆杆分别进行受力分析,如图9-18所示,其中,N 和 P 为小车与摆杆相互作用力的水平和竖直方向的分量。

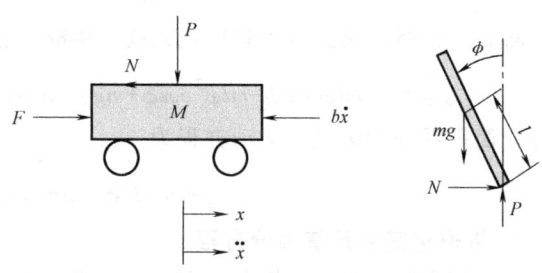

图9-18 小车、摆杆的隔离受力图

倒立摆各组成部分参数名称及实际数值见表9-1。

表9-1 参数名称及实际数值表

小车		摆杆	
参数名称	参数符号及实际数值	参数名称	参数符号及实际数值
小车质量	$m=1.096\text{kg}$	摆杆质量	$m=0.109\text{kg}$
小车相对于速度的摩擦系数	$b=0.1\text{N}/(\text{m}\cdot\text{s}^{-1})$	摆杆转动轴心到杆质心的长度	$l=0.25\text{m}$
摆杆惯量	$J=0.0034\text{kg}\cdot\text{m}^2$	加在小车上的力	F
小车位置	x	摆杆与竖直向上方向的夹角	ϕ

注意:在实际倒立摆系统中,检测和执行装置的正负方向已经完全确定,因而矢量方向定义如图9-17所示,图示方向为矢量正方向。

1. 分析水平方向受力并列写运动方程

分析小车水平方向所受的合力,可以得到

$$M\ddot{x} = F - b\dot{x} - N \tag{9-83}$$

由摆杆水平方向的受力进行分析可以得到

$$m\ddot{x} - m\frac{\text{d}^2(l\sin\phi)}{\text{d}t^2} = N \tag{9-84}$$

∵

$$\frac{\text{d}^2(l\sin\phi)}{\text{d}t^2} = l\ddot{\phi}\cos\phi - l\dot{\phi}^2\sin\phi$$

∴

$$m\ddot{x} - ml\ddot{\phi}\cos\phi + ml\dot{\phi}^2\sin\phi = N \tag{9-85}$$

将式(9-85)代入式(9-83)就得到系统的第一个运动方程为

$$(M+m)\ddot{x} + b\dot{x} - ml\ddot{\phi}\cos\phi + ml\dot{\phi}^2\sin\phi = F \tag{9-86}$$

2. 分析竖直方向受力并列写运动方程

分析摆杆竖直方向受力,可以得到

$$m\frac{\text{d}^2(l\cos\phi)}{\text{d}t^2} = P - mg$$

∴

$$-ml\ddot{\phi}\sin\phi - ml\dot{\phi}^2\cos\phi + mg = P \tag{9-87}$$

摆杆转动产生的力矩平衡方程为

$$J\ddot{\phi} = Pl\sin\phi + Nl\cos\phi \tag{9-88}$$

将式（9-85）和式（9-87）代入式（9-88）消去 P 和 N，得

$$J\ddot{\phi} = (-ml\ddot{\phi}\sin\phi - ml\dot{\phi}^2\cos\phi + mg)l\sin\phi + (m\ddot{x} - ml\ddot{\phi}\cos\phi + ml\dot{\phi}^2\sin\phi)l\cos\phi$$

整理化简得系统的第二个运动方程为

$$J\ddot{\phi} + ml^2\ddot{\phi} - mgl\sin\phi = m\ddot{x}l\cos\phi \tag{9-89}$$

3. 近似化简求系统微分方程

考虑到实际工程中，摆角 ϕ 很小，可做近似为

$$\sin\phi = \phi, \quad \cos\phi = 1$$

取 $F=u$ 为系统输入，ϕ 为系统输出，则式（9-86）和式（9-89）可化简为

$$\begin{cases} (M+m)\ddot{x} + b\dot{x} - ml\ddot{\phi} = u \\ (J+ml^2)\ddot{\phi} - mgl\phi = ml\ddot{x} \end{cases} \tag{9-90}$$

4. 建立系统传递函数模型

对方程组进行拉普拉斯变换（初始条件为零），得到

$$\begin{cases} (M+m)X(s)s^2 + bX(s)s - ml\Phi(s)s^2 = U(s) \\ (J+ml^2)\Phi(s)s^2 - mgl\Phi(s) = mlX(s)s^2 \end{cases} \tag{9-91}$$

由于以转角 ϕ 为输出，需消去 $X(s)$，则求解方程组（9-91）的第二个方程，可以得到

$$X(s) = \left(\frac{J+ml^2}{ml} - \frac{g}{s^2}\right)\Phi(s) \tag{9-92}$$

把式（9-92）代入方程组（9-91）的第一个方程，得到

$$(M+m)\left(\frac{J+ml^2}{ml} - \frac{g}{s^2}\right)\Phi(s)s^2 + b\left(\frac{J+ml^2}{ml} - \frac{g}{s^2}\right)\Phi(s)s - ml\Phi(s)s^2 = U(s) \tag{9-93}$$

整理后得到传递函数为

$$\frac{\Phi(s)}{U(s)} = \frac{\dfrac{ml}{q}s^2}{s^4 + \dfrac{b(J+ml^2)}{q}s^3 - \dfrac{(M+m)mgl}{q}s^2 - \dfrac{bmgl}{q}s} \tag{9-94}$$

式中，$q = (M+m)(J+ml^2) - (ml)^2$。

5. 建立系统状态空间模型

可见，本系统为四阶系统，取四个状态变量分别为

$$x_1 = x, \quad x_2 = \dot{x}, \quad x_3 = \phi, \quad x_4 = \dot{\phi}$$

同时，取输入力 F 为系统的输入 u，取小车的位置 x、摆杆与竖直向上方向的夹角 ϕ 作为系统的输出量，根据方程（9-90）可得系统状态空间表达式为

$$\dot{x} = Ax + Bu$$
$$y = Cx + Du$$

即

$$\begin{bmatrix} \dot{x}_1 \\ \dot{x}_2 \\ \dot{x}_3 \\ \dot{x}_4 \end{bmatrix} = \begin{bmatrix} \dot{x} \\ \ddot{x} \\ \dot{\phi} \\ \ddot{\phi} \end{bmatrix} = \begin{bmatrix} 0 & 1 & 0 & 0 \\ 0 & \dfrac{-(J+ml^2)b}{J(M+m)+Mml^2} & \dfrac{m^2gl^2}{J(M+m)+Mml^2} & 0 \\ 0 & 0 & 0 & 1 \\ 0 & \dfrac{-mlb}{J(M+m)+Mml^2} & \dfrac{mgl(M+m)}{J(M+m)+Mml^2} & 0 \end{bmatrix} \begin{bmatrix} x \\ \dot{x} \\ \phi \\ \dot{\phi} \end{bmatrix} + \begin{bmatrix} 0 \\ \dfrac{I+ml^2}{J(M+m)+Mml^2} \\ 0 \\ \dfrac{ml}{J(M+m)+Mml^2} \end{bmatrix} u$$

$$y = \begin{bmatrix} x \\ \phi \end{bmatrix} = \begin{bmatrix} 1 & 0 & 0 & 0 \\ 0 & 0 & 1 & 0 \end{bmatrix} \begin{bmatrix} x \\ \dot{x} \\ \phi \\ \dot{\phi} \end{bmatrix} + \begin{bmatrix} 0 \\ 0 \end{bmatrix} u$$

将表 9-1 所列各参数值代入,可得系统矩阵 **A**、**B** 为

$$A = \begin{bmatrix} 0 & 1.0000 & 0 & 0 \\ 0 & -0.0883 & 0.6293 & 0 \\ 0 & 0 & 0 & 1.0000 \\ 0 & -0.2360 & 27.6700 & 0 \end{bmatrix}, B = \begin{bmatrix} 0 \\ 0.8650 \\ 0 \\ 2.3570 \end{bmatrix}$$

6. 由状态空间模型求传递函数模型

将数据输入 MATLAB 进行建模,求系统传递函数分母分子项系数,MATLAB 程序代码如下:

[num,den] = ss2tf(A,B,C,D)

运行后得到结果:

```
num =
        0          0       0.8650    -0.0000   -22.4513
        0       0.8650    -0.0000   -22.4513     0.0000
den =
    1.0000     0.0883   -27.6700    -2.2947         0
```

9.7.2 系统特性分析

1. 利用 MATLAB 进行仿真得到系统的阶跃响应曲线

MATLAB 程序代码如下:

step(num,den)

运行后结果如图 9-19 所示。可见,系统响应曲线是发散的。

2. 利用 MATLAB 分析系统的极点分布

MATLAB 程序代码如下:

[z,p,k] = tf2zp(num,den)

运行后得到系统的极点为:

p =

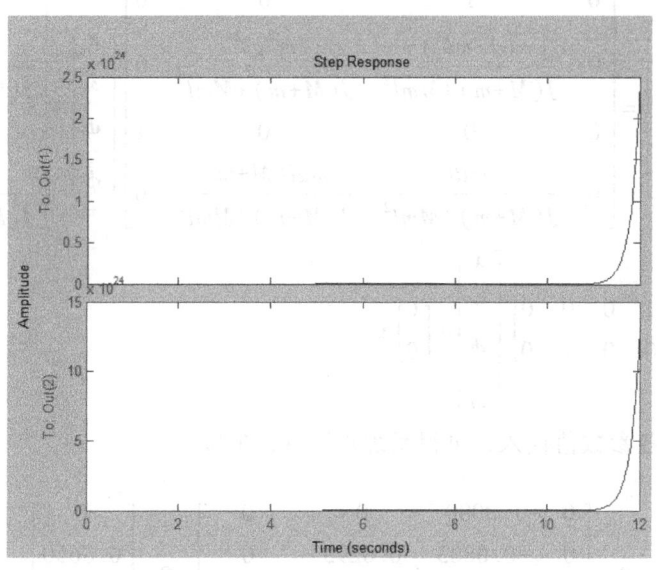

图 9-19 引入状态反馈前系统的阶跃响应曲线

    0
5.2576
-5.2630
-0.0829

可见，系统极点有一个在右半平面，系统不稳定，验证了系统的阶跃响应发散的结论。

3. 利用状态反馈配置极点

为提高系统稳定性，采用状态反馈配置极点的办法，使系统极点分布在 -1+2j, -1-2j, -2+j, -2-j 位置上。

（1）判断系统能控性

MATLAB 程序代码如下：

M = ctrb(A,B); r = rank(M)

运行结果为：

r =

    4

说明系统的能控性判别矩阵满秩，可以利用状态反馈配置极点。

（2）用状态反馈矩阵配置极点

MATLAB 程序代码如下：

p = [-1+2j -1-2j -2+j -2-j];

K = place(A,B,p)

运行结果为：

K =

-1.1135   -1.4349   19.7799   3.0348

(3) 对引入状态反馈后的系统进行分析

MATLAB 程序代码如下：

```
K = [-1.1135   -1.4349   19.7799   3.0348]
A_state_feedback = A-B*K;                    %对系统引入状态反馈
sys_state_feedback = ss(A_state_feedback,B,C,D);   %引入状态反馈后系统的状态空间
                                                    表达式
step(sys_state_feedback);                    %引入状态反馈后系统的阶跃响应
                                                    曲线
```

运行后可得引入状态反馈后系统的阶跃响应曲线如图 9-20 所示。可以看出，在引入反馈前，系统不稳定，阶跃响应曲线发散。加入状态反馈后，闭环系统稳定，阶跃响应曲线收敛。

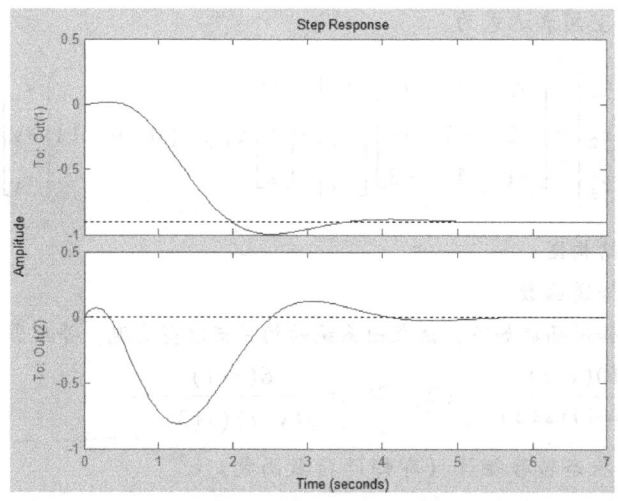

图 9-20　引入状态反馈后系统的阶跃响应曲线

习　题

9.1　试列写出图 9-21 所示网络中以电源电压 u 作为输入，以电感 L_1、L_2 中的电流 i_1、i_2 和电容上的电压 u_C 作为状态变量的状态方程，以及以电阻 R_2 上的电压 u_R 作为输出量的输出方程，并表示成矩阵形式的状态空间表达式。

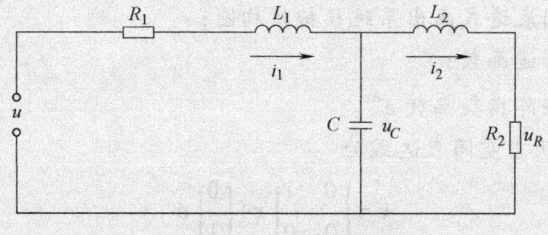

图 9-21　题 9.1 图

9.2　已知系统结构如图 9-22 所示，其状态变量为 x_1，x_2，x_3。试求状态空间表达式，并画出模拟结构图。

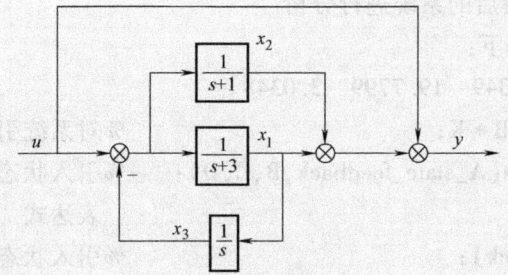

图 9-22 题 9.2 图

9.3 列写如下微分方程的状态空间表达式。

(1) $3\ddot{y}+4\dot{y}-2y=u$ (2) $2\ddot{y}+3\dot{y}=\ddot{u}-2\dot{u}$

9.4 给定状态空间表达式为

$$\begin{bmatrix}\dot{x}_1\\ \dot{x}_2\\ \dot{x}_3\end{bmatrix}=\begin{bmatrix}0 & 1 & 0\\ -2 & -3 & 0\\ -1 & 1 & -3\end{bmatrix}\begin{bmatrix}x_1\\ x_2\\ x_3\end{bmatrix}+\begin{bmatrix}0\\ 1\\ 2\end{bmatrix}u, \quad y=\begin{bmatrix}0 & 0 & 1\end{bmatrix}\begin{bmatrix}x_1\\ x_2\\ x_3\end{bmatrix}$$

(1) 画出模拟结构图；
(2) 求系统的传递函数。

9.5 已知系统传递函数如下，试求出系统的约旦标准型实现，并画出相应的模拟结构图。

(1) $G(s)=\dfrac{10(s-1)}{s(s+1)(s+3)}$ (2) $G(s)=\dfrac{6(s+1)}{s(s+2)(s+3)^2}$

9.6 计算以下状态转移矩阵（即矩阵指数函数）e^{At}。

(1) $A=\begin{bmatrix}0 & -1\\ 4 & 0\end{bmatrix}$ (2) $A=\begin{bmatrix}1 & 1\\ 4 & 1\end{bmatrix}$

9.7 已知系统状态空间表达式为

$$\dot{x}=Ax+bu$$
$$y=cx$$

式中，$A=\begin{bmatrix}0 & 1\\ 0 & -2\end{bmatrix}, \quad b=\begin{bmatrix}0\\ 1\end{bmatrix}, \quad c=\begin{bmatrix}0 & 1\end{bmatrix}$

(1) 根据状态空间表达式画出系统模拟结构图；
(2) 求出系统的传递函数；
(3) 求出系统的矩阵指数函数 e^{At}。

9.8 已知系统的状态空间表达式为

$$\dot{x}=\begin{bmatrix}0 & 1\\ 0 & 0\end{bmatrix}x+\begin{bmatrix}0\\ 1\end{bmatrix}u$$
$$y=\begin{bmatrix}1 & 0\end{bmatrix}x$$

初始状态 $x(0)=\begin{bmatrix}1\\ 1\end{bmatrix}$，输入 $u(t)$，是单位阶跃函数，求系统状态方程的解。

9.9 已知系统的状态空间表达式为

$$\dot{x} = \begin{bmatrix} -3 & 1 \\ 1 & -3 \end{bmatrix} x + \begin{bmatrix} 1 & 1 \\ 1 & 1 \end{bmatrix} u$$

$$y = \begin{bmatrix} 1 & 1 \\ 1 & -1 \end{bmatrix} x$$

试判断其能控性与能观性。

9.10 线性系统的传递函数为

$$\frac{y(s)}{u(s)} = \frac{s+a}{s^3 + 10s^2 + 27s + 18}$$

（1）试确定 a 的取值，使系统或为不能控，或为不能观；
（2）在上述 a 的取值下，求使系统能控的状态空间表达式；
（3）在上述 a 的取值下，求使系统能观的状态空间表达式。

9.11 试证明非奇异变换不改变系统的能控性和能观性。

9.12 试证明对于 $\Sigma = (A, b)$

$$A = \begin{bmatrix} -20 & -1 & 0 \\ 4 & 16 & 0 \\ 12 & 6 & 18 \end{bmatrix}, \quad b = \begin{bmatrix} b_1 \\ b_2 \\ b_3 \end{bmatrix}$$

无论 b_1, b_2, b_3 取何值都不能使该系统成为完全能控的。

9.13 已知系统状态空间表达式为（a, b, c, d 均为实数）

$$\dot{x} = \begin{bmatrix} 0 & 0 & 0 \\ 1 & a & 0 \\ 0 & 0 & b \end{bmatrix} x + \begin{bmatrix} 1 \\ 0 \\ c \end{bmatrix} u$$

$$y = \begin{bmatrix} 0 & 1 & d \end{bmatrix} x$$

求当系统既能控又能观时，a, b, c, d 应满足的条件。

9.14 已知系统的微分方程为

$$\dddot{y} + 6\ddot{y} + 11\dot{y} + 6y = 6u$$

试写出其对偶系统的状态空间表达式及其传递函数。

9.15 已知系统的传递函数为

$$G(s) = \frac{s^2 + 6s + 8}{s^2 + 4s + 3}$$

试求其能控标准型和能观标准型。

9.16 对如下状态空间表达式的系统，试判别其能否变换为能控标准型和能观标准型。

$$\dot{x} = \begin{bmatrix} 0 & 1 & 0 \\ -2 & -3 & 0 \\ -1 & 1 & -3 \end{bmatrix} x + \begin{bmatrix} 0 \\ 1 \\ 2 \end{bmatrix} u$$

$$y = \begin{bmatrix} 0 & 0 & 1 \end{bmatrix} x$$

9.17 已知系统状态空间表达式为

$$\dot{x} = \begin{bmatrix} -2 & 1 \\ 0 & -1 \end{bmatrix} x + \begin{bmatrix} 0 \\ 1 \end{bmatrix} u$$

$$y = \begin{bmatrix} 1 & 0 \end{bmatrix} x$$

(1) 画出系统模拟结构图；
(2) 若动态性能不满足要求，可否任意配置极点？
(3) 若指定系统的两个极点均为-3，求状态反馈矩阵。

9.18 设受控系统状态方程为

$$\dot{x} = \begin{bmatrix} 0 & 1 & 0 \\ 0 & -1 & 1 \\ 0 & -1 & 10 \end{bmatrix} x + \begin{bmatrix} 0 \\ 0 \\ 10 \end{bmatrix} u$$

可否用状态反馈任意配置闭环极点？求状态反馈阵，使闭环极点位于-10和$-1 \pm j\sqrt{3}$，并画出系统模拟结构图。

9.19 线性系统的状态方程与输出方程为

$$\dot{x} = \begin{bmatrix} -5 & -1 \\ 6 & 0 \end{bmatrix} x + \begin{bmatrix} 0 \\ 2 \end{bmatrix} u$$

$$y = \begin{bmatrix} 0 & 1 \end{bmatrix} x$$

试设计全维状态观测器，并用观测器估计出的状态进行状态反馈，使系统的闭环极点配置在$-10+j10$和$-10-j10$处，观测器的极点为$-5+j5$和$-5-j5$。

参 考 文 献

[1] 姜素霞,冯巧玲. 自动控制原理 [M]. 北京:北京航空航天大学出版社,2018.
[2] 徐小力,陈秀梅,朱骥北. 机械控制工程基础 [M]. 3版. 北京:机械工业出版社,2020.
[3] 张永相. 机电控制理论及应用 [M]. 重庆:重庆大学出版社,2002.
[4] 王万良,赵燕伟. 自动控制原理:非自动化类 [M]. 2版. 北京:机械工业出版社,2015.
[5] 董霞,李天石,陈康宁. 机械工程控制基础 [M]. 北京:机械工业出版社,2012.
[6] 文锋,陈青. 自动控制理论 [M]. 3版. 北京:中国电力出版社,2008.
[7] 高国燊,余文杰. 自动控制原理 [M]. 3版. 广州:华南理工大学出版社,2009.
[8] 杨平,翁思义,王志萍. 自动控制原理:理论篇 [M]. 2版. 北京:中国电力出版社,2014.
[9] 夏德钤,翁贻方. 自动控制理论 [M]. 4版. 北京:机械工业出版社,2012.
[10] 高钟毓. 机电控制工程 [M]. 3版. 北京:清华大学出版社,2011.
[11] 刘恒玉. 机电控制工程基础 [M]. 北京:中央广播电视大学出版社,2002.
[12] 刘丁. 自动控制理论 [M]. 2版. 北京:机械工业出版社,2016.
[13] 刘豹,唐万生. 现代控制理论 [M]. 3版. 北京:机械工业出版社,2006.

参考文献